要介護(支援)高齢者コホート研究
―岐阜県郡上市・富山県中新川郡のデータ解析から―

編集　三徳　和子　　成瀬　優知　　坂本　由之　　簑輪　眞澄

クオリティケア

編集

三徳和子　人間環境大学看護学部教授

成瀬優知　富山大学大学院医学薬学研究部教授

坂本由之　八幡病院理事長

簑輪眞澄　元国立保健医療科学院疫学部部長

執筆

三徳和子　人間環境大学看護学部教授

簑輪眞澄　元国立保健医療科学院疫学部部長

成瀬優知　富山大学大学院医学薬学研究部教授

坂本由之　八幡病院理事長

下田裕子　金城大学看護学部

川辺千秋　富山大学附属病院看護部

新鞍真理子　富山大学大学院医学薬学研究部准教授

寺西敬子　富山大学大学院医学薬学研究部助教

尾形由紀子　福岡県立大学看護学部教授

宝里（鳶野）沙織　射水市健康推進課

牧本（東海）奈津子　元富山大学大学院医学薬学教育部修士課程

嶋（山田）雅奈恵　富山県砺波学園

田村一美　デイサービス金泉寺施設長

岡本和士　愛知県立大学看護学部教授

眞崎直子　日本赤十字広島看護大学看護学部教授

林　真二　日本赤十字広島看護大学看護学部助教

（執筆順）

要介護（支援）高齢者コホート研究
―岐阜県郡上市・富山県中新川郡のデータ解析から―

はじめに　要介護（支援）高齢者コホート研究のスタート	三徳和子・簑輪眞澄	1
住民のデータを住民のために役立てる	坂本由之	2
要介護（支援）高齢者データを評価する	成瀬優知	3

第1章　身体障害と要介護（支援）高齢者の関連研究　　　　　　　　　　　5

1. 介護要因疾患研究の概要と意義	成瀬優知	5
2. 介護要因となる主要疾患の実態	下田裕子	7
3. 摂食・嚥下障害が在宅療養に及ぼす影響	川辺千秋	11
4. 介護保険認定高齢者における性・年齢別にみた要介護度と 　　生命予後の関連	新鞍真理子	17
5. 要介護認定者の日常生活自立度と生命予後との関連	寺西敬子	23
6. 介護保険制度下におけるサービス利用の有無と要介護度の変化	寺西敬子	28

第2章　認知症と要介護（支援）高齢者の研究　　　　　　　　　　　　　35

1. 認知症研究の概要と意義	尾形由紀子	35
2. 2年以内の要介護度の悪化および死亡と認知症高齢者の自立度との関連	新鞍真理子	37
3. 要介護認定を受けた認知症高齢者の日常生活自立度の変化と 　　認知症に関連する症状項目の変化	宝里（鳶野）沙織	42
4. 障害高齢者の日常生活自立度における維持期間と 　　脳卒中および認知症の相乗影響	牧本（東海）奈津子	49
5. 認知症高齢者の日常生活における意思決定および伝達能力 　　―介護が必要となった時点から2年間の追跡結果―	三徳和子	53
6. 中山間地域A市における要介護（支援）高齢者の要介護度， 　　寝たきり度および認知症と死亡の関連	三徳和子	61

第3章　生活環境と要介護（支援）高齢者の研究　　　　　　　　　　　　67

1. 生活環境研究の概要と意義	寺西敬子	67
2. 住宅改修が要介護認定者の在宅継続期間へ及ぼす影響	嶋（山田）雅奈恵	69
3. 介護保険における施設継続利用者の身体的要因 　　―特別介護項目に焦点をあてて―	田村一美	75
4. 要介護（支援）高齢者の居宅と施設入所における死亡との関連	三徳和子	81
5. 住宅改修の有無とその予後	三徳和子	87

第4章　要介護（支援）高齢者コホート研究結果概要　　　　　　　　　　95

1. コホート研究の概要と意義	岡本和士	95
2. 郡上および富山の2地域の比較から	岡本和士	96
3. 要介護（支援）高齢者郡上コホート研究	三徳和子	100
4. 要介護（支援）高齢者中新川コホート研究	成瀬優知	137

おわりに	眞崎直子・林　真二	163

表紙写真（富山雨晴海岸）　津雲むつみ

はじめに
—要介護（支援）高齢者　コホート研究のスタート—

　平成14年までの30年間を岐阜県の保健師としての業務に従事してきた私（三徳）は，寝たきりや認知症高齢者の痛ましい事例に接してきたので，介護保険制度の準備期には画期的な制度ができると喜び，地域の専門職の人々とともに嬉々としてこの業務に専念したものである。一方では，サービスが本当に山間僻地まで行き届くのであろうか，要介護高齢者の実態はどのような状況なのかなどの疑問も持っていた。そんな時，一緒に介護保険制度の勉強をしていたメンバーである新生会八幡病院長の坂本由之先生から「介護保険情報を分析してはどうか」と，お声かけをいただいた。私にとっては「渡りに船」と現国立保健医療科学院の故藤田利治先生，元疫学部長（箕輪）と河口朋子さん，地元郡上市役所の後藤忠雄先生のご協力を得て郡上コホート研究（前向き研究）計画を策定し，郡上市役所，郡上医師会，郡上ケアマネージャー協議会および介護保険関連施設のご協力を加えて，元看護部長である岐阜県中濃地区の美濃病院の市原鶴枝様，中濃厚生病院の山口絢子様，八幡病院の山下淳子様のご支援により，出帆することができた。

　一方，富山大学の成瀬優知先生と寺西敬子先生をはじめとするグループの方々も郡上コホート研究と類似の手法での研究を進めておられた。互いにお目にかかり，意見交換をしたのは平成24年の日本公衆衛生学会（山口市）からである。その後は合同研究会を大阪，名古屋，福岡および富山で行い，同時に日本公衆衛生学会自由集会での公開研究会も開催してきた。

　以上のような経過の中で，本書は岐阜県郡上市と富山県中新川郡の両地域の要介護高齢者データを研究する者が，介護予防，介護の重度化の予防に資することを目的として，各々の地域での情報を分析・検討した結果をまとめたものである。この研究の共通点はどちらもコホート研究であるが，郡上市の研究は介護保険が始まった平成12年から介護保険制度が地域に浸透したと考えられる初期の平成15年から始めて平成10年まで追跡しており，中新川郡では平成11年からの対象者を平成24年まで追跡したものである。これらの研究から①身体的健康の日常生活動作能力・手段的日常生活動作能力などの分析，②精神的健康としての認知症に関連する分析および③社会的要因として住居環境などに関する結果を編集した。

　執筆者および関係者一同は，本書が介護の予防や要介護状態の重度化予防策の根拠となり，より良い保健医療福祉サービスに役立つことができることを，この上ない喜びとするものです。

人間環境大学　三徳和子
元国立保健医療科学院　箕輪眞澄

はじめに
—要介護（支援）高齢者データを評価する—

　介護保険法が施行され15年がたちました。どんなサービスが適切なのか。どんな効果があるのか。公平性は保たれるのか。初期のころ，さまざまな論議がなされていたことは知っています。しかしとにかく走りだしました。走りながら考えようと。何年か後，私の所に介護保険組合の方がこられました。自分たちのやっていることを何とか評価したい，目に見える形で表現したい，協力してもらえないだろうか，と。これが介護保険と私との出会いです。以後，大学内の地域看護，老人看護の研究スタッフの働きの元なんとかやってきました私たちに転機が訪れました。三徳先生との出会いです。そして，今日に至っています。

　きちんとした評価数値を示したい。面白い図が描きたい。それだけの興味でやってきた私ですから，介護保険が何たるかはもちろんのこと，介護保険に関わっておられる各種専門職の思い，利用者や家族の方々の状況など，現在でもほとんどわかっていません。ただ地域看護，老人看護そして福祉の専門家がそろっている郡上グループや本大学のスタッフの力量はたいしたものである，と今改めて感じています。これらのスタッフと一緒に仕事ができたことは，たとえ周辺をうろついていただけだったにしろ，大変幸福な時間でした。

　この本に収められている各種論文は，絶対的正解のない状況で，初期の介護保険の評価を試みています。走りながら考えました。悪戦苦闘，思考錯誤そのものですし，未熟な思考も多々あります。またここには示されなかった中断・挫折のテーマも数多くありました。しかし，利用者の状況を，変化をきちんと知りたい，次に生かせる知見を何とか見つけ出したいというスタッフの思いは誰にも負けないものです。

　思いはあっても，それを十分伝える内容であるか，不安だらけです。少しでも今後の実践や研究の参考になることを願って。

富山大学医学薬学研究部
成瀬優知

はじめに
―住民のデータを住民の
ために役立てる―

　郡上市は日本のほぼ中央部・岐阜県の長良川上流部に位置し，人口約 4.5 万人の伝統や歴史，文化に恵まれた市です。420 年余りの歴史を持つ郡上踊りは，日本 3 大盆踊りの 1 つで，10 種類の踊りのすべてが国の重要無形民俗文化財に指定されています。夏は 30 夜の踊りが有り，盂蘭盆会の 8 月 13 日から16 日までの 4 日間は徹夜踊りで町中が賑わう，風情豊かな土地柄です。

　私は，医学部卒業後の 10 年程は東京の病院に勤務していました。その後，当時の郡上郡八幡町にもどり，故郷で医療活動を実践してきました。

　病院での診療に加えて，山々の谷に沿って暮らす人々の家庭を訪問しての往診活動，健康診断や健康講話などの活動を通じて，予防と福祉の必要性に気づかされました。

　昭和 58 年ごろに，専門家と住民が連携し，郡上全体の人々の暮らしと健康を考えなければという思いに馳せられて，保健師や看護師などの専門家や行政機関にも呼びかけ，設立したのが郡上郡保健医療福祉懇談会です。その活動は当時の 7 町村の広域にわたり，健康展や種々の健康に関する活動を行ってきました。その後平成 12 年には介護保険制度が始まり，それまでの人のネットワークが実を結び，大変嬉しかったことを思い出します。

　介護保険制度が始まり，郡上保健所の保健師であった三徳さんと話をする中で，郡上の高齢者にはどのような健康問題や課題があるのかを個別に，漠然と観るのでなく実態を調査研究することが大切で意味あることだと考え，要介護高齢者のコホート研究を提案し，研究チームとして，国立保健医療科学院疫学部の簑輪眞澄部長と故藤田利治先生が参加していただけることになりました。私は，地元医師会の代表として，研究チームと行政の橋渡し的な役割を受け持ち，俗郡上市長への説明や，行政職員の方々への協力依頼などに奔走しました。

　これまでの研究成果は，今迄の郡上地域の住民一人一人に個別に行ってきた医療活動で，経験的にほぼ予想したとおりでありますが，それらが客観的かつ具体的に明らかになったことは，地域住民への地域特性を考慮した対策として非常に意義あることだと思います。今回，これまでの成果をデータとしてまとめ，出版することは，今後の郡上市の人々の健康に寄与できるものと考えます。

元郡上医師会長
八幡病院　理事長
坂本由之

第1章　身体障害と要介護（支援）高齢者の関連研究
1. 介護要因疾患研究の概要と意義

　戦後わが国の疾病構造は大きく変化した。そのことは特に死因別死亡率に顕著に表れている。結核を代表とする慢性感染症対策の輝かしい成果の結果，脳血管疾患の死亡率が第一位に躍り出た。以後，多くの人が脳血管疾患，悪性新生物等生活習慣病を味わう年齢まで生きることのできる社会となった。保健医療の輝かしい成果である。

　この時期，介護要因疾患の意義を考えると，常に大きな困難にぶつかる。例えば脳血管疾患。高血圧対策等の保健活動や急性期医療の進歩の結果，脳血管疾患による死亡率は急激な減少を遂げた。すなわち脳血管疾患は直接死をもたらす疾患としての重大性は低下，そして現在，脳血管疾患は直接死をもたらす程ではないが，麻痺を残し，その後の生活の質を落とす疾患として，要支援・要介護の人々の中で大きな比重を占める疾患として存在している。別の言い方をすると，多くの死亡を防ぐことができるようになってきたという成果が，介護要因疾患としての脳血管疾患をもたらした。例えば認知症。その有病率は年齢調整下でも増加している[1]。介護保険利用者においても現在では脳血管疾患より多い。ただ有病率は罹患率と平均罹病期間の関数であり，有病率の増加や平均罹病期間の増加が，どの程度罹患率の増加に影響を与えているのか現在でも明らかでない。認知症の罹病期間とは発症から死亡までをいい，ケアが有効であればその期間は延長する。このことから，要介護の人々の中に認知症の人が多いということは，もしかしたら，これまでの認知症ケアの成果の表れかもしれない。更に複雑にしている要素として高齢者の罹患特性である。それは慢性的であり，重複しており，単一要因-単一結果のモデルがほとんど成り立たない。実際，要介護者の多くは直接的・間接的介護要因疾患を複数認める。

　介護保険下で私たちは疾患の何をどんな意義のもとで明らかにすべきなのか。また何が可能なのか。

　まず私たちが手掛けたのは平成23年4月から平成26年12月までの期間の新規認定者の要因疾患の性別，年齢群別および要介護度別把握である。新規認定者に拘ったのは介護予防の観点から要介護状態発生への寄与的理解がある程度可能だからである。疾患名は主治医意見書に記載された内容から3種類以内のものはすべて取り上げ，4種類以上の場合は要介護の原因や死亡に関連する主な疾患を3種類まで取り上げた。この結果，介護要因となる疾患は，性，年齢群，初回認定時の介護度により異なった。

　性別では男性の方が脳血管疾患の占める割合が圧倒的に多く，女性では脊椎症，関節症，骨粗鬆症，廃用性症候群等の総合した廃用性疾患の割合が高かった。年齢群別では脳血管疾患は高年齢群ほど占める割合は小さくなり，逆に認知症，廃用性疾患は高まっていた。高血圧や糖尿病といった直接的関わりが少ないと思われる疾患の記載状況は，高血圧では高年齢群ほど割合は高くなり，糖尿病は逆に小さくなっていた。要介護度別では要介護度が重度になるに従い，脳血管疾患，癌の割合は高くなり，廃用性疾患は小さくなっていた[2]。

　先にも述べたが，要介護に関わる疾患の寄与程度は，その疾患の罹患率と致死率，即ちその時代の保健・医療の成果と密接に関係している。このことから，介護が必要になった原因疾患を時代別にも検討した。前期（平成12年から平成17年）と後期（平成18年から平成24年）を比較すると，脳血管疾患は男女とも各年齢群とも顕著に後期での寄与程度は低下していた。一方，悪性新生物や高血圧，糖尿病は逆に高くなっており，認知症は

特定の傾向はみられなかった[3]。

　以上，介護予防の観点からの疾患把握の試みから，脳血管疾患に関しては二次予防のみならず三次予防も着実に成果を上げていることが示唆され，一方，認知症や筋骨格系の廃用性疾患等は発症予防，重症化予防の方策はまだ十分な成果を上げるところまでは至らず，更なる検討が必要であることが明らかとなった。

　介護保険下での疾患の研究は介護予防的観点のほか，介護度悪化予防的観点からの検討も可能である。新規認定で第1号被保険者のうち障害自立度J1からB2であった高齢者の研究で，脳血管疾患と認知症の組み合わせによる自立度悪化のリスクをコックスの比例ハザードモデルを用いて検討した。この結果，脳血管疾患・認知症共になし群を基準にすると，ランクJでは脳血管疾患のみ有の者はハザード比1.05，認知症のみ有の者はハザード比1.33，脳血管疾患・認知症共に有の者のハザード比は1.80であった。ランクA，Bとも脳血管疾患・認知症共に有群が最も高いハザード

比を示し，その値は2から2.5であった。即ち脳血管疾患と認知症が同時に存在することで，障害自立度の悪化に相乗的に影響を与えていることが認められた[4]。

　介護保険の目的は，介護必要度の量的把握に基づく介護支援である。障害自立度の低下予防が主要な課題ではない。しかし，実態として同じ障害自立度であっても併せ持つ疾患によって悪化の程度が異なるという結果は，画一的な介護支援ではなく，介護原因疾患もしくは併せ持つ疾患の特性に合ったケア技術の開発，介護技術の開発の必要性を示唆するものであろう。

　介護保険下での疾患の取り扱いは面倒である。それは要介護発生要因でもあるし，また同時に保健や医療の成果の結果を現わしている部分もある。介護保険対象者内部の検討だけではなく，保健，医療各分野の検討も含め，画一的な解釈を避け，重層的な把握を積み重ねていく行動が今後も求められる。

第1章　身体障害と要介護（支援）高齢者の関連研究
2.　介護要因となる主要疾患の実態

　高齢者が活力ある健康な高齢期を過ごすために
は，要介護状態にならないための介護予防が必要
である。要介護となる主な原因は，性別にみた場
合に違いがあり，65歳以上の要介護の原因を男
女別にみると，男性では脳血管疾患が39.1%と特
に多いが，女性では脳血管疾患16.9%，高齢によ
る衰弱19.2%，骨折・転倒13.7%と比較的分散し
ている。また，高齢になるほど認知症や廃用性疾
患が増加する傾向があるとされる（国民生活基礎
調査2004）。要介護度別にみた場合にも違いがあ
り，軽度要介護者では高血圧症，膝関節症，虚血
性心疾患などが，重度要介護者では脳内出血が構
成割合として高い疾患群とされている（介護サー
ビスの有効性評価に関する調査研究2003）。しかし，
前述の国民生活基礎調査は，寝たきりの原因と
なった疾患を一つのみ記入するものであり，重複
する疾患を把握することができず実際の疾患の頻
度とは異なる可能性がある。また後述の介護サー
ビスの有効性評価に関する調査研究は島根県の調
査であるため，地域による違いがあると考えられ
る。したがって，介護予防への取り組みには，その
地域の介護原因となった疾患の頻度を把握し，地
域の実状に合った対策を立てることが必要である。
　そこで本研究では，富山県内の一地区に居住す
る要支援を含む新規の要介護認定者に対し，主治
医意見書の診断名から，性・年代別及び要介護度
別に主要疾患の頻度を明らかにし，介護予防対策
のための基礎資料を得ることを目的とした。

1.　研究方法

1）調査対象
　富山県にある一地区の保険者において，2001
年4月から2004年12月までの期間に新規認定さ

れた1号被保険者1,709人（男性620人，女性1,089
人）を対象にした。
　富山県のその地区は，2004年10月現在，人口
54,590人，65歳以上の老年人口12,768人，高齢
化率23.4%の農村地域であり，65歳以上の要介
護認定者数2,064人，65歳以上の認定率は16.2%
であった。同時期の高齢化率の全国平均は
21.0%，富山県の平均は24.7%であり（国民衛生
の動向2006c），その地区は県内のなかでも高齢化
率が高い地区である。

2）調査方法
　介護保険の保険者で行われる介護認定審査会の
資料から，初回認定時に関わる情報として性，年
齢，主治医意見書に記載された診断名についての
データを収集した。
　本研究における疾患は，主治医意見書に記載さ
れた内容から3種類以内のものはすべて取り上
げ，4種類以上の場合は要介護の原因や死亡に関
連する主な疾患を3種類まで取り上げた。そして
脳卒中，認知症，廃用性疾患，高血圧，心疾患，
骨折，糖尿病，肺疾患，癌，腎疾患，パーキンソ
ン病，肝疾患の12種類の項目に分類した。廃用
性疾患とは骨折を除いた脊椎症，関節症，骨粗鬆
症，廃用性症候群を含む筋・骨格系疾患の総称と
した。また認知症とはアルツハイマー型，脳血管
性，老人性をも含めたすべての認知症を意味する
ものとした。
　倫理的配慮として，本研究の介護保険に関する
情報収集は，介護保険の保険者との共同研究とし
て，既存資料を用いて行なった。情報の取り扱い
において，保険者側で個人を特定できる氏名，住
所等はすべて削除され，IDは調査研究用に作成
した独自の整理番号に置き換えて個人が特定でき

ないよう処理されたデータを用いて解析した。

3) 分析方法

主治医意見書に記載された12種類の疾患の有無を，性・年代別及び要介護度別にクロス集計し疾患の頻度を求めた。

2. 結果

1) 主な疾患の全体及び性別の件数と頻度（表1）

主治医意見書に記載された疾患の種類と度数は，脳卒中が最も多く576人（33.7%），次いで認知症523人（30.6%），廃用性疾患411人（24.0%），高血圧369人（21.6%），心疾患266人（15.6%）の順であった。

性別にみると男性においては脳卒中258人（41.6%），認知症174人（28.1%），高血圧107人（17.3%），心疾患106人（17.1%），肺疾患81人（13.1%）が上位5疾患であった。また，女性においては認知症349人（32.0%），廃用性疾患338人（31.0%），脳卒中318人（29.2%），高血圧262人（24.1%），心疾患160人（14.7%）が上位5疾患であった。

2) 年代別の件数と頻度（表2）

年代別にみると65〜74歳においては脳卒中138人（42.7%），認知症68人（21.1%），高血圧53人（16.4%），廃用性疾患50人（15.5%），糖

尿病41人（12.7%），75〜84歳においては脳卒中271人（34.0%），認知症242人（30.4%），廃用性疾患201人（25.2%），高血圧170人（21.3%），心疾患116人（14.6%），85歳以上においては認知症213人（36.2%），脳卒中167人（28.4%），廃用性疾患160人（27.2%），高血圧146人（24.8%），心疾患124人（21.1%）の順であった。

3) 要介護度別の件数と頻度（表3）

要介護度別にみると要支援・要介護1の者においては廃用性疾患303人（29.2%），脳卒中290人（28.0%），認知症283人（27.3%），高血圧236人（22.8%），心疾患164人（15.8%），要介護2・3では認知症175人（41.5%），脳卒中153人（36.3%），高血圧93人（22.0%），廃用性疾患77人（18.2%），心疾患64人（15.2%），要介護4・5では脳卒中133人（53.2%），認知症65人（26.0%），高血圧40人（16.0%），心疾患38人（15.2%），廃用性疾患31人（12.4%）の順であった。

4. 考察

本研究で用いた主治医意見書は，診療記録や診察による断面的な情報であるため要介護者の身体的な一面を捉えているにすぎない。しかし介護要因となる疾患を特定し関連づけるものであり，その疾患を予防・管理することで，要介護状態を予防したり改善することが可能となる。

表1 性別の主な疾患

単位：人（%）

	男性		女性		合計	
総数	620	(100.0)	1,089	(100.0)	1,709	(100.0)
脳卒中	258	(41.6)	318	(29.2)	576	(33.7)
認知症	174	(28.1)	349	(32.0)	523	(30.6)
廃用性疾患[1]	73	(11.8)	338	(31.0)	411	(24.0)
高血圧	107	(17.3)	262	(24.1)	369	(21.6)
心疾患	106	(17.1)	160	(14.7)	266	(15.6)
骨折	31	(5.0)	155	(14.2)	186	(10.9)
糖尿病	75	(12.1)	82	(7.5)	157	(9.2)
肺疾患	81	(13.1)	47	(4.3)	128	(7.5)
癌	73	(11.8)	44	(4.0)	117	(6.8)
腎疾患	20	(3.2)	24	(2.2)	44	(2.6)
パーキンソン病	17	(2.7)	25	(2.3)	42	(2.5)
肝疾患	15	(2.4)	12	(1.1)	27	(1.6)

1) 廃用性疾患は，脊椎症，関節症，骨粗鬆症，廃用性症候群の病名の総称とした。

表2 年代別の主な疾患（年齢別）

単位：人（%）

	65-74歳		75-84歳		85歳以上		合計	
総数	323	(100.0)	797	(100.0)	589	(100.0)	1,709	(100.0)
脳卒中	138	(42.7)	271	(34.0)	167	(28.4)	576	(33.7)
認知症	68	(21.1)	242	(30.4)	213	(36.2)	523	(30.6)
廃用性疾患[1]	50	(15.5)	201	(25.2)	160	(27.2)	411	(24.0)
高血圧	53	(16.4)	170	(21.3)	146	(24.8)	369	(21.6)
心疾患	26	(8.0)	116	(14.6)	124	(21.1)	266	(15.6)
骨折	21	(6.5)	83	(10.4)	82	(13.9)	186	(10.9)
糖尿病	41	(12.7)	77	(9.7)	39	(6.6)	157	(9.2)
肺疾患	27	(8.4)	53	(6.6)	48	(8.1)	128	(7.5)
癌	24	(7.4)	61	(7.7)	32	(5.4)	117	(6.8)
腎疾患	12	(3.7)	19	(2.4)	13	(2.2)	44	(2.6)
パーキンソン病	12	(3.7)	26	(3.3)	4	(0.7)	42	(2.5)
肝疾患	7	(2.2)	14	(1.8)	6	(1.0)	27	(1.6)

1）廃用性疾患は，脊椎症，関節症，骨粗鬆症，廃用性症候群の病名の総称とした。

表3 要介護度別の主な疾患（要介護度別）

単位：人（%）

	要支援・要介護1		要介護2・要介護3		要介護4・要介護5		合計	
総数	1,037	(100.0)	422	(100.0)	250	(100.0)	1,709	(100.0)
脳卒中	290	(28.0)	153	(36.3)	133	(53.2)	576	(33.7)
認知症	283	(27.3)	175	(41.5)	65	(26.0)	523	(30.6)
廃用性疾患[1]	303	(29.2)	77	(18.2)	31	(12.4)	411	(24.0)
高血圧	236	(22.8)	93	(22.0)	40	(16.0)	369	(21.6)
心疾患	164	(15.8)	64	(15.2)	38	(15.2)	266	(15.6)
骨折	121	(11.7)	44	(10.4)	21	(8.4)	186	(10.9)
糖尿病	88	(8.5)	45	(10.7)	24	(9.6)	157	(9.2)
肺疾患	70	(6.8)	34	(8.1)	24	(9.6)	128	(7.5)
癌	48	(4.6)	34	(8.1)	35	(14.0)	117	(6.8)
腎疾患	30	(2.9)	7	(1.7)	7	(2.8)	44	(2.6)
パーキンソン病	19	(1.8)	15	(3.6)	8	(3.2)	42	(2.5)
肝疾患	12	(1.2)	11	(2.6)	4	(1.6)	27	(1.6)

1）廃用性疾患は，脊椎症，関節症，骨粗鬆症，廃用性症候群の病名の総称とした。

2004年の65歳以上死因順位は，1位が悪性新生物（29.2%），2位が心疾患（16.5%），3位が脳血管疾患（13.6%），4位が肺炎（11.0%），5位が不慮の事故（3.0%）となっており（国民衛生の動向2006d），いわゆる3大死因が大きな割合を占める。しかし死因の主要疾患と介護要因の主要疾患は異なっている。本研究では，介護要因となる疾患の全体の傾向は，脳卒中，認知症，筋・骨格等を中心とする廃用性疾患が多数を占めていた。これは，脳血管疾患や認知症の割合が多かった（神田1992）（稲垣2000）とした先行研究と同様であった。また，2000年10月時点の要介護認定者の主な疾患は，脳梗塞（27.6%），高血圧症（22.7%），

アルツハイマー以外の認知症（18.9%），膝関節症（11.3%），虚血性心疾患（9.4%）（介護サービスの有効性評価に関する調査研究2003）であり，疾患の種類は変わらないが順位に若干の違いがあった。これは脳卒中や認知症の区分の違いにより，詳細に分類すると疾患の割合が低くなったと考える。平成16年度の国民生活基礎調査の介護が必要となった主な原因の65歳以上の疾患では，1位が脳血管疾患（23.9%），2位が高齢による衰弱（17.2%），3位が骨折・転倒，認知症（11.2%），5位が関節疾患（10.5%）であった。本研究と疾患の種類は同じであるが疾患の割合が少ないのは，重複する疾患が省かれているためといえる。

性別にみると，男性では脳卒中が1番多く，次いで認知症であったが，女性では脳卒中，認知症，廃用性疾患が多くほぼ同じ割合でみられた。これは武田（武田2002）が，要介護の原因疾患として，男性の場合，脳血管疾患や認知症性疾患が多く，女性の場合には，それに加えて骨格系疾患が多く，これらを三大要介護疾患としていることと同様であった。また郷木ら（郷木2005）も，長期要介護の原因としては男女ともに脳血管疾患がもっとも多かったが，女性では男性より，認知症や骨折による長期要介護者の割合が高かったとしている。平成16年度の国民生活基礎調査では，介護が必要となった主な原因の65歳以上の男性は，1位が脳血管疾患（39.1%），2位が高齢による衰弱（12.8%），3位が認知症（7.1%），4位が関節疾患（5.1%），5位が心臓病（4.5%）であり，女性では1位が脳血管疾患（16.9%），2位が高齢による衰弱（19.2%），3位が骨折・転倒（13.7%），4位が認知症（13.1%），5位が関節疾患（13.0%）であった（国民生活基礎調査2004）。本研究でも性別において多い疾患の傾向は異なるが，種類は先行研究と同様であった。

年代別では，高齢になるに従い認知症や廃用性疾患が介護を必要とする要因となった。平成16年度の国民生活基礎調査では，介護が必要となった主な原因の65〜74歳は，1位が脳血管疾患（39.2%），2位が関節疾患（12.9%），3位が認知症（6.3%），4位が骨折・転倒（5.4%），5位が視覚・聴覚障害（4.4%），75〜84歳では，1位が脳血管疾患（25.1%），2位が関節疾患（12.3%），3位が骨折・転倒（11.9%），4位が高齢による衰弱（11.4%），5位が認知症（11.0%），85歳以上では，1位が高齢による衰弱（31.7%），2位が脳血管疾患（14.4%），3位が認知症（14.0%），4位が骨折・転倒（13.2%），5位が関節疾患（7.0%）であった（国民生活基礎調査2004）。本研究の年代別において，多い疾患の種類に変わりはないが，割合が多いのは重複する疾患があるためと考える。したがって，高齢になると認知症や廃用性疾患が増加することが示唆された。

本研究では要介護度の軽い場合には，廃用性疾患，脳卒中，認知症の割合は変わらなかったが，要介護度が重い場合には，脳卒中，認知症の占める割合が高くなった。林ら（林2006）は，筋・骨格系及び結合組織の疾患が占める割合は，要介護度が重度になるにつれて減少傾向にあったとしていることから，要介護度が重くなると，廃用性疾患に変わり脳卒中や認知症の占める割合が高くなると考えられる。2000年10月時点の調査では，軽度要介護者中心とされる要支援〜要介護2は，高血圧症，膝関節症，虚血性心疾患，糖尿病，骨密度・構造の障害，重度要介護者中心の要介護4〜要介護5は，脳内出血の割合が多い。また，軽度および重度要介護者において脳梗塞，認知症（アルツハイマー以外），精神・行動障害，大腿骨骨折の割合が多いとされている（介護サービスの有効性評価に関する調査研究2003）。本研究ではこれらの研究とは分類の仕方が異なるが，多い疾患の傾向は同様であった。したがって壮年期から，廃用性疾患や脳卒中予防のための健康管理に努める必要性が示唆された。また，要介護度の軽い段階から廃用性疾患が進行しないための対策が必要であると考えられる。

介護予防への取り組みには，性別や年代，要介護度などを考慮し対応に当たる必要がある。本研究から，男性では脳血管疾患や認知症，女性ではそれに加えて廃用性疾患に対する対策が必要と考えられる。年代の若い高齢者層では脳卒中，年齢を経るに従い認知症や廃用性疾患を考慮する必要がある。その他，要介護度の軽い場合には，廃用性疾患や脳卒中，介護度の重い場合には脳卒中や認知症への対策が要点になる。要介護の状態とならないためには，疾患にかかる以前からの予防が大切であり，青年期および壮年期から健康を保つための身体管理が重要となる。

5. 結論

介護要因となる主要疾患は，性，年齢，初回認定時の介護度により異なっていた。

死因となる主要疾患と異なり，介護要因となる疾患は脳卒中，認知症，筋骨格等を中心とする廃用性疾患が多数を占め，特に廃用性疾患は女性において顕著であった。

第1章　身体障害と要介護（支援）高齢者の関連研究
3. 摂食・嚥下障害が在宅療養に及ぼす影響

緒言

　人間にとって，口から食物を摂取することは生理的欲求であり，生きる楽しみのひとつである。しかし，摂食・嚥下障害を発症することにより，安全に経口から食物を摂取出来なくなる場合がある。摂食・嚥下障害を有する患者にとっては，調理に手間がかかったり食べたいものを食べることが出来なかったりと，深刻な問題である。

　直江[1]の研究では，訪問看護を利用している在宅療養者のうち摂食・嚥下障害者は16.6％いたと報告している。摂食・嚥下障害はそれ単独で起こるわけではなく，何かの病気に付随して起こる。最も多いのが脳梗塞などの脳血管障害に伴う摂食・嚥下障害で，他にはパーキンソン病等の神経疾患，口腔がん等様々な原因によって起こるが，要介護状態になることの多い病気の多くは，摂食・嚥下障害の原因になり得る[2]。

　在宅における摂食・嚥下障害者の嚥下機能の程度は，退院時に比べて維持・改善する人もいれば，悪化する人もいる。それは，病態自体の変化もしかり，環境の変化，介護者の有無・協力の程度など，様々な要因が関係していると考えられる。嚥下機能が低下すると食事の加工に手間がかかるなど，介護者の負担が増加したり，あるいは在宅療養を継続していくことが危ぶまれるケースも出てくるのではないかと思われる。摂食・嚥下障害者の在宅療養に関する研究は，個々の病院レベルでの追跡・実態調査はみられるものの，病院を退院した者だけでなく在宅療養者全体を対象とした調査は少ない。また，摂食・嚥下障害者の在宅療養の継続に影響を与える要因を明らかにしているものも見当たらない。

　これらより，摂食・嚥下障害があることによって介護者の身体的・精神的負担が増加することで，在宅療養の継続が困難となっているのではないかと推測する。ゆえに，摂食・嚥下障害は在宅療養に影響するのか，今回の研究では，摂食・嚥下障害を有する要介護者側について検討する。

2. 方法

1) 研究対象

　A県B地区において，2001年4月1日〜2008年12月31日の期間に，初回介護認定を受けた第1号被保険者5,185人のうち，初回介護認定から1年以内に2回目の介護認定を受けた2,872人を抽出した。その中で，初回介護認定調査場所が自宅で，かつ初回介護認定時嚥下能力の項目が「出来る」「見守り等」に該当し，経管栄養を使用していない2,724人の介護認定審査会の資料とした。

2) 調査期間

　調査期間は2010年12月〜2011年4月とした。

3) 調査内容

　介護認定審査会資料より，性別，年齢，嚥下能力，要介護度，排便行為の介助の方法，障害高齢者の日常生活自立度，認知症高齢者の日常生活自立度，脳血管疾患の有無，初回介護認定から2回目の介護認定までの期間，認定調査場所等を調査した。

4) 分析方法

　介護認定審査会資料のデータを用い，在宅療養継続に影響する要因について，以下の区分を用いて統計的に分析した。

年齢については，65〜74歳，75〜84歳，85歳以上の3群に区分した。

嚥下能力の判定は，「出来る」「見守り等」「出来ない」の3つの区分があり，本研究では嚥下能力の変化について次のように区分した。初回介護認定時，嚥下出来ると判定された人で，2回目介護認定時も嚥下出来ると認定された人を「嚥下出来る状態維持」群，初回介護認定時，嚥下出来ると判定された人で，2回目介護認定時，その判定より悪化した人を「嚥下出来る状態から悪化」群，初回介護認定時，嚥下見守り等と判定された人で，2回目介護認定時もその状態と不変の場合と嚥下出来るの判定に改善した場合を「嚥下見守り等の状態維持または改善」群，初回介護認定時，嚥下見守り等と判定された人で，2回目介護認定時，その状態から悪化した人を「嚥下見守り等の状態から悪化」群とした。

要介護度については介護認定審査会での判定区分から，「要支援」「要介護1」「要介護2」「要介護3」「要介護4」「要介護5」の6区分を用い，2006年3月末日からの「要支援1」「要支援2」は「要支援」とした。

障害高齢者の日常生活自立度については，要介護認定では厚生労働省の「障害高齢者の日常生活自立度（寝たきり度）」判定基準により生活自立度を評価している。判定基準は「ランクJ1」「ランクJ2」「ランクA1」「ランクA2」「ランクB1」「ランクB2」「ランクC1」「ランクC2」の8区分とされており，判定に該当しない場合を「なし」とした。本研究では，「なし」と「ランクJ1」と「ランクJ2」を合わせて「なし〜ランクJ」，「ランクA1」と「ランクA2」を合わせて「ランクA」「ランクB1」と「ランクB2」を合わせて「ランクB」，「ランクC1」と「ランクC2」を合わせて「ランクC」とした。

排便行為の介助の方法については，「出来る」「見守り等」「一部介助」「全介助」に区分されており，初回の介護認定調査時から2回目の介護認定調査等の判定が上がっていた場合を「改善」，下がっていた場合を「悪化」，変化のなかった場合を「維持」と区分した。

認知症高齢者の日常生活自立度は，要介護認定では厚生労働省の「認知症高齢者の日常生活自立度」判定基準を用いて認知機能から生活自立度を評価している。「ランクⅠ」「ランクⅡa」「ランクⅡb」「ランクⅢa」「ランクⅢb」「ランクⅣ」「ランクM」の7区分に判定されており，認知症に該当しない場合を「なし」とした。本研究では，「なし」と「ランクⅠ」を「なし〜ランクⅠ」，「ランクⅡa」「ランクⅡb」を「ランクⅡ」，「ランクⅢa」「ランクⅢb」を「ランクⅢ」，「ランクⅣ」「ランクM」を「ランクⅣ〜M」とした。

認定調査場所の項目から，「自宅」と「自宅以外」の2つに分け，2回目介護認定調査場所も自宅である場合を在宅療養継続群（以下，継続群），自宅以外である場合を在宅療養中断群（以下，中断群）と区分した。なお，介護認定調査場所が療養場所であるとは限らないが，今回はこれ以上の正確な情報は知りえないため，調査場所を療養場所と仮定した。解析には統計ソフトSPSS 16.0J for Windowsを使用し，有意水準は5%とした。

5) 倫理的配慮

A県B地区の介護認定審査会資料を保管する管理者に対し，研究依頼状で研究目的と方法を説明し，研究への同意を得た。介護認定審査会資料の住所，氏名などの情報については，保管者が削除し，調査研究用に作成したIDに置き換えて，個人が特定出来ないようにした。なお，本研究は富山大学臨床・疫学等に関する倫理審査委員会の承認を得ている（臨認22-101号）。

2. 結果

1) 初回介護認定時の基本属性（表1）

性別は，男性が923人（33.9%），女性が1,801人（66.1%）と女性が多かった。また，年齢は，後期高齢者が全体の85.2%を占めており，平均年齢は81.7±6.8歳であった。

嚥下能力は，「嚥下出来る」群が2,367人（86.9%），「嚥下見守り等」群が357人（13.1%）と嚥下障害のない人が大多数を占めていた。また，要介護度は，要支援が711人（26.1%），要介護1が1,121人（41.2%）と介護度の低い人が約半数

以上を占めていた。

表1 初回介護認定時の基本属性 （単位 人，（ ）内%）

総数	2,724 (100.0)
性別	
男性	923 (33.9)
女性	1,801 (66.1)
年齢	
平均年齢±標準偏差（歳）	81.7±6.8
65～74歳	403 (14.8)
75～84歳	1,322 (48.5)
85歳以上	999 (36.7)
嚥下能力	
出来る	2,367 (86.9)
見守り等	357 (13.1)
要介護度	
要支援	711 (26.1)
要介護1	1,121 (41.2)
要介護2	470 (17.3)
要介護3	236 (8.7)
要介護4	134 (4.9)
要介護5	52 (1.9)
排便の介助の方法	
出来る	1,855 (68.1)
見守り等	346 (12.7)
一部介助	289 (10.6)
全介助	234 (8.6)
障害高齢者の日常生活自立度	
なし～ランクJ	1,090 (40.0)
ランクA	1,303 (47.8)
ランクB	247 (9.1)
ランクC	84 (3.1)
認知症高齢者の日常生活自立度	
なし～ランクⅠ	1,400 (51.4)
ランクⅡ	910 (33.4)
ランクⅢ	358 (13.1)
ランクⅣ～ランクM	56 (2.1)
脳血管疾患の有無	
なし	1,940 (71.2)
あり	784 (28.8)

排便の介助の方法は，「出来る」が1,855人と全体の68.1％を占めており，「全介助」は234人と8.6％であった。

障害高齢者の日常生活自立度は，「なし～ランクJ」が1,090人（40.0%），「ランクA」が1,303人（47.8%），認知症高齢者の日常生活自立度は，「なし～ランクⅠ」が1,400人（51.4%）とどちらも比較的自立している人がそれぞれ大多数を占めていた。

また，脳血管疾患の有無については，「なし」が1,940人（71.2%），「あり」が784人（28.8%）であった。

2）初回介護認定時嚥下能力と脳血管疾患および認知症高齢者の日常生活自立度との関係（表2）

初回介護認定時嚥下能力と脳血管疾患の有無について χ^2 検定を行った結果，「嚥下見守り等」群に脳血管疾患ありが有意に多かった（$p < 0.05$）。

初回介護認定時嚥下能力と認知症高齢者の日常生活自立度との関係について χ^2 検定を行った結果，「嚥下見守り等」群に認知症高齢者の日常生活自立度のランクが高い人が有意に多かった（$p < 0.001$）。

3）嚥下能力の変化別基本属性（表3）

「嚥下出来る状態維持」群は2,189人と約8割を占めていた。

要介護度別にみると，「嚥下出来る状態維持」群において，要支援は638人（29.1%），要介護1は991人（45.3%），要介護2は343人（15.7%），

表2 初回介護認定時嚥下能力と脳血管疾患および認知症高齢者の日常生活自立度との関係 （単位 人，（ ）内%）

	総数	嚥下能力		p値（χ^2検定）
		見守り等	出来る	
総数	2,724 (100.0)	357 (100.0)	2,367 (100.0)	
脳血管疾患				
なし	1,940 (71.2)	229 (64.1)	1,711 (72.3)	0.020
あり	784 (28.8)	128 (35.9)	656 (27.7)	
認知症高齢者の日常生活自立度				
なし～ランクⅠ	1,400 (51.4)	130 (36.4)	1,270 (53.7)	
ランクⅡ	910 (33.4)	126 (35.3)	784 (33.1)	<0.001
ランクⅢ	358 (13.1)	77 (21.6)	281 (11.9)	
ランクⅣ～ランクM	56 (2.1)	24 (6.7)	32 (1.4)	

表3　嚥下能力の変化別基本属性

(単位　人，（　）内%)

	総数	嚥下能力の変化			
		嚥下出来る状態維持	嚥下出来る状態から悪化	嚥下見守り等の状態維持または改善	嚥下見守り等の状態から悪化
初回介護認定時の属性					
総数	2,724 (100.0)	2,189 (80.4)	178 (6.5)	354 (13.0)	3 (0.0)
性別					
男性	923 (33.9)	676 (30.9)	76 (42.7)	169 (47.7)	2 (66.7)
女性	1,801 (66.1)	1,513 (69.1)	102 (57.3)	185 (52.3)	1 (33.3)
年齢					
65～74歳	403 (14.8)	316 (14.4)	29 (16.3)	58 (16.4)	－ (－)
75～84	1,322 (48.5)	1,070 (48.9)	80 (44.9)	170 (48.0)	2 (66.7)
85歳以上	999 (36.7)	803 (36.7)	69 (38.8)	126 (35.6)	1 (33.3)
要介護度					
要支援	711 (26.1)	638 (29.1)	30 (16.9)	43 (12.1)	－ (－)
要介護1	1,121 (41.2)	991 (45.3)	45 (25.3)	85 (24.0)	－ (－)
要介護2	470 (17.3)	343 (15.7)	54 (30.3)	72 (20.3)	1 (33.3)
要介護3	236 (8.7)	147 (6.7)	28 (15.7)	61 (17.2)	－ (－)
要介護4	134 (4.9)	58 (2.6)	18 (10.1)	58 (16.4)	－ (－)
要介護5	52 (1.9)	12 (0.0)	3 (1.7)	35 (9.9)	2 (66.7)
排便の介助の方法					
出来る	1,841 (67.6)	1,613 (73.7)	83 (46.6)	145 (41.0)	－ (－)
見守り等	349 (12.8)	242 (11.0)	28 (15.7)	79 (22.3)	－ (－)
一部介助	292 (10.7)	190 (8.7)	36 (20.2)	64 (18.1)	2 (66.7)
全介助	242 (8.9)	144 (6.6)	31 (17.4)	66 (18.6)	1 (33.3)
障害高齢者の日常生活自立度					
なし～ランクJ	1,090 (40.0)	975 (44.5)	45 (25.3)	70 (19.8)	－ (－)
ランクA	1,303 (47.8)	1,046 (47.8)	93 (52.2)	163 (46.0)	1 (33.3)
ランクB	247 (9.1)	139 (6.3)	29 (16.3)	79 (22.3)	－ (－)
ランクC	84 (3.1)	29 (1.3)	11 (6.2)	42 (11.9)	2 (66.7)
認知症高齢者の日常生活自立度					
なし～ランクⅠ	1,400 (51.4)	1,191 (54.4)	79 (44.4)	129 (36.4)	1 (33.3)
ランクⅡ	910 (33.4)	721 (32.9)	63 (35.4)	126 (35.6)	－ (－)
ランクⅢ	358 (13.1)	251 (11.5)	30 (16.9)	76 (21.5)	1 (33.3)
ランクⅣ～ランクM	56 (2.1)	26 (1.2)	6 (3.4)	23 (6.5)	1 (33.3)
脳血管疾患の有無					
あり	1,940 (71.2)	1,591 (72.7)	120 (67.4)	226 (63.8)	3 (100.0)
なし	784 (28.8)	598 (27.3)	58 (32.6)	128 (36.2)	－ (－)

要介護3は147人（6.7％），要介護4は58人（2.6％），要介護5は12人（0.0％）と，介護度が低い人が大多数を占めていた。

　排便の介助の方法別にみると，「嚥下出来る状態維持」群において，出来るは1,613人（73.7％），見守り等が242人（11.0％），一部介助が190人（8.7％），全介助は144人（6.6％），「嚥下見守り等の状態から悪化」群において，出来るは0人（0％），見守り等は0人（0％），一部介助は2人（66.7％）全介助は1人（33.3％）と，排便の行為が自立している方が嚥下出来る状態を維持しており，逆に介助が必要である方が嚥下見守り等の状

態から悪化していた。

　障害高齢者の日常生活自立度別にみると，「嚥下出来る状態維持」群において，「なし～ランクJ」は975人（44.5％），「ランクA」は1,046人（47.8％）と大多数を占めていた。

　認知症高齢者の日常生活自立度別にみると，「嚥下出来る状態維持」群において，「なし～ランクⅠ」は1,191人（54.4％）と約半数を占めていた。

　次に，初回介護認定時の脳血管疾患の有無をみると，「嚥下出来る状態維持」群において脳血管疾患ありは1,591人（72.7％）と大多数を占めており，「嚥下見守り等の状態から悪化」群におい

表4 在宅療養継続群と中断群における嚥下能力と排泄行為の介助の方法の変化

（単位 人，（ ）内%）

	在宅療養継続群	在宅療養中断群
総数	2,423 （100.0）	301 （100.0）
性別		
男性	831 （ 34.3）	92 （ 30.6）
女性	1,592 （ 65.7）	209 （ 69.4）
年齢		
65〜74歳	367 （ 15.1）	36 （ 12.0）
75〜84歳	1,184 （ 48.9）	138 （ 45.8）
85歳以上	872 （ 36.0）	127 （ 42.2）
嚥下能力		
嚥下出来る状態維持	1,987 （ 82.0）	202 （ 67.1）
嚥下出来る状態から悪化	130 （ 5.4）	48 （ 15.9）
嚥下見守り等の状態維持または改善	305 （ 12.6）	49 （ 16.3）
嚥下見守り等の状態から悪化	1 （ 0.0）	2 （ 0.7）
排便の介助の方法		
改善	270 （ 11.1）	60 （ 19.9）
維持	1,849 （ 76.3）	155 （ 51.5）
悪化	304 （ 12.5）	86 （ 28.6）

表5 嚥下能力の変化が在宅療養に及ぼす影響

	オッズ比	95.0％信頼区間		p値
		下限	上限	
嚥下能力				
嚥下出来る状態から悪化/嚥下出来る状態維持	3.13	1.68	5.67	＜0.001
嚥下見守り等の状態維持/嚥下出来る状態維持	1.32	0.69	2.34	0.130
嚥下見守り等の状態から悪化/嚥下出来る状態維持	11.63	1.00	135.14	0.050

注　性別，年齢，排便行為の介助の方法，認知症高齢者の日常生活自立度：初回，脳血管疾患の有無：初回を調整因子として二項ロジスティック回帰分析を行った。

て脳血管疾患ありは3人（100.0%）であった。

4）在宅療養継続群と中断群における嚥下能力と排泄行為の介助の方法の変化（表4）

　嚥下能力の変化別にみると，継続群において，「嚥下出来る状態維持」は1,987人（82.0%），「嚥下出来る状態から悪化」は130人（5.4%），「嚥下見守り等の状態維持または改善」は305人（12.6%），「嚥下見守り等の状態から悪化」は1人（0.0%）と，嚥下能力が維持されている場合と改善した場合が多く占めていた。

　排便の介助の方法の変化別にみると，継続群において，維持は1,849人（76.3%），悪化は304人（12.5%），中断群において，改善は60人（19.9%），維持は155人（51.5%），悪化は86人（28.6%）であった。

5）嚥下能力の変化が在宅療養に及ぼす影響（表5）

　在宅療養に及ぼす影響について，従属変数として在宅療養中断／継続を，共変量として性別，年齢区分，嚥下能力の変化，排泄行為（排尿，排便）の介助の方法の変化，初回介護認定時の認知症高齢者の日常生活自立度および脳血管疾患の有無を投入し二項ロジスティック回帰分析を行った。

　嚥下能力の変化においては，「嚥下出来る状態から悪化」群は「嚥下出来る状態維持」群に比べて，在宅療養中断のオッズ比が3.13と有意に高い値を示した（p＜0.001）。

3．考察

1）対象者の属性

　対象者のうち，初回介護認定調査時に摂食・嚥

下障害を有している人は全体の13.1％であった。直江[2]の調査では，訪問看護を利用している在宅療養のうち摂食・嚥下障害者は16.6％であったと報告している。今回，訪問看護などのサービス利用状況については見ていないが，在宅の摂食・嚥下障害者の割合としては直江の研究[1]と大差なく，また今回は嚥下出来ない人を対象外としているため，嚥下出来ない人が他に若干名いることも考えると妥当な結果だといえる。

これまで，摂食・嚥下障害の原因として脳血管疾患や認知症が挙げられている[19]。そのため，今回の対象者についても摂食・嚥下障害の有無と脳血管疾患，認知症との関係を調査した。まず，脳血管疾患についてみると，「嚥下出来る」群のうち脳血管疾患を有する人は27.7％であるのに対して，「嚥下見守り等」群のうち脳血管疾患を有する人は35.9％と有意に多いことがわかった。また，認知症についてみると，「嚥下出来る」群のうち，認知症高齢者の日常生活自立度が「なし～ランクⅠ」の人は53.7％と半数以上占めているが，「嚥下見守り等」群のうち認知症高齢者の日常生活自立度が「なし～ランクⅠ」の人は36.4％と少なく，認知症高齢者の自立度が低い人ほど「嚥下出来る」群に比べて「嚥下見守り等」群の方が多くなっていた。

2）嚥下能力の変化が在宅療養に及ぼす影響

著者らは，嚥下能力の変化において，嚥下出来る状態を維持している人よりも悪化した人は食事に時間がかかる等，様々な要因で介護量が増える

と推測していた。また，嚥下能力の変化がなかったとしても，介助を要する状態が続くことが主介護者の負担となり，在宅療養の継続に影響を及ぼすのではないかと考え，今回，嚥下能力が見守り等の状態を維持している人と在宅療養の継続との関連をみたが，特に関連は認められなかった。

初回介護認定調査から2回目の介護認定調査の間に嚥下能力が悪化した人は全体の6.5％であった。嚥下能力の変化と在宅療養継続との関連をみると，継続群において嚥下能力が悪化した人は5.4％であるのに対して中断群において嚥下能力が悪化した人は15.9％と多かった。また，嚥下能力の変化において，「嚥下出来る状態から悪化」群は「嚥下出来る状態維持」群に比べて，在宅療養中断のオッズ比が3.13と有意に高かった。嚥下能力の悪化の原因としては病状の悪化やADLの悪化，加齢に伴う生理的変化など様々な原因が考えられるが，嚥下能力が悪化すると，栄養状態が悪化して免疫力が低下し，誤嚥性肺炎を引き起こしやすくなる[20]。誤嚥性肺炎になると，入院加療などで在宅療養を中断せざるを得ない。そのため，在宅療養の継続には嚥下能力の変化に注意していくことが大切であるといえる。

今回の調査では，嚥下能力の変化の中でも「嚥下出来る状態維持」群に比べて「嚥下出来る状態から悪化」群は在宅療養中断に関連していることが示唆された。しかし，「嚥下出来る状態から悪化」した178人のうち130人（73.0％）の人は在宅療養を継続しており，在宅療養継続には要介護者の身体的要因だけでは説明できないと推測された。

第1章　身体障害と要介護（支援）高齢者の関連研究

4. 介護保険認定高齢者における性・年齢別にみた要介護度と生命予後の関連

緒言

　日本では急速な高齢化に伴い，寝たきりや認知症等により介護を必要とする高齢者が増加している。2000年4月から介護保険制度が導入され，開始年度では65歳以上の認定者数は247万人であったが，2005年4月には396万人に増加し，第1号被保険者の15.8%を占めるようになった[1]。今後，さらに要介護者が増加すること[2]が予測されており，要介護度の重度化を防止することが必要である。

　介護保険における要介護状態の区分は，要介護度[3)4)]として，身体機能障害や認知症の高齢者に対する介護が必要な時間により規定されている。また，要介護状態の認定は，介護保険の申請行動により発生する[5]ことから，要介護度は，要介護者のADL（Activities of Daily Living）や認知症の自立度や重症度を直接，反映した指標であるとは限らない。しかし，要介護度は，要介護者の変化の指標として用いられており[6-8]，今後，要介護者の状態の評価や介護サービスの評価など幅広く活用されることが見込まれる。これらのことから，要介護度は，生命予後に関連する健康指標として，どのような特徴を持つ指標であるのかを把握することが必要であると考えられる。

　これまでの要介護者の生命予後に関する研究では，ADLが低い状態であること[9-12]，排泄において失禁があること[13)14)]，会話や移動能力が低下している状態[15-17]，認知症がある場合[18-21]に死亡リスクが高いといわれている。また，死亡率と疾患およびADLとの関連[22-24]も指摘されているが，性別によりADLの状態別の生命予後が異なること[22)25-27)]，死因[28)]や要介護状態の原因疾

患[29)]の割合が異なることも報告されている。

　さらに，介護保険制度における要介護度別の死亡リスクについては，要介護度が重度であるほど死亡率が高いこと[30)]や，死亡リスクが高いこと[31)]が報告されている。しかし，これらは，調査時点において既に要介護状態になってからの期間が経過した高齢者（prevalent case）と新たに要介護状態が発生した高齢者（incident case）が混在した対象者における報告であり，実際の死亡リスクよりも高い結果となっている可能性がある。そのため，新たに要介護状態が発生した高齢者(incident case）に限定した生命予後について検討することが望ましい。また，対象集団への効率的なサービス提供を検討するためには，対象集団の特徴を把握することが必要であり，性・年齢別にみた分析を行うことが必要である。

　以上のことから，本研究では，介護保険制度において新たに要介護認定を受けた65歳以上の高齢者（incident case）における性・年齢別の要介護度が生命予後に及ぼす影響について明らかにすることを目的とした。

1. 研究方法

1) 対象

　研究対象は，X県Y地区に居住し2001年4月から2004年12月の間に新規に介護保険制度の要介護認定を受け，要支援・要介護状態であると認定された第1号被保険者1,700人とした。Y地区は，2004年10月現在，人口54,590人，65歳以上の老年人口12,768人，高齢化率23.4%の農村地域であり，65歳以上の要介護認定者数2,064人，65歳以上の認定率は16.2%であった。

2) 調査方法

調査内容は，対象者の性，年齢，要介護度，診断名，医療処置，調査場所，判定時期とした。Y地区の認定調査は，すべて保険者に所属する5名の保健師が行った。

年齢は，65～74歳を「前期高齢者」群，75～84歳を「後期高齢者前半」群，85歳以上を「後期高齢者後半」群とした。

要介護度は，介護認定審査会において「自立」以外の「要支援」「要介護1」「要介護2」「要介護3」「要介護4」「要介護5」の6区分に判定された状態を用いた。

診断名は，主治医意見書に記入されたすべての内容を国際疾病分類第10版（International Classification of Diseases : ICD 10）を参考に13項目に分類した。分類した13項目は，「脳卒中」「筋骨格系」「痴呆」「高血圧」「心疾患」「骨折」「糖尿病」「肺疾患」「癌」「腎疾患」「パーキンソン病」「肝疾患」「その他」であった。主治医意見書に記載される最上段の診断名は，要介護状態の原因となった疾患であるが，本研究では診断名は生命予後への交絡因子にもなりうると考え記載されたすべての診断名を取り上げた。また，本研究では診断名としての「痴呆」は「認知症」[32]とはせずそのまま用いた。

医療処置は，生活機能を維持するための処置として，認定調査票（基本調査）の項目の中の「過去14日間に受けた医療（複数回答）」に関する12項目の有無を確認した。医療処置の内容の12項目は，点滴管理，中心静脈栄養，透析，ストーマの処置，酸素療法，レスピレーター，気管切開の処置，疼痛の看護，経管栄養，モニター測定，褥瘡の処置，カテーテルであり，これらの項目について1つでも該当した者を医療処置の「有」群とし，全く該当しない者を「無」群とした。

調査場所は，先行研究で在宅と施設での死亡リスク[31)33)34)]や悪化率の相違[35)]が報告されていることから，生命予後への影響があるのではないかと考えられる。認定調査が行われた場所を調査場所とし，「自宅」と「自宅以外」に分類した。「自宅以外」には，介護保険の施設サービスの他，認知症高齢者グループホーム，軽費老人ホーム，ケア

ハウス，一般病院などが含まれる。調査場所は，認定調査後，要介護者が介護サービスを受ける場所にもなるが，一部は自宅で認定調査を受けたがその後間もなく入院や入所する場合や，逆に病院や施設で認定調査を受けてから自宅に戻る場合など，調査後の場所の移動が考えられる。しかし，本研究では要介護認定調査が実施された時点の場所を用いた。

2003年4月，要介護認定における認知症高齢者の認定精度を上げるため一次判定ソフトが改訂された[36)37)]。これは大幅な改訂ではないため二次判定への影響は少ないと考えられるが，一次判定ソフトが改訂された時を判定時期として，改訂前のソフトを用いて判定した群と改訂後のソフトを用いて判定した群に区別した。

生命予後の観察は，2001年4月以降の介護認定調査が行われた時点から2005年3月22日までの死亡と転出を把握した。生存者については，2005年3月22日をもって観察打ち切りとした。

本研究は，保険者と研究者による要介護者の重度化防止と介護サービス評価に関する一連の共同研究であるため，Y地区の個人情報保護条例に基づく承認を得た。また，既存資料のみを用いる観察研究[38)]であることから，保険者より対象者に研究を行うことの目的と方法を伝えた。情報の取り扱いについては，保険者側であらかじめ研究用のID（Identification）を作成し，保険者側においてのみ実際のIDと研究用のIDが照合できるようにした。研究用のIDは，氏名，住所，電話番号等の情報をすべて削除し個人が特定されない状態に処理してから用いた。

3) 分析方法

性・年齢群別にみた要介護度別の観察打ち切り時点の累積生存率は，カプラン-マイヤー法を用いて算出した。累積生存率の差はログランク検定により検討した。

対象者全体における要介護度別の死亡のハザード比は，Cox比例ハザードモデルを用いて共変量に性別，年齢群，要介護度，診断名の有無，医療処置の有無，調査場所，判定時期を強制投入して算出した。診断名は，保有率5%以上であった「脳

卒中」「筋骨格系」「痴呆」「高血圧」「心疾患」「骨折」「糖尿病」「肺疾患」「癌」の9疾患の各有無を投入した。性別の全年齢における解析は，層別に対象者全体の解析と同様に行った。性・年齢群別にみた要介護度別の死亡のハザード比の検討の際には，要介護度，診断名（保有率5%以上の9疾患）の有無，医療処置の有無，調査場所，判定時期の他に，新規認定時の連続数の年齢を共変量として算出した。

また，検定の有意性は，有意水準5%で行った。これらの解析にはSPSS10.0 for Windowsを用いた。

2. 研究結果

1) 要介護新規認定時の状況と転帰

対象者の性・年齢別にみた要介護新規認定時の状況と転帰を表1に示した。男性は616人（36.2%），女性は1,084人（63.8%）であった。前期高齢者は320人（18.8%），後期高齢者前半は795人（46.8%），後期高齢者後半は585人（34.4%）であった。また，要介護度別では，「要支援」371人（21.8%），「要介護1」665人（39.1%），「要介護2」267人（15.7%），「要介護3」153人（9.0%），「要介護4」131人（7.7%），「要介護5」113人（6.6%）であった。

重複集計による診断名を有する者は，脳卒中574人（33.8%），筋骨格系564人（33.2%），痴

表1　要介護新規認定時の状況と転帰

項　目	区　分	男　性				女　性				全　体
		前期高齢者 (n=148)	後期高齢者前半 (n=279)	後期高齢者後半 (n=189)	男性全体 (n=616)	前期高齢者 (n=172)	後期高齢者前半 (n=516)	後期高齢者後半 (n=396)	女性全体 (n=1,084)	(n=1,700)
要介護度	要支援	23 (15.5%)	53 (19.0%)	34 (18.0%)	110 (17.9%)	51 (29.7%)	143 (27.7%)	67 (16.9%)	261 (24.1%)	371 (21.8%)
	要介護1	55 (37.2%)	90 (32.3%)	71 (37.6%)	216 (35.1%)	70 (40.7%)	212 (41.1%)	167 (42.2%)	449 (41.4%)	665 (39.1%)
	要介護2	22 (14.9%)	48 (17.2%)	40 (21.2%)	110 (17.9%)	20 (11.6%)	73 (14.1%)	64 (16.2%)	157 (14.5%)	267 (15.7%)
	要介護3	14 (9.5%)	33 (11.8%)	18 (9.5%)	65 (10.6%)	14 (8.1%)	36 (7.0%)	38 (9.6%)	88 (8.1%)	153 (9.0%)
	要介護4	21 (14.2%)	30 (10.8%)	12 (6.3%)	63 (10.2%)	9 (5.2%)	28 (5.4%)	31 (7.8%)	68 (6.3%)	131 (7.7%)
	要介護5	13 (8.8%)	25 (9.0%)	14 (7.4%)	52 (8.4%)	8 (4.7%)	24 (4.7%)	29 (7.3%)	61 (5.6%)	113 (6.6%)
診断名	脳卒中	80 (54.1%)	118 (42.3%)	60 (31.7%)	258 (41.9%)	56 (32.6%)	153 (29.7%)	107 (27.0%)	316 (29.2%)	574 (33.8%)
	筋骨格系	16 (10.8%)	47 (16.8%)	50 (26.5%)	113 (18.3%)	56 (32.6%)	224 (43.4%)	171 (43.2%)	451 (41.6%)	564 (33.2%)
	痴呆	31 (20.9%)	75 (26.9%)	66 (34.9%)	172 (27.9%)	37 (21.5%)	167 (32.4%)	145 (36.6%)	349 (32.2%)	521 (30.6%)
	高血圧	17 (11.5%)	54 (19.4%)	36 (19.0%)	107 (17.4%)	36 (20.9%)	116 (22.5%)	110 (27.8%)	262 (24.2%)	369 (21.7%)
	心疾患	14 (9.5%)	48 (17.2%)	44 (23.3%)	106 (17.2%)	11 (6.4%)	68 (13.2%)	80 (20.2%)	159 (14.7%)	265 (15.6%)
	骨折	9 (6.1%)	12 (4.3%)	10 (5.3%)	31 (5.0%)	12 (7.0%)	71 (13.8%)	72 (18.2%)	155 (14.3%)	186 (10.9%)
	糖尿病	26 (17.6%)	31 (11.1%)	17 (9.0%)	74 (12.0%)	15 (8.7%)	46 (8.9%)	21 (5.3%)	82 (7.6%)	156 (9.2%)
	肺疾患	17 (11.5%)	32 (11.5%)	31 (16.4%)	80 (13.0%)	9 (5.2%)	21 (4.1%)	16 (4.0%)	46 (4.2%)	126 (7.4%)
	癌	17 (11.5%)	38 (13.6%)	17 (9.0%)	72 (11.7%)	6 (3.5%)	21 (4.1%)	14 (3.5%)	41 (3.8%)	113 (6.6%)
	腎疾患	7 (4.7%)	6 (2.2%)	7 (3.7%)	20 (3.2%)	5 (2.0%)	13 (2.5%)	0 (1.5%)	24 (2.2%)	44 (2.6%)
	パーキンソン病	4 (2.7%)	11 (3.9%)	2 (1.1%)	17 (2.8%)	7 (4.1%)	15 (2.9%)	2 (0.5%)	24 (2.2%)	41 (2.4%)
	肝疾患	4 (2.7%)	9 (3.2%)	2 (1.1%)	15 (2.4%)	3 (1.7%)	5 (1.0%)	4 (1.0%)	12 (1.1%)	27 (1.6%)
	その他	13 (8.8%)	15 (5.4%)	9 (4.8%)	37 (6.0%)	16 (9.3%)	23 (4.5%)	13 (3.3%)	52 (4.8%)	89 (5.2%)
医療処置[1]	有	37 (25.0%)	51 (18.3%)	35 (18.5%)	123 (20.0%)	33 (19.2%)	83 (16.1%)	41 (10.4%)	157 (14.5%)	280 (16.5%)
調査場所	自宅	86 (58.1%)	201 (72.0%)	134 (70.9%)	421 (68.3%)	117 (68.0%)	382 (74.0%)	291 (73.5%)	790 (72.9%)	1,211 (71.2%)
判定時期[2]	ソフト改訂前	85 (57.4%)	159 (57.0%)	121 (64.0%)	365 (59.3%)	88 (51.2%)	289 (56.0%)	232 (58.6%)	609 (56.2%)	974 (57.3%)
転帰	生存	109 (73.6%)	192 (68.8%)	112 (59.3%)	413 (67.0%)	151 (87.8%)	433 (83.9%)	299 (75.5%)	883 (81.5%)	1,296 (76.2%)
	転出	1 (0.7%)	3 (1.1%)	3 (1.6%)	7 (1.1%)	3 (1.7%)	13 (2.5%)	7 (1.8%)	23 (2.1%)	30 (1.8%)
	死亡	38 (25.7%)	84 (30.1%)	74 (39.2%)	196 (31.8%)	18 (10.5%)	70 (13.6%)	90 (22.7%)	178 (16.4%)	374 (22.0%)

前期高齢者：65～74歳，後期高齢者前半：75～84歳，後期高齢者後半：85歳以上
1）：医療処置は，点滴管理，中心静脈栄養，透析，ストーマの処置，酸素療法，レスピレーター，気管切開の処置，疼痛の看護，経管栄養，モニター測定，褥瘡の処置，カテーテルのうちいずれか1つでも該当した者を「有」とした。
2）：判定時期とは，一次判定ソフトが改訂される以前の2003年3月までに判定が行われた者とそれ以降に判定を受けた者の区分である。

呆521人（30.6％），高血圧369人（21.7％），心疾患265人（15.6％），骨折186人（10.9％），糖尿病156人（9.2％），肺疾患126人（7.4％），癌113人（6.6％），腎疾患44人（2.6％），パーキンソン病41人（2.4％），肝疾患27人（1.6％），その他89人（5.2％）であった。過去14日間に医療処置を1つでも受けた者は280人（16.5％）であった。調査場所は，1,211人（71.2％）が「自宅」で調査が行われており，判定時期は，974人（57.3％）が「ソフト改定前」に判定を受けていた。転帰は生存1,296人（76.2％），転出30人（1.8％），死亡374人（22.0％）であった。

2）性・年齢群別にみた要介護度別の累積生存率

性・年齢群別にみた観察打ち切り時点の要介護度別の累積生存率を表2に示した。女性の後期高齢者後半の「要介護4」以外の区分において，男性よりも女性の累積生存率が高い傾向にあった。また，女性の前期高齢者では，要介護度別の累積生存率には有意な差が認められなかったが，それ以外の年齢群では要介護度が重度であるほど累積生存率が有意に低い傾向が認められた。前期高齢者と後期高齢者前半では男女とも「要介護5」の累積生存率が最も低く，後期高齢者後半では男性の「要介護2」と女性の「要介護4」が低かった。

3）多変量解析による死亡のハザード比

対象者全体における要介護度別の死亡のハザード比は，「要支援」を基準にすると，「要介護1」では1.37（95％ CI 0.95～1.96）となり有意な差が認められず，「要介護2」では2.13（95％ CI 1.43～3.16），「要介護3」では2.67（95％ CI 1.72～4.14），「要介護4」では3.52（95％ CI 2.23～5.56），「要介護5」では5.04（95％ CI 3.06～8.30）となり有意に高かった。

性・年齢群別にみた要介護度別の死亡のハザード比を表3に示した。全年齢における性別の要介護度別の死亡のハザード比は，「要介護1」以外の区分において，要介護度が重度であるほど死亡のハザード比が有意に高かった。

性・年齢群別にみた「要支援」を基準にした要介護度別の死亡のハザード比は，男性の前期高齢者では「要介護4」10.85（95％ CI 1.96～60.14），「要介護5」40.61（95％ CI 6.44～255.85）であり，後期高齢者前半では「要介護3」4.05（95％ CI 1.47～11.18），「要介護4」4.93（95％ CI 1.86～13.04），「要介護5」14.30（95％ CI 5.01～40.78）であり有意に高かった。しかし，後期高齢者後半では要介護度別の死亡のハザード比の有意な上昇は認められなかった。一方，女性では，前期高齢者の要介護度別の死亡のハザード比の有意な上昇は認められなかったが，後期高齢者前半では，「要介護5」で9.59（95％ CI 2.86～32.19）となり有意に高かった。また，女性の後期高齢者後半では，「要介護3」2.56（95％ CI 1.06～6.20），「要介護4」3.47（95％ CI 1.41～8.54），「要介護5」4.62（95％ CI 1.44～14.81）であり，要介護度が重度であるほど死亡のハザード比が有意に高かった。

表2　Kaplan-Meier法による累積生存率

要介護度	男性			女性		
	前期高齢者	後期高齢者前半	後期高齢者後半	前期高齢者	後期高齢者前半	後期高齢者後半
要支援	0.60	0.77	0.56	0.94	0.90	0.75
要介護1	0.63	0.68	0.52	0.88	0.75	0.79
要介護2	0.54	0.66	0.25	0.90	0.71	0.60
要介護3	0.68	0.54	0.32	0.89	0.72	0.60
要介護4	0.32	0.42	0.43	0.74	0.89	0.29
要介護5	0.23	0.22	0.38	0.49	0.50	0.57
Log Lank検定	p＜0.01	p＜0.001	p＜0.05	p＜0.1	p＜0.001	p＜0.01

前期高齢者：65～74歳，後期高齢者前半：75～84歳，後期高齢者後半：85歳以上
累積生存率は観察打ち切り時点で算出した。

表3 性・年齢別にみた要介護度別の死亡のハザード比

要介護度	前期高齢者			後期高齢者前半			後期高齢者後半			全体[1)]		
	HR	(95％CI)		HR	(95％CI)		HR	(95％CI)		HR	(95％CI)	
男性												
要支援	1.00			1.00			1.00			1.00		
要介護1	2.05	(0.45-9.39)		1.59	(0.66-3.80)		1.27	(0.53-3.08)		1.44	(0.85-2.46)	
要介護2	3.92	(0.83-18.59)		1.62	(0.61-4.34)		2.29	(0.93-5.60)		2.04	(1.16-3.61)	＊
要介護3	3.31	(0.62-17.75)		4.05	(1.47-11.18)	＊＊	2.66	(0.92-7.66)		2.83	(1.52-5.28)	＊＊
要介護4	10.85	(1.96-60.14)	＊＊	4.93	(1.86-13.04)	＊＊	2.60	(0.72-9.37)		4.02	(2.11-7.64)	＊＊＊
要介護5	40.61	(6.44-255.85)	＊＊＊	14.30	(5.01-40.78)	＊＊＊	0.82	(0.21-3.21)		5.94	(2.94-12.00)	＊＊＊
女性												
要支援	1.00			1.00			1.00			1.00		
要介護1	0.83	(0.15-4.54)		1.74	(0.80-3.79)		0.98	(0.46-2.07)		1.37	(0.84-2.26)	
要介護2	1.54	(0.10-23.56)		2.19	(0.89-5.43)		2.12	(0.95-4.72)		2.36	(1.35-4.13)	＊＊
要介護3	0.61	(0.03-13.33)		2.62	(0.88-7.81)		2.56	(1.06-6.20)	＊	2.67	(1.42-5.05)	＊＊
要介護4	1.32	(0.14-12.46)		1.84	(0.46-7.59)		3.47	(1.41-8.54)	＊＊	3.04	(1.54-6.00)	＊＊
要介護5	2.14	(0.17-26.64)		9.59	(2.86-32.19)	＊＊＊	4.62	(1.44-14.81)	＊	4.61	(2.14-9.93)	＊＊＊

＊：$p < 0.05$，＊＊：$p < 0.01$，＊＊＊：$p < 0.001$
前期高齢者：65〜74歳，後期高齢者前半：75〜84歳，後期高齢者後半：85歳以上
HR：Hazard Ratio（ハザード比），95％CI：95％ Confidence Interval（95％信頼区間）
性・年齢群別の死亡のハザード比は，Cox 比例ハザードモデルを用いて新規認定時の年齢（連続数），診断名9疾患，医療処置，調査場所，判定時期を調整し算出した。
全体[1)]の死亡のハザード比は，年齢群，診断名9疾患，医療処置，調査場所，判定時期を調整し算出した。

3. 考察

1) 要介護新規認定者における生命予後の特徴

本研究では，要介護度別の生命予後を明らかにするため，新規に要介護認定を受けた高齢者（incident case）に限定し，Cox 比例ハザードモデルを用いて死亡リスクを検討した。武田[31)]は，介護保険制度開始直前の半年間に要介護認定を受けた高齢者を対象に性別，年齢群，現住所，要介護疾患を調整した2年後の生存のオッズ比を報告した。武田による生存のオッズ比の逆数を用いて死亡のオッズ比に換算した場合，「要支援」を基準にすると「要介護1」1.75，「要介護2」2.17，「要介護3」3.03，「要介護4」3.85，「要介護5」6.67であった。また，川越ら[30)]は2000年10月時点の第2号被保険者を3.3％含む要介護認定者における要介護度別の2年後の死亡率を報告した。川越らによる死亡率から「要支援」を基準とした要介護度別の死亡率の比を算出すると，「要介護1」1.68，「要介護2」2.32，「要介護3」2.72，「要介護4」2.69，「要介護5」4.70であった。

これらの研究と本研究では対象者や解析方法が異なるため，単純に比較をすることはできなが，本研究においても先行研究と同様に要介護度が重度であるほど死亡リスクが高いという結果が得られた。本研究では，新規に要介護認定を受けた高齢者（incident case）を対象にしたが，既に要介護状態になってからの期間が経過した高齢者（prevalent case）が混在した先行研究の結果と明確な違いがみられなかった。本研究の観察期間は平均2年間であり，先行研究においても2年後の評価であったことから，incident case に限定した対象者と，incident case と prevalent case が混在した対象者の特徴を明確にするためには，2年間の観察期間では短いのではないかと考えられるため，今後，観察期間を延長して検討することが望まれる。

2) 性・年齢群別にみた要介護度別の生命予後

全年齢における検討では，男性，女性共に要介護度別の死亡のハザード比は，「要介護1」以外において要介護度が重度であるほど有意に高かった。しかし，男性の「要介護4」および「要介護5」の死亡のハザード比は女性より大きく，ADL の状態別の生命予後において，男性の生命予後が不

良である[22][25]とする先行研究と同様の結果であった。

また，男性では前期高齢者と後期高齢者前半で要介護度が重度である者の死亡リスクが上昇していたことに対し，女性では後期高齢者前半と後期高齢者後半で死亡リスクの有意な上昇が認められた。このことは，性別により死亡リスクの高い年齢層が異なることを示しており，今後，死亡リスクの高い年齢層に対する要介護度の重度化防止対策を検討することが必要であると考えられる。

特に前期高齢者の男性および後期高齢者前半の男性と女性では，「要介護5」における死亡リスクは，診断名や医療処置の有無を調整しても有意に高かった。今後，これらの死亡リスクが高い理由については，診断名の組み合わせによる影響や，現在治療中の疾患であるのか既往症であるのかなどを踏まえ，認定後の介護状況などの要因からも検討することが必要である。さらに，要介護者の健康面のアセスメントを見直し，適切なサービス提供が行われているかについて再検討することが必要であると考えられる。

4. 結語

本研究では，新規に介護保険の要介護認定を受けた高齢者（incident case）において，要介護度が生命予後に及ぼす影響を明らかにした。

男性，女性共に，要介護度が重度であるほど死亡のハザードは高いが，男性の死亡リスクは女性に比べ大きい傾向がみられた。また，性・年齢群別にみた「要支援」を基準にした要介護度別の死亡のハザード比は，男性の前期高齢者では「要介護4」から，後期高齢者前半では「要介護3」から有意に高く，「要介護5」のハザード比が最も高かった。しかし，男性の後期高齢者後半では，要介護度と死亡リスクの有意な関連は認められなかった。

一方，女性では，前期高齢者における要介護度と死亡リスクとの関連は認められず，後期高齢者前半の「要介護5」と，後期高齢者後半の「要介護2」から死亡のハザード比が有意に高かった。

以上のことから，男性では，比較的若い世代において，また，女性ではより高齢な世代において，要介護度が重度であるほど死亡リスクが高いことが明らかになった。これらのことから，ハイリスクグループに対する要介護度の重度化防止対策を講じることと，健康面のアセスメントを見直し，適切なサービス提供を行うことが必要であると考えられる。

第1章　身体障害と要介護（支援）高齢者の関連研究

5. 要介護認定者の日常生活自立度と生命予後との関連

はじめに

世界有数の長寿国となり高齢化が進むわが国においては，平均寿命延伸のみをめざすのではなく，寝たきりとなったり多くの介護を必要となったりせず，可能な限り自立した生活をどれだけ長く続けることができるようにするかが重要となっている。そのため，平成18年4月から改正された介護保険も介護予防に重点をおいた予防重視型システムへの転換を図ったものとなっている。

介護予防は，要介護状態にならないようにする発生予防と，要介護状態となってもできるかぎり維持・改善を目指していく悪化予防にわけられる。介護予防のうちの悪化予防対策を講じる上でも，悪化予防対策を実施した後の効果を評価する上でも，要介護状態となった高齢者の頻度，要介護状態を招いた原因，介護状況だけではなく，要介護状態となってからどのような転帰をとるのか，要介護高齢者の生命予後に関連する要因を検討することは重要なことである。

これまで，高齢者の日常生活動作の自立の程度と生命予後については多数の報告がなされ[1-8]，自立の程度が低い者ほど生命予後も悪いことが明らかとなっている。しかしほとんどが一般地域老人を対象としたものであり，要介護高齢者となった人々のみの日常生活動作の自立の程度と生命予後の関連をみたものは少ない。さらにその報告[8]は介護保険法施行開始初年度からの認定者における解析のため，介護保険法施行前から既に要介護状態となっていた人々を対象者に含んでいることになる。しかし，要介護状態になってからの経過が長いほど加齢や持病の進行が生じることが予想され，初年度の認定者は次年度以降の認定者と比べて初回認定後短期間のうちに死亡することが考えられる。したがって，要介護高齢者の生命予後を検討する場合，初年度の認定者と次年度以降の認定者の両方を対象者に含めた解析ではなく，介護保険法施行2年目以降の新規認定者に限定することが望ましいと考えられる。

そこで本研究では，介護保険法施行2年目以降に認定された要支援を含む新規要介護認定者を対象として，性・年齢階級別に日常生活自立度と生命予後との関連を明らかにすることを目的とした。

1. 方法

1）調査方法

富山県のN郡（3町村）に居住し，2001年4月から2004年12月に新規に要支援または要介護認定を受けた65歳以上の全住民1,700人（男性616人，女性1,084人）を対象とした。

初回認定時の情報として介護保険認定審査会資料から性，年齢，障害老人の日常生活自立度（以下，日常生活自立度），主治医意見書に記載された診断名を収集し，介護保険利用情報より2005年3月現在の転帰（生存，転出，死亡）を把握した。

なお，主治医意見書に記載された診断名については，主要な疾患として3大死因である悪性新生物，心疾患，脳血管疾患の記載の有無について調査した。日常生活自立度については，ランクJ1，J2を「ランクJ」，ランクA1，A2を「ランクA」，ランクB1，B2を「ランクB」，ランクC1，C2を「ランクC」とした。

倫理的配慮については，情報収集は保険者の管理責任者の許可を得て行った。情報の取り扱いは，

表1　対象者の日常生活自立度，転帰の分布　　　　　　　　　　　　　　　　　　　　　　　　　　　　（単位　人，（　）内%）

	総数	男性				女性			
		総数	65～74歳	75～84歳	85歳以上	総数	65～74歳	75～84歳	85歳以上
	1,700 (100.0)	616 (100.0)	148 (100.0)	279 (100.0)	189 (100.0)	1,084 (100.0)	172 (100.0)	516 (100.0)	396 (100.0)
日常生活自立度									
ランクJ	588 (34.6)	187 (30.4)	41 (27.7)	94 (33.7)	52 (27.5)	401 (37.0)	77 (44.8)	227 (44.0)	97 (24.5)
ランクA	737 (43.4)	271 (44.0)	60 (40.5)	114 (40.9)	97 (51.3)	466 (43.0)	59 (34.3)	201 (39.0)	206 (52.0)
ランクB	250 (14.7)	101 (16.4)	34 (23.0)	42 (15.1)	25 (13.2)	149 (13.7)	29 (16.9)	60 (11.6)	60 (15.2)
ランクC	125 (7.4)	57 (9.3)	13 (8.8)	29 (10.4)	15 (7.9)	68 (6.3)	7 (4.1)	28 (5.4)	33 (8.3)
転帰									
生存	1,296 (76.2)	413 (67.0)	109 (73.6)	192 (68.8)	112 (59.3)	883 (81.5)	151 (87.8)	433 (83.9)	299 (75.5)
転出	30 (1.8)	7 (1.1)	1 (0.7)	3 (1.1)	3 (1.6)	23 (2.1)	3 (1.7)	13 (2.5)	7 (1.8)
死亡	374 (22.0)	196 (31.8)	38 (25.7)	84 (30.1)	74 (39.2)	178 (16.4)	18 (10.5)	70 (13.6)	90 (22.7)

保険者側で個人を特定できる氏名，住所などはすべて削除し，被保険者番号は調査研究用に作成した独自の整理番号に置き換え，個人が特定できないよう処理してから用いた。

2) 分析方法

　生存分析における観察期間は，初回認定時から死亡または観察打ち切りまでの月数であり，生存者については2005年3月22日，転出者については転出日を観察打ち切り日とした。

　初回認定時の日常生活自立度別の累積生存率を性・年齢階級別（65～74歳，75～84歳，85歳以上）に，Kaplan-Meier法を用いて算出した。生存曲線の有意性の検定にはlog-rank検定を行い，有意水準は5%とした。また，性・年齢階級別に診断名と初回認定時の年齢を共変量としたCoxの比例ハザードモデルを用いて，ランクJを基準とした日常生活自立度の死亡ハザード比と95%信頼区間を求めた。

2.　結果

1) 対象者の概要

　性・年齢階級別に，対象者の初回認定時の日常生活自立度の分布と転帰を表1に示した。日常生活自立度をみると，男性ではどの年齢階級においてもランクAの割合が高く，それぞれの年齢階級の40%以上を占めていた。女性の65～74歳，75～84歳ではランクJが約4割，85歳以上ではランクAが約5割と，その年齢階級で最も高い割合を示した。観察期間内の死亡人数は374人（対

象者全体の22.0%）であり，男性196人（男性の31.8%），女性178人（女性の16.4%）であった。

2) 日常生活自立度別累積生存率

　性・年齢階級別にみた日常生活自立度別の累積生存率を比較した（図1，2）。

　男性の65～74歳，75～84歳，85歳以上の各年齢階級において日常生活自立度の違いによって累積生存率は有意に異なっていた。同様に女性の各年齢階級においても累積生存率は日常生活自立度の違いによって有意に異なっていた。男女ともに，日常生活自立度が低くなることにともなって累積生存率が低下する傾向を示し，ランクCはそれぞれの性・年齢階級において最も生存率が低い傾向にあった。しかし，男性の85歳以上では観察期間が1年を超えるとその傾向は明らかではなかった。

3) 日常生活自立度別死亡ハザード比

　性・年齢階級別に，ランクJを基準とした各日常生活自立度の死亡ハザード比を算出した（表2）。男女ともに85歳以上を除いた年齢階級ではランクCが最も高い死亡ハザード比を示し，かつランクJより有意に高かった。85歳以上では男女いずれにおいてもランクBの死亡ハザード比が一番高く，かつランクJより有意に高かった。

　その一方で，日常生活自立度の程度の低さによる死亡ハザード比の変化は性・年齢階級別に異なる特徴を示した。ランクJより有意に高かった死亡ハザード比をみると，男性の65～74歳，75～84歳では日常生活自立度が低くなるほど死亡ハ

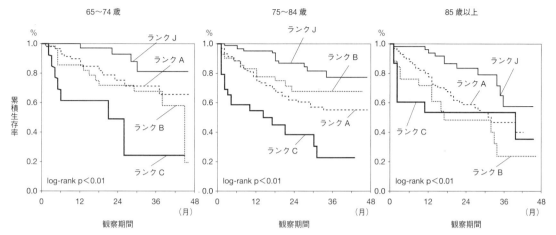

図1 年齢階級別にみた日常生活自立度別累積生存率（男性）

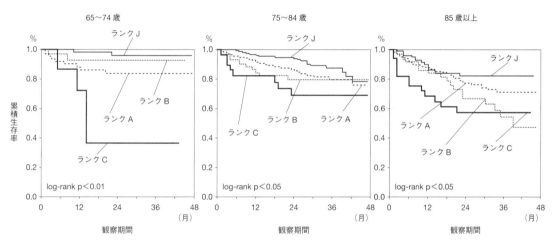

図2 年齢階級別にみた日常生活自立度別累積生存率（女性）

表2 性・年齢階級別にみた日常生活自立度別死亡ハザード比

	65～74歳	75～84歳	85歳以上
	ハザード比（95％信頼区間）	ハザード比（95％信頼区間）	ハザード比（95％信頼区間）
男性			
日常生活自立度			
ランクJ	1.00	1.00	1.00
ランクA	2.52（0.81～ 7.83）	2.69（1.40～ 5.16）	2.00（1.01～3.94）
ランクB	3.52（1.10～11.27）	2.52（1.12～ 5.68）	3.32（1.49～7.40）
ランクC	13.20（3.75～46.43）	8.84（4.19～18.66）	2.20（0.84～5.76）
女性			
日常生活自立度			
ランクJ	1.00	1.00	1.00
ランクA	3.11（0.78～12.39）	1.59（0.91～ 2.78）	1.28（0.71～2.32）
ランクB	1.96（0.30～12.70）	1.88（0.87～ 4.04）	2.07（1.04～4.11）
ランクC	9.86（1.87～52.06）	4.20（1.75～10.10）	1.80（0.80～4.08）

注　共変量：初回認定時年齢，診断名（悪性新生物・心疾患・脳血管疾患の記載の有無）

ザード比が高くなることが確認されたが，65〜74歳の死亡ハザード比はランクB 3.52，ランクC 13.20であったのに対し，75〜84歳の死亡ハザード比はランクA 2.69，ランクB 2.52，ランクC 8.84であり，年齢階級が上昇すると，日常生活自立度の低さによる死亡ハザード比の上昇の程度が小さくなる傾向がみられた。さらに男性の85歳以上の死亡ハザード比は，ランクA 2.00，ランクB 3.32は有意であったが，ランクC 2.20は統計的に有意ではなかった。また，女性において有意に高い死亡ハザード比が示されたのは，65〜74歳のランクC 9.86，75〜84歳のランクC 4.20，85歳以上のランクB 2.07のみであった。加えて，これら女性において統計的に有意であった死亡ハザード比は，同じ年齢階級の男性と比べていずれも小さかった。

3. 考察

要支援を含む要介護高齢者において，初回認定時の日常生活自立度と生命予後を検討した結果，日常生活自立度が異なると生命予後は有意に異なることが明らかとなり，日常生活自立度の程度が低いと生命予後も悪い傾向があることが示された。さらにその傾向は性・年齢階級別6群すべてで共通したものではなく，男女や年齢階級各群によって異なる傾向を示していた。

日常生活自立度が低いと生命予後が悪い傾向を示すことは，これまでにみられる日常生活自立度や日常生活動作の自立の程度が低いと生命予後が悪いという報告[1-7]と矛盾しない。しかし，これまでの報告は，障害の無い健常高齢者，すなわち自立した高齢者を高率に含んだ地域高齢者を対象者とした調査がほとんどである。本研究の対象者は要支援または要介護と認定された高齢者のみであり，たとえ日常生活自立度がランクJと評価されても何らかの支援や介護を必要とする人々である。そのような人々においても日常生活自立度の程度が低いと生命予後も悪いことが明らかとなった。

本研究では性・年齢階級別に日常生活自立度と生命予後の関連を検討した。その結果，性・年齢階級の組み合わせによって特徴が異なっていた。

性別での検討では，男性はランクJと比べてランクAやBから既に死亡ハザード比が有意に高かったが，女性では日常生活自立度と生命予後との間に有意な関連が見いだせたのはランクBまたはランクCという日常生活自立度の程度が低い状態のみであった。さらに，それらのランクにおける死亡ハザード比は，男性よりも小さかった。また女性ではランクJとそれ以外のランクとの間の死亡ハザード比の格差が，男性よりも小さいことが示された。これらのことから，女性では日常生活自立度が低くなることによる生命予後の悪化の程度が，男性よりも小さいこと，すなわち女性は男性に比べて日常生活自立度と生命予後の関連が小さいことが考えられた。健常な高齢者を多く含む地域居住高齢者を対象者とした調査では，女性のほうが自立度による死亡ハザード比の格差が小さかったという報告[3]，年齢を配慮してはいないが日常生活動作が低下した状態でも男性と比較して女性の死亡率が低いという報告[2]がみられる。また，自立した60歳以上の地域在住高齢者において，生活体力は男性では生命予後と関連しているが，女性では関連がみられないという報告[9]もある。このように，本研究において，男女で日常生活自立度別の死亡ハザード比が異なる特徴を示したということは，自立した高齢者を対象者に多く含んだこれまでの報告と矛盾しない。支援や介護を要する高齢者においても，日常生活自立度が生命予後と関連しているのは男女ともに共通しているが，男性と女性では日常生活自立度が生命予後に与える影響が異なっている可能性があることが明らかとなった。本研究では情報が得られなかったが，男女の平均余命の違い，有する基礎疾患の違いなどが影響している可能性があり，それらを考慮した解析も求められるであろう。

年齢階級別では，年齢階級が上がると日常生活自立度の低さによる死亡ハザード比の上昇の程度が小さくなる傾向があった。

高齢になると生命予後が悪くなるのは当然なため，これまでの報告でも年齢は調整因子として解析されてきており，年齢階級ごとに自立度と生命予後の関係がどう変化するかを検討したものが見

当たらなかった。そのため比較できなかったが，年齢が高くなると日常生活自立度以外の要因の生命予後に及ぼす影響が大きくなってくる可能性がある。一方，本研究では死亡ハザード比を同じ年齢階級のランク J を基準として算出しており，高い年齢階級ではランク J を含めて全体として死亡率が高く，死亡ハザード比の格差が小さく示された可能性もあり，年齢階級が上がると日常生活自立度の違いによる死亡ハザード比の違いの格差が小さくなることの詳細な理由は本研究だけでは不明であり，今後，死因の違いなどの検討が必要である。また，この地域は県庁が所在する市に隣接し，2004 年 10 月現在，人口 54,590 人，65 歳以上の老年人口 12,768 人，高齢化率 23.4％の地域である。この地域には総合病院は一箇所のみであるが，隣接する市に多数の総合病院が存在する。さらにその市への通勤圏内であることからベッドタウンとして開発されてきている地域と，旧来からの農業を主体とした地域が入り混じった地区である。本研究結果がこの地域に特徴的であるのかについては今後の研究が待たれるところであるが，同年の富山県の高齢化率 22.7％と大きく変わ

るものではなく，特殊な地域であるとはいえない。

介護保険法の改正が行われ，要支援状態となった人々が要介護とならないようにする予防，要介護状態となった人々がそれ以上悪化しないようにする予防が進められていく。本研究から，初回認定時に日常生活自立度がどの程度であればどのような生命予後が予測されるのかということ，それらの関連は性別にも年齢階級別にも異なることが明らかとなったことで，初回認定時の日常生活自立度に注目した対策，男女や高齢者ひとくくりではない対策の必要性が考えられ，対策実施前の状況である本研究結果は今後の対策実施の際に役立つ資料であると考えられた。

4. 結語

要支援を含む要介護認定者の初回認定時の日常生活自立度の程度は，性・年齢階級別に解析し，介護の原因となった診断名を調整しても，生命予後と関連していることが明らかとなった。また，その関連は性・年齢階級別に異なっていた。

第1章　身体障害と要介護（支援）高齢者の関連研究

6. 介護保険制度下におけるサービス利用の有無と要介護度の変化

1. 目的

　介護保険が始まり5年目を迎えたが，サービスの量的拡大に伴い，サービスやケアプランの質に関する問題が指摘されている。なかでも要支援者への予防給付，軽度の要介護者への給付が要介護度の改善につながっていない可能性がいわれており[1]，その実態を分析することが求められている。

　サービスの質の評価となると，サービスの利用が介護負担感または利用者や介護者の主観的評価にどう関連しているのかといった方向からの評価が多い[2-4]。介護保険の目的のひとつの介護を家族だけが担うのではなく社会で支えるという点から確かに重要である。だがそれ以上に，サービスの利用が利用者の身体の状況とどう関連しているのかといった面からの評価は，要介護度の悪化を可能な限り防ぐために欠かすことができない。

　ところが，これまではサービスの受給者数及びその費用，サービスごとの介護保険事業計画の達成状況などによる分析がほとんどであり，サービス利用者の状態の変化とサービス利用とを関連づけたものは数少ない。さらに数人を抽出しての調査ではなく，ある地域集団の実態をみたものとなるとほとんどみられない[5]。しかし，介護保険の事業計画やこれから行われる介護予防に関した計画を策定する際の検討資料としても，数人レベルだけではなくある地域全体の傾向をとらえておくことが必要である。

　そこで今回は，ある地域全体における，要支援者を含めた軽度の要介護者におけるサービス利用の有無と要介護度の変化との関連について明らかにすることを目的とした。

2. 方法

1) 対象

　富山県X地区（2001年10月1日現在の人口は53,642人，老年人口割合22.2%）に居住し，2001年4月1日～2003年1月31日の間に要介護認定を初めて受けた1号被保険者のうち，初回要介護度が要支援または要介護1で初回認定時に居宅だった者449人を対象者とした。そのうち，初回認定から1年以上認定を受けていた392人（87.3%）を分析対象者とした。分析対象者392人のうち，初回認定が要支援であった者（要支援群）は131人33.4%，要介護1であった者（要介護1群）は261人66.6%であった。

　要支援群は男性41人（31.3%），女性90人（68.7%），平均年齢80.4（SD6.5）歳，障害老人の日常生活自立度がランクJ1の者が30人（22.9%），J2は72人（55.0%）であり，痴呆性老人の日常生活自立度で全く痴呆を有しない者55人（42.0%），ランクIは54人（41.2%）であった。

　要介護1群では男性77人29.5%，女性184人70.5%，平均年齢81.4（SD6.8）歳，障害老人の日常生活自立度では全く障害を有しない者3人（1.1%），J1は13人（5.0%），J2は106人（40.6%）であり，痴呆性老人の日常生活自立度では全く痴呆を有しない者73人（28.9%），ランクIは81人（31.0%）であった（**表1**）。

2) 調査方法

　認定審査会資料から初回認定時情報として性別，年齢，障害老人の日常生活自立度，痴呆性老人の日常生活自立度，介護保険利用明細から1年

表1　分析対象者の特性

| | | 初回認定 | | | |
| | | 要支援 | | 要介護 | |
		人数	%	人数	%
計		131	100.0%	261	100.0%
性別	男	41	31.3%	77	29.5%
	女	90	68.7%	184	70.5%
年齢	平均	80.4 (SD 6.5)		81.4 (SD 6.8)	
	65〜74歳	26	19.8%	41	15.7%
	75〜84歳	69	52.7%	119	45.6%
	85〜歳	36	27.5%	101	38.7%
障害老人の日常生活自立度					
	正常	0	0.0%	3	1.1%
	J1	30	22.9%	13	5.0%
	J2	72	55.0%	106	40.6%
	A1	22	16.8%	66	25.3%
	A2	7	5.3%	69	26.4%
	B1	0	0.0%	4	1.5%
痴呆性老人の日常生活自立度					
	正常	55	42.0%	73	28.0%
	ランクⅠ	54	41.2%	81	31.0%
	ランクⅡa	12	9.2%	37	14.2%
	ランクⅡb	10	7.6%	41	15.7%
	ランクⅢa	0	0.0%	21	8.0%
	ランクⅢb	0	0.0%	8	3.1%

間のサービス利用情報を得た。

3) 分析方法

1. 初回認定が要支援であった者を「要支援群」，初回認定が要介護1であった者を「要介護1群」とし，要支援群で次の認定も要支援であった者，要介護1群で次の認定が要支援か要介護1であった者を維持・改善群とし，それ以外を悪化群とした。

   サービスについては，初回認定から1年間に一度でも利用したサービスは「利用あり」とし，一度も利用が無かったサービスを「利用なし」とした。

2. 対象者のサービスの利用状況と要介護度の変化との関連をみるために，初回認定時の要介護度別に，初回認定時の年齢（65〜74，75〜84，85〜歳），性別，障害老人の日常生活自立度，痴呆性老人の日常生活自立度と5人以上が利用していたサービスを投入したロジスティック回帰分析（強制投入法）を行い，要介護度の変化

に対するサービス利用の有無のオッズ比を算出した。

3. 結果

1) 対象者の要介護度の変化

要支援群における維持・改善群は75人（57.3%），悪化群は56人（42.7%）であり，要介護1群における維持・改善群は205人（78.5%），悪化群は56人（21.5%）であった（**表2**）。

2) 対象者のサービス利用状況

初回認定後1年の期間において何もサービスを利用しなかった者は要支援群においては27人（20.6%），要介護1群においては40人（15.3%）であった。

要支援群において利用されていたサービスについてみてみると，利用者の割合が多いものから順に通所介護49人（37.4%），訪問介護38人（29.0%），通所リハビリテーション29人（22.1%），要介護

表2　介護度の変化

		次の介護度						
		要支援	要介護1	要介護2	要介護3	要介護4	要介護5	合計
初回認定	要支援	75 57.3%	45 34.4%	9 6.9%	1 0.8%	1 0.8%	0 0.0%	131 100.0%
	要介護1	23 8.8%	182 69.7%	43 16.5%	7 2.7%	4 1.5%	2 0.8%	261 100.0%

■悪化群, □維持群

表3　初回介護度別にみたサービス利用の有無

		初回認定			
		要支援		要介護1	
サービス	利用の有無	人数	%	人数	%
1年間何も利用なし		27	20.6%	40	15.3%
訪問介護	利用あり	38	29.0%	69	26.4%
訪問入浴介護	利用あり	0	0.0%	1	0.4%
訪問看護	利用あり	5	3.8%	5	1.9%
通所介護	利用あり	49	37.4%	99	37.9%
通所リハビリテーション	利用あり	29	22.1%	67	25.7%
福祉用具貸与	利用あり	16	12.2%	57	21.8%
短期入所生活介護	利用あり	11	8.4%	45	17.2%
短期入所療養介護 (介護老人保健施設)	利用あり	3	2.3%	11	4.2%
居宅療養管理指導	利用あり	4	3.1%	9	3.4%
痴呆対応型共同生活介護	利用あり	0	0.0%	4	1.5%
食事提供	利用あり	1	0.8%	5	1.9%
介護老人福祉施設サービス	利用あり	1	0.8%	4	1.5%
介護老人保健施設サービス	利用あり	1	0.8%	13	5.0%
介護療養型医療施設サービス	利用あり	0	0.0%	1	0.4%

1群においては通所介護99人（37.9%），訪問介護69人（26.4%），通所リハビリテーション67人（25.7%）であった（表3）。

3）要介護度の変化とサービス利用の有無との関連

要支援群においては通所リハビリテーションを利用した者は利用しなかった者に比べて要介護度悪化群の割合が4.2倍多く（表4-a），要介護1群においては福祉用具の貸与を利用した者は2.8倍，短期入所生活介護を利用した者は4.7倍悪化群が多くみられた（表4-b）。

4．考察

要介護度の変化については，要介護状態となってからの経過期間が長い人ほど，要介護状態となる原因疾患の進行や年齢が高くなることによって要介護度が悪化していく人が多くなるのは当然である。そのため，要介護度の変化を分析する場合，初回認定者に限定することは妥当といえる。

さらに，介護保険が開始された年度である2000年度の初回認定者については，それ以降の年度の初回認定者の人数よりはるかに多いことからもわかるように，介護保険開始前から既に要介護状態であった者があらためて認定をうけている場合も含まれている。そうすると，初回認定者といえども要介護状態となってからの経過期間が長い人も含まれることが考えられ，初回認定後，短期間で悪化していく割合が高くなる可能性が高い。よって，要介護度の変化を検討する今回の調査では，2001年度以降の初回認定者を対象者とした。また，サービスの利用の有無と要介護度の変化との関連について明らかにすることを目的としており，利用限度額や利用日数，利用できるサービスの種類が要介護度によって異なることから，

表4-a　介護度悪化とサービス利用の有無（要支援群）

		オッズ比	95％信頼区間
訪問介護	利用あり/利用なし	1.25	0.46-3.36
訪問看護	利用あり/利用なし	4.71	0.54-41.42
通所介護	利用あり/利用なし	1.91	0.74-4.97
通所リハビリテーション	利用あり/利用なし	4.18	1.43-12.25
福祉用具貸与	利用あり/利用なし	1.25	0.32-4.82
短期入所生活介護	利用あり/利用なし	2.97	0.54-16.18

共変量：年齢（3群），性別，障害老人の日常生活自立度，痴呆性老人の日常生活自立度

表4-b　介護度悪化とサービス利用の有無（要介護1群）

		オッズ比	95％信頼区間
訪問介護	利用あり/利用なし	0.79	0.33-1.89
訪問看護	利用あり/利用なし	1.01	0.09-11.20
通所介護	利用あり/利用なし	1.33	0.58-3.05
通所リハビリテーション	利用あり/利用なし	1.34	0.54-3.32
福祉用具貸与	利用あり/利用なし	2.75	1.12-6.76
短期入所生活介護	利用あり/利用なし	4.65	1.92-11.29
短期入所療養介護（介護老人保健施設）	利用あり/利用なし	2.71	0.47-15.55
居宅療養管理指導	利用あり/利用なし	1.47	0.23-9.20
食事提供	利用あり/利用なし	0.14	0.01-3.39
介護老人保健施設サービス	利用あり/利用なし	5.41	0.87-33.59

共変量：年齢（3群），性別，障害老人の日常生活自立度，痴呆性老人の日常生活自立度

初回認定時の要介護度別の分析とした。

　サービス利用の有無と要介護度の変化をみると，初回認定が要支援であった者，要介護1であった者のいずれにおいても，サービスを利用しなかった者に比べて利用した者に要介護度が悪化する割合が高いサービスがみられた。要介護度の変化やサービス利用に影響するとされる性，年齢，ADLの状態（障害老人の日常生活自立度），認知症の程度（痴呆性老人の日常生活自立度）を考慮しても，初回認定が要支援であった者では「通所リハビリテーション」を利用したことがある者，要介護1であった者では「福祉用具の貸与」や「短期入所生活介護」を利用したことがある者は利用したことがない者に比べて要介護度が悪化する者の割合が高かった。

　国民生活基礎調査では2000年度の初回認定者を含み，施設入所者も含むが，要支援，要介護1の者の要介護度が悪化する割合は，それぞれ1年後で33.7％，28.4％であり[6]，同じく2000年の初回認定者や施設入所者も含めた2年間の変化で

は，要支援者は68.0％，要介護1の者は50.3％との報告がなされている[7]。今回42.7％，21.5％であったことから，対象者が特に悪化する割合が高い集団であったとはいえない。

　また，サービスについては，厚生労働省の2001年度の介護給付費実態調査報告[8]によると要支援の者が「通所リハビリテーション」を一年間に一度でも利用する割合は16.8％，要介護1の者が「福祉用具の貸与」を利用する割合は17.3％，「短期入所生活介護」を利用する割合は3.0％である。今回の対象者では順に，22.1％，21.8％，17.2％であり，「短期入所生活介護」の利用割合を高めるような要因を持つ地区であるともみえる。今回の調査は65歳以上の初回認定者に限っており，厚生労働省の報告よりも年齢が高いこと，要介護状態となってからの期間が短いことから家族が介護に不慣れなため，ならびにX地区は雪国であること，農村地区であることから短期入所生活介護を利用する可能性ということ等，様々なことが考えられる。しかし，これらの要因については今回は調査していない。一方で，その他のサービス

利用の割合がほぼ同じであることから，X地区が特殊な地域であるとはいえない。

　そうすると，なぜある種のサービスを利用したことがある者に要介護度が悪化する者の割合が多かったのであろうか。これには少なくとも三つの可能性が考えられる。まず，サービスの提供を計画するケアプランまたはサービスの内容が利用者の要介護度の悪化を予防するには適切ではなかった可能性，次に，ケアプランやサービスは適切であり，サービスが提供されなければもっと要介護度が悪化していたはずの利用者をサービスの効果により悪化のスピードをゆるやかにすることができた可能性，最後に，今回の調査方法の限界として観察開始からどの時点で要介護度の変化やサービスの提供があったのかを把握していないことにより，サービスの給付以前に要介護度の悪化が既に生じていた可能性の三つである。

　最初に，一つ目の仮説のケアプランやサービスそのものが利用者の要介護度の悪化を予防するには適切ではなかった可能性については，要支援者や軽度の要介護者に対して過剰なサービス給付により要介護度が悪化する例も報告されている[1]。

　今回，介護度の変化と関連がみられた三つのサービスのうち，「短期入所生活介護」については介護負担を軽減する効果はあるが，利用者が生活の場所とリズムの短期間の変化についていけないことによって，心身の状況の悪化が生じる危険があることは否定できない。そのため要介護者にとっては短期入所生活介護の利用が必ずしも効果があるとはいえないという調査[1,9]もあり，短期入所生活介護を利用したことのある者に要介護度が悪化する割合が多かった今回の結果はそれらの調査を支持するものであった。「通所リハビリテーション」についても利用とADLの低下に有意な関連がみられるとの報告もあり，今回の調査と矛盾していない。「福祉用具の給付」の導入については対象者の状態に適切でない場合，介護予防に効果がみられないことがあるともいわれており[1]，今回の結果も同様の場合が存在していたとも考えられる。よって，今回の結果は一つ目の仮説と矛盾してはいない。また，これまでに出された報告書[1,10,11]によると，リハビリテーションに

関してはサービスの効果が未整理なまま長期にわたる提供，要支援・軽度要介護者へのメニューの用意が不十分，医療から介護への連続するシステムが必ずしも機能していない，リハビリテーションとケアとが混同して提供されているものがある，在宅の日常生活に十分には対応していない等といった課題があげられている。リハビリテーションに限らず，ほぼ半数の要介護認定者が影響を受けている認知症はケアモデルが未確立でもあり，高齢者の状態像に応じていないことがあるともされている。

　要支援の者が要介護の状態にならないように，または既に要介護の状態の者の悪化予防という介護予防を目指すためには，障害が軽い時期からの個別的な関わり，必要な時期に集中した実施，要介護者と同一のサービスメニューではなく要支援者にはより介護予防・リハビリテーションを重視したサービスの提供，認知症を持つ高齢者の混乱を招かないための徹底した本人主体のアプローチ等が必須であるといわれている。

　福祉用具の給付についても対象者の状態像に対する不適応が見られ，効果が上がらない・悪影響を及ぼすことがあるともされ，現行のガイドラインの徹底があらためて求められている。

　短期入所生活介護においては，在宅から短期入所した施設でケアプランのひきつぎ・実施がどのようになされているのか，利用した要介護者は短期入所をどのように説明され受け入れているのかのさらなる調査が必要であると考える。前出の報告書[10]においてもあらかじめ一定の期間を定めて計画的に利用する形態だけでなく，必要なときに緊急的に利用する形態を十分に対応できるような制度が求められており，その中で，適切な時期に短期に集中したリハビリテーションを行うことも可能となってくるであろう。

　これらのことが考慮された新介護保険におけるサービス給付と要介護度の変化の関連と今回の結果とを比較し，上記の仮説の検証をすることで，有効なサービスプログラム・提供方法を明らかにすることにつながると考えられる。

　次の仮説である，ケアプランやサービスは適切でありサービスが提供されなければもっと要介護

度が悪化していたはずの利用者の要介護度の悪化のスピードをゆるやかにしている可能性についてを支持するような報告をみつけることができなかった。しかし，今回の調査対象者である，介護認定を受けた1号被保険者は高齢者であり，介護が必要となるようななんらかの疾患・障害を持つ人々である。そうなると月日の経過と共に要介護度が悪化していく傾向があるのも現実である。自然にまかせていれば悪化する可能性が高い状況を改善・維持することが最も望ましいが，悪化していくスピードをゆるやかにする，すなわち悪化がくいとめられないような場合でも，より軽度の悪化のみでとどめていくということも，適切なサービスを受けることによる効果だと考えられる。この仮説を裏付けるような報告はみられず，今回の調査の結果からも導くことはできないが，論理上の無理はなく，この仮説を検証するような調査を行う必要があるだろう。

一方で，適切な種類のサービスを提供するケアプランが策定されていても，限度額などから頻度や時間に制約があり，効果が十分にあらわれていない可能性も考えられる。加えて，介護を必要とする者や介護者の意識によってもサービス利用は左右されるものであり，それらの意識に影響するとされている家族介護志向，所得の状況を配慮すること，さらにある種のサービスを受けるか受けないかだけではなく，そのサービスを受ける量と要介護度の変化との関連を分析することも必要である。

一つ目の仮説と二つ目の仮説については，同じような心身の状況・介護状況である人々に対し，必要と思われるサービスを提供しない群と提供する群を設け経過を見ていく方法をとればいいのかもしれないが，倫理的に行うべきではない。そのような調査ではなく，介護支援専門員はケアプラ

ンを策定する際に，どんな情報で，対象者の将来の状態の変化を予測し，悪化する可能性が高い者に対してサービス利用を提案しているのかを明らかにすることで，より効率的なサービス提供につなげ，さらには悪化につながる事象を発生させないための対策を検討する必要があるだろう。

最後の仮説の，観察開始からどの時点で要介護度の変化やサービスの提供があったのかを把握していないことにより，サービスの給付以前に要介護度の悪化が既に生じていた可能性については，今回の調査結果からは検討することができない。今回の調査方法では初回認定から1年間観察し，その間に要介護度がどう変化したのかをみているのだが，1年間のいつの時点で要介護度が変化したのかについては把握していない。そのため，サービスを提供する前に既に要介護度が悪化していた可能性，すなわち要介護度が悪化するような状況になったことからサービスが提供されたという場合，または，サービスの提供後，時をおかずに要介護度が悪化した場合もありうる。このような場合はサービス給付による要介護度の変化とはいえず，サービスの質を評価するにはサービス給付と要介護度変化を時系列で検討することももとめられると思われた。

今回の調査では，一部のサービスの利用と要介護度の悪化に関連がみられた。その関連が何によって生じているのかについては，今後，時系列でとらえた要介護度の変化やサービスの利用，サービスについての認識や所得状況など利用者とその家族の背景，ケアプラン策定時の介護支援専門員の判断過程を把握した調査を行うこと，さらにはサービス給付が大きく変化する新介護保険においても同様の調査を続けることで明らかにしていくことが必要であると考えられた。

第2章　認知症と要介護（支援）高齢者の研究
1. 認知症研究の概要と意義

　認知症対策は各方面にわたるが，患者を中心とした対策のためには，認知症者の実態について明確に把握し，理解しておくことが重要である。

　サービス提供者は，個別には認知症本人の状況の理解をしておくことが重要であると認識しているが，認知症者の意思決定の実態の全容が明確にされていないことから，政策として認知症者全体への具体的な方策を出しづらいという問題があり，サービス提供の面から客観的な研究が求められている[1]。

　たとえば，認知症の人の何が悪化（死亡を含む）と関連しているのかを見極めて，サービスを提供していくかが重要である。そのため，認知症のアセスメントが的確に行なわれないと，その後の予測が立っていかないと，ケア計画及びケアを実施した後の事後評価を行うことができないと考える。要介護高齢者の認知症について，認知症度及び認知症の中核症状の悪化，日常生活動作（ADLとする）との関連による変化，認知症とコミュニケーション，原因疾患の予後との関連について明らかにされていない。

　そこで，我々は，認知症本人について，どのような状況にあるのかについて，疫学的研究を行い，次のような結果（概要）をえた。

　まず，認知症を抱えた要介護高齢者における2年以内の要介護度の悪化予測を検討した。

　介護保険の新規認定で要支援・要介護1の認定を受けた65歳以上の軽度要介護高齢者764人における2年以内の要介護悪化および死亡と認知症高齢者の自立度との関連について検討した。多重ロジスティック回帰分析を用いて，年齢，要介護度，ADLを調整した高齢者の認知症自立度別の要介護悪化リスク（OR）と死亡リスクを算出した。

　要介護度の悪化リスクは認知症がないものに比して女性では「ランクⅠa」で3.7倍，「ランクⅡb」6.1倍，「ランクⅢ以上」25.0倍，男性では「ランクⅡb」6.5倍と有意に悪化リスクが高かったことから，認知症自立度は男性よりも女性で認知症自立度が重度の者の介護度の悪化リスクを予測していた。しかし死亡との関連において差はなかった。

　よって，認知症高齢者の自立度は，女性の軽度要介護高齢者における2年以内の要介護度悪化を予測する指標となりうるが，男性については言及できないことがわかった[2]。

　次いで，認知症高齢者の日常生活自立度の変化を明らかにすることを目的とした研究を行った。

　さらに，中核症状や周辺症状といった認知症関連症状項目についてもその変化について追跡し，これらの症状と認知症高齢者が要介護認定を受けた場所や歩行能力との関連を検討した。新規に要介護認定を受けた第1号被保険者のうち認知症自立度ランクⅠ～Ⅲと判定を受けた1,717人を対象とした。2回目の要介護認定更新時に認知症自立度の変化（改善，維持，悪化）の割合を算出した。さらに関連症状項目のうち，初回認定調査場所が自宅であった者における有所見者と，自宅外であった者における有所見者の割合と，歩行可能であった者における有所見者の割合と，歩行不可能であった者における有所見者の割合を算出しその割合の差を求めた。

　対象の60.7％の者は認知症自立度を維持し，12.0％の者が認知症自立度を改善していた。中核症状やひどい物忘れの有所見者の割合が高く，新規認定で認知症自立度がⅠ～Ⅲの者1,717人の2回目申請時の認知症の悪化割合は26.3％であった。2回目更新時の改善や悪化における変化も大きかった。また，中核症状やひどい物忘れは必ずしも認定調査実施場所が自宅や歩行可能な場合に

有所見者割合が低いということはなく，場所や歩行能力によって特定の方向を示すことはなく，認知症の中核症状や周辺症状が認定調査場所と関連しているとは言えなかった。

認知症自立度判定基準は，平成5年の作成から長く経過しており，最新の知見が反映されていない点や判断基準の分かりにくさが指摘されている。認知症は脳の器質的障害であるという考えのもとで「認知症自立度」もより客観的根拠に基づくものに見直されつつある[3]。

中山間地域における要介護（支援）認定を受けた65歳以上高齢者2341人について，ADL，認知症自立度と死亡の関連を観察した（平均追跡期間は5.7年）。男女別に寝たきり度および認知症度別に年齢階級，要介護度を調整してCox回帰分析を用いてハザード比を算出した。

結果として，年齢，対象者の4%以上罹患の7疾患及びがんを調整したハザード比を算出したところ，認知症の程度と男女ともに死亡との有意な関連はみられなかった。寝たきり度では男性Cランクのハザード比は4.01（CI 1.47-10.93）と死亡リスクが有意に高く，女性でもBランク2.71（CI 1.15-6.35），Cランク3.79（CI 1.56-9.19）と高かったが，認知症度は男女とも重症度区分と死亡の有意な関連は見られなかった。

要介護（要支援）高齢者においては，認知症の有無及び認知症ランクは死亡リスクとほとんど関連していなかった。要介護（支援），寝たきり度が高くなるほど死亡リスクが高くなることが明らかとなった。要介護度は認知症より寝たきり度をよく反映した指標とした[4]。

さらに，日常生活自立度はどのくらいの期間，維持されているのかを把握することを目的に，障害自立度の維持期間の算出を試みた。新規認定で第1号被保険者のうち障害自立度J1からB2であった高齢者2,322人を対象とした。また，障害自立度維持期間に脳卒中と認知症の有無と悪化の

関連を観察した。算出可能な障害自立度維持期間は0.57～4.54年であった。また，脳卒中・認知症なしの群のハザード比を1としたときの悪化のリスクは，ランクJでは脳卒中のみ有の者1.05倍（p＝0.759）で，認知症のみ有の者1.33倍（p＝0.016）であり，脳卒中と認知症の両方ありの者では1.08倍（p＜0.001）であった。ランクA，Bとも脳卒中・認知症あり群が最も高い値を示した。脳卒中と認知症がなしの者に比べて両方ありの者は悪化のリスクが2から2.5倍高かった。脳卒中と認知症は障害自立度の悪化に相乗した影響を与えることが明らかになった。脳卒中と認知症が同時に存在することで障害自立度維持期間が最も短くなることが示された。認知症の有無により2群に分類しており，認知症の程度によって障害自立度維持期間にどのように影響するのか，どの程度の認知症と脳卒中が相乗影響をもたらすのかについては不明である[5]。

介護が必要になった時点の65歳以上の認知症高齢者においての日常生活の意思決定能力と意思の伝達能力の程度およびその後の変化を明らかにした。対象は，郡上市の新規要介護認定者845人のうち認知症があった448人とし，2年間の追跡を行った。日常生活の意思決定が可能な者は32.4%で時々可能な者をあわせると73.7%が可能であった。認知症高齢者が要介護状態になった初期段階での日常生活の意思の決定について，約8割の者が意思決定を行う場に参加することが可能であることが分かった。しかし，意思決定が可能な者においても1年後は2分の1に，2年後は3分の1に意思決定が可能な者が激減していた。

よって，その後の療養等の生活に必要な意思決定事項については，早い段階で意思決定する場に，本人の積極的な参加を求めていく必要がある。このことにより，本人の意思伝達に寄り添うことで，本人の意思に添った今後のケアについてプランニングできる可能性が高いことが示唆された[6]。

第2章　認知症と要介護（支援）高齢者の研究

2. 2年以内の要介護度の悪化および死亡と認知症高齢者の自立度との関連

はじめに

わが国では2000年4月から介護保険制度が導入された。2005年度には要介護認定者は411万人となり，制度開始から約60%増加した[22]。そのうち「要支援」と「要介護1」の軽度要介護者の人数は，2005年度までに約2倍に増え，2005年度の要介護認定者全体の約49%を占めるようになった[23]。また，これらの要介護認定者のうち介護や支援を必要とする認知症高齢者は，要介護認定者の約半数を占める[17]といわれており，地域格差はあるが認知症の有病率5.1～8.8%[26)29)32)]に相当すると考えられる。

2005年6月の介護保険法の一部改正[12]により，2006年度から要介護状態にならないための予防と，軽度要介護認定者に対する悪化の防止が重点的に行われるようになった。このような状況において，要介護度[21]の悪化の要因を明らかにし，介護予防の具体的な対策を検討することが，今後，ますます重要になると考えられる。

これまでの研究では，自立から要介護状態へ移行する要因として，ADL低下と認知機能の低下[6)40)]や要介護状態の原因疾患[20]などが指摘されている。要介護状態になってからの要介護度悪化の要因は，高齢での転居[31]や，身体機能の段階的な障害[18]などがあげられている。また，認知症高齢者では，6か月後の要介護度が悪化しやすいこと[8)36)]や1年以内に認知症の程度が悪化しやすいこと[8)24)38)]，認知症の程度とADL[2)30)33)42)]・IADL[16]が関連していること，死亡リスクが高いこと[3)5)11)28)41)]などが報告されている。これらのことから，要介護度の悪化やその延長線上にある死亡は，認知症の影響を受けているのではないか

と考えられる。

しかし，軽度要介護者に焦点をあてた要介護度悪化と死亡リスクを簡便に予測する因子に関する研究は報告されていない。また，これまでの介護保険の要介護認定者における要介護度悪化や死亡に関する研究では，制度開始年度の認定者を対象とした調査が行われている。これらの研究では，すでに要介護状態に達してからある程度経過した対象者（prevalent case）と新たに要介護状態が発生した対象者（incident case）が混在しているため，悪化や死亡リスクが実際よりも高くなる可能性がある。それゆえに，今後は制度開始年度の認定者を除く新規認定者（incident case）において検討することが望ましいと考えられる。

本研究では，軽度要介護認定者の要介護度悪化防止の基礎資料を作成するため，新規要介護認定者（incident case）における要介護度の悪化および死亡が認知症高齢者の自立度に関連しているか否かについて明らかにすることを目的とした。

1.　対象および方法

1）研究対象

研究対象は，T県X地区に居住し2001年4月から2004年12月の間に新規に介護保険制度の要介護認定を受け，「要支援」または「要介護1」と認定された第1号被保険者1,035人とした。そのうち，2年以内に転居した者と要介護度が変化しなかった者のうち2年目の時点まで観察ができなかった者を対象から除き，残る764人を解析の対象とした。764人中，男性は237人（31.0%），女性は527人（69.0%）であった。また年齢は，65～74歳が145人（19.0%），75～84歳が361人（47.3%），85歳以上が258人（33.8%）であった。

X地区は，2004年10月現在，人口54,590人，老年人口12,768人，高齢化率23.4％の農村地域であり，65歳以上の要介護認定者数2,064人，65歳以上の認定率は16.2％，「要支援」の認定率は2.2％，「要介護1」の認定率は5.2％であった。

2）調査方法

調査内容は，対象者における新規要介護認定時の性，年齢，要介護度，ADL，認知症高齢者の自立度とした。観察期間は，2001年4月〜2005年3月までとし，要介護度の変化と死亡の転帰を確認した。X地区の要介護度の認定調査は，保険者に所属する5人の保健師が実施した。

要介護度[21]は，介護認定審査会において「非該当（自立）」「要支援」「要介護1」「要介護2」「要介護3」「要介護4」「要介護5」に判定された7区分を用いた。

ADLは，新規認定時の「障害老人の日常生活自立度（寝たきり度）」[10]を用い，「J1」「J2」「A1」「A2」「B1」に分類した。

認知症高齢者の自立度は，新規要介護認定時の認定調査票（基本調査）に記入された「認知症老人の日常生活自立度」[35]を用いた。「自立」「Ⅰ」「Ⅱa」「Ⅱb」「Ⅲa」「Ⅲb」「Ⅳ」「M」の8ランクに分類されており，ランクが上昇するほど自立度が低下する。ランク「Ⅲa」以上の「Ⅲb」「Ⅳ」「M」をまとめて「Ⅲプラス（Ⅲ＋）」とした。

また，本研究では，2003年4月からの一次判定ソフトの改訂[13]や全国における認定率の格差[19]，状態像などを考慮し，要介護度の変化を「維持群」「悪化群」「死亡群」の3群に分類した。要介護度の変化は，2年以内に生じた最終的な状態で判断した。「維持群」は，新規認定時に「要支援」であった者が，2年以内に「非該当（自立）」に改善すること，「要介護1」に低下すること，2年間「要支援」が継続すること，また，新規認定時に「要介護1」であった者が，2年以内に「非該当（自立）」または「要支援」に改善すること，2年間「要介護1」が継続することを含む範囲とした。「悪化群」は，新規認定時に「要支援」と「要介護1」であった者が，2年以内の死亡者を除き，「要介護2」「要介護3」「要介護4」「要介護5」に

低下することとした。「死亡群」は，新規認定時に「要支援」と「要介護1」であった者が，2年以内に死亡の転帰をたどることとした。さらに，「維持群」と「悪化群」の合計を「生存群」とした。

本研究は保険者と研究者による要介護者の悪化を防止するための一連の共同研究であることから，X地区の個人情報保護条例に基づく承認を得た。既存資料のみを用いる観察研究であるため，文部科学省・厚生労働省の研究指針[27]に従って，保険者より対象者に研究を行うことの目的と方法を伝えた。また，情報の取り扱いは，保険者側であらかじめ研究用のID（identification）を作成し，保険者側においてのみ実際のIDと研究用のIDが照合できるようにした。研究用のIDに伴う情報には，氏名，住所，電話番号等の情報は掲載せず，個人が特定できない状態であることを確認してから解析を行った。

3）分析方法

認知症高齢者の自立度別の要介護度悪化のリスクは，多重ロジスティック回帰分析を用いて悪化のオッズ比を算出した。従属変数には要介護度の変化を，独立変数には性，年齢階級，新規認定時の要介護度，ADL，認知症高齢者の自立度を強制投入した。

また，認知症高齢者の自立度別の死亡リスクは，多重ロジスティック回帰分析を用いて，死亡のオッズ比を算出した。従属変数に死亡の転帰を，独立変数に性，年齢階級，新規認定時の要介護度，ADL，認知症高齢者の自立度を強制投入した。

性別の解析は，男女別に対象者全体の場合と同様に行った。

2. 結果

1）新規認定時の認知症高齢者の自立度と2年以内の変化

新規要介護認定時の認知症高齢者の自立度別の度数を表1に示す。認知症高齢者の自立度別では，「自立」246人（32.2％），「ランクⅠ」255人（33.4％），「ランクⅡa」93人（12.2％），「ランクⅡb」130人（17.0％），「ランクⅢ＋」40人（5.2％）

表1　新規認定時の認知症高齢者の自立度　　　　　　　　　　　　　　　　　　　　　　　　　　　　　（%）

要介護度		認知症高齢者の自立度					合計
		自立	ランクⅠ	ランクⅡa	ランクⅡb	ランクⅢ＋	
要支援	男性	29 (44.6)	31 (47.7)	1 (1.5)	4 (6.2)	0 (0.0)	65 (100)
	女性	74 (44.0)	63 (37.5)	15 (8.9)	16 (9.5)	0 (0.0)	168 (100)
	小計	103 (44.2)	94 (40.3)	16 (6.9)	20 (8.6)	0 (0.0)	233 (100)
要介護1	男性	47 (27.3)	54 (31.4)	26 (15.1)	36 (20.9)	9 (5.2)	172 (100)
	女性	96 (26.7)	107 (29.8)	51 (14.2)	74 (20.6)	31 (8.6)	359 (100)
	小計	143 (26.9)	161 (30.3)	77 (14.5)	110 (20.7)	40 (7.5)	531 (100)
	合計	246 (32.2)	255 (33.4)	93 (12.2)	130 (17.0)	40 (5.2)	764 (100)

ランクⅢ＋：「ランクⅢa」「ランクⅢb」「ランクⅣ」「ランクM」を含む。

表2　新規認定者における2年以内の要介護度の変化と死亡　　　　　　　　　　　　　　　　　　　　　（%）

新規認定時の要介護度		2年以内の要介護度と死亡							死亡群	合計
		維持群			悪化群				死亡	
		非該当	要支援	要介護1	要介護2	要介護3	要介護4	要介護5		
要支援	男性	2 (3.1)	18 (27.7)	28 (43.1)	4 (6.2)	0 (0.0)	0 (0.0)	0 (0.0)	13 (20.0)	65 (100)
	女性	6 (3.6)	57 (33.9)	73 (43.5)	11 (6.5)	1 (0.6)	1 (0.6)	1 (0.6)	18 (10.7)	168 (100)
	小計	8 (3.4)	75 (32.2)	101 (43.3)	15 (6.4)	1 (0.4)	1 (0.4)	1 (0.4)	31 (13.3)	233 (100)
要介護1	男性	0 (0.0)	23 (13.4)	60 (34.9)	25 (14.5)	9 (5.2)	6 (3.5)	3 (1.7)	46 (26.7)	172 (100)
	女性	0 (0.0)	49 (13.7)	159 (44.3)	75 (20.9)	16 (4.5)	6 (1.7)	3 (0.8)	51 (14.2)	359 (100)
	小計	0 (0.0)	72 (13.6)	219 (41.2)	100 (18.8)	25 (4.7)	12 (2.3)	6 (1.1)	97 (18.3)	531 (100)
	合計	475 (62.2)			161 (21.1)				128 (16.7)	764 (100)

表3　要介護度悪化と認知症高齢者の自立度との関連

項目	比較カテゴリ	男性[1] (n=178)		女性[2] (n=458)		全体[3] (n=636)	
		OR	(95％CI)	OR	(95％CI)	OR	(95％CI)
認知症高齢者の自立度	ランクⅠ/自立	1.48	(0.52-4.19)	2.03	(0.98-4.17) [#]	1.87	(1.03-3.36) [*]
	ランクⅡa/自立	0.90	(0.21-3.73)	3.73	(1.66-8.39) [**]	2.68	(1.34-5.34) [**]
	ランクⅡb/自立	6.49	(2.16-19.42) [*]	6.10	(2.95-12.59) [***]	6.19	(3.40-11.27) [***]
	ランクⅢ＋/自立	2.95	(0.51-17.00)	24.96	(8.29-75.04) [***]	14.39	(5.87-35.22) [***]

[#] $p<0.1$,　[*] $p<0.05$,　[**] $p<0.01$,　[***] $p<0.001$
OR：オッズ比，95％CI；95％信頼区間
[1)2)] は年齢階級，新規認定時の要介護度，ADLを調整し，3) は性別，年齢階級，新規認定時の要介護度，ADLを調整して算出した。

であった。「要支援」では，男女とも「自立」と「ランクⅠ」がそれぞれ約4割を占めていた。「要介護1」では，男女とも「自立」「ランクⅠ」がそれぞれ約3割，「ランクⅡb」が2割であった。

2年以内の要介護度の変化と死亡の度数を表2に示す。2年以内における要介護度の変化は，「維持群」475人（62.2％），「悪化群」161人（21.1％），「死亡群」128人（16.7％）であった。

2) 認知症高齢者の自立度別にみた要介護度悪化のリスク

認知症高齢者の自立度別の要介護度悪化のリスクを表3に示す。性別に分けず対象者全体でみ

た場合，要介護度悪化のオッズ比は，新規認定時の認知症高齢者の自立度が「自立」している者に比べて「ランクⅠ」では1.87（95％信頼区間〈confidence interval；CI〉1.03-3.36），「ランクⅡa」では2.68（95％CI 1.34-5.34），「ランクⅡb」では6.19（95％CI 3.40-11.27），「ランクⅢ＋」では14.39（95％CI 5.87-35.22）と有意に高かった。

性別でみると，男性の要介度悪化のオッズ比は，認知症高齢者の自立度が「自立」している者に比べて「ランクⅡb」では6.49（95％CI 2.16-19.42）と有意に高かったが，他のランクでは有意な差は認められなかった。一方，女性の要介護度悪化のオッズ比は，認知症高齢者の自立度が「自立」し

表4　死亡と認知症高齢者の自立度との関連

項目	比較カテゴリ	男性[1] (n=237)		女性[2] (n=527)		全体[3] (n=764)	
		OR	(95％CI)	OR	(95％CI)	OR	(95％CI)
認知症高齢者の自立度	ランクⅠ/自立	1.28	(0.59-2.73)	1.04	(0.56-1.93)	1.17	(0.72-1.87)
	ランクⅡa/自立	0.94	(0.31-2.85)	0.55	(0.20-1.44)	0.69	(0.33-1.40)
	ランクⅡb/自立	0.83	(0.30-2.28)	0.46	(0.18-1.15) [#]	0.58	(0.30-1.13)
	ランクⅢ+/自立	1.17	(0.20-6.74)	1.09	(0.33-3.60)	1.09	(0.40-2.90)

[#] $p < 0.1$

OR；オッズ比，95％CI；95％信頼区間

[1)2)]は年齢階級，新規認定時の要介護度，ADLを調整し，3)は性別，年齢階級，新規認定時の要介護度，ADLを調整して算出した．

ている者に比べて「ランクⅠ」2.03（95％ CI 0.98-4.17）と有意差を認めなかったが，「ランクⅡa」では 3.73（95％ CI 1.66-8.39），「ランクⅡb」では 6.10（95％ CI 2.95-12.59），「ランクⅢ+」では 24.96（95％ CI 8.29-75.04）と有意に高かった．

3) 認知症高齢者の自立度別にみた死亡リスク

認知症高齢者の自立度別の死亡リスクを表4に示す．対象者全体でみた場合および性別でみた場合においても，認知症高齢者の自立度別の死亡のオッズ比には，有意な差はみられなかった．

3. 考察

1) 要介護度悪化と認知症高齢者の自立度との関連

本研究では，対象者全体でみた場合，認知症高齢者の自立度が低い状態であるほど要介護度悪化のリスクが有意に高かった．しかし，性別でみた場合，女性では，認知症高齢者の自立度が「ランクⅡa」以上の低い状態であるほど要介護度悪化のリスクが有意に高かったが，男性では「ランクⅡb」以外での有意差はみられなかった．

Asada ら[2]の研究では，中等度の認知症では経年的に ADL の低下に伴い行動が障害されることが報告されている．本研究では ADL を調整した認知症高齢者の自立度別の要介護度悪化のリスクは，対象者全体でみた場合，「自立」に比べて「ランクⅠ」が 1.87 倍，「ランクⅡa」が 2.68 倍，「ランクⅡb」が 6.19 倍，「ランクⅢ+」が 14.39 倍，有意に高かった．東野[8]は，認知症高齢者の 24.1％が 6 か月後に要介護度が悪化したと述べている．在宅認知症高齢者の 1 年後の変化について

は，浦上ら[38]は，29.3％の者の知的能力が著しく低下し，熊谷ら[24]は，軽度認知症の 22.2％，中等度認知症の 53.8％において認知症が重度化したことを報告している．本研究においても，認知症の自立度がその後の状態の悪化に影響を及ぼし，要介護度悪化のリスクが高くなったのではないかと考えられる．

また，筒井[36]は行動障害がある認知症高齢者では，6 か月後の要介焦心悪化の割合が高いことを指摘している．行動障害がみられるほど認知症高齢者の自立度は低くなることから，本研究における認知症高齢者の自立度が低い状態であるほど要介護度悪化のリスクが高いことは，他の指標を用いた先行研究の結果とも矛盾しない．

これらのことから本研究では，新規認定時の認知症高齢者の自立度の状態は，2 年以内の要介護度の悪化を予測する指標であることが明らかになった．しかし，これは女性の 2 年以内の要介護度悪化を予測する指標になりうるが，男性については必ずしもそういえないため，今後，性差により異なる理由について検討することが必要である．

2) 死亡と認知症高齢者の自立度との関連

認知症高齢者の死亡率は，年代，観察期間，在宅や病院などにより異なっている[4]．認知症の程度別の死亡率では，6 か月[25]，1 年・2 年[7]から 7 年まで[1)14)15)37)]の観察では，いずれの期間においても認知症が重度である場合の死亡率が高いことや，徘徊などの行動障害がある場合の死亡率が高い[39]ことが指摘されている．また，施設入所者では認知症の程度と死亡率との関連はみられない[9]ともいわれている．さらに，認知症の有無や程度

と死亡リスクの関連に関する研究では，認知症が
ある場合，2年後[41]，10年後[3]の死亡リスクが高
いことや，重度の認知症高齢者の場合，3年後[5]，
3.5年後[28]，5年後[11]の死亡リスクが高いことが
報告されている。

　また，川越ら[14]の調査によると，重度要介護者
を含む要介護認定者全体における2年後の認知症
高齢者の自立度別の変化は，どのランクにおいて
も約5割が自立度悪化もしくは死亡していた。さ
らに，自立度が低下した状態であるほど，自立度
の悪化率が低下し死亡率が上昇する傾向がみられ
た。川越ら[14]の要介護者全体における「自立」の
死亡率を基準にした各ランクの死亡率の比を算出
すると，「ランクⅠ」は1.43倍，「ランクⅡ」は1.74
倍，「ランクⅢ＋」は2.47倍に上昇した。

　これに対して，本研究では，認知症高齢者の自
立度と2年以内の死亡リスクについては関連性を
見いだせなかった。本研究の結果は，新規の軽度
要介護認定者に限定した調査であり，ADLや年
齢階級などの交絡因子を調整したものであった。
したがって，本研究は，先行研究と対象者や解析
方法が異なるので，直接比較することはできない
が，認知症高齢者の自立度が2年以内の死亡リス
クに関連しなかった理由については，今後，詳細

な検討を要する。

4. 結論

　新規に「要支援」と「要介護1」の認定を受け
た軽度要介護高齢者における2年以内の要介護度
悪化および死亡リスクの予測に，認知症高齢者の
自立度が有用であるか否かを検討した。

　死亡者を除いた要介護度の「悪化群」と「維持
群」を比較した場合，認知症高齢者の自立度別の
2年以内の要介護度悪化のリスクは，自立度が低
いほど有意に高かった。しかし，女性では「ラン
クⅡa」以上の自立度が低い状態であるほど有意
に高くなったが，男性では「ランクⅡb」以外で
は有意な差はみられなかった。

　要介護度の「維持群」と「悪化群」の合計を「生
存群」とし，「死亡群」と比較した場合，認知症
高齢者の自立度別の2年以内の死亡リスクには，
男女とも明確な差がみられなかった。

　以上のことから，認知症高齢者の自立度は，新
規に軽度要介護認定を受けた女性の2年以内の要
介護度悪化の予測指標となりうるが，男性につい
ては関連が不明確であること，男女ともに死亡リ
スクの予測には役立たないことが示唆された。

第2章　認知症と要介護（支援）高齢者の研究

3. 要介護認定を受けた認知症高齢者の日常生活自立度の変化と認知症に関連する症状項目の変化

はじめに

　これまで認知症の変化に関する研究では，認知症高齢者の日常生活自立度（以下，認知症自立度）の2年後の変化[1]や，問題行動の有無と要介護度の変化[2]をみたものがある。また，認知症の症状と場所や歩行能力の関係については，これまでにも先行研究によって幾つかの報告がなされている。認知症高齢者の中には，施設入所など新しい環境に対して慣れていないために不安感を抱き徘徊する場合がある[3]。さらに認知症による歩行障害や日常生活動作障害が認知症高齢者の生活や生命予後に影響を及ぼすと言われている[4-6]。これまで周辺症状に関しては看護・介護介入によって改善が見込まれるとされてきたが，中核症状の変化は未だに明らかにされていない。また，認知症の中でも中核症状や周辺症状の特にどの症状を有する者が多いのか，認知症自立度の変化と各症状との関連や特性などは明らかにされていない。

　本研究はこれらの現状を踏まえ，まず認知症高齢者の症状の変化の特性を把握するべく，要介護認定を受けた対象者の認知症自立度の変化を明らかにすることを目的とした。さらに認知症高齢者の中核症状や周辺症状といった認知症関連症状項目についてもその変化を明らかにし，これらの症状と認知症高齢者が要介護認定を受けた場所や歩行能力との関連を検討した。

1. 研究方法

1）対象

　T県X地区（2009年1月1日現在の人口52,939人，老年人口割合26.0%，要介護認定者率16.3%）の介護保険被保険者において，2001年4月1日〜2007年6月30日の期間に新規に要介護認定を受けた第1号被保険者を選択した。そのうち，認知症自立度ランクⅠ〜Ⅲと判定された1,717人（男性673人，女性1,044人，平均年齢81.7±6.9歳）を対象とした。

2）調査方法

　介護認定資料から，性，年齢，実施場所，認知症自立度，移動等に関する項目，記憶・理解に関する項目，問題行動に関する項目，認定申請日，認定有効期間の開始と終了の時期を把握し，介護保険利用情報より，2007年12月末日までの転帰を把握した。認知症自立度は，認定調査員による調査表（基礎調査）の評価を用い「ランクⅠ」「ランクⅡ（Ⅱa，Ⅱb）」「ランクⅢ（ランクⅢa，Ⅲb）」の3群に分類した。認知症自立度ランクⅠからⅢに該当する対象者それぞれを2回目更新時の認知症自立度の変化から「改善群」「維持群」「悪化群」の3群に分類した。中核症状は要介護認定の調査票（基本調査）の『記憶・理解に関する項目』を用い，該当する6項目に対して，それぞれ「できる」者を自立者，「できない」者を有所見者とした。周辺症状は要介護認定の調査票（基本調査）の『問題行動に関する項目』を用い，該当する19項目に対して，「ない」者を自立者，「ときどきある」「あ

る」者を有所見者とした。

実施場所は，要介護認定の調査票（概況調査）より初回認定調査の実施場所が「自宅内」「自宅外」のどちらであるかを確認した。歩行の可否は，要介護認定の調査票（基本調査）の移動等に関する項目の『歩行』項目を用いた。初回認定調査の時点で歩行が「つかまらないでできる」「何かにつかまればできる」を「歩行可能」に，「できない」を「歩行不可能」とした。

3）分析方法

①分析1：認知症自立度の変化

認知症自立度ランクⅠ～Ⅲごとにそれぞれ，2回目更新時の認知症自立度が改善した者，維持した者，悪化した者の割合を算出した。

②分析2：認知症関連症状項目の有所見者割合の変化

認知症の関連症状項目25項目すべてにおいて，それぞれ1項目ごとにランクⅠ～Ⅲ別改善群・維持群・悪化群に分け，各群における初回と2回目更新時の有所見者の割合を算出した。

③分析3-1：場所別の認知症関連症状の有所見者割合の変化

認知症自立度の初回と2回目の有所見者割合の差が±10ポイント以上だった群の関連症状項目の中で，認定調査の実施場所が自宅であった者における有所見者の割合と，自宅外であった者における有所見者の割合をそれぞれ算出した。

④分析3-2：歩行能力別の認知症関連症状の有所見者割合の変化

認知症自立度の初回と2回目の割合の差が±

10ポイント以上だった群の関連症状項目の中で，歩行可能であった者における有所見者の割合と，歩行不可能であった者における有所見者の割合を算出した。解析ソフトはSPSS 14.0J for Windowsを用いた。

4）倫理的配慮

本研究で用いた介護保険に関する情報収集は，保険者である管理責任者の許可を得て実施した。情報の取り扱いにおいては，保険者側で住所氏名等をすべて削除し，IDを調査研究用に作成した独自の整理番号に置き換えて，個人の特定ができないように処理してからデータを用いた。なお，本研究は2007年12月3日に富山大学倫理審査委員会の承認（臨認19-41号）を得た。

2. 研究結果

1）対象者の概要

対象者の概要を表1に示す。年齢階級別では，65～74歳258人（15.0%），75～84歳814人（47.4%），85歳以上645人（37.6%）であった。認知症自立度別では，ランクⅠ613人（35.7%），ランクⅡ772人（45.0%），ランクⅢ332人（19.3%）であった。

2）認知症自立度の変化

認知症自立度別の認知症自立度の変化の割合を表2に示す。2回目更新時の認知症自立度の変化は，全体で改善207人（12.0%），維持1,043人（60.7%），悪化258人（15.0%），死亡193人（11.2%），転出その他16人（0.9%）であった。

表1 対象者の概要　　　　　　　　　　　　　　　　　　（単位人，（ ）内%）

	全体	65～74歳	75～84歳	85歳以上
総数	1,717（100.0）	258（15.0）	814（47.4）	645（37.6）
認知症自立度				
ランクⅠ	613（ 35.7）	91（35.3）	280（34.4）	242（37.5）
ランクⅡ	772（ 45.0）	114（44.2）	366（45.0）	292（45.3）
ランクⅢ	332（ 19.3）	53（20.5）	168（20.6）	111（17.2）
転帰				
生存	1,508（ 87.8）	227（88.0）	727（89.3）	554（85.9）
死亡	193（ 11.2）	27（10.5）	81（10.0）	85（13.2）
転出その他	16（ 0.9）	4（ 1.6）	6（ 0.7）	6（ 0.9）

注　対象は2001年4月1日～2007年6月30日に新規に要介護認定を受けた者，観察期間は2007年12月末日まで

表2 認知症自立度の変化

(単位人，（ ）内%)

	総数	改善群	維持群	悪化群	死亡	転出その他
全体	1,717	207 (12.0)	1,043 (60.7)	258 (15.0)	193 (11.2)	16 (0.9)
ランクⅠ	613	55 (8.9)	341 (55.4)	143 (23.2)	69 (11.2)	5 (0.8)
ランクⅡ	772	76 (9.8)	501 (64.6)	102 (13.2)	86 (11.1)	7 (0.9)
ランクⅢ	332	76 (22.8)	201 (60.4)	13 (3.9)	38 (11.4)	4 (1.2)

表3-1 認知症の関連症状項目の変化（ランクⅠ）

(単位 人，（ ）内%)

	改善群 (n=55)			維持群 (n=341)			悪化群 (n=143)		
	初回有所見者	2回目更新時の有所見者	割合の差	初回有所見者	2回目更新時の有所見者	割合の差	初回有所見者	2回目更新時の有所見者	割合の差
中核症状									
毎日の日課を理解	2 (3.6)	－ (－)	△3.6	48 (14.1)	51 (15.0)	0.9	37 (25.9)	99 (69.2)	43.4
生年月日を言う	－ (－)	－ (－)	－	5 (1.5)	1 (0.3)	△1.2	5 (3.5)	20 (14.0)	10.5
短期記憶	－ (－)	－ (－)	－	7 (2.1)	5 (1.5)	△0.6	5 (3.5)	59 (41.3)	37.8
自分の名前を言う	－ (－)	－ (－)	－	－ (－)	－ (－)	－	－ (－)	2 (1.4)	1.4
今の季節を理解	－ (－)	－ (－)	－	4 (1.2)	4 (1.2)	0	8 (5.6)	36 (25.2)	19.6
場所の理解	1 (1.8)	－ (－)	△1.8	1 (0.3)	－ (－)	△0.3	－ (－)	9 (6.3)	6.3
周辺症状									
被害的	－ (－)	－ (－)	－	1 (0.3)	6 (1.8)	1.5	4 (2.8)	4 (2.8)	0
作話	－ (－)	－ (－)	－	1 (0.3)	2 (0.6)	0.3	3 (2.1)	5 (3.5)	1.4
幻視幻聴	1 (1.8)	－ (－)	△1.8	5 (1.5)	4 (1.2)	△0.3	6 (4.2)	12 (8.4)	4.2
感情が不安定	2 (3.6)	－ (－)	△3.6	14 (4.1)	12 (3.5)	△0.6	3 (2.1)	8 (5.6)	3.5
昼夜逆転	－ (－)	－ (－)	－	6 (1.8)	3 (0.9)	△0.9	－ (－)	8 (5.6)	5.6
暴言暴行	－ (－)	－ (－)	－	9 (2.6)	9 (2.6)	0	6 (4.2)	13 (9.1)	4.9
同じ話をする	1 (1.8)	－ (－)	△1.8	17 (5.0)	19 (5.6)	0.6	9 (6.3)	21 (14.7)	8.4
大声を出す	1 (1.8)	－ (－)	△1.8	1 (0.3)	3 (0.9)	0.6	5 (3.5)	9 (6.3)	2.8
介護に抵抗	－ (－)	1 (1.8)	1.8	5 (1.5)	4 (1.2)	△0.3	2 (1.4)	10 (7.0)	5.6
常時の徘徊	－ (－)	－ (－)	－	－ (－)	－ (－)	－	－ (－)	2 (1.4)	1.4
落ち着きなし	－ (－)	－ (－)	－	－ (－)	－ (－)	－	－ (－)	3 (2.1)	2.1
外出して戻れない	－ (－)	－ (－)	－	－ (－)	－ (－)	－	1 (0.7)	3 (2.1)	1.4
一人で出たがる	－ (－)	－ (－)	－	－ (－)	1 (0.3)	0.3	－ (－)	2 (1.4)	1.4
収集癖	－ (－)	－ (－)	－	－ (－)	－ (－)	－	－ (－)	1 (0.7)	0.7
火の不始末	4 (7.3)	－ (－)	△7.3	22 (6.5)	21 (6.2)	△0.3	11 (7.7)	12 (8.4)	0.7
物や衣類を壊す	－ (－)	－ (－)	－	1 (0.3)	－ (－)	△0.3	－ (－)	－ (－)	－
不潔行為	－ (－)	－ (－)	－	1 (0.3)	－ (－)	△0.3	－ (－)	7 (4.9)	4.9
異食行動	－ (－)	－ (－)	－	－ (－)	－ (－)	－	1 (0.7)	－ (－)	0.7
ひどい物忘れ	18 (32.7)	4 (7.3)	△25.5	82 (24.0)	91 (26.7)	2.6	47 (32.9)	86 (60.1)	27.3

注 1) 割合の差＝（2回目更新時の有所見者の割合）－（初回の有所見者の割合）
　 2) 割合の差が±10ポイント以上の項目を，差が大きい項目とする

3) 認知症関連症状項目の有所見者割合の変化

認知症の関連症状項目の初回と2回目更新時の有所見者の割合の差を表3に示す。

ランクⅠ改善群25項目・維持群25項目・悪化群25項目を含んだ全75項目において有所見者割合の差が±10ポイント以上だった項目は，中核症状は18項目中1項目，周辺症状は57項目中2項目だった。同じくランクⅡでは，中核症状は18項目中6項目，周辺症状は57項目中2項目だった。ランクⅢでは全50項目中，中核症状は12項目中4項目，周辺症状は38項目中10項目だった。

ランクが悪化するにつれて，有所見者割合の差が大きくなる項目が増えた。一方，改善群・維持群・悪化群でみると，ランクの違いに関わらず有所見者割合の差が大きかったのは改善群並びに悪化群だった。

すべての認知症関連症状項目の中でも，特に中核症状は，初回において症状を有する者が多かった。また中核症状は，初回と2回目更新時の割合の差が大きい項目でもあった。中核症状の有所見者割合の変化は全体的に見れば悪化しやすい傾向にあったが，その中でもランクⅡ改善群やランクⅢ改善群の「短期記憶」やランクⅡ改善群の「毎日の日課を理解」，ランクⅢ改善群の「場所の理解」のように有所見者割合の差が10ポイント以上と大きく改善する場合もみられた。

一方，周辺症状は中核症状に比べて初回，2回目更新時共に有所見者割合は低かった。「ひどい

表3-2 認知症の関連症状項目の変化（ランクⅡ）　　　　　　　　　　　　　　　　　　　　　　（単位 人，（ ）内%）

	改善群 (n=76)			維持群 (n=501)			悪化群 (n=102)		
	初回有所見者	2回目更新時の有所見者	割合の差	初回有所見者	2回目更新時の有所見者	割合の差	初回有所見者	2回目更新時の有所見者	割合の差
中核症状									
毎日の日課を理解	21 (27.6)	13 (17.1)	△10.5	346 (69.1)	369 (73.7)	4.6	73 (71.6)	97 (95.1)	23.5
生年月日を言う	4 (5.3)	— (—)	△5.3	41 (8.2)	59 (11.8)	3.6	15 (14.7)	43 (42.2)	27.5
短期記憶	9 (11.8)	— (—)	△11.8	228 (45.5)	265 (52.9)	7.4	60 (58.8)	83 (81.4)	22.5
自分の名前を言う	— (—)	— (—)	—	3 (0.6)	3 (0.6)	0	2 (2.0)	14 (13.7)	11.8
今の季節を理解	3 (3.9)	— (—)	△3.9	123 (24.6)	124 (24.8)	0.2	34 (33.3)	66 (64.7)	31.4
場所の理解	1 (1.3)	— (—)	△1.3	17 (3.4)	24 (4.8)	1.4	6 (5.9)	35 (34.3)	28.4
周辺症状									
被害的	4 (5.3)	2 (2.6)	△2.6	48 (9.6)	46 (9.2)	△0.4	9 (8.8)	21 (20.6)	11.8
作話	1 (1.3)	1 (1.3)	0	19 (3.8)	13 (2.6)	△1.2	4 (3.9)	10 (9.8)	5.9
幻視幻聴	4 (5.3)	— (—)	△5.3	41 (8.2)	39 (7.8)	△0.4	18 (17.6)	25 (24.5)	6.9
感情が不安定	3 (3.9)	2 (2.6)	△1.3	41 (8.2)	35 (7.0)	△1.2	11 (10.8)	15 (14.7)	3.9
昼夜逆転	3 (3.9)	— (—)	△3.9	43 (8.6)	33 (6.6)	△2.0	8 (7.8)	22 (21.6)	13.7
暴言暴行	4 (5.3)	1 (1.3)	△3.9	50 (10.0)	46 (9.2)	△0.8	16 (15.7)	19 (18.6)	2.9
同じ話をする	5 (6.6)	3 (3.9)	△2.6	125 (25.0)	130 (25.9)	1.0	21 (20.6)	34 (33.3)	12.7
大声を出す	— (—)	2 (2.6)	2.6	27 (5.4)	35 (7.0)	1.6	10 (9.8)	20 (19.6)	9.8
介護に抵抗	2 (2.6)	1 (1.3)	△1.3	39 (7.8)	30 (6.0)	△1.8	5 (4.9)	19 (18.6)	13.7
常時の徘徊	— (—)	— (—)	—	15 (3.0)	10 (2.0)	△1.0	4 (3.9)	14 (13.7)	9.8
落ち着きなし	1 (1.3)	— (—)	△1.3	12 (2.4)	12 (2.4)	0	6 (5.9)	13 (12.7)	6.9
外出して戻れない	2 (2.6)	— (—)	△2.6	11 (2.2)	8 (1.6)	△0.6	8 (7.8)	8 (7.8)	0
一人で出たがる	2 (2.6)	— (—)	△2.6	17 (3.4)	16 (3.2)	△0.2	7 (6.9)	8 (7.8)	1.0
収集癖	1 (1.3)	— (—)	△1.3	6 (1.2)	11 (2.2)	1.0	2 (2.0)	4 (3.9)	2.0
火の不始末	5 (6.6)	1 (1.3)	△5.3	57 (11.4)	40 (8.0)	△3.4	9 (8.8)	2 (2.0)	6.9
物や衣類を壊す	— (—)	— (—)	—	— (—)	— (—)	—	— (—)	— (—)	—
不潔行為	2 (2.6)	— (—)	△2.6	7 (1.4)	10 (2.0)	0.6	1 (1.0)	12 (11.8)	10.8
異食行動	— (—)	— (—)	—	4 (0.8)	2 (0.4)	△0.4	— (—)	— (—)	—
ひどい物忘れ	35 (46.1)	15 (19.7)	△26.3	358 (71.5)	350 (69.9)	△1.6	72 (70.6)	73 (71.6)	1.0

注 1)，2)とも表3-1と同じ

表3-3 認知症の関連症状項目の変化（ランクⅢ）　　　　　　　　　　　　　　　　　　　　　　（単位 人，（ ）内%）

	改善群 (n=76)			維持群 (n=201)			悪化群 (n=13)		
	初回有所見者	2回目更新時の有所見者	割合の差	初回有所見者	2回目更新時の有所見者	割合の差	初回有所見者	2回目更新時の有所見者	割合の差
中核症状									
毎日の日課を理解	61 (80.3)	58 (76.3)	△3.9	168 (83.6)	180 (89.6)	6.0	12 (92.3)	13 (100.0)	7.7
生年月日を言う	18 (23.7)	12 (15.8)	△7.9	62 (30.8)	74 (36.8)	6.0	8 (61.5)	12 (92.3)	30.8
短期記憶	61 (80.3)	45 (59.2)	△21.1	164 (81.6)	171 (85.1)	3.5	11 (84.6)	13 (100.0)	15.4
自分の名前を言う	2 (2.6)	— (—)	△2.6	6 (3.0)	13 (6.5)	3.5	3 (23.1)	8 (61.5)	38.5
今の季節を理解	39 (51.3)	38 (50.0)	△1.3	115 (57.2)	138 (68.7)	11.4	9 (69.2)	13 (100.0)	30.8
場所の理解	16 (21.1)	5 (6.6)	△14.5	48 (23.9)	72 (35.8)	11.9	8 (61.5)	13 (100.0)	38.5
周辺症状									
被害的	17 (22.4)	7 (9.2)	△13.2	36 (17.9)	42 (20.9)	3.0	1 (7.7)	— (—)	△7.7
作話	13 (17.1)	5 (6.6)	△10.5	34 (16.9)	27 (13.4)	△3.5	— (—)	1 (7.7)	7.7
幻視幻聴	17 (22.4)	7 (9.2)	△13.2	67 (33.3)	48 (23.9)	△9.5	2 (15.4)	1 (7.7)	△7.7
感情が不安定	14 (18.4)	5 (6.6)	△11.8	38 (18.9)	35 (17.4)	△1.5	4 (30.0)	0 (£0.1)	△7.7
昼夜逆転	25 (32.9)	7 (9.2)	△23.7	71 (35.3)	61 (30.3)	△5.0	4 (30.8)	3 (23.1)	△7.7
暴言暴行	12 (15.8)	5 (6.6)	△9.2	59 (29.4)	50 (24.9)	△4.5	1 (7.7)	— (—)	△7.7
同じ話をする	22 (28.9)	17 (22.4)	△6.6	74 (36.8)	71 (35.3)	△1.5	3 (23.1)	3 (23.1)	0
大声を出す	11 (14.5)	7 (9.2)	△5.3	47 (23.4)	44 (21.9)	△1.5	2 (15.4)	1 (7.7)	△7.7
介護に抵抗	18 (23.7)	7 (9.2)	△14.5	54 (26.9)	37 (18.4)	△8.5	5 (38.5)	3 (23.1)	△15.4
常時の徘徊	10 (13.2)	2 (2.6)	△10.5	38 (18.9)	39 (19.4)	0.5	2 (15.4)	3 (23.1)	7.7
落ち着きなし	10 (13.2)	1 (1.3)	△11.8	21 (10.4)	31 (15.4)	5.0	— (—)	1 (7.7)	7.7
外出して戻れない	10 (13.2)	2 (2.6)	△10.5	27 (13.4)	22 (10.9)	△2.5	1 (7.7)	1 (7.7)	0
一人で出たがる	7 (9.2)	1 (1.3)	△7.9	37 (18.4)	34 (16.9)	△1.5	2 (15.4)	1 (7.7)	△7.7
収集癖	5 (6.6)	2 (2.6)	△3.9	9 (4.5)	10 (5.0)	0.5	— (—)	— (—)	—
火の不始末	10 (13.2)	3 (3.9)	△9.2	26 (12.9)	14 (7.0)	△6.0	— (—)	1 (7.7)	7.7
物や衣類を壊す	— (—)	— (—)	—	4 (2.0)	2 (1.0)	△1.0	— (—)	1 (7.7)	7.7
不潔行為	8 (10.5)	2 (2.6)	△7.9	26 (12.9)	26 (12.9)	0	3 (23.1)	4 (30.8)	7.7
異食行動	1 (1.3)	1 (1.3)	0	16 (8.0)	8 (4.0)	△4.0	— (—)	1 (7.7)	7.7
ひどい物忘れ	61 (80.3)	50 (65.8)	△14.5	162 (80.6)	148 (73.6)	△7.0	8 (61.5)	2 (15.4)	△46.2

注 1)，2)とも表3-1と同じ

表4　認知症関連症状の有所見者の割合と場所　　　　　　　　　　（単位　人，（　）内%）

	2回目更新時の有所見者の割合	自宅	自宅外	割合の差
ランクⅠ（改善群）（N＝55）		（n＝50）	（n＝5）	
ひどい物忘れ	（ 7.3）	3（ 6.0）	1（20.0）	△14.0
ランクⅠ（悪化群）（N＝143）		（n＝110）	（n＝33）	
毎日の日課を理解	（69.2）	72（65.5）	27（81.8）	△16.4
ひどい物忘れ	（60.1）	72（65.5）	14（42.4）	23.0
ランクⅡ（改善群）（N＝76）		（n＝62）	（n＝14）	
毎日の日課を理解	（17.1）	8（12.9）	5（35.7）	△22.8
短期記憶	（－）	－（－）	－（－）	－
ひどい物忘れ	（19.7）	13（21.0）	2（14.3）	6.7
ランクⅡ（悪化群）（N＝102）		（n＝60）	（n＝42）	
毎日の日課を理解	（95.1）	56（93.3）	41（97.6）	△4.3
生年月日を言う	（42.2）	19（31.7）	24（57.1）	△25.5
短期記憶	（81.4）	46（76.7）	37（88.1）	△11.4
今の季節を理解	（64.7）	28（46.7）	38（90.5）	△43.8
同じ話をする	（33.3）	26（43.3）	8（19.0）	24.3
ランクⅢ（改善群）（N＝76）		（n＝52）	（n＝24）	
短期記憶	（59.2）	31（59.6）	14（58.3）	1.3
場所の理解	（ 6.6）	1（ 1.9）	4（16.7）	△14.7
被害的	（ 9.2）	6（11.5）	1（ 4.2）	7.4
作話	（ 6.6）	4（ 7.7）	1（ 4.2）	3.5
幻視幻聴	（ 9.2）	6（11.5）	1（ 4.2）	7.4
感情が不安定	（ 6.6）	2（ 3.8）	3（12.5）	△8.7
昼夜逆転	（ 9.2）	5（ 9.6）	2（ 8.3）	1.3
介護に抵抗	（ 9.2）	5（ 9.6）	2（ 8.3）	1.3
常時の徘徊	（ 2.6）	－（－）	2（ 8.3）	△8.3
落ち着きなし	（ 1.3）	1（ 1.9）	－（－）	1.9
外出して戻れない	（ 2.6）	－（－）	2（ 8.3）	△8.3
ひどい物忘れ	（65.8）	37（71.2）	13（54.2）	17.0
ランクⅢ（維持群）（N＝201）		（n＝127）	（n＝74）	
今の季節を理解	（68.7）	79（62.2）	59（79.7）	△17.5
場所の理解	（35.8）	26（20.5）	46（62.2）	△41.7

注　1）割合の差＝（自宅であった者における有所見者の場合）－（自宅外であった者における有所見者の割合）

　　2）割合の差が±15ポイント以上の項目を考察対象とする

物忘れ」のみが症状を有する者が多く，悪化や改善する割合も大きかった。

4）場所別認知症関連症状の有所見者割合の変化

　分析2で算出された初回と2回目更新時の有所見者の割合の差が±10ポイント以上であった項目のうち，認定調査の実施場所が自宅であった群と自宅外であった群それぞれにおける2回目更新時の有所見者の割合を算出した。自宅群と自宅外群の有所見者の割合の差を**表4**に示す。

　割合の差が±15ポイント以上となった9項目中，実施場所が自宅であった方が有所見者割合が低かった項目は，6項目であった。一方，実施場所が自宅であった方が有所見者割合が高かった項目は，3項目であった。

5）歩行能力別認知症関連症状の有所見者の割合の変化

　分析2における初回と2回目更新時の有所見者の割合の差が±10ポイント以上であった項目のうち，歩行可能であった群と歩行不可能であった群それぞれにおける2回目更新時の有所見者の割合を算出した。歩行可能群と歩行不可能群の有所

表5 認知症関連症状の有所見者の割合と歩行能力　　　　（単位　人，（　）内%）

	2回目更新時の 有所見者の割合	歩行可能	歩行不可能	割合の差
ランクⅠ（改善群）（N=55）		(n=51)	(n=4)	
ひどい物忘れ	(7.3)	－（－）	4 (100.0)	△100
ランクⅠ（悪化群）（N=143）		(n=105)	(n=38)	
毎日の日課を理解	(69.2)	71 (67.6)	28 (73.7)	△6.1
ひどい物忘れ	(60.1)	74 (70.5)	12 (31.6)	38.9
ランクⅡ（改善群）（N=76）		(n=68)	(n=8)	
毎日の日課を理解	(17.1)	12 (17.6)	1 (12.5)	5.1
短期記憶	（－）	－（－）	－（－）	－
ひどい物忘れ	(19.7)	15 (22.1)	－（－）	22.1
ランクⅡ（悪化群）（N=102）		(n=58)	(n=44)	
毎日の日課を理解	(95.1)	54 (93.1)	43 (97.7)	△4.6
生年月日を言う	(42.2)	14 (24.1)	29 (65.9)	△41.8
短期記憶	(81.4)	43 (74.1)	40 (90.9)	△16.8
今の季節を理解	(64.7)	27 (46.6)	39 (88.6)	△42.1
同じ話をする	(33.3)	29 (50.0)	5 (11.4)	38.6
ランクⅢ（改善群）（N=76）		(n=54)	(n=22)	
短期記憶	(59.2)	28 (51.9)	17 (77.3)	△25.4
場所の理解	(6.6)	3 (5.6)	2 (9.1)	△3.5
被害的	(9.2)	7 (13.0)	－（－）	13.0
作話	(6.6)	4 (7.4)	1 (4.5)	2.9
幻視幻聴	(9.2)	4 (7.4)	3 (13.6)	△6.2
感情が不安定	(6.6)	3 (5.6)	2 (9.1)	△3.5
昼夜逆転	(9.2)	5 (9.3)	2 (9.1)	0.2
介護に抵抗	(9.2)	4 (7.4)	3 (13.6)	△6.2
常時の徘徊	(2.6)	2 (3.7)	－（－）	3.7
落ち着きなし	(1.3)	1 (1.9)	－（－）	1.9
外出して戻れない	(2.6)	2 (3.7)	－（－）	3.7
ひどい物忘れ	(65.8)	41 (75.9)	9 (40.9)	35.0
ランクⅢ（維持群）（N=201）		(n=131)	(n=70)	
今の季節を理解	(68.7)	77 (58.8)	61 (87.1)	△28.4
場所の理解	(35.8)	31 (23.7)	41 (58.6)	△34.9

注　1）割合の差＝（歩行可能であった者における有所見者の場合）－（歩行不可能であった者における有
　　　所見者の割合）
　　2）割合の差が±20ポイント以上の項目を考察対象とする

見者の割合の差を**表5**に示す。

　割合の差が±20ポイント以上となった10項目中，歩行可能であった者が有所見者の割合が低かった項目は6項目であった。一方，歩行可能であった者が有所見者の割合が高かった項目は4項目であった。

3.　考察

1）認知症自立度の変化

　初回認定時に認知症自立度ランクⅠからランクⅢに認定された者のうち，60.7％が2回目更新時

ても認知症自立度を維持し，12.0％が認知症自立度を改善させていた。川越[1]らが認知症高齢者の2年後の認知症自立度の変化を調査したところ，認知症自立度ランクⅠからランクⅢに認定された者のうち，認知症自立度を維持したのは全体の38.1％，改善したものは8.2％であった。本研究では2回目更新時までの変化をみているが，介護認定は原則として半年を有効期間としているため，本研究と川越らの研究とは観察期間に差がある。また，初回認定時は身体状況が急性期および回復途上期に該当している場合も考えられ，その結果として認知機能も連動して，改善群並びに維

持群の変化の割合が大きくなった可能性は否定できない。

2) 認知症関連症状の変化

中核症状の中でも「毎日の日課を理解する」「短期記憶」「今の季節を理解」は有所見者の割合が多い一方で、「生年月日を言う」「自分の名前を言う」「場所の理解」は有所見者割合が該当項目以外の中核症状に比べて少なかった。自分の過去の記憶を長期記憶というが、認知症の場合でも長期記憶は比較的維持されやすい[7]と言われている。生年月日や自分の名前は、長年使い続けており長期記憶として維持されやすい。また本研究では、対象者の約8割が自宅で要介護認定を受けていることから、長年住み慣れた自宅で生活を続けている者が多いと予測され、長期記憶として場所が理解されていると思われる。

3) 認知症関連症状と場所や歩行能力の関連

分析2における初回の有所見者割合が10%以下と90%以上の項目は±10ポイント以上にはなり得ないので、考察の対象から外した。また、ランクⅢの悪化群は13人と極端に対象者が少ないことから同じく考察の対象外とした。

有所見者割合の自宅・自宅外差が大きかった項目や、歩行可・不可で差が大きかった項目の大半は、中核症状やひどい物忘れであった。しかし、場所や歩行の可否で有所見者割合の差が大きな中核症状やひどい物忘れであっても、必ずしも自宅で認定を受けている高齢者や歩行可能な高齢者において、有所見者割合が低いとは言えなかった。

認定場所や歩行の可否が、認知症の各症状の有所見者の割合に特定の傾向を示さなかった理由として、一つに認定場所が非自宅であったと言うのは、必ずしも施設入所をさしていない可能性が挙げられる。つまり自宅で暮らしている認知症高齢者が、認定調査を日中いるデイサービス先で受けた場合には認定場所は自宅外となる。さらに、看護や介護の介入の関連が考えられる。例えば、周囲の人々と共に自宅での生活を楽しむ認知症高齢者と自宅で引きこもりがちな認知症高齢者を一概

に認定場所でくくる事は難しく、逆に施設にいて同年代の仲間やスタッフと有意義に交流する認知症高齢者もいると考えられる。また歩行能力に関しても歩行に不安があるからこそ看護・介護サービスをより積極的に受けている認知症高齢者では、その効果として認知症の症状に何らかの影響を受けていることも考えられる。このように認知症の症状の特性は、単純に認定場所や歩行能力の程度で明らかにされるものではなく、個々におかれている状況からくる看護や介護の介入効果の影響を受けることも考えられる。

4) 研究の限界と今後の課題

対象とした認知症高齢者をみた場合、本研究において認知症自立度ランクⅠ～Ⅲと判定された者の中には、認知症とよく間違われやすいうつ[8]の症状が認知症の症状として判定されている可能性がある。そのため、有所見者割合の変化が大きくなった可能性はある。

要介護の認定調査の方法を検討するが、今回認定調査対象地区での認定調査は、該当地区の保健師が本人と対面して実施していることから、調査員の職業が結果に及ぼした影響は、複数の職種者が認定調査を実施した場合に比べて少ないか、たとえ影響を及ぼしたとしてもその傾向は特定の類似したものとなると考えられる。

また、認知症自立度判定基準の課題ではあるが、現在、認知症自立度は平成5年の作成から約15年以上経過しており、最新の知見が反映されていない点や判断基準の分かりにくさが指摘されている。今後の方向性として、認知症は脳の器質疾患であるという考えのもとで、「認知症自立度」も、より客観的で科学的な根拠に基づくものに見直されつつある。

今回の研究は、個人の認知症自立度の改善や悪化ではなく、あくまで有所見者割合の増加や減少を見たものである。しかし、これまで変化の可能性が示唆されてきた周辺症状だけでなく、その大元であり症状を呈しやすい中核症状もまた、改善したり、悪化したりと変動しうる可能性を指摘することができた。

第2章　認知症と要介護（支援）高齢者の研究

4. 障害高齢者の日常生活自立度における維持期間と脳卒中および認知症の相乗影響

はじめに

　介護保険制度の目的である「高齢者の自立支援」の理念を踏まえると，要介護状態となった高齢者においてもさらに重度の要介護状態へ悪化しないよう悪化予防の視点も大切であると考えられる。そのため，単に健康寿命を延ばすのではなく，障害期間においてもできる限り自立度を維持し，残った機能を最大限に活用しながら生活していくことが大切であると考えられる。

　これまで要介護高齢者を対象とした研究としては，要介護高齢者の発生（罹患）率[2]，死亡率[3]，要介護状態となる要因の検討[4)5]，要介護度や日常生活動作の経時的変化[3)4)6-10]やサービス利用による変化[11]，悪化に影響する危険因子[4)8)9]など縦断的に研究しているものが多くみられるが，死亡や悪化などが一定の期間にどれだけ発生したのか割合をみることにとどまっており，状態がどの程度維持されているのか期間に注目したものは見当たらない。今まで把握されていなかった障害高齢者の日常生活自立度（以下，寝たきり度）の維持期間を把握することは，障害を持つ高齢者の状態を示す集団指標の1つとなりうると考えられる。

　そこで，本研究では要介護認定となった高齢者がどのくらいの期間にわたり状態が維持されるのか，その全体像を明らかにすることを目的に寝たきり度維持期間の算出を試みた。さらに，要介護状態に至る主要な要因である脳卒中と認知症は寝たきり度維持期間にどの程度影響を与えるのかを明らかにする。

1. 研究方法

1) 対象

　T県X地区（2007年10月1日現在の人口は53,594人，老年人口割合24.2%）の介護保険被保険者において，2001年4月1日～2006年12月31日の期間に新規に要介護認定を受けた第1号被保険者のうち，寝たきり度がJ1からB2であった2,322人（男性846人，女性1,476人）を対象とした。

2) 調査方法

　性，年齢，寝たきり度，認知症高齢者の日常生活自立度，脳卒中の有無，認定有効期間の開始と終了の時期を把握した。また，2007年6月30日までの転帰（生存，転出，死亡）を把握し，転出，死亡に関してはその時点で観察打ち切りとし，生存に関しては観察終了日をもって観察打ち切りとした。

　年齢は，「65～74歳」「75～84歳」「85歳以上」の3群に，寝たきり度は，「ランクJ」「ランクA」「ランクB」の3群に分類した。脳卒中の有無に関しては，脳梗塞，脳出血，くも膜下出血等の脳血管疾患がみられるものを「脳卒中あり」，みられないものを「脳卒中なし」と分類した。認知症に関しては，認知症高齢者の日常生活自立度における自立とランクIを「認知症なし」，ランクII～IVおよびMを「認知症あり」とした。さらに，脳卒中および認知症の有無により，脳卒中と認知症のいずれもみられない「脳卒中・認知症なし群」，脳卒中のみみられる「脳卒中単独群」，認知症のみみられる「認知症単独群」，脳卒中と認知症のいずれもみられる「脳卒中・認知症あり群」

と4群に分類した。

3) 分析方法

寝たきり度維持期間算出に当たり，次の2つの前提を用いた。①寝たきり度は長期的には悪化傾向にあるとし，以前の判定よりも悪化するまでの期間を維持期間とする。②初回認定時の判定より2回目の判定が1ランクでも改善した場合は，2回目以降の判定結果を用いる。

寝たきり度維持期間については Kaplan-Meier 法を用いて25パーセンタイル値を算出した。次に，性・年齢を調整し，脳卒中および認知症の有無により分類した4群間における寝たきり度の悪化に関するハザード比を Cox 比例ハザードモデルを用いて寝たきり度ごとに算出した。さらに，死亡リスクの極端に高い85歳以上を除き，脳卒中および認知症の有無により分類した4群において，寝たきり度ごとに寝たきり度維持期間の25パーセンタイル値を算出した。

有意水準は5%とし，解析ソフトは SPSS 15.0J for Windows を用いた。

2. 結果

1) 対象者の概要

対象者の概要を表1に示す。平均年齢は 80.9 ± 7.1 歳であった。年齢階級別では，65〜74歳が426人（18.3%），75〜84歳が1,122人（48.3%），85歳以上が774人（33.3%）であった。寝たきり度別ではランクJが979人（42.2%），ランクAが1,025人（44.1%），ランクBが318人（13.7%）であった。このうち，脳卒中がみられる者は1,113人（47.9%），認知症がみられる者は920人（39.6%）であった。

2) 性・年齢・寝たきり度別維持期間

Kaplan-Meier 法を用いて性・年齢・寝たきり度別に維持期間の25パーセンタイル値を算出した結果を表2に示す。男性の65〜74歳ではランクJ 1.03（標準誤差（以下，SE）0.47）年，ランクA 1.83（SE 0.41）年，ランクB 2.55（SE 1.48）年，75〜84歳では同順でそれぞれ1.22（SE 0.28）年，1.56（SE 0.19）年，3.26（SE 0.61）年，85歳以上で0.57（SE 0.15）年，1.54（SE 0.26）年，3.08年であった。女性の65〜74歳ではそれぞれ1.56（SE 0.09）年，3.00（SE 0.67）年，算出不能，75〜84歳では1.52（SE 0.12）年，2.53（SE 0.33）年，4.54年，85歳以上では1.00（SE 0.23）年，1.92（SE 0.19）年，算出不能であった。

3) 寝たきり度維持期間への脳卒中および認知症の相乗影響

脳卒中および認知症の有無により分類した4群においてCox 比例ハザードモデルを用いて脳卒中・認知症なし群を基準とした寝たきり度の悪化に関するハザード比を算出した（表3）。脳卒中単独群における寝たきり度の悪化に関するハザード比はランクJで1.05（p=0.759），ランクAで1.08（p=0.679），ランクBで0.53（p=0.341）とどの

表1 対象者の概要　　　　　　　　　　　　　　　　　　　（単位　人，（ ）内%）

	全体	65〜74歳	75〜84歳	85歳以上
	2,322 (100.0)	426 (18.3)	1,122 (48.3)	774 (33.3)
寝たきり度				
ランクJ	979 (42.2)	191 (44.8)	529 (47.1)	259 (33.5)
ランクA	1,025 (44.1)	161 (37.8)	464 (41.4)	400 (51.7)
ランクB	318 (13.7)	74 (17.4)	129 (11.5)	115 (14.9)
脳卒中				
あり	1,113 (47.9)	187 (43.9)	542 (48.3)	384 (49.6)
認知症				
あり	920 (39.6)	206 (48.4)	453 (40.4)	261 (33.7)
転帰				
生存	1,720 (74.1)	332 (77.9)	849 (75.7)	539 (69.6)
死亡	559 (24.1)	88 (20.7)	253 (22.5)	218 (28.2)
転出	42 (1.8)	6 (1.4)	20 (1.8)	16 (2.1)
その他	1 (0.0)	0 (0.0)	0 (0.0)	1 (0.1)

表2　性・年齢別寝たきり度維持期間　　　　　　　　　　　　　　　　　　　　（単位　年）

	男性		女性	
	25パーセンタイル値	標準誤差	25パーセンタイル値	標準誤差
65〜74歳				
ランクJ	1.03	0.47	1.56	0.09
ランクA	1.83	0.41	3.00	0.67
ランクB	2.55	1.48	―	―
75〜84歳				
ランクJ	1.22	0.28	1.52	0.12
ランクA	1.56	0.19	2.53	0.33
ランクB	3.26	0.61	4.54	―
85歳以上				
ランクJ	0.57	0.15	1.00	0.23
ランクA	1.54	0.26	1.92	0.19
ランクB	3.08	―	―	―

注　Kaplan-Meier法を用いて寝たきり度維持期間の25パーセンタイル値を算出した。

表3　寝たきり度の悪化に関するハザード比

	ハザード比	1標準誤差		P値
		下限	上限	
ランクJ				
脳卒中・認知症なし群	1.00			
脳卒中単独群	1.05	0.90	1.22	0.759
認知症単独群	1.33	1.18	1.50	0.016
脳卒中・認知症あり群	1.80	1.56	2.07	P<0.001
ランクA				
脳卒中・認知症なし群	1.00			
脳卒中単独群	1.08	0.89	1.31	0.679
認知症単独群	1.62	1.41	1.85	P<0.001
脳卒中・認知症あり群	1.93	1.66	2.26	P<0.001
ランクB				
脳卒中・認知症なし群	1.00			
脳卒中単独群	0.53	0.27	1.03	0.341
認知症単独群	1.10	0.74	1.64	0.806
脳卒中・認知症あり群	1.59	1.09	2.32	0.215

注　性別をストラータにし，年齢3群，脳卒中および認知症の有無により分類した4群を強制投入し，Cox比例ハザードモデルを用いて寝たきり度別に寝たきり度の悪化に関するハザード比を算出した。

ランクにおいても基準と有意な違いはみられなかった。一方，認知症単独群では，悪化に関するハザード比はランクJで1.33（p＝0.016），ランクAで1.62（p＜0.001），ランクBで1.10（p＝0.806）と1より大きい値を示した。特に，ランクJ，Aにおいては有意に高値を示した。さらに，脳卒中・認知症あり群においては，ランクJで1.80（p＜0.001），ランクAで1.93（p＜0.001），ランクBで1.59（p＝0.215）と1.5以上のハザード比を示し，特にランクJ，Aでは有意に高い値を示した。

4）脳卒中および認知症の相乗影響に関する寝たきり度維持期間

　Kaplan-Meier法を用いて，脳卒中および認知症の有無で分類した4群における寝たきり度維持期間の25パーセンタイル値を算出した（表4）。脳卒中・認知症なし群における寝たきり度維持期間はランクJで1.96（SE 0.20）年，ランクAで3.30（SE 0.55）年であり，ランクBは算出不能であった。脳卒中単独群においては同順でそれぞれ1.55（SE 0.29）年，3.50（SE0 .63）年，算出不能，認

表4　脳卒中および認知症の有無別寝たきり度維持期間 （単位　年）

	ランクJ		ランクA		ランクB	
	25パーセンタイル値	標準誤差	25パーセンタイル値	標準誤差	25パーセンタイル値	標準誤差
脳卒中・認知症なし群	1.96	0.20	3.30	0.55	－	－
脳卒中単独群	1.55	0.29	3.50	0.63	－	－
認知症単独群	1.24	0.20	1.95	0.24	4.00	0.76
脳卒中・認知症あり群	0.77	0.19	1.53	0.10	2.96	0.76

注　Kaplan-Meier法を用いて脳卒中および認知症の有無により分類した4群における寝たきり度維持期間の25パーセンタイル値を算出した。

知症単独群においては 1.24 (SE 0.20) 年, 1.95 (SE 0.24) 年, 4.00 (SE 0.76) 年, 脳卒中・認知症あり群においては 0.77 (SE 0.19) 年, 1.53 (SE 0.10) 年, 2.96 (SE 0.76) 年であった。

3.　考察

1) 寝たきり度維持期間

　本研究により，T県X地区における65歳以上の要介護高齢者の寝たきり度維持期間を算出することができた。本研究で維持期間算出に当たり用いた前提については，要介護度において経年変化をみた武田[3]の研究により，維持・悪化した者は全体の83.2％であったことから，寝たきり度は長期的には悪化傾向にあるとし，判定時の状態が悪化するまでを維持期間として捉えた。また，先行研究[1][2][4][12]より，高齢者の能力低下は固定しているものではなく，極めて流動的であるとしている。これらの改善は，約1年という認定初期に多くみられており，初回認定の判定において急性期から慢性期への回復途上期を一部用いていることがあるためではないかと考え，本研究では初回認定時の判定より，2回目の判定が1ランクでも改善した場合は，2回目以降の判定結果を用いることとした。

　今回，寝たきり度維持期間は寝たきり度がより重度の者において維持期間が長いという結果が得られた。河野ら[8]はランクJの高齢者が1年間で31.4％寝たきり度が低下したと報告している。この結果は1年間で約70％の者が状態を維持していると考えられ，本研究における25パーセンタイル値と置き換えると，約1年であると推定できる。本研究におけるランクJの寝たきり度維持期間は男性では1.00年，女性では1.52年と，ほぼ同程度の結果が得られたと考えられ，本研究で用いた算出方法は実態と大きくかけ離れた結果をもたらすものではないと考えられた。

2) 認知症および脳卒中による維持期間への相乗影響

　Cox比例ハザードモデルを用いて，寝たきり度の悪化に関するハザード比を寝たきり度ごとに求めたところ，脳卒中単独では寝たきり度の悪化に顕著な影響を及ぼさないことが明らかになった。一方，認知症単独ではランクJ，A，Bのどの寝たきり度においても，認知症は寝たきり度の悪化に大きな影響を与えていることが明らかとなった。認知症が要介護度やADLに与える影響に関しては，様々な研究[11][13][14]がなされており，認知症が状態の悪化に大きく影響していることは明らかとなっており，認知症があることにより寝たきり度維持期間が短くなったとの本研究の結果は矛盾していない。

　脳卒中と認知症の両方が同時に存在する場合，脳卒中単独影響，認知症単独影響よりもさらに大きな影響を与えることがわかった。脳卒中と認知症の相乗影響に関する研究はこれまでなされておらず，今回脳卒中と認知症の両方が同時に存在することで相乗して影響を及ぼすという結果は，意義のあるものであるといえる。

　しかし，本研究では，認知症の有無により2群に分類しており，認知症の程度によって寝たきり度維持期間にどのように影響するのか，どの程度の認知症と脳卒中の相乗影響が大きくなるのかは不明であり，さらなる検討が必要であるといえる。また，本研究で算出した寝たきり度維持期間は高齢者の健康状態を示す集団指標の1つとなりうると考えられ，今後経年的に算出し，年代間で比較することで，高齢者を取り巻く様々な環境や社会システム等の評価につながると考えられる。

第2章　認知症と要介護（支援）高齢者の研究

5. 認知症高齢者の日常生活における意思決定および伝達能力

―介護が必要となった時点から2年間の追跡結果―

はじめに

　高齢者の尊厳を支えるケアとは，本人との意思決定に配慮した支援をしていくことである。しかし，一般的に認知症になると本人との意思疎通を得ることは不可能であるとみられており，本人のニーズが不確かなまま事が運ばれていることや，行動心理学的症候〔Behavioral and Psychological Symptom of Dementia〕（以下BPSD）。即ち「殴る」「蹴る」「たたく」などの行動や，「妄想」「幻覚」「抑うつ」などの心理症状が生じることが多々あること[1]，終末期には身体の衛生状態が悪くなって，皮膚潰瘍（褥瘡）を有する者が多い傾向にあることなどが指摘されており，認知症のない一般疾患の患者と比較して意思決定能力は著しく低下していることが報告されている[2,3]。一方，重度の認知症高齢者において，不意に短時間ではあるが，まさに自らの状況を認識しているような話や行動を始めることがある[4]。この状況は介護者が本人を受け入れて，本人に寄り添うケアを行う時に見られると報告されている。このように認知症になると植物的存在となるというような，これまでの考えは疑問視されようになってきている[5]。認知症高齢者の意思決定能力の適切な実態を誤解することは，コミュニケーションを通じた日常の生活に大きな影響を及ぼすこととなる。認知症高齢者の介護者の問題では，施設入所の決定，介護者は胃瘻の造設や栄養の補給などの医療の選択等で困惑している[6]。また，専門家による認知症者のインフォームド・コンセントを本人と家族が十分に受けていないことや，専門職種間の高齢者の意思の共有が不十分であることが指摘されている[7]。しかしながら，これまでの研究における対象者は現状認識が困難であるという特性から，意思決定について重度の認知症を持つ高齢者を対象にした研究や[8,9]，家族や介護者にインタビューした研究[4,9,10]が多く，専門家が統一した基準で認知症者本人に面接し，意思決定能力や意思伝達能力を観察した疫学研究は少ない。そのため，サービス提供者は，個別には認知症者自身の意思決定が重要であることを認識しているが，認知症者の意思決定の実態の全容が明確にされていないことから，認知症者全体への具体的な方策を出しづらいという問題があり，客観的で疫学的な研究が求められている[11]。

　そこで本研究は，認知症高齢者の介護が必要となった時点における意思決定能力と意思伝達能力について明らかにし，ケアの質の向上と認知症高齢者対策の推進に役立てることを目的とした。

1.　研究方法

1) 対象者

　調査対象地は市街地とそれを取り囲む農山村地域の岐阜県郡上市（2003年4月1日人口49,286人，65歳以上人口割合28.6％）で，対象者は2003年4月1日から2004年12月末までの21か月の間に介護認定審査で認定を受けた65歳以上の全要介護認定者2,338人のうち，最初の申請（初回申請）者は845人で，そのうち分析対象は認知症を有する448人とし，対象者の追跡は2年間行った。

2) 分析情報

今回，分析した情報は，郡上市介護認定審査会によるものである。

本分析で用いた情報は二次判定結果で合議された障害高齢者自立度と認知症高齢者自立度の結果を用いた。

障害高齢者自立度の調査項目は ADL と起居動作から，移乗，移動，食事摂取，排尿，排便，口腔の清潔，洗顔，整髪，上衣の着脱，ズボンの着脱の介助の必要性と嚥下能力により 3 段階（「生活自立」「準寝たきり」「寝たきり」）に区分された。

認知症高齢者自立度は認知機能と BPSD の 2 項目からなる。認知機能の調査は，①毎日の日課を理解，②生年月日を言う，③短期記憶，④自分の名前を言う，⑤今の季節を理解，および⑥場所の理解の 6 項目の能力についてその有無を問うものである。BPSD の調査は過去 1 か月以内に，①ひどい物忘れ，②同じ話をする，③昼夜逆転，④介護に抵抗，⑤幻視幻覚，⑥感情が不安定，⑦火の不始末，⑧被害的，⑨常時の徘徊，⑩暴言暴行，⑪一人で出たがる，⑫作話，⑬大声を出す，⑭落着きなし，⑮外出しても戻れない，⑯収集癖，⑰物や衣服を壊す，⑱不潔行為，⑲異食行為の 19 項目の有無を問うものである。以上の認知機能と BPSD の状態から認知症高齢者自立度の 5 段階が区分された［Ⅰ～Ⅳと M（精神症状）］。本稿ではⅠ～Ⅱを「軽度」，Ⅲを「中等度」，ⅣとMを重度とした。

日常生活の意思決定能力は，調査員が観察した状況を，「できる（特別な場合でもできる）」を「可」とし，「特別な場合を除いてできる」を「時々可」，「日常的に困難」と「できない」を「不可」とした。

日常生活の意思伝達能力とは，日常の暮らしにおける活動に関して自らの意思を伝達できるかどうかの能力で，会話や受け答えに対する判断ではなく，自らが考えていることを他者に伝達できるかどうかで判断した。伝達手段については問わず，しゃべることが出来なくても筆談や身振り手振りなどで意思伝達ができるのであればその伝達の度合いで判断し，伝達する内容がたとえ間違っていても，間違っているなりに本人の意思伝達ができているのであればそれを基に「できる」を「可」とし，「時々できる」を「時々可」，「ほとんどできない」と「できない」を「不可」とした。

3) 分析方法

分析は日常の意思決定能力・意思伝達能力に影響する要因（性，年齢階級，障害高齢者自立度，認知症高齢者自立度，認知機能および BPSD）と意思決定能力，意思伝達能力の関連について分析した。日常の意思決定能力および意思伝達能力の 3 区分（可，時々可，不可）に影響する要因が 2 群の場合（男女，BPSD の有無）の差をみるために Mann-Whitney の U 検定を行った。影響する要因が 3 群の場合（障害高齢者自立度，認知症高齢者自立度）の差をみるために Kruskal-Wallis の検定を行った。認知機能の 6 項目と BPSD の 19 項目の平均は各項目を 1 点として，一元配置分散分析を用いて平均値を算出し，その有意差を Bartlett's method で検定した。意思決定能力および意思伝達能力の相関は Pearson の相関係数を用いた。

4) 倫理的配慮

本研究は，「疫学研究に関する倫理指針」（平成 14 年 6 月 17 日：文部科学省および厚生労働省）および国際薬剤疫学会が採択した Good Epidemiological Practice に準拠して行った。研究計画については，平成 15 年 1 月 15 日付で国立保健医療科学院研究倫理審査委員会の承認（国立保健医療科学院研究倫理審査委員会による承認 承認番号 NIPH-IBRA # 03006）を受けた。

2. 結果

1) 認知症の罹患と認知症高齢者の自立度

介護が必要となった最初の時点での認知症高齢者は，65～74 歳では 158 人中 68 人（43.0 ％）が，75～84 歳では 400 人中 204 人（51.0 ％）が，85 歳以上では 287 人中 176 人（61.3 ％）で，高齢になるにつれて認知症を有する者の割合が増加していた（p＜0.001）。

2) 性, 年齢階級, 障害高齢者自立度および認知症の日常生活における意思決定能力におよぼす影響（表1）

①対象者の日常生活における意思決定能力

認知症高齢者448人のうち, 意思決定ができる者は32.4%, 時々できる者は41.3%, できない者は26.3%であった。性別にみれば, 男性ではそれぞれ23.7%, 44.4%, 32.0%であり, 女性ではそれぞれ37.6%, 39.4%, 22.9%で, 意思決定ができない者の割合は女よりも男に大きかった（p＝0.001）。

②認知症高齢者自立度別にみた日常生活の意思決定能力

認知症高齢者では, 生活が自立しているものが170人（37.9%）で, 動ける認知症者が多く, 寝たきりになるにつれて有意に日常の意思決定ができる者の割合が小さかった（p＜0.001）。

日常生活の意思決定能力を認知症高齢者自立度別に観察すると, 認知症が軽度で意思決定ができ

る者は39.0%で,「時々可」の46.4%と合せると85.4%であった。しかし, 中等度にできる者では32.2%であり, 重度では全くできなかった。認知症が重度になるにつれて「可能」および「時々可能」な者の割合は急速に小さくなっていた（p＜0.001）。

年齢階級別に見れば, 認知症高齢者自立度が「軽度」の者の場合, その意思決定能力が「可」の割合は, 65〜74歳では25.0%, 75〜84歳では31.9%, 85歳以上では38.7%であり, 表には示していないが, 高齢なものほど意思決定ができる者の割合が大きかった。（p＝0.003）。

③認知機能の数の平均と日常生活の意思の決定能力の関係（表3）

認知症の中核症状6項目のうち対象者が有する項目数は, 65〜74歳で1.99（SD 2.03）, 75〜84歳で1.25（SD 0.65）, 85歳以上で1.19（SD 1.67）であり, 年齢による著明な差はなかった（p＝0.078）。意思決定能力毎に行った年齢階級別の認

表1 性, 年齢階級, 寝たきり度および認知症度別にみたと意思の決定能力

			計	%	可	%	時々可	%	不可	%	p
		合計	448 (	100.0)	145 (	32.4)	185 (	41.3)	118 (	26.3)	
性	男		169 (	100.0)	40 (	23.7)	75 (	44.4)	54 (	32.0)	*
	女		279 (	100.0)	105 (	37.6)	110 (	39.4)	64 (	22.9)	0.001
寝たきり度	軽度		170 (	100.0)	65 (	38.2)	72 (	42.4)	33 (	19.4)	**
	中等度		172 (	100.0)	61 (	35.5)	73 (	42.4)	38 (	22.1)	<0.001
	重度		106 (	100.0)	19 (	17.9)	40 (	37.7)	47 (	44.3)	
認知症度	計	軽度	364 (	100.0)	142 (	39.0)	169 (	46.4)	53 (	14.6)	**
		中等度	59 (	100.0)	3 (	5.1)	16 (	27.1)	40 (	67.8)	<0.001
		重度	25 (	100.0)	0 (	0.0)	0 (	0.0)	25 (	100.0)	
	軽度	65〜74歳	48 (	100.0)	17 (	25.0)	22 (	45.8)	9 (	18.8)	**
		75〜84歳	161 (	100.0)	65 (	31.9)	72 (	44.7)	24 (	14.9)	0.731
		85歳以上	155 (	100.0)	60 (	38.7)	75 (	48.4)	20 (	12.9)	
	中等度	65〜74歳	12 (	100.0)	0 (	0.0)	4 (	33.3)	8 (	66.7)	**
		75〜84歳	32 (	100.0)	1 (	0.5)	8 (	25.0)	23 (	71.9)	0.619
		85歳以上	15 (	100.0)	2 (	13.3)	4 (	26.7)	9 (	60.0)	
	重度	65〜74歳	8 (	100.0)	0 (	0.0)	0 (	0.0)	8 (	100.0)	
		75〜84歳	11 (	100.0)	0 (	0.0)	0 (	0.0)	11 (	100.0)	―
		85歳以上	6 (	100.0)	0 (	0.0)	0 (	0.0)	6 (	100.0)	
中核症状平均値 (括弧内：標準偏差)	65〜74歳		1.99 (	SD 2.03)	0.12 (	0.33)	1.85 (	1.80)	3.40 (	1.85)	<0.001
	75〜84歳		1.25 (	1.65)	0.27 (	0.69)	0.93 (	1.37)	2.83 (	1.66)	<0.001
	85歳以上		1.19 (	1.67)	0.37 (	0.91)	0.86 (	1.22)	3.40 (	1.72)	<0.001
年齢階級別中核症状平均値の差 p***			0.078		<0.001		0.041		0.817		

※ 表上部に「意思の決定能力」の見出しあり

* Mann-Whitney's U test
** Kruskal-Wallis test
*** Bartlett's method

知症の中核症状の平均数の比較では，「可」では高齢になるほど平均数は多くなったが（p＜0.001），「時々可」と「不可」では年齢階級との有意な差はみられなかった。各年齢階級とも意思決定能力ができなくなるにつれて中核症状の数が多かった（各年齢階級共に p＜0.001）。

3）日常生活の意思伝達能力と意思決定能力の関連（表2）

対象者448人の意思の伝達能力は，「可」が351人（78.3％）で，「時々可」は69人（15.4％）であり，「不可」は28人（6.3％）であって，ほとんどが意思の伝達は可能であった。

意思伝達能力が可能な者のうち意思決定能力が「可」は40.5％であり，「時々可」は45.3％で，「不可」は14.2％であった。意思の伝達が「可」から「不可」になるほど，意思決定も「不可」の割合が大きくなっており，相関係数は0.499（p＜0.001）で，両者には相関が見られた。

4）BPSDと日常生活の意思決定能力（表3）

BPSDの19項目のうち1つでも「有り」の者は357人（79.8％）であった。意思決定能力が「可」の者は，「有り」が70.3％であり，時々可では83.7％，不可では84.7％と「不可」になるほど，BPSDが「有り」の者の割合が大きくなっていた（p＝0.002）。

BPSD数の平均は，意思決定能力が「可」の者は1.94（SD 2.24），時々可では2.35（SD 2.18），不可では4.26（SD 3.66）と，不可になるほど有意に症状の数が多かった。年齢が85歳以上では意思決定が不可の者ほど症状がある者の割合が大きかったが（p＝0.032），65～74歳および75～84歳では意思決定能力と症状の有無に有意な関連は見られなかった（それぞれ p＝0.175，0.122）。

表3は，BPSDの症状の「有り」が多い順に示したものである。観察したほとんどの事項について，BPSDの症状「有」の者が「無」しに比べて意思決定をできない者の割合が有意に大きかった。

5）年齢階級別認知症高齢者の日常生活の意思決定能力と2年後の変化（表4）

①2年後までの変化

年齢階級別意思決定能力の2年後までの変化をみると，全体ではベースライン時に意思決定が「可」の145人は1年後に83人（57.2％），2年後には44人（30.3％）に減少していた。「時々可」は185人であったが1年後に16人（8.6％）が，2年後は11人（5.9％）が「可」に改善し，「不可」であった118人は1年後に15人（12.5％）が，2年後は13人（11.0％）が可と「時々可」に改善していた。

表2　意思の決定と伝達の相関

			計	%	可	%	時々可	%	不可	%	r*	p	p**
							意思の伝達能力				相関係数		
		計	448	100.0	351	78.3	69	15.4	28	6.3	—	—	—
意思決定能力	全体	可	145	100.0	142	97.9	3	2.1	0	0.0			
		時々可	185	100.0	159	85.9	23	12.4	3	1.6	0.499	＜0.001	—
		不可	118	100.0	50	42.4	43	36.4	25	21.2			
	可	65～74歳	17	100.0	17	100.0	0	0.0	0	0.0			
		75～84歳	66	100.0	64	97.0	2	3.0	0	0.0	0.561	＜0.001	—
		85歳以上	62	100.0	61	98.4	1	1.6	0	0.0			
	時々可	65～74歳	26	100.0	18	69.2	6	23.1	2	7.7			
		75～84歳	80	100.0	71	88.8	8	10.0	1	1.3	0.408	＜0.001	0.024
		85歳以上	79	100.0	70	88.6	9	11.4	0	0.0			
	不可	65～74歳	25	100.0	6	24.0	14	56.0	5	20.0			
		75～84歳	58	100.0	33	56.9	16	27.6	9	15.5	0.570	＜0.001	0.014
		85歳以上	35	100.0	11	31.4	13	37.1	11	31.4			

*　　Pearson の相関係数
**　Mann-Whitney's U test

表3　BPSDと意思の決定

			意思の決定能力								
			計	%	可	%	時々可	%	不可	%	有無の差
		計	448	100.0	145	32.4	185	41.3	118	26.3	p*
年齢階級	BPSD全体 （分散分析）	平均値	2.94	—	2.05	—	2.74	—	4.36	—	
		標準偏差	2.92	—	2.32	—	2.48	—	3.65	—	<0.001**
	BPSDの有無	無	91	100.0	43	47.3	30	33.0	18	19.8	0.002
		有	357	100.0	102	28.6	155	43.4	100	28.0	
	65～74歳	無	12	100.0	5	41.7	4	33.3	3	25.0	0.175
		有	56	100.0	12	21.4	22	39.3	22	39.3	
	75～84歳	無	37	100.0	17	45.9	11	29.7	9	24.3	0.122
		有	167	100.0	49	29.3	69	41.3	49	29.3	
	85歳以上	無	42	100.0	21	50.0	15	35.7	6	14.3	0.032
		有	134	100.0	41	30.6	64	47.8	29	21.6	
周辺症状	ひどい物忘れ	無	147	100.0	65	44.2	53	36.1	29	19.7	0.003
		有	301	100.0	80	26.6	132	43.9	89	29.6	
	同じ話をする	無	315	100.0	110	34.9	128	40.6	77	24.4	0.057
		有	133	100.0	35	26.3	57	42.9	41	30.8	
	昼夜逆転	無	334	100.0	118	35.3	140	41.9	76	22.8	0.002
		有	114	100.0	27	23.7	45	39.5	42	36.8	
	介護に抵抗	無	354	100.0	131	37.0	152	42.9	71	20.1	<0.001
		有	94	100.0	14	14.9	33	35.1	47	50.0	
	幻視幻覚	無	379	100.0	131	34.6	159	42.0	89	23.5	0.001
		有	69	100.0	14	20.3	26	37.7	29	42.0	
	感情が不安定	無	381	100.0	125	32.8	167	43.8	89	23.4	0.029
		有	67	100.0	20	29.9	18	26.9	29	43.3	
	火の不始末	無	385	100.0	122	31.7	159	41.3	104	27.0	0.356
		有	63	100.0	23	36.5	26	41.3	14	22.2	
	被害的	無	386	100.0	128	33.2	160	41.5	98	25.4	0.230
		有	62	100.0	17	27.4	25	40.3	20	32.3	
	常時の徘徊	無	387	100.0	136	35.1	162	41.9	89	23.0	<0.001
		有	61	100.0	9	14.8	23	37.7	29	47.5	
	暴言暴行	無	387	100.0	137	35.4	165	42.6	85	22.0	<0.001
		有	61	100.0	8	13.1	20	32.8	33	54.1	
	一人で出たがる	無	391	100.0	137	35.0	169	43.2	85	21.7	<0.001
		有	57	100.0	8	14.0	16	28.1	33	57.9	
	作話	無	396	100.0	131	33.1	163	41.2	102	25.8	0.320
		有	52	100.0	14	26.9	22	42.3	16	30.8	
	大声を出す	無	399	100.0	139	34.8	170	42.6	90	22.6	<0.001
		有	49	100.0	6	12.2	15	30.6	28	57.1	
	落着きなし	無	402	100.0	139	34.6	168	41.8	95	23.6	<0.001
		有	46	100.0	6	13.0	17	37.0	23	50.0	
	外出して戻れない	無	408	100.0	138	33.8	168	41.2	102	25.0	0.013
		有	40	100.0	7	17.5	17	42.5	16	40.0	
	収集癖	無	429	100.0	141	32.9	179	41.7	109	25.4	0.063
		有	19	100.0	4	21.1	6	31.6	9	47.4	
	物や衣服を壊す	無	434	100.0	143	32.9	182	41.9	109	25.1	0.006
		有	14	100.0	2	14.3	3	21.4	9	64.3	
	不潔行為	無	440	100.0	142	32.3	181	41.1	117	26.6	0.488
		有	8	100.0	3	37.5	4	50.0	1	12.5	
	異食行為	無	440	100.0	145	33.0	183	41.6	112	25.5	0.002
		有	8	100.0	0	0.0	2	25.0	6	75.0	

*　　Mann-Whitney U test
**　Bartlett's method

②1年後の変化

年齢階級別にみた1年後の変化は65～74歳の「可」は52.9％に，75～84歳では57.6％に，85歳以上は58.1％に，どの年齢階級もほぼ半減していたが，年齢階級による減少に有意な差はなかった（p＝0.782）。2年後の変化も年齢階級が若い順に35.3％，33.3％，25.8％と1/3～1/4に減少していたが，年齢階級による差はなかった（p＝0.309）。

③改善したもの

「時々可」の者が1年後に「可」に改善したのは，65～74歳では7.7％，75～84歳では12.5％，85歳以上では5.1％であった。2年後にもほぼ同様の傾向がみられた。

「不可」の者で1年後に改善した者は，65～74歳では20.0％，75～84歳では12.0％，85歳以上では11.4％であった。2年後にもほぼ同様の傾向がみられた。

以上から，意思決定能力が「可」の者の割合は1年後に約1/2に，2年後には1/3に減少していた。この減少割合に年齢差はほとんどみられなかった。一方，意思決定能力が「時々可」，「不可」の者にも，その後改善しているものもあった。

表4　年齢階級別認知症高齢者の意思の決定とその後の変化（2年後まで）

			計	%	可	%	時々可	%	不可	%	不明	%	死亡	%
1年後	全体計	合計	448	100.0	102	22.8	138	30.8	103	23.0	19	4.2	86	19.2
		可	145	100.0	83	57.2	24	16.6	9	6.2	6	4.1	23	15.9
		時々可	185	100.0	16	8.6	101	54.6	27	14.6	10	5.4	31	16.8
		不可	118	100.0	3	2.5	13	11.0	67	56.8	3	2.5	32	27.1
	65～74歳	計	68	100.0	13	19.1	19	27.9	19	27.9	12	17.6	5	7.4
		可	17	100.0	9	52.9	3	17.6	0	0.0	4	23.5	1	5.9
		時々可	26	100.0	2	7.7	13	50.0	5	19.2	6	23.1	0	0.0
		不可	25	100.0	2	8.0	3	12.0	14	56.0	2	8.0	4	16.0
	75～84歳	計	204	100.0	49	24.0	61	29.9	53	26.0	7	3.4	34	16.7
		可	66	100.0	38	57.6	11	16.7	4	6.1	2	3.0	11	16.7
		時々可	80	100.0	10	12.5	44	55.0	12	15.0	4	5.0	10	12.5
		不可	58	100.0	1	1.7	6	10.3	37	63.8	1	1.7	13	22.4
	85歳以上	計	176	100.0	40	22.7	58	33.0	31	17.6	0	0.0	47	26.7
		可	62	100.0	36	58.1	10	16.1	5	8.1	0	0.0	11	17.7
		時々可	79	100.0	4	5.1	44	55.7	10	12.7	0	0.0	21	26.6
		不可	35	100.0	0	0.0	4	11.4	16	45.7	0	0.0	15	42.9
	年齢階級別可の者の割合の差*								0.782					
2年後	全体計	合計	448	100.0	57	12.7	114	25.4	98	21.9	55	12.3	124	27.7
		可	145	100.0	44	30.3	38	26.2	12	8.3	19	13.1	32	22.1
		時々可	185	100.0	11	5.9	65	35.1	32	17.3	24	13.0	53	28.6
		不可	118	100.0	2	1.7	11	9.3	54	45.8	12	10.2	39	33.1
	65～74歳	計	68	100.0	10	14.7	16	23.5	17	25.0	12	17.6	13	19.1
		可	17	100.0	6	35.3	6	35.3	0	0.0	2	11.8	3	17.6
		時々可	26	100.0	2	7.7	7	26.9	4	15.4	7	26.9	6	23.1
		不可	25	100.0	2	8.0	3	12.0	13	52.0	3	12.0	4	16.0
	75～84歳	計	204	100.0	28	13.7	46	22.5	51	25.0	28	13.7	51	25.0
		可	66	100.0	22	33.3	17	25.8	6	9.1	8	12.1	13	19.7
		時々可	80	100.0	6	7.5	25	31.3	15	18.8	12	15.0	22	27.5
		不可	58	100.0	0	0.0	4	6.9	30	51.7	8	13.8	16	27.6
	85歳以上	計	176	100.0	19	10.8	52	29.5	30	17.0	15	8.5	60	34.1
		可	62	100.0	16	25.8	15	24.2	6	9.7	9	14.5	16	25.8
		時々可	79	100.0	3	3.8	33	41.8	13	16.5	5	6.3	25	31.6
		不可	35	100.0	0	0.0	4	11.4	11	31.4	1	2.9	19	54.3
	年齢階級別可の者の割合の差*								0.309					

意思の決定能力の変化

*　p＜0.05（Mann-Whitney's U test）

3. 考察

　本研究は日本の農山村地域である郡上市の65歳以上の全高齢者のうち，介護が必要となった時点において認知症がある者448人を対象とした追跡調査である。この追跡は日常生活での意思決定能力と意思伝達能力について，2年後まで行われたものである。

　今回の対象者である認知症の基準は，日本の介護保険制度において，認知症高齢者の認知機能障害から生じる生活での個々の問題とそれに対する介護の手のかかり方を5区分にしたものである。これまで行われている認知症の判断基準は，認知機能障害を医療の面，すなわち治療効果を評価する側面から開発されてきた基準（MMSC）を点数化したものである。それに対して，本研究で用いられた方法は認知レベルを評価するものであることから，生活の視点（介護の視点）が加えられた区分となっている。そのため，日本独自の基準であるとは言えるものの，認知機能を中心に据えており，2つの評価は類似することはあっても，大きく異なるとは言えないと考えられる。

　本研究結果から，介護が必要となった時点における認知症高齢者の日常生活の意思決定は約1/3が可能であり，本人が意思決定への場面に参加できることが示唆された。これまで，一般的に介護が必要な認知症高齢者は「どのような意思なのか，またどのようなことを望んでいるのか，解からない人」と理解されている傾向にあった[7]。よって認知症高齢者への対応は本人に聞くよりも介護者の意見を優先する，医療やケアの専門家に聞くなどにより進められてきた経緯がある[7]。しかし，臨床的，倫理的，法的に妥当な意思決定がなされるためには，本人の参加に基づいたものとすることが必要である。介護が必要となった時点における認知症高齢者の日常生活の意思決定能力は約1/3が「可」であり，意思伝達能力は約8割が「可」であったことから，今後の意思決定には本人の参加を促進することが課題となる。一方，意思決定能力は1年後に約半分に，2年後には1/3に激減していたことから，できるだけ早期の意思確認が

重要である。また，意思決定能力が低下した後も，意思伝達能力が可能である場合は，意思をくみ取るケアが重要となる。今後は，認知症高齢者本人の意思決定の参加を，具体的にどのように進めるのかが課題となる[11]。

　一方，意思伝達能力は，ほとんどの者が可能だったことから，今後は本人の意思を汲みとるケアができる可能性が高いことが示唆されたが，BPSDが「有」の者は，「無」の者に比して意決定能力が低い者が多かった。認知症高齢者の周囲を混乱させるBPSDは，ケアの優先的な課題として取り上げられてきた。今回の結果でも意思の決定の有無とBPSDの有無は関連していたことから，BPSDが「有り」の者自身が混乱した状況にあることが推察された。また，また少数ではあるが意思決定能力が時々可，不可の者でも，その後の変化で1割前後に改善する者が認められた。時間の経過とケアの質でBPSDの混乱が落ち着き，認知症が改善する可能性があることが示唆されたことから，BPSDへの適切なケアは，意思の伝達を促すと考えられ，適切なケアの促進が求められる。

　認知症高齢者へのケアの多くは，攻撃的行動や徘徊などのBPSDに対処するためのケアが優先されてきた。また弱い人々への「心理的ケア」，ストレス解消のためのケアである「音楽療法」などが進められてきた。しかし今回の結果から，認知症があっても本人とのコミュニケーションを基本としたケアが可能であることが示唆された。認知症高齢者の意思決定を支えるケアではPerson-centered careが提唱されている[12]。これらは認知症の本人とのコミュニケーションを基礎としたケアの方法である。本研究の結果は，これらのケアの可能性の高さを示唆するものであった。認知症高齢者のケアに関わる者は，日ごろから本人との間の信頼関係を構築し認知症高齢者の意思決定をサポートし把握するための丁寧なコミュニケーション技術を身につけることが必要となる[9][13][14]。

　認知症高齢者のうち年齢階級別にみた意思決定が「可」の者は，65～74歳で52.9％，75～84歳で57.6％，85歳以上で58.1％であり，年齢が高くなるほど「可」の者の割合が大きくなっていたのは，介護を要する原因疾患は年齢が若いほど脳

卒中などの循環器系の疾患が多く，高齢になるほど筋や骨格による原因が多くなることが関連しているのかもしれない。また，介護が必要となった時点で，意思決定が不可であった者の改善は1年後に13.5%，2年後に11.0%で，時々可の者の改善は1年後に8.6%，2年後に5.9%と少ないものの，改善した事例がみられた。これは，BPSDが消失して落ち着いたことや，望ましいケアサービスにより改善した可能性が考えられる。しかし，何が改善につながったのかは本研究では明らかにすることはできていないので，今後の研究が望まれる。

男性は女性よりも意思の決定ができない者の割合が大きかったことから，なぜ意思決定は女性に比べて男性が劣るのか，また，年齢に関連しないのかに関する疑問が残る。今回の対象者の世代は，男性は家庭の外での仕事，女性は家庭内の日常生活の家事や育児，親の介護等という役割分担をしてきた。女性の高齢期に至るまでの日常生活での判断と経験が，高齢期の日常生活の意思決定能力を高めているという可能性も推測される。

日本では国民の多くが患者の living will「遺言」を尊重するという考え方に賛成している[15]。認知症高齢者の意思決定についても今回の結果を踏まえて，多様な専門職によるチームの合意形成とそのためのプロセス判断基準および新たな倫理的原則や政策が必要となろう[16]。

本研究結果では，認知症高齢者の意思の決定能力および意思の伝達能力の可能性が高いことを明らかにした。本研究結果は認知高齢者の尊厳を守りその人らしい人生を送るための知見として活用できる。例えば，認知症高齢者とのコミュニケーションの取り方，ケアの改善，人権擁護，国民に対する「認知症高齢者の理解」に対する啓蒙普及活動，政策形成活動などの基礎的な根拠となり得る。

これまでの認知症高齢者の日常生活の意思決定と伝達に関する知見は，Smebye et al.[17]，Wolfs et al.[18]，Livingston et al.[19]，Samsi et al.[20]，Fetherstonhaugh et al.[14]らによって行われた事例または少数事例や介護者からの聞きとりによるさまざまな研究が多かった。これらの研究者による結果は，郡上市の65歳以上の全高齢者を対象とし，その中で介護が必要になった時点で認知症をすべての高齢者を観察した結果からの新たな知見である。しかしながら，本研究の結果は日本の一地方都市のものであることから，今後は日本だけでなく各国各地での研究が求められる。また今回は介護が必要となった時点での状況を明らかにしたが，それ以外の時期，すなわち認知症の初期や終末期における意思決定や意思伝達能力についても明らかにしていくことが求められる。

4. 結論

認知症高齢者が要介護状態になった初期段階での日常生活の意思の決定は，約1/3の人が可能である。よって意思の決定への本人参加を積極的に求めていく必要がある。しかし，その後は激減することから，早い時期の意思の確認が求められる。また，意思の伝達は約8割が可能であることから，本人の意思伝達に寄り添うことで，本人の意思に添ったケアができる可能性が高いことが示唆された。

第2章　認知症と要介護（支援）高齢者の研究

6. 中山間地域Ａ市における要介護(支援)高齢者の要介護度，寝たきり度および認知症と死亡の関連

はじめに

わが国の要介護（支援）高齢者は2000年の制度創設当初の218万人から2009年4月末には469万人と倍増した[1]。要介護（支援）高齢者のうち，認知症度がランクⅡ以上の者は2002年に149万人であった[1-2]が，認知症の有病率は65歳以上の高齢者を5歳毎に区切ると，倍々に高くなると予測されている[3-4]ことから，要介護（支援）高齢者，認知症高齢者の増加に対する介護予防および介護の対応が課題となる。

介護保険は，被保険者の要介護状態又は要支援状態に関し，必要な保険給付を行うものであり，保険給付は要介護状態又は要支援状態の軽減又は悪化の防止に資するよう行われることが求められる。そのためには，要介護（要支援）高齢者の心身の状況，その置かれている環境等に応じて，被保険者の選択に基づき，適切な保健医療サービス及び福祉サービスを総合的かつ効率的に提供されるよう配慮して行うことが必要である。その方法として，要介護（支援）高齢者の介護度・寝たきり度および認知症度などの身体的精神的健康状態をアセスメントし，その改善・維持や悪化（死亡も含む）を予防するようなケアプランを立案し，それに基づくケアサービスの実施とその後のサービス評価をすることが求められる。

その際，要介護（支援）高齢者の状態について，何が悪化（死亡を含む）と関連しているのかを見極めて，その後のケアサービスを講じていくことが重要である。また要介護高齢者が直面している問題や状況，今後の予測される経過及び死亡等の予測をして計画を立てる必要があり，そのためにはアセスメントされた内容について，その後の予測が立っていないと，ケア計画及びケアを実施した後の事後評価を適切に行うことができない。

そのため，諸外国およびわが国では1980年以降，高齢者の健康状態について多くの研究がなされてきた[5-12]。橋本ら[5]や古谷野ら[9]の在宅高齢者と死亡の関連からの研究では，死亡は加齢および日常生活動作（ADL：Activities of Daily Living）の低下と関連が強いことを報告している。藤田[13]は社会文化的環境の異なる地域でADLを含む健康と生命予後との関連について調査し，ADLの低下と死亡の関連には大きな地域差は見られなかったことを報告している。また，別所ら[14]は地域在宅高齢者について10年間の追跡を行い，認知症がない高齢者に比較して認知症高齢者は死亡リスクが高くなることを報告している。このように地域の高齢者については，ADLの低下が死亡と強く関連していることが報告されている。また精神的健康では認知症が重度になるほど死亡と強く関連していることも明らかにされている。

また，武田ら[15]は要介護（支援）高齢者の死亡について2年間追跡した調査から女性より男性の死亡が多いことを報告しており，寺西ら[16]は1年間の追跡から日常生活自立度の低下が死亡と有意に関連していることを，新鞍ら[17]は要介護度が重度になるほど死亡と強く関連していることを報告しており，高齢者の健康状態における今後の予測因子が明らかになりつつある。

しかし，これまでの結果はADLと死亡，認知症と死亡というように単一の因子と死亡との関連を観察したものがほとんどであり，要介護度，寝

たきり度や認知症が健康状態の悪化（死亡）とどのように関連しているかについての明確な結果は明らかにされていない。

先に述べた要介護（支援）高齢者の健康状態の維持改善および悪化予防のための支援を行うためには，介護度や寝たきり度および認知症度がその後の予後にどのように影響しているかを予測することが，対象者の理解と適切なサービス提供にとって重要である。

本研究では，要介護（支援）高齢者の死亡が介護度・寝たきり度および認知症度とどのように関連しているのかについて明らかにすることを目的とした。

1. 研究方法

1）対象

調査対象地域のA市は，2003年4月1日人口49,286人，65歳以上の高齢者割合が28.6％の中山間地である。A市において2003年4月から2004年12月までの間に要介護（支援）認定を受けた65歳以上高齢者2,341人（男性804人，女性1,537人）のベースライン登録を行い，その後の追跡を行った。

2）調査項目

介護認定審査会後の資料からベースライン登録時の情報を調査した。調査はベースライン対象者（2,341人）について登録時の性・年齢・介護度・日常生活自立度（以下寝たきり度とする）・認知症度，要介護状態になった主たる原因疾患の診断名を把握した。診断名については，国際疾病分類に基づいて分類し，対象者の4％以上が罹患していた「糖尿病」，「高血圧性疾患」，「心疾患（高血圧性のものを除く）」，「脳血管疾患」，「呼吸器の疾患」，「筋・骨格系疾患」，「骨折等，損傷・中毒およびその他の外因の疾患」，および生存に強く関連する「悪性新生物」を加えた8つの疾患を把握した。

追跡期間中の死亡および転出の転帰は住民票から把握した。追跡期間は2009年8月10日までであり，平均追跡期間は5.7年（最長6.4年，最短1.0

年）であった。

3）分析方法

要介護（支援）高齢者について，要介護度と寝たきり度および認知症度の相関を求めた。次いで男女別に年齢階級，要介護度，寝たきり度，認知症度毎に累積生存率（単位100観察人年）を求めた。更に，男女別に死亡を従属変数，寝たきり度，認知症度を独立変数とし，男女別にCox回帰分析を用いてハザード比を算出するとともに，95％信頼区間を算出した。寝たきり度と認知症度は自立を基準として単変量解析を行った。その後，年齢階級，9つの疾患を調整変数とし，介護度，寝たきり度，認知症度を強制投入して，ハザード比を求めた。統計ソフトはPASW statisticsを用いた。

4）対象者の保護

本研究は介護保険事業研究として要介護認定等の資料を活用することについての文書同意を要介護認定申請者本人から得ており，A市長の許可も得て実施した。また，提供を受けた介護認定にかかわる情報については，対象者ごとに整理番号を付与し，管理した。なお，本研究は2003年1月15日付けで国立保健医療科学院研究倫理審査会の承認（承認番号NIPH-IBRA#03006）を受けている。

2. 結果

1）対象者の状況と転帰

対象者のベースライン登録時における年齢階級（65〜74歳，75〜84歳，85歳以上）別に要介護度，寝たきり度，認知症度，診断名および平均5.7年後の転帰について表1に示す。

対象者2,341人中生存が976人（41.6％），死亡1,312人（56.0％），転出53人（2.2％）であり，男女とも年齢階級が高くなるほど有意に死亡が多くなっていた（Mann-Whitney U test　p＜0.001）（表3）。

2）寝たきり度・認知症度と要介護度の相関

登録時の寝たきり度と要介護度との相関（Pearsonの相関係数）は男性 r＝0.60（p＜0.001），女

表1　要介護（支援）認定者の状況と転帰

			男女計	年齢階級 男 計	男 前期高齢 <=74	男 後期高齢前期 75〜84	男 後期高齢後期 85+	女 計	女 前期高齢 <=74	女 後期高齢前期 75〜84	女 後期高齢後期 85+
	開始時	人数	2338	807	176	368	263	1534	193	684	657
		%	100.0%	100.0%	100.0%	100.0%	100.0%	100.0%	100.0%	100.0%	100.0%
要介護度	要支援	人数	354	103	21	46	36	251	42	127	82
		%	15.1%	12.8%	11.9%	12.5%	13.7%	16.4%	21.8%	18.6%	12.5%
	要介護1	人数	761	238	54	103	81	523	77	245	201
		%	32.5%	29.5%	30.7%	28.0%	30.8%	34.1%	39.9%	35.8%	30.6%
	要介護2	人数	333	133	29	56	48	200	24	85	91
		%	14.2%	16.5%	16.5%	15.2%	18.3%	13.0%	12.4%	12.4%	13.9%
	要介護3	人数	307	132	23	66	43	175	17	76	82
		%	13.1%	16.4%	13.1%	17.9%	16.3%	11.4%	8.8%	11.1%	12.5%
	要介護4	人数	299	98	24	42	32	201	17	84	100
		%	12.8%	12.1%	13.6%	11.4%	12.2%	13.1%	8.8%	12.3%	15.2%
	要介護5	人数	287	103	25	55	23	184	16	67	101
		%	12.3%	12.8%	14.2%	14.9%	8.7%	12.0%	8.3%	9.8%	15.4%
寝たきり度	自立	人数	36	12	2	7	3	24	5	13	6
		%	1.5%	1.5%	1.1%	1.9%	1.1%	1.6%	2.6%	1.9%	.9%
	ランクJ	人数	642	214	49	95	70	428	72	211	145
		%	27.4%	26.5%	27.8%	25.8%	26.6%	27.9%	37.3%	30.8%	22.1%
	ランクA	人数	890	294	60	125	109	596	66	265	265
		%	38.0%	36.4%	34.1%	34.0%	41.4%	38.9%	34.2%	38.7%	40.3%
	ランクB	人数	424	170	38	83	49	254	32	104	118
		%	18.1%	21.1%	21.6%	22.6%	18.6%	16.6%	16.6%	15.2%	18.0%
	ランクC	人数	349	117	27	58	32	232	18	91	123
		%	14.9%	14.5%	15.3%	15.8%	12.2%	15.1%	9.3%	13.3%	18.7%
認知症度	自立	人数	881	322	91	150	81	559	111	269	179
		%	37.6%	39.9%	51.7%	40.8%	30.8%	36.4%	57.5%	39.3%	27.2%
	ランクI	人数	487	174	29	82	63	313	28	146	139
		%	20.8%	21.6%	16.5%	22.3%	24.0%	20.4%	14.5%	21.3%	21.2%
	ランクII	人数	501	170	28	71	71	331	27	136	168
		%	21.4%	21.1%	15.9%	19.3%	27.0%	21.6%	14.0%	19.9%	25.6%
	ランクIII	人数	290	85	14	39	32	205	17	84	104
		%	12.4%	10.5%	8.0%	10.6%	12.2%	13.4%	8.8%	12.3%	15.8%
	ランクM	人数	182	56	14	26	16	126	10	49	67
		%	7.8%	6.9%	8.0%	7.1%	6.1%	8.2%	5.2%	7.2%	10.2%
診断名	II　C00-C979　新生物	人数	93	47	7	26	14	46	10	18	18
		%	4.0%	5.8%	4.0%	7.1%	5.3%	3.0%	5.2%	2.6%	2.7%
	IV　E10-E149　糖尿病	人数	179	59	18	29	12	120	12	63	45
		%	7.6%	7.3%	10.2%	7.9%	4.6%	7.8%	6.2%	9.2%	6.8%
	IV　I10-I159　高血圧性疾患	人数	463	126	27	46	53	337	27	146	164
		%	19.8%	15.6%	15.3%	12.5%	20.2%	22.0%	14.0%	21.3%	25.0%
	IX　I20-I259　心疾患（高血圧性のものを除く）	人数	127	50	14	21	20	69	4	28	37
		%	5.4%	7.2%	8.0%	6.5%	7.6%	4.5%	2.1%	4.1%	5.6%
	IX　I60-I699　脳血管疾患	人数	650	300	86	147	67	350	55	170	125
		%	27.8%	37.2%	48.9%	39.9%	25.5%	22.8%	28.5%	24.9%	19.0%
	X　J00-J999　呼吸器の疾患	人数	173	96	21	48	27	77	6	29	42
		%	7.4%	11.9%	11.9%	13.0%	10.3%	5.0%	3.1%	4.2%	6.4%
	XIII　M00-M999　筋・骨格系疾患	人数	797	186	27	82	77	611	70	295	246
		%	34.0%	23.0%	15.3%	22.3%	29.3%	39.8%	36.3%	43.1%	37.4%
	XIV　S00-T989　骨折等, 損傷・中毒およびその他の外因の疾患	人数	298	85	23	38	24	213	23	94	96
		%	12.7%	10.5%	13.1%	10.3%	9.1%	13.9%	11.9%	13.7%	14.6%
転帰（平均5.7年）	生存	人数	976	248	94	109	45	728	133	376	219
		%	41.6%	30.7%	37.9%	44.0%	18.1%	47.5%	68.9%	55.0%	33.3%
	死亡	人数	1312	547	81	252	214	765	55	284	426
		%	56.0%	67.8%	14.8%	46.1%	39.1%	49.9%	28.5%	41.5%	64.8%
	転出	人数	53	12	1	7	4	41	5	24	12
		%	2.2%	15.0%	8.3%	58.3%	33.3%	2.7%	2.6%	3.5%	1.8%

表2　寝たきり度・認知症度と要介護度の相関

		相関係数	
		要介護度	
		男	女
	人数	807	1534
寝たきり度	Pearson の相関係数	0.60	0.60
	有意確率（両側）	p＜0.001	p＜0.001
認知症度	Pearson の相関係数	0.42	0.48
	有意確率（両側）	p＜0.001	p＜0.001

表3　性別，年齢階級・要介護度・寝たきり度・認知症度の死亡率

	男				女			
	人数	死亡数	観察人年	死亡率/100py	人数	死亡数	観察人年	死亡率/100py
計	807	547	2677.0	20.4	1534	765	6285.4	12.2
年齢階級								
65～74	176	81	749	10.8	193	55	932	5.9
75～84	368	252	1210	20.8	684	284	3020	9.4
85＋	263	214	719	29.8	657	426	2334	18.3
要介護度								
要支援	103	59	397.8	14.8	251	63	1203.7	5.2
要介護1	238	144	889.4	16.2	523	191	2432.6	7.9
要介護2	133	89	445.7	20.0	200	104	823.2	12.6
要介護3	132	96	398.7	24.1	175	119	618.9	19.2
要介護4	98	69	297.5	23.2	201	133	727.2	18.3
要介護5	103	90	247.9	36.3	184	155	479.9	32.3
寝たきり度								
自立	12	5	56.6	8.8	24	6	127.7	4.7
ランクJ	214	110	883.7	12.4	428	124	2057.8	6.0
ランクA	294	210	930.3	22.6	596	283	2554.7	11.1
ランクB	170	120	541.2	22.2	254	164	923.4	17.8
ランクC	117	102	265.2	38.5	232	188	621.9	30.2
認知症度								
自立	322	204	1138.0	17.9	559	202	2530.7	8.0
ランクⅠ	174	112	611.4	18.3	313	141	1329.5	10.6
ランクⅡ	170	119	544.2	21.9	331	182	1326.7	13.7
ランクⅢ	85	63	255.4	24.7	205	146	722.6	20.2
ランクⅣ	31	26	78.6	33.1	70	51	229.3	22.2
ランクM	25	23	49.4	46.6	56	43	146.7	29.3

性 r＝0.60（p＜0.001）であった（**表2**）。認知症度と要介護（支援）度との相関では男性 r＝0.42（p＜0.001），女性 r＝0.48（p＜0.001）であった（**表2**）。このことから，男女とも寝たきり度と要介護度の関連のほうが，認知症度と要介護度との関連よりも強い結果であった。

3) 死亡率

①年齢階級別死亡率

　要介護（支援）高齢者の追跡期間中の死亡率（死亡数／観察人年）は，男性全体で 20.4/100 人年，女性全体で 12.2/100 人年であった。74 歳未満の死亡率は男性 10.8，女性 5.9 であったのに対して，85 歳以上では男性 29.8，女性 18.3 と高率となっており，男女とも加齢に伴う死亡率の上昇がみられた（**表3**）。

②要介護度別死亡率

　要介護度別死亡率は，要支援の男性は 14.8，女性は 5.2 であったのが，要介護5 では男性 36.3，女性 32.3 と上昇していた。しかしながら，男女

表4 要介護度・寝たきり度・認知症度と死亡の関係

	単変量解析								多変量解析 (年齢, 介護度・寝たきり度, 認知症を除く9疾患で調整)							
	男				女				男				女			
	ハザード比	95.0% CI			ハザード比	95.0% CI			ハザード比	95.0% CI			ハザード比	95.0% CI		
要介護度																
要支援	1.00				1.00				1.00				1.00			
要介護1	1.10	0.81	1.48		1.51	1.13	2.00	*	0.94	0.68	1.30		1.28	0.95	1.72	
要介護2	1.35	0.97	1.88		2.45	1.79	3.35	*	0.97	0.66	1.42		1.50	1.05	2.15	*
要介護3	1.61	1.16	2.23	*	3.77	2.78	5.12	*	1.12	0.74	1.70		2.37	1.63	3.47	*
要介護4	1.57	1.11	2.22	*	3.56	2.64	4.81	*	1.05	0.63	1.73		1.74	1.12	2.71	*
要介護5	2.41	1.73	3.36	*	6.42	4.78	8.61	*	1.21	0.64	2.28		2.57	1.52	4.36	*
寝たきり度																
自立	1.00				1.00				1.00				1.00			
ランクJ	1.41	0.57	3.45		1.28	0.56	2.90		1.38	0.55	3.46		1.44	0.63	3.30	
ランクA	2.56	1.05	6.21	*	2.37	1.06	5.32	*	2.39	0.97	5.90		2.09	0.92	4.76	
ランクB	2.49	1.02	6.10	*	3.82	1.69	8.62	*	2.49	0.98	6.34		2.71	1.15	6.35	*
ランクC	4.36	1.78	10.72	*	6.59	2.92	14.86	*	4.01	1.47	10.93	*	3.79	1.56	9.19	*
認知症度																
自立	1.00				1.00				1.00				1.00			
I	1.03	0.82	1.29		1.33	1.07	1.65	*	1.04	0.82	1.33		1.02	0.81	1.27	
II	1.23	0.98	1.54		1.74	1.42	2.12	*	1.00	0.78	1.29		1.15	0.91	1.44	
III	1.36	1.03	1.81	*	2.58	2.09	3.20	*	0.93	0.65	1.32		1.19	0.90	1.56	
IV	1.88	1.25	2.83	*	2.84	2.09	3.87	*	1.32	0.83	2.11		1.07	0.73	1.57	
M	2.50	1.61	3.89	*	3.74	2.69	5.20	*	1.15	0.68	1.96		1.13	0.75	1.70	

* 有意差有

とも要介護3よりも要介護4でやや低下し，その後上昇しており，単調な上昇ではなかった（表3）。

③寝たきり度別死亡率

寝たきり度別死亡率は自立で男性8.8，女性4.7であったが，ランクCでは男性38.5，女性30.2と上昇していた（表3）。

④認知症度と死亡率

認知症度の死亡率は，自立で男性は17.9，女性は8.0であり，ランクMで男性は46.6，女性は29.3と上昇していた。

4) 要介護度・寝たきり度・認知症度の ハザード比

単変量解析で死亡を従属変数，要介護度，寝たきり度，認知症度を独立変数として関連をみた。要介護度では男性の要介護1〜2を除いて，寝たきり度では男女ともランクJを除いて，認知症度では男性のランクI〜IIを除くランクで，死亡は有意に高かった（表4）。

次に年齢と9つの疾患を調整変数とし，要介護度，寝たきり度，認知症度を強制投入して，多変量解析を行ったところ，要介護度については男性では有意な関連は見られなかったが，女性では要支援に対して要介護2〜5で有意に死亡と関連し，要介護2のハザード比は1.50（CI 1.05-2.15），要介護3のハザード比は2.37（CI 1.63-3.47）要介護4のハザード比は1.74（CI 1.12-2.71），要介護5のハザード比は2.57（CI 1.52-4.36）となっていた。寝たきり度では，自立に対して，男性ではランクCのハザード比は4.01（CI 1.47-10.93）と高く，女性ではランクBのハザード比が2.71（CI 1.15-6.35），ランクCで3.79（CI 1.56-9.19）と要介護度よりも高い倍率で死亡と関連していた。一方，認知症度については男女とも，いずれのランクにおいても自立に対して死亡リスクが高いという結果は得られなかった（表4）。

3. 考察

本研究では，要介護（支援）高齢者の死亡が介護度・寝たきり度および認知症度とどのように関連しているのかについて明らかにすることを目的

として，A市要介護（要支援）高齢者2,341人を対象としたコホート研究を行い次の結果を得た。

要介護（支援）高齢者の死亡は要介護（支援）度が重度になるほど死亡と強く関連し，寝たきり度が重度になるほど死亡と強く関連していたが，認知症度は，単変量解析では認知症度が重度になるほど死亡と強く関連していたものの，性，年齢および8つの疾患を調整した多変量解析の結果では，死亡との有意な関連性はないことが明らかとなった。つまり，介護度と寝たきり度は死亡と関連しているが，認知症度については死亡への影響が見かけ上のものであることが判明した。

これまでの研究でも，要介護（支援）度および寝たきり度については，武田[15]，寺西ら[16]および新鞍ら[17]の研究から要介護（支援）度および寝たきり度は重度になるにつれて死亡と強く関連していることが報告されており，今回の結果もそれと同様の結果であった。

しかし，今回我々が得た認知症度と死亡との関連については，これまでの多くの研究結果とは異なっている。別所ら[14]は，一地方都市での高齢者全数のコホート調査から，認知症がある群の死亡リスクは認知症がない群に比較して，年齢階級を調整しても死亡リスクが2.99倍高くなっていたとしており，これらの先行研究では，認知症は生命の悪化，死亡に影響があるとしていた。しかしこの調査の対象者である地域の高齢者は，健康な高齢者や要介護状態にある高齢者をも含んだ集団であるため，認知症高齢者群は高血圧や脳血管疾患を有する高齢者が，比較対象となった健康な高齢者群よりも多く存在することが推測されることから，死亡リスクが高くなったのではないかと考えられる。

また，東海ら[18]は要介護（支援）高齢者2,322人についてADLの悪化を従属変数としたハザード比を算出し，脳卒中単独群と認知症単独群の比較をしたところ認知症単独群は脳卒中単独群よりもADLの悪化が大きいとしている。しかし脳卒中におけるADLの悪化を観察する場合，脳卒中の後遺症としてADLの低下があり，ADLは交絡因子となると考えられる。また認知症は，脳血管性の認知症とアルツハイマーがある。脳血管性の認知症のうち脳梗塞の診断がついていない認知症が含まれている可能性が考えられることから，結果が歪められているかもしれない。このため脳卒中に比較して認知症の方がADL悪化に影響するとは言い切れないことも考えられる。

北村ら[20]は，1998年から2007年の10年間に精神科病院で認知症と診断された患者2,011人について，2008年までの死亡を調査している。その結果は男性が女性に対して死亡リスクが2.4倍高いこと，女性の生存期間は加齢に伴い我が国の平均年齢と接近し，90歳以上ではほぼ等しくなることを報告している。つまり，一般の高齢者の死亡と認知症を有する者の死亡を比較して，認知症を有することで死亡率が高くなるとは言えないとしている。本研究結果は北村ら[20]の結果と類似する内容である。本研究では要介護（支援）高齢者での観察であることから，対象は異なるものの，認知症を有することが死亡率を高めるというこれまでの知見に対し，認知症の有無は死亡に影響しないであろうということを明らかにした知見である。

また，今回使用したデータは2005年の介護認定審査改正前の要介護（支援）度であり，この時点の介護認定審査は寝たきり度をよく反映していた指標ともいうことができるであろう。

本研究の結果から，認知症を有する要介護高齢者への支援は生命の延伸というより，これまでのQOLへの支援をさらに重要視していくこと，また家族の介護支援に重点を置いた支援にしていくことが重要であることを裏付ける結果であった。要介護（支援）高齢者の個別の身体的健康状態のアセスメント，予後予測をしたうえでのケアプラン立案および評価をするうえで，また，集団の健康管理方策を樹立するうえで意義のあるものであるといえる。

今後の課題は，認知症の予後について，脳血管性認知症とアルツハイマー病との違いを明らかにする必要がある。また，今回は中山間地に位置するA市の要介護（支援）高齢者を対象にした結果であり，地域から受ける影響は免れないことから，他地域での同様の研究が望まれる。

第3章　生活環境と要介護（支援）高齢者の研究

1. 生活環境研究の概要と意義

団塊の世代が高齢になることにより，日本の人口は高齢化が急激に進行し 2025 年には 65 歳以上高齢者人口が 30.3％となることが想定され（国立社会保障・人口問題研究所，2012），さらには要介護（支援）高齢者も 2000 年の 218 万人，2009 年の 469 万人から 2025 年には 755 万人へと大幅に増加することが予測されている（地域包括ケア研究会，2010）。これまで以上に人口に占める割合が高くなる要介護高齢者を支えるために，さらには要介護高齢者本人が可能な限り安心して住み慣れた自宅で生活できるように，国及び地方公共団体は地域包括ケアシステムの構築に努めるべきという規定が平成 23 年の介護保険法の改正で介護保険法第 5 条第 3 項に明記され，居住に関する施策との有機的な連携についても記された。その地域包括ケアシステムを構成する要素として「介護」「医療」「予防」「生活支援サービス」「住まい」があり，「住まい」はそれ以外の要素の基盤，前提条件であるとされ（地域包括ケア研究会，2013），高齢者自身の能力に応じて自立した生活を送れるように住宅施策，住宅改修の必要性が記されている。さらに，地域差があることから地域ごとの対策の検討が求められてもいる。

しかし地域包括ケアシステムの評価方法，評価の視点はこれまで何も示されていない。システムの目的は「高齢者の尊厳の保持と自立生活の支援」であり，この目的のもとで，可能な限り住み慣れた地域で生活を継続することができるような包括的な支援・サービス提供体制の構築を目指している。前述の報告書においても現状に対する批判を行うことに主眼を置かず，地域包括ケアシステムの構築に向けて取り組んでおく必要のある論点を整理したと述べられるにとどまっている（地域包括ケア研究会，2013）。

よって，地域包括ケアシステムを検討するためにも，地域ごとに要介護高齢者を取り巻く「住まい」が現状ではどのような状況にあるのか，どのような「住まい」であれば要介護高齢者の自立生活の支援となり得るのか，さらにはどのような要介護高齢者の状態であると「住まい」が制限される状況となるのかといった，システム構築前の，もしくはシステム構築初期の現状を明確にすることが必要である。これらを明らかにすることによって，地域包括ケアシステムがその地域において目的を達成しつつあるのか評価ができ，システムの改善へとつなげることが可能となる。

介護保険制度によって「住まい」に関わるサービスとしては「住宅改修」または「施設入所」が存在する。これまで，導入したサービス評価として住宅改修を行った要介護高齢者のその後のQOL や ADL，外出頻度の変化を見たものがあるが数十人規模のものであり，システムを構築する地域の現状を示すものではない（松本，2004）（横塚ら，2010）。さらに一市で約 2,000 人の在宅で生活する要介護高齢者の生命予後，入院・入所を把握し，男女の違いによってこれらの予後に違いがあるのかを明らかにした報告は見られ（葛谷ら，2010），現状においてその市の在宅生活ではどれくらいの死亡・入院・入所リスクを持つかを把握できる貴重な情報であるが，男女でリスクに違いがあることを住宅施策，高齢者本人への介入にどう活かすか考察することが難しい。

要介護高齢者が自立した生活を維持することを目指す地域ケアシステムを地域に合わせて構築し，構築後は評価し，改善していくために現時点で必要なことは，地域ごとに「住まい」の違いによって要介護高齢者の自立した生活がどのように異なるのか，要介護高齢者本人の状態の違いに

よって「住まい」がどのように制限されてくるのかを明確にすることである。現時点でこれらを明確にすることにより，地域包括ケアシステムを実際に構築しつつ，これらの状況がどう改善・変化してくるのかを把握することが可能となる。

そこで我々はある地域の要介護（要支援）高齢者全員を対象とし，「住まい」の違いによる要介護高齢者の予後の差異の程度，「住まい」を改善する目的の住宅改修の利用の有無による要介護高齢者の予後の違い，要介護高齢者の身体状況の違いによる「住まい」が制限される程度を調査した。

〈「住まい」の違いと要介護高齢者の予後〉
①三徳和子：要介護（支援）高齢者の居宅と施設入所における死亡との関連

要介護（要支援）の認定を受け，居宅または施設（入院を除く）で生活する65歳以上の2141人を平均5.7年追跡し，生活場所と死亡との関連を検討した。年齢，要介護度（要支援），自立度（寝たきり度，認知症），疾患を調整し，男女別にCox比例ハザードモデルを用いて居宅を基準としたときの施設入所のハザード比を算出した。その結果，男性では0.93（95％CI：0.93-1.63），女性では0.99（95％CI：0.80-1.23）であり，居宅と施設入所で死亡に対するリスクの有意な違いは見られなかった。

〈住宅改修の利用の有無と要介護高齢者の予後〉
②三徳和子他：Home modification and prevention of frailty progression in older adults

要介護（要支援）の認定を居宅で受けた65歳以上高齢者547人を平均4.7年追跡し，1年以内の住宅改修の有無と要介護状態の悪化（死亡を含む）との関連を見た。年齢，疾患，要介護度を調整したCox比例ハザードモデルを用いて，性別に悪化に対する住宅改修有のハザード比を算出した。その結果，男性では3年時点のハザード比が0.52，4.7年時点0.53，女性では2年時点0.37，3

年時点0.416，4.7年時点0.64，性別も調整した場合は順に0.52，0.57，0.65と有意なハザード比を示し，住宅改修が非改修に比べて悪化しているものが少ないことが示された。

③山田雅奈恵他：住宅改修が要介護認定者の在宅継続期間へ及ぼす影響

自宅で新規認定（要支援から要介護3）を受けた65歳以上の1,316人を住宅改修群（改修後に新規認定を受けた者と認定から1年以内に改修した者）と非改修群にわけ在宅生活継続期間を把握した。Cox比例ハザードモデルを用いて性別，年齢，要介護度，認知症の自立度を調整し在宅生活を中断することに対する非改修のハザード比を算出した。その結果，非改修のハザード比は1.29（95％CI：0.96-1.73，$p < 0.1$）であり，改修群に比べて非改修群は在宅継続中断となるリスクが高い傾向であった。

〈要介護高齢者の身体状況と「住まい」〉
④田村一美他：介護保険における施設継続利用者の身体的要因　特別介護項目に焦点をあてて

自宅以外で新規認定（要支援，要介護）を受け，認定から3か月以内に介護給付を受給した65歳以上の514人を対象に，その給付が在宅給付だった者を「在宅復帰」群，施設給付だった者を「施設継続」群とし，高齢者の要介護度，特別介護と施設サービス利用との関連を見た。性別，年齢，障害自立度，認知症自立度を調整したロジスティック回帰分析で要介護度のオッズ比を求め，さらに同じ調整因子で特別介護の項目別のオッズ比を求めた。その結果，要支援・要介護1を基準としたときに要介護3は2.39，要介護4は7.46，要介護5は13.41と要介護度が重度になるほど施設継続のオッズ比は有意に大きく，飲水，排尿，排便は自立に比べて全介助では順に5.05，2.73，2.23と施設サービスを利用するオッズ比が有意に大きかった。

第3章　生活環境と要介護（支援）高齢者の研究

2. 住宅改修が要介護認定者の在宅継続期間へ及ぼす影響

はじめに

　要介護者が在宅生活を継続するためには住環境の整備を行う必要がある[1]。このため，介護保険は在宅サービスの1つとして住宅改修を位置づけ，その費用について介護保険の給付対象としている。制度創設当初の利用件数は年間約15万件であったものが最近では年間36万件となっており，また支給費も年間約150億円であったものが年間約370億円となり，2.5倍と大きく伸びている[2]。要介護度別に支給額をみると要支援から要介護3までで全体の9割を占め，なかでも要支援と要介護1の支給額が最も多く，全体の約6割を占めている[2]。

　これまで在宅改修の事後評価には，いくつかの利用者アンケート[3-8]と小規模な訪問調査[7-10]が報告されている。しかし制度創設から間もないことからも，その評価についての報告はまだ少ないのが現状である。利用者においては，「満足感は高い[3)5)7]」「気持ちが明るくなった[5]」「行動範囲が広くなった[5]」「1人でできないことができるようになった[5]」，家族においては，「身体的・精神的介護負担が減った[4)5]」「介護時間が減った[4)5]」と本人・家族ともにQOL向上が認められる。しかしその一方，「自立支援という観点では妥当でない改修もある[7]」「妥当性と満足感は必ずしも関連が認められない[7]」等のサービスの質の問題も浮き彫りになってきており，住宅改修の効果について疑問視されてきている。

　これまでの改修成果は，「本人および家族の主観的満足感」または「改修箇所の使用の中断」を評価指標として用いている。満足感は主観的評価であり，認知症等で正確に答えられない人もいる

ため，全数把握が難しい。また中断理由が認知症高齢者においては，疾患のためにやむを得ず改修箇所の使用を中断してしまったのか，本人に合った改修でなく中断してしまったのかの判断がつきにくく評価が難しい。そういった状況から客観的かつ住宅改修者全体を評価するためには，今回「在宅継続期間」という指標を用いることが望ましいと考えられ，改修成果の評価を試みた。

　また，これまでの報告は介護保険施行開始初年度からの認定者における評価を含むものもあるため，介護保険施行前から既に要介護状態となっていた人々を対象者に含んでいることになる。要介護状態になってからの経過が長いほど加齢や持病の進行が生じることが予想され，初年度の認定者は次年度以降の認定者と比べて初回認定後短期間のうちに自宅での生活を中断してしまう可能性が高く，できる限り正確な在宅継続期間を算出するために介護保険施行2年目以降の新規認定者に限定することが必要である。また，要介護4，要介護5では本人の自立支援よりも介護者の負担軽減の要素が大きく占め，利用者の特性と同時に住宅改修の目的も異なってくると考えられるため，対象者を要支援から要介護3までに限定した。

　本研究では，介護保険施行2年目以降に認定された要支援から要介護3までの新規認定者を対象として，全体および要介護度別にみた住宅改修が在宅継続期間へ及ぼす影響について検討することを目的とした。

1. 対象と方法

1) 分析対象者

　富山県のN郡（3町村）に居住し，2001年4月1日から2004年12月31日に自宅で新規認定

を受けた要介護4, 要介護5を除く第1号被保険者である1,316人（男性448人, 女性868人）を分析対象者とした。その間に住宅改修した209人（男性81人, 女性128人）を「改修群」とし, 住宅改修しなかった1,107人（男性367人, 女性740人）を「非改修群」とした。両群ともに主治医意見書にがんと記載された人は分析対象者から除いた。改修群には新規認定時に自宅で生活をしており, その後住宅改修を行った者と住宅改修を受けてから自宅生活を開始した者の2パターンが含まれる。今回は自宅生活1年以上経って住宅改修を行った16人は除外した。

またこの地域は2004年10月現在, 人口54,590人, 65歳以上の老年人口12,768人, 高齢化率23.4%の農村地域であり, 65歳以上の要介護認定者数2,064人, 65歳以上の認定率は16.2%である。

2) 調査方法

初回認定時情報として, 介護認定審査会資料から性, 年齢, 要介護度, 障害高齢者の日常生活自立度, 認知症高齢者の日常生活自立度, 主治医意見書に記載された診断名を収集し, 介護保険利用情報より転帰（死亡, 施設入所, 転出）を把握した。主治医意見書に記載された診断名は, 脳卒中, 筋骨格系疾患（骨折含む）, 認知症, がんの記載の有無について調査した。年齢については, 「前期高齢者」「後期高齢者前半」「後期高齢者後半」の3区分を用い, 65歳から74歳までの高齢者を「前期高齢者」, 75歳から84歳までの高齢者を「後期高齢者前半」, 85歳以上の高齢者を「後期高齢者後半」とした。要介護度については, 「要支援」「要介護1」「要介護2」「要介護3」「要介護4」「要介護5」の6区分判定を用い, 「要支援・要介護1」「要介護2」「要介護3」に区分した。改修群は新規認定時の要介護度ではなく, 改修直前の要介護度を用いた。障害高齢者の日常生活自立度（寝たきり度）については, 自立, ランクJ1, J2を「ランクJ」, ランクA1, A2を「ランクA」, ランクB1, B2を「ランクB」, ランクC1, C2を「ランクC」とした。認知症高齢者の日常生活自立度については, 自立, ランクIは「ランクI」, ランクIIa, IIbを「ランクII」, ランクIIIa, IIIbを「ラ

ンクIII」, ランクIV, Mを「ランクIV・M」とした。在宅継続者は2005年12月31日をもって観察打ち切りとした。施設転帰の定義は3か月以上サービス給付（認知症対応型共同生活介護, 特定施設入所者生活介護, 介護老人福祉施設サービス, 介護老人保健施設サービス, 介護療養型医療施設サービスのいずれか）を受けている者とした。施設転帰は, 月単位で計算するため, 転帰日を15日とした。非改修群は, 認定有効日から転帰日までを在宅継続期間とし, 改修群は自宅生活開始日から転帰日までを在宅継続期間とした。在宅継続期間は在宅継続開始月から転帰月までの月数とした。

3) 分析方法

分析対象者の概要はχ²検定およびt検定を行い, 住宅改修の実施数・実施割合については単純集計した。まず, 性別・要介護度別に在宅継続期間（自宅生活開始から転帰までの月数）をKaplan-Meier法を用いて25パーセンタイル値および50パーセンタイル値を算出した。有意性の検定にはlog-lank検定を用いた。次に在宅継続の中断のハザード比をCox比例ハザードモデルにより算出した。共変量に性別, 自宅生活開始時の年齢, 要介護度, 改修サービス利用の有無や改修の効用に関わると推測される認知症高齢者の日常生活自立度を強制投入して改修群と非改修群の在宅継続に対する中断のハザード比を求めた。有意水準は5%とした。

倫理的配慮については, 情報収集は保険者の管理責任者の許可を得て行った。情報の取り扱いは, 保険者側で個人を特定できる氏名, 住所などはすべて削除し, 調査研究用に作成した独自の整理番号に置き換えて個人が特定できないよう処理してから用いた。

2. 結果

1) 分析対象者の概要

非改修群と改修群における概要を**表1**に示した。非改修群に比べて改修群に平均年齢が有意（p<0.05）に若く, 要介護度分布は有意（p<0.05）

表1　分析対象者の概要　　　　　　　　　　　　　　（単位　人，（　）内%）

	非改修群	改修群
性別		
男性	367 (33.2)	81 (40.9)
女性	740 (66.8)	128 (59.1)
平均年齢	81.2±6.9歳	79.7±6.8歳＊
要介護度		
要支援・要介護1	849 (76.7)	144 (68.9)＊
要介護2	172 (15.5)	40 (19.1)
要介護3	86 (7.8)	25 (12.0)
障害高齢者の日常生活自立度[1]		
自立	7 (0.6)	－（－）＊＊＊
ランクJ	546 (49.3)	79 (37.8)
ランクA	496 (44.8)	105 (50.2)
ランクB	56 (5.1)	25 (12.0)
ランクC	2 (0.2)	－（－）
認知症高齢者の日常生活自立度		
ランクⅠ	303 (27.4)	58 (27.8)
ランクⅡ	460 (41.6)	90 (43.1)
ランクⅢ	296 (26.7)	54 (25.8)
ランクⅣ・M	48 (4.3)	7 (3.3)
初回認定時診断名[2]		
脳卒中	286 (26.7)	92 (44.0)＊＊＊
筋骨格系	458 (41.4)	98 (46.9)
認知症	173 (15.6)	65 (31.1)＊＊＊
転帰[3]		
在宅継続（生存）	647 (58.4)	154 (71.8)＊＊
死亡	227 (20.5)	29 (15.9)
施設入所	211 (19.1)	24 (11.4)
転出	16 (1.4)	2 (0.9)
不明	6 (0.5)	－（－）

注　1）障害高齢者の日常生活自立度に関しては，自立・ランクJ，ランクA，ランクB・Cの3カテゴリーにて検討した。
　　2）診断名は医師の意見書に該当病名が記載されている人数と割合を示す。
　　3）転帰は不明を除外して検討した。
　　4）＊：p＜0.05，＊＊：p＜0.01，＊＊＊：p＜0.001

に重かった。障害高齢者の日常生活自立度においては非改修群ではランクJが546人（49.3%），改修群ではランクAが105人（50.2%）と最も高い割合を示しており，約半数を占めていた。また改修群が有意（p＜0.001）に重かった。初回認定時診断名は，改修群に脳卒中および認知症の保有割合が高く，脳卒中は約1.5倍，認知症は約2.0倍高い保有割合であった。認知症の障害の程度は両群ともに同等であった。観察期間内の在宅継続者は非改修群では647人（58.4%），改修群では154人（71.8%）と改修群に有意（p＜0.01）に多かった。

2) 住宅改修者における種類別実施数・実施割合

要介護度別に住宅改修者における種類別実施数と実施割合を表2に示した。どの介護度においても手すりが最も高い割合を示していた。段差解消は要支援・要介護1，要介護2において2番目に高い実施割合であった。床材変更はどの要介護度においても同等の実施割合であったが，扉取り替え，便器取り替えでは要介護3において最も高い実施割合であった。

表2 住宅改修者における種類別実施数・実施割合（多重回答）　　　（単位　件，（　）内%）

	手すり	段差解消	床材変更	扉取替え	便器取替え	居宅サービス 計画書の記載有
要支援・要介護1	130（ 90.3）	65（45.1）	24（16.7）	15（10.4）	34（23.6）	128（88.9）
要介護2	31（ 77.5）	16（40.0）	6（15.0）	6（15.0）	11（27.5）	32（80.0）
要介護3	25（100.0）	8（32.0）	4（16.0）	6（24.0）	10（40.0）	21（84.0）

表3　在宅継続期間の25パーセンタイル値および50パーセンタイル値

	要支援・要介護1		要介護2		要介護3	
	25パーセン タイル値	50パーセン タイル値	25パーセン タイル値	50パーセン タイル値	25パーセン タイル値	50パーセン タイル値
改修群						
総数	33（ 3.4）	38（1.7）	8（3.5）	34（ 5.7）	16（ 4.7）	35（…）#
男性	35（15.0）	38（1.3）	7（2.2）	34（10.3）	35（…）	35（…）
女性	33（ 3.5）	39（…）	14（4.9）	34（14.4）	16（10.8）	35（…）
非改修群						
総数	27（ 1.6）	53（2.8）	13（2.1）	26（ 2.7）	6（ 2.9）	21（2.4）
男性	21（ 2.5）	41（2.6）	10（2.1）	25（ 4.3）	12（ 4.1）	23（3.5）
女性	29（ 2.8）	…（…）	15（2.6）	27（ 3.7）	5（ 0.9）	20（4.3）

注　1)（　）：標準偏差，…：算出不能
　　2) #：改修群と非改修群との比較P＜0.1
　　3) 在宅継続期間は在宅継続開始月から転帰月までの月数である。

3) 在宅継続期間の25パーセンタイル値および50パーセンタイル値

要介護度別在宅継続期間の25パーセンタイル値および50パーセンタイル値を表3に示した。要支援・要介護1において25パーセンタイル値は改修群で，男性35か月，女性33か月，全体33か月であり，非改修群で，男性21か月，女性29か月，全体27か月であった。要介護2において25パーセンタイル値は改修群では，男性7か月，女性14か月，全体8か月であり，非改修群では男性10か月，女性15か月，全体13か月であった。要介護3において25パーセンタイル値は改修群では，男性35か月，女性16か月，全体16か月であり，非改修群で，男性12か月，女性5か月，全体6か月であった。

要支援・要介護1の50パーセンタイル値，要介護2の25パーセンタイル値以外は，ほぼ改修群が長い在宅継続期間を示し，特に要介護3では全体で改修群に在宅継続期間が長い傾向が認められた（p＜0.1）。しかし，その他の群間では顕著な差は認められなかった。

4) 在宅継続に対する中断のハザード比

在宅継続に対する中断のハザード比は表4に示した。性別では，女性に比べ男性でハザード比が有意（p＜0.001）に高かった。年齢別では，前期高齢者に比べて後期高齢者前半はハザード比が高い傾向が（p＜0.1），後期高齢者後半は有意（p＜0.001）に高かった。また要介護度が重い人にハザード比が有意（p＜0.001）に高かった。認知症高齢者の日常生活自立度がⅡ以上の人にハザード比が有意（p＜0.05）に高かった。改修群に比べ非改修群はハザード比が1.29と高い傾向が認められた（p＜0.1）。つまり，全体としては性別，年齢，要介護度，認知症高齢者の日常生活自立度を調整しても住宅改修者に在宅継続期間が長かった。要介護度別の検討においては非改修群と改修群の在宅継続中断のハザード比に顕著な差は認められなかった。

3. 考察

要支援を含む要介護3までの要介護高齢者においては，非改修群の在宅継続中断リスクが高い傾向が認められ，性別，年齢，要介護度，認知症高

表4　在宅継続に対する中断のハザード比

	ハザード比 (95％信頼区間)			
	総数	要支援・要介護1	要介護2	要介護3
要介護度				
要介護2/要支援・要介護1	2.21 (1.78～2.74) ＊＊＊			
要介護3/要支援・要介護1	2.57 (1.96～3.38) ＊＊＊			
性				
男性/女性	1.42 (1.18～1.70) ＊＊＊	1.57 (1.24～1.98) ＊＊＊	1.29 (0.89～1.85)	0.99 (0.59～1.64)
年齢				
後期高齢者前半/前期高齢者	1.31 (0.98～1.74) ＃	1.14 (0.81～1.62)	1.69 (0.82～3.48)	1.06 (0.47～2.40)
後期高齢者後半/前期高齢者	2.07 (1.55～2.76) ＊＊＊	1.78 (1.26～2.53) ＊＊	2.09 (0.99～4.43) ＊	1.67 (0.76～3.69)
認知症				
Ⅱ以上/Ⅰ	1.33 (1.07～1.65) ＊	1.87 (1.42～2.46) ＊＊＊	1.38 (0.62～3.09)	3.70 (0.50～27.3)
住宅改修				
なし/あり	1.29 (0.96～1.73) ＃	1.30 (0.86～1.97)	1.01 (0.61～1.67)	1.56 (0.74～3.31)

注　1）＃：$p < 0.1$，＊：$p < 0.05$，＊＊：$p < 0.01$，＊＊＊：$p < 0.001$
　　2）Cox比例ハザードモデル用い，性別，初回認定時年齢（住宅改修者は自宅開始時年齢），要介護度，認知症高齢者の日常生活自立度を調整して算出した。
　　3）認定期間：2001年4月1日～2004年12月31日，観察打ち切り：2005年12月31日

齢者の日常生活自立度を調整しても改修群に在宅継続期間が長い傾向が認められた。改修群より非改修群に在宅継続中断リスクが高い傾向が認められたということは，「住宅改修者に在宅継続期間が長い」ということであり，住宅改修が在宅継続期間に少なからず寄与しているという結果であった。要介護度別ではハザード比に有意な差は認められなかったが，すべての要介護度において1.0以上超えていた。特に要支援・要介護1および要介護3では1.3以上であり，無視できない影響がある可能性がある。

　非改修群は新規認定時を自宅生活開始としたが，改修群では，要支援・要介護1で27人（18.8％），要介護2で12人（30.0％），要介護3で9人（36.0％）が認定場所は自宅ではなく，老人保健施設および病院である人も含まれていた。この48人を除き，認定場所も自宅であった者のみと非改修群との比較をした場合には，全体および要介護度別において在宅継続中断リスクに有意な差は認められなかった。老人保健施設や病院から自宅生活に移った人は自宅生活者より悪化しやすい要素をもっている可能性があること，そして生活の変化が考えられるので両群ともに自宅で新規認定を受けた者のみの比較を試みたが，非改修群と改修群の在宅継続期間に違いは認められなかった。

　在宅生活継続に影響する要因としては，介護者の在宅介護継続意思が強いこと，介護代行機能が高いこと[11]があげられており，「時間的余裕」「知識・技術」「経済状態」が在宅介護継続維持に大きく影響しているという報告[12][13]もある。また在宅介護継続阻害要因として，主介護者の年齢が高いこと，独居または老人世帯が多いこと[14]をあげている。このことから，改修者の家族は自宅で介護をみようとする家族介護力が高いことが推測される。本研究では情報が得られなかったが，家族構成や住居形態等についての影響の考慮を踏まえた解析も今後求められるであろう。

　住宅改修は利用者の自立支援と，介護者の負担軽減の2つの要素があり，利用者にとって役立つというだけでなく，介護者の負担軽減が図られる中で，在宅での介護を支えていく上で重要な役割を果たしていると考えられる。今回25パーセンタイル値を用いて在宅継続期間を評価したが，この在宅継続期間は利用者の自立支援と介護者の負担軽減の両方の要素を反映するのではないだろうか。本研究の対象者は介護保険制度改正前の介護保険認定者を対象としている。制度改正により平成18年4月以降，着工する住宅改修については，事前に保険者への申請が必要となり，介護支援専門員，理学療法士，作業療法士など専門職の評価を組み込んだ多角的アプローチからより利用者に合った住宅改修が行われる体制が盛りこまれた。

よって今後，従来よりも質の高い住宅改修サービスの提供が期待できると推測される。

また，今回 Kaplan-Meier 法を用いて 25 パーセンタイル値を求めた。50 パーセンタイル値は，現状における観察期間内では把握できず，短期間で評価するには 25 パーセンタイル値が有効であると考えられる。そして，これまでの改修成果と比較可能であり，今後新制度における改修評価を期待したい。本研究は在宅介護支援のための具体的な施策が実際にどのくらい影響があるかを検証したものであり，影響や効果を評価して今後の施策を検討するためにも貴重な資料となると思われる。

4. 結論

非改修群に在宅継続中断リスクが高く，性，年齢，要介護度，認知症高齢者の日常生活自立度を調整しても要支援から要介護 3 までの新規認定者の在宅継続期間は，改修群に長い傾向が認められた。要介護度別においては，非改修群と改修群の在宅継続中断のハザード比に顕著な差は認められなかった。今回，住宅改修の在宅継続期間を評価するために用いた 25 パーセンタイル値を算出する方法は，短期間の評価指標として有用であると考えられる。

第3章　生活環境と要介護（支援）高齢者の研究

3. 介護保険における施設継続利用者の身体的要因—特別介護項目に焦点をあてて—

はじめに

　介護保険制度では在宅ケアが重視されており，施設ケアは重度者に限定するように整備されている。平成18年から実施された介護保険法一部改正においては，在宅，施設を問わず中重度者に対する支援の強化と，施設入所者の在宅復帰の促進があげられている。しかし，今後も高齢化は進展し続け，それに伴う独居や高齢者世帯が増加する中で，重度要介護者を24時間365日，在宅療養することが困難なケースは増加する。これらを支援する施設機能として，重度要介護者の対応とQOLの維持向上に加えて，在宅復帰を視野に入れた施設ケアの在り方を，あらためて検討していく必要があると考える。

　要介護者の施設から在宅復帰への阻害要因や施設入所の要因について，介護者側の要因が大きく影響することから，多くの研究が行われている[4)13)15)17)18)19)]。しかし，要介護者自身の要因に関する研究は少ない[11)]。本研究では，施設ケアにおける在宅支援に関する重度化防止対策の課題を絞り込むために，以下のことを検討する。

　介護保険制度において自宅以外の場所で初回要介護認定を受け，その後，在宅給付を受けた群と施設給付を受けた群における相違を検討する中で，施設サービス利用者の身体的要因の特徴を明らかにすることを目的とした。

1. 方法

　X県Y地区の保険者において，2001年4月1日～2005年6月30日までの間に新規要介護認定を受けた65歳以上の第1号被保険者のうち，自宅以外で要介護認定を受けた582人を調査対象とした。そのうち，要介護認定を受けてから3か月の間に介護給付を受けなかった68人は分析対象から除外した。自宅以外とは，介護老人保健施設，介護療養型医療施設，介護老人福祉施設，軽費老人ホーム，ケアハウス，生活支援ハウス，一般病院，医療療養型医療施設，精神科病院，養護老人ホーム，有料老人ホーム，認知症対応型共同生活介護（グループホーム）の他，毎日利用型の通所施設や短期入所など自宅で過ごす時間が少ない場合を含めた。したがって，本研究では，自宅以外で新規に要介護認定を受け，認定から3か月間に介護給付を受給した514人（男性207人，女性307人）を分析対象とした。

　さらに，認定後，在宅から施設入所や施設から在宅復帰などの居住地の移動がみられるため，新規認定時から3か月以内に在宅給付を受給した者を「在宅復帰」群とした。また，新規認定時から3か月以内に，介護老人福祉施設，介護老人保健施設，療養型医療施設の介護保険3施設のいずれかの施設給付を受給した者を「施設継続」群とした。

　本調査対象地区は農村地域である。2004年10月現在の人口は54,590人，そのうち65歳以上の老年人口は12,769人であり，高齢化率は23.4%であった。また，65歳以上の要介護認定者は2,064人であり，65歳以上の認定率は16.2%であった。

1) 調査方法

　介護保険の利用者情報から，新規認定時の性，年齢，要介護度，認定調査票の基本調査の内容，認定調査を受けた場所，新規認定から3か月以内の介護給付の種類，死亡の有無を調べた。Y地区の認定調査は，すべて保険者に所属する保健師に

より実施された。

年齢は，65〜74歳，75〜84歳，85歳以上の3群に区分した。要介護度は，介護保険審査会で行われた二次判定の結果である「要支援」「要介護1」「要介護2」「要介護3」「要介護4」「要介護5」の区分を用いた。

認定調査票の基本調査からは，「障害高齢者の日常生活自立度（以下，障害自立度）」「認知症高齢者の日常生活自立度（以下，認知症自立度）」と調査項目「第4群特別介護」から皮膚疾患の有無を除く6項目を用いた。

障害自立度は，「自立」「ランクJ1」「ランクJ2」を「自立・ランクJ」群，「ランクA1」「ランクA2」を「ランクA」群，「ランクB1」「ランクB2」を「ランクB」群，「ランクC1」「ランクC2」を「ランクC」群とした。認知症自立度は，「自立」「Ⅰ」を「自立・Ⅰ」群，「Ⅱa」「Ⅱb」「Ⅲa」「Ⅲb」を「Ⅱ・Ⅲ」群，「Ⅳ」「M」を「Ⅳ・M」群とした。

第4群の「特別介護」では，褥瘡の有無，嚥下は，「自立」「見守り等」「できない」から選択し，食事摂取，飲水，排尿，排便は「自立」「見守り等」「一部介助」「全介助」から該当する状態が選択される。

飲水は，2003年4月から新しく基本調査に追加された項目であるため，対象者は270名である。また，排尿および排便の項目は，2003年3月までは，「排尿後の後始末」「排便後の後始末」について，あてはまる状態を「自立」「間接的援助のみ」「直接的援助のみ」「全介助」から選択していたが，2003年4月からは，「排尿について」「排便について」あてはまる状態を「自立」「見守り等」「一部介助」「全介助」から選ぶようになった。これらの表現は変わったが，内容はほぼ同じであると考えられるため，本研究では，排尿と排便の項目は，2003年3月までと2003年4月以降は，同じ項目として取り扱いデータを統合して用いた。

介護給付について，施設給付または在宅給付を，1か月以上受けた状態を介護給付ありとした。また，2001年4月1日〜2005年9月30日までの死亡の有無を確認した。

2）分析方法

障害自立度，認知症自立度，要介護度における施設継続に関する要因となる状態は，多重ロジスティック回帰分析を用いて，従属変数に施設継続の有無，独立変数に性，年齢階級，障害自立度を強制投入し，自立した状態を基準にした時の各要介護状態におけるオッズ比を算出した。次に，独立変数に性，年齢階級に障害自立度，認知症自立度をそれぞれ強制投入しオッズ比を算出した。

特別介護の内容別の施設継続に関する要因は，多重ロジスティック回帰分析を用いて，従属変数に施設継続の有無，独立変数に性，年齢階級，特別介護の内容1項を強制投入し，自立した状態を基準にした要介護状態のオッズ比を算出した。さらに，独立変数に障害自立度を追加した場合と，障害自立度と認知症自立度の両方を追加した場合のオッズ比も算出した。

統計解析ソフトは，SPSS10.0 for Windowsを用いた。

3）倫理的配慮

本研究，介護保険の保険者との共同研究として行った。また，本研究は，「疫学研究に関する倫理指針」に示されている既存資料のみを用いて，情報収集は保険者の管理責任者の許可を得て行った。情報の取り扱いについては，個人を特定できる氏名や住所などはすべて削除し，個人が特定できないように研究用の整理番号を作成してから解析を行った。

2. 結果

「在宅復帰」群は280人（54.5%），「施設継続」群は234人（45.5%）であった。そのうち観察期間内に死亡した56人（10.9%）は，全員「施設継続」群であった。

対象者の属性を表1に示した。「在宅復帰」群と「施設継続」群では性別，年齢階級別の分布には有意な差はみられなかった。障害自立度，認知症自立度，要介護度では，「在宅復帰」群は自立度が高く「施設継続」群では自立度が低い傾向がみられた。

表1 対象者の属性

単位：人（%）

項　目	カテゴリ	総数		在宅復帰		施設継続		p値
総数		514	(100.0)	280	(100.0)	234	(100.0)	
性別	男性	207	(40.3)	118	(42.1)	89	(38.0)	n.s.
	女性	307	(59.7)	162	(57.9)	145	(62.0)	
年齢	65〜74歳	121	(23.5)	67	(23.9)	54	(23.1)	n.s.
	75〜84歳	234	(45.5)	125	(44.6)	109	(46.6)	
	85歳以上	159	(30.9)	88	(31.4)	71	(30.3)	
障害自立度	自立・ランクJ	36	(7.0)	21	(7.5)	15	(6.4)	＊＊＊
	ランクA	213	(41.4)	153	(54.6)	60	(25.6)	
	ランクB	180	(35.0)	87	(31.1)	93	(39.7)	
	ランクC	85	(16.5)	19	(6.8)	66	(28.2)	
認知症自立度	自立・Ⅰ	190	(37.0)	146	(52.1)	44	(18.8)	＊＊＊
	Ⅱ・Ⅲ	269	(52.3)	128	(45.7)	141	(60.3)	
	Ⅳ・M	55	(10.7)	6	(2.1)	49	(20.9)	
要介護度	要支援	33	(6.4)	30	(10.7)	3	(1.3)	＊＊＊
	要介護1	148	(28.8)	107	(38.2)	41	(17.5)	
	要介護2	85	(16.5)	57	(20.4)	28	(12.0)	
	要介護3	72	(14.0)	41	(14.6)	31	(13.2)	
	要介護4	86	(16.7)	27	(9.6)	59	(25.2)	
	要介護5	90	(17.5)	18	(6.4)	72	(30.8)	
認定調査場所	介護保険3施設[1]	244	(47.5)	152	(54.3)	92	(39.4)	＊＊
	その他	270	(52.5)	128	(45.7)	142	(60.8)	

＊＊：p＜0.01，＊＊＊：p＜0.001，n.s.：not significant，χ^2検定
1）介護老人福祉施設，介護老人保健施設，介護療養型医療施設をさす。

　調査項目第4群特別介護の内容の度数を**表2**に示した。「施設継続」群の特徴は，褥瘡「あり」が有意に多かった。嚥下，食事摂取，飲水では，自立者が少なく，排尿と排便では，全介助者が多い傾向がみられた。

　要介護者の状態別の性・年齢階級を調整した施設継続に関わるオッズ比を**表3**に示した。障害自立度では，「自立・ランクJ」に対する「ランクA」群，「ランクB」群では有意な値は得られなかったが，「ランクC」群の施設継続に関わるオッズ比では5.21（95％ Confidence Intervals；以下 CI 2.24-12.15）であり有意に大きな値であった。認知症自立度では，「自立・Ⅰ」に対する「Ⅱ・Ⅲ」群 は，3.69（95％ CI 2.44-5.59），「Ⅳ・M」群 は 26.97（95％ CI 10.83-67.16）と，有意に大きな値を示した。要介護度では，「要支援・要介護1」に対する「要介護3」群は，施設サービス利用に関わるオッズ比が2.39（95％ CI 1.34-4.29），「要介護4」群 は，7.46（95％ CI 4.18-13.33），「要介護5」群は13.41（95％ CI 7.16-25.11）となり，要介護度が高まるにつれ徐々にオッズ比は大きくな

る傾向を示した。

　特別介護の6項目における性・年齢階級を調整した施設継続に関わるオッズ比，および障害自立度を追加した場合，障害自立度と認知症自立度を追加した場合のオッズ比を**表4**に示した。性・年齢階級を調整した場合，排尿の見守りと排便の見守りと一部介助以外の状態において，施設継続に関わるオッズ比が有意に高かった。障害自立度を追加した場合，褥瘡と嚥下，食事摂取の見守りのオッズ比の有意差が消失し，有意差があったオッズ比も減少傾向にあった。さらに，障害自立度と認知症自立度を追加した場合，褥瘡と嚥下，食事摂取，飲水の見守り，排尿の見守りと一部介助におけるオッズ比の有意差が消失した。また，有意差がみられたオッズ比は低くなったが，飲水では，「自立」に対する「一部介助」のオッズ比は，5.17（95％ CI 1.48-18.10），「全介助」は，5.05（95％ CI 1.17-21.78）で，共に有意に大きな値を示した。排尿では，「自立」に対する「全介助」の施設継続に関するオッズ比は，2.73（95％ CI 1.32-5.63）で，有意に大きな値を示した。排便では，「自立」に

表2 特別介護の状況

単位：人（%）

項　目	カテゴリ	総数		在宅復帰		施設継続		p値
総数		514	(100.0)	280	(100.0)	234	(100.0)	
褥瘡	なし	482	(93.8)	272	(97.1)	210	(89.7)	＊＊＊
	あり	32	(6.2)	8	(2.9)	24	(10.3)	
嚥下	できる	383	(74.5)	234	(83.6)	149	(63.7)	＊＊＊
	見守り	98	(19.1)	38	(13.6)	60	(25.6)	
	できない	33	(6.4)	8	(2.9)	25	(10.7)	
食事摂取	自立	327	(63.6)	215	(76.8)	112	(47.9)	＊＊＊
	見守り	55	(10.7)	27	(9.6)	28	(12.0)	
	一部介助	55	(10.7)	20	(7.1)	35	(15.0)	
	全介助	77	(15.0)	18	(6.4)	59	(25.2)	
飲水	自立	99	(36.7)	82	(50.3)	17	(15.9)	＊＊＊
	見守り	116	(43.0)	70	(42.9)	46	(43.0)	
	一部介助	23	(8.5)	6	(3.7)	17	(15.9)	
	全介助	32	(11.9)	5	(3.1)	27	(25.2)	
排尿	自立	165	(32.1)	121	(43.2)	44	(18.8)	＊＊＊
	見守り	78	(15.2)	56	(20.2)	22	(9.4)	
	一部介助	61	(11.9)	36	(12.9)	25	(10.7)	
	全介助	210	(40.9)	67	(23.9)	143	(61.1)	
排便	自立	187	(36.4)	134	(47.9)	53	(22.6)	＊＊＊
	見守り	45	(8.8)	33	(11.8)	12	(5.1)	
	一部介助	72	(14.0)	45	(16.1)	27	(11.5)	
	全介助	210	(40.9)	68	(24.3)	142	(60.7)	

＊＊：p＜0.01，＊＊＊：p＜0.001，χ^2検定
飲水は2003年4月以降の調査項目に追加されたので総数は270である。
排尿，排便について2001年4月～2003年3月までは排尿後の後始末，排便後の後始末の質問であったが，2003年4月～2006年6月30日は排尿，排便と質問項目が変更になった。しかし，本研究では同じ内容を評価しているとして扱った。

表3　要介護者の状態別の施設継続要因

項目	比較カテゴリ	オッズ比	95％信頼区間	p値
障害自立度	ランクA/自立・ランクJ	0.58	0.28-1.20	n.s.
	ランクB/自立・ランクJ	1.57	0.76-3.25	n.s.
	ランクC/自立・ランクJ	5.21	2.24-12.15	＊
認知症自立度	Ⅱ・Ⅲ/自立・Ⅰ	3.69	2.44-5.59	＊＊＊
	Ⅳ・M/自立・Ⅰ	26.97	10.83-67.16	＊＊＊
要介護度	要介護2/要支援・要介護1	1.58	0.83-2.79	n.s.
	要介護3/要支援・要介護1	2.39	1.34-4.29	＊＊
	要介護4/要支援・要介護1	7.46	4.18-13.33	＊＊＊
	要介護5/要支援・要介護1	13.41	7.16-25.11	＊＊＊

＊：p＜0.05，＊＊：p＜0.01，＊＊＊：p＜0.001，n.s.：not significant
多重ロジスティック回帰分析を用いて，従属変数に施設継続，独立変数に性，年齢階級，要介護状態1項目を強制投入しオッズ比を算出した。

対する「全介助」のオッズ比は，2.23（95％ CI 1.10-4.52）で，有意に大きな値を示した。

3．考察

本研究では，「施設継続」群には，障害自立度ランクCである者，認知症自立度のⅡ以上の者，要介護度では要介護度3以上の者が多かった。

老人保健施設や長期入院から家庭復帰を可能にした高齢者自身の要因としては，ADLが高いこと[6)7)16)]，問題行動がないこと[14)]，認知症が軽度であること[18)]が指摘されている。また，老人保健

表4　特別介護の内容別の施設継続要因

項目	比較カテゴリ	性・年齢階級を調整した場合[1]			障害自立度を追加した場合[2]			障害自立度と認知症自立度を追加した場合[3]		
		オッズ比	95%CI	p値	オッズ比	95%CI	p値	オッズ比	95%CI	p値
褥瘡										
	あり/なし	4.20	1.83-9.58	＊＊	1.61	0.65-3.98	n.s.	1.72	0.66-4.47	n.s.
嚥下										
	見守り/できる	2.70	1.68-4.28	＊＊＊	1.64	0.98-2.74	n.s.	1.38	0.80-2.38	n.s.
	できない/できる	4.90	2.16-11.23	＊＊＊	1.45	0.54-3.90	n.s.	0.47	0.14-1.60	n.s.
食事摂取										
	見守り/自立	2.10	1.18-3.77	＊	1.63	0.89-3.00	n.s.	1.12	0.59-2.15	n.s.
	一部介助/自立	3.50	1.93-6.41	＊＊＊	2.14	1.11-4.12	＊	1.16	0.57-2.34	n.s.
	全介助/自立	6.50	3.66-11.68	＊＊＊	2.45	1.09-5.49	＊	1.31	0.56-3.09	n.s.
飲水										
	見守り/自立	3.20	1.66-6.09	＊＊＊	2.46	1.22-4.96	＊	1.96	0.94-4.09	n.s.
	一部介助/自立	15.80	5.27-47.54	＊＊＊	9.12	2.76-30.14	＊＊＊	5.17	1.48-18.10	＊
	全介助/自立	28.60	9.47-86.51	＊＊＊	10.05	2.53-39.84	＊＊	5.05	1.17-21.78	＊
排尿										
	見守り/自立	1.12	0.61-2.06	n.s.	1.23	0.65-2.33	n.s.	0.93	0.48-1.81	n.s.
	一部介助/自立	1.88	1.01-3.48	＊	2.00	1.01-3.94	＊	1.87	0.92-3.77	n.s.
	全介助/自立	6.28	3.96-9.95	＊＊＊	4.90	2.48-9.69	＊＊＊	2.73	1.32-5.63	＊＊
排便										
	見守り/自立	0.90	0.43-1.87	n.s.	0.94	0.44-2.02	n.s.	0.79	0.36-1.73	n.s.
	一部介助/自立	1.43	0.80-2.55	n.s.	1.41	0.74-2.68	n.s.	1.29	0.66-2.52	n.s.
	全介助/自立	5.67	3.65-8.80	＊＊＊	3.93	2.02-7.63	＊＊＊	2.23	1.10-4.52	＊

＊：p＜0.05，＊＊：p＜0.01，＊＊＊：p＜0.001，n.s.：not significant

1) 多重ロジスティック回帰分析を用いて，従属変数に施設継続，独立変数に性，年齢階級，特別介護の内容1項目を強制投入してオッズ比を算出した。

2) 多重ロジスティック回帰分析を用いて，従属変数に施設継続，独立変数に性，年齢階級，障害自立度，特別介護の内容1目を強制投入してオッズ比を算出した

3) 多重ロジスティック回帰分析を用いて，従属変数に施設継続，独立変数に性，年齢階級，障害自立度，認知症自立度，特別介護の内容1項目を強制投入してオッズ比を算出した。

施設から家庭復帰した者の要介護度は，1と2が多かったことが既に先行研究[3]で報告されており，いずれも本研究結果と一致していた。これらのことから，在宅復帰を視野に入れた施設ケアを提供するためには，ADLの低下や認知症の重度化を防止することが重要であると考えられる。

次に，人間の基本的な欲求であり，健康に直接関連がある第4群の特別介護について詳しく分析した結果，「施設継続」群ではADLが低いことと認知症の程度が重いことに加えて，飲水に一部介助や全介助が必要であること，排泄（排尿・排便）において全介助が必要な状態であることが明らかになった。

先行研究では施設入所者には飲水[10]，排泄[9][11][20]に介助が必要な要介護者が多いという報告がある。飲水，排泄は共に生命の維持には欠かせない重要な行為である。その行為への介助その

ものは他の特別介護同様，基本的な知識があれば誰でも行う事はできる。しかし，同時に精神面，身体面において生命の危機に対する予測，予防の上に安全性が求められる行為でもある。

飲水は1日の内，日中に頻度の高い行為であるが，飲水介助そのものは嚥下障害がない限り特別困難なものではない。しかし，飲水の不十分さは脱水による生命の危機に至る可能性も高まり，特に高齢者の場合そのことは顕著である。要介護者から飲水の訴えがない限り，他の介助より専門的な観察と誘導が必要な介助である。先行研究では，在宅高齢者の脱水状態とその関連要因について，水分摂取頻度の低さ[8]や介護者の知識の程度[12]が指摘されている。飲水は介護者による水分摂取への意識が常時，必要な行為であると考えられる。

一方，排泄行為は幼児期にいったん獲得すれば，疾病や障害がない限り自立している行為である。

だが，要介護者はその排泄行為を成人に達してから，他人の手を借りる，または委ねなければならない。排便に人の手を借りなければならなくなった場合，要介護者の自尊心は低下し[1]疎外感が大きくなる可能性，また，排泄物は一般的に「汚い」もの，慣習的には「避けたい」という思い[2][21]が少なからずあるのではないだろうか。施設ケアの場合，介護者は専門性の上に 24 時間交替制で対応している。すなわち，専門性が必要な介助が継続的に可能であり，排泄物の対応における時間的，設備的環境が整備されている。施設の機能分担の調査研究においても，在宅復帰への要因として介護力の確保，療養環境の整備等の条件が整わないと在宅療養は困難であり[10]，施設利用者の半数以上が尿失禁[3]，あるいは排泄に全介助が多い傾向にある[9][11][20]と指摘している。

飲水や排泄という特別介護は，家族介護者にとって大きな負担を伴う介護であり，施設ケアにおいては，専門性と切れ目のない介護の提供や，環境も整備されているという特徴が考えられる。これら双方の認識が有意なオッズ比が認められた要因ではないかと考える。

以上のことから，施設継続の要因からみた要介護者の身体的特徴は，障害自立度が低く，認知症自立度が中・重度であり，要介護度が重い状態で

あった。これらに加えて，特別介護では飲水，排泄に介助が必要な者が多いことが明らかになった。

施設では，生命を維持するために必要な介護，および在宅であれば情緒的，感情的負担をもたらすような介護がより重点的に提供されていると考えられる。

4. 結語

施設機能として，在宅支援に関する重度化防止対策は重要な課題である。在宅復帰や施設入所の要因として，介護者側の要因は大きいが，少しでも要介護者側の要因を整えることで，その可能性が増すかもしれない。施設ケアにおいては，重度要介護者の日々の対応のみに留まらず，何か目標に向かうことができる可能性を秘めた課題であることが望ましい。そこで，在宅介護の可能性を視野に入れた施設ケアの重度化防止対策として，ADL の低下や認知症の進行を防ぐことの他にも，飲水が自分でできる状態を維持すること，排尿や排便が全介助にならないように生活機能を維持改善することが，直ぐにでも取り組むべき重要課題であるといえる。

第3章　生活環境と要介護（支援）高齢者の研究

4. 要介護（支援）高齢者の居宅と施設入所における死亡との関連

はじめに

介護保険法の第3次改正では，これまでの介護・予防・医療・生活支援に，新たに「住まい」を加えて取り組む方針が盛り込まれ[1]，その有り方が注目されてきている。国民の多くが要介護（支援）状態になった時に住まいを居宅（自宅）か，施設入所にするのかについて関心を持っており[2]，両者の健康度の違いは，要介護（支援）高齢者および家族が今後の生活を考えるうえでの重要な評価資料となる。これまでの要介護（支援）高齢者の住まいに関する研究・報告では①施設入所者は居宅者に比較して要介護状態が重度である者が多いこと[3]，②介護施設入所者の約8割が本人の意思ではなく，介護者の希望もしくは意思決定により入所している現状があること[4]，③居宅と施設入所の介護保険サービスの利用は方法，費用，サービス内容等で大きな違いがあること[5]などの結果が報告されている。しかし，自宅である居宅と自宅以外の施設入所（以後施設入所とする）における要介護（支援）高齢者の健康度の比較について研究した論文はみあたらない。

要介護（支援）高齢者の健康度を評価するとき，1つの方法として死亡指標が有る。1948年に世界保健機関（WHO）はその憲章の前文で健康の定義を「身体的・精神的・社会的に完全に良好な状態であり，たんに病気あるいは虚弱でないことではない」とした[6]。その後，各国で健康度を測定する試みが進み，その多くに死亡を用いた健康指標（生命表や死亡率など）が開発され，用いられてきた。これは，死亡が健康を測定する事実として疑いのない事象であること，比較的情報が得やすいことなどによるものであろう。一方，長寿社会となった日本をはじめとする先進国では高齢者のQOLの評価に関心が集まっている。QOLの指標モデルについては明瞭な概念規定が不可欠であることから理論的・概念的な検討からの再出発が必要であり，その測定は今後の課題であるとの指摘もある[7]。さらにQOL評価がその意味をもつためには，長寿という生命の長さが前提になっていることから，死亡は重要な健康指標であると考えられる。

そこで，本研究では死亡指標を用いて，要介護（支援）高齢者の居宅および施設入所と死亡との関連を明らかにすることを目的とした。

1. 研究方法

1) 対象集団と調査方法

本研究は2003年度に郡上市（平成15年4月1日　人口49,286人）の要介護認定審査会において，平成15年4月から平成16年12月までの21か月の間に1回でも要支援または要介護と認定された2,338人を対象に，前向きコホート研究を行った。分析の対象は居宅（以下自宅を略す）と病院に入院している者（197人）を除く施設入所（自宅以外の介護老人福祉施設，介護老人保健施設，認知症対応型共同生活介護適応施設，特定施設入所者生活介護適応施設および介護保険以外の施設で，以下施設入所とする）の2,141人（男729人，女1,412人）とした（表1）。

調査開始時情報は，介護認定審査会情報から性，年齢，要介護（支援）度，寝たきり度，認知症度，施設利用の有無と利用施設の情報を収集した。疾患名は主治医の意見書から診断名（直接の原因疾患名）を入手し，WHOの「疾病及び関連保険問題の国際統計分類第10回修正」に基づいて分類

表1 男女別居宅・施設入所別対象者数

| | 居宅・施設入所 | | 居宅 | | 施設入所 | | 施設入所の内訳 | | | | | | | | | |
| | | | | | | | 介護老人福祉施設 | | 介護老人保健施設 | | 認知症対応型共同生活介護適応施設（グループホーム） | | 特定施設入所者生活介護適応施設（ケアハウス） | | 介護保険以外の施設 | |
	計	%	人数	%	計	%	人数	%	人数	%	人数	%	人数	%	人数	%
男女計	2,141	100.0	1,820	85.0	321	15.0	122	5.7	159	7.4	16	0.7	6	0.3	18	0.8
男	729	100.0	650	89.2	79	10.8	25	3.4	42	5.8	4	0.5	2	0.3	6	0.8
女	1,412	100.0	1,170	82.9	242	17.1	97	6.9	117	8.3	12	0.8	4	0.3	12	0.8

した。死亡の追跡は，住民票で行い，2009 年 8 月 10 日までの死亡の年月日を入手した。平均追跡期間は 5.7 年であった。

2) 統計解析

解析は死亡に関連する要因である年齢階級を 3 区分（65～74 歳，75～84 歳，85 歳以上），要介護（支援）度を 6 区分（要支援～要介護 5），寝たきり度を 5 区分（自立，ランク J，ランク A，ランク B，ランク C）および認知症度を 5 区分（自立，Ⅰ～Ⅳ）とし，観察期間中の死亡者毎の生存日数から生存人年と，人口 100 人当たりの死亡率を算出した。さらに Cox 比例ハザードモデルを用いて男女別に居宅を基準 1 （reference）として施設入所のハザード比（HR）を算出した。HR は単相関で算出し，次いで先行研究で高齢者の死亡に関連する要因では，性と年齢が関連していること，死亡原因疾患では新生物が最も多く，心臓病，脳卒中，肺炎等の死亡が多いことが明らかにされている[8]。また，要介護（支援）高齢者の死亡に関連する要因で藤田は[9]地域の寝たきり高齢者調査から性と ADL が，武田ら[10]，寺西ら[11]は要介護（支援）度と寝たきり度が，別所ら[12]は認知症度が関連していたことを報告していることから，性，年齢，要介護（支援）度，寝たきり度，認知症度と 8 つの疾患（対象者の 4%以上が罹患していた「糖尿病」，「高血圧性疾患」，「心疾患（高血圧性のものを除く）」，「脳血管疾患」，「呼吸器の疾患」，「筋・骨格系疾患」，「骨折等，損傷・中毒およびその他の外因の疾患」と，死亡率が高い「悪性新生物」が有り）を調整したハザード比を算出し，95%信頼区間を求めた。検定は 2×2 表では χ^2 test と Fisher exact test を，2×n では

Mann-Whitney U test を行い，データの解析には PASW statistics18.0 を用いた。

3) 倫理的配慮

本研究は介護保険事業研究として要介護認定等の資料を活用することについての文書同意を申請者本人から得ており，郡上市情報公開・個人情報保護審議会および郡上市長の許可も得て実施した。また，提供を受けた介護認定にかかわる情報については，対象者ごとに整理番号を付与し，管理した。なお，本研究は 2003 年 1 月 15 日付けで国立保健医療科学院研究倫理審査会の承認（承認番号 NIPH-IBRA#03006）を受けて実施した。

2. 結果

1) 居宅・施設入所別対象者と 観察期間中の転帰

対象者 2,141 人うち居宅者は 1,820 人（85.0%），施設入所者は 321 人（15.0%）で，施設の種類では介護老人福祉施設は 122 人（5.7%），介護老人保健施設 159 人（7.4%），認知症対応型共同生活介護適応施設（グループホーム）16 人（0.7%），特定施設入所者生活介護適応施設（ケアハウス）6 人（0.3%），介護保険以外の施設 18 人（0.8%）であった（**表1**）。

施設入所における本研究の対象者と全国入所者の要介護（支援）度[13]を比較したところ，両者に有意な差はみられなかった（p＝0.608）（**表2**）。

観察期間中の死亡は 1,169 人（54.6%），転出は 53 人（2.5%）であった。居宅と施設入所における死亡は，全体では施設入所の割合が大きかった（p＜0.001）。女性の死亡割合は施設入所で大き

表2 居宅と施設入所者の介護度

			計	要支援	要介護1	要介護2	要介護3	要介護4	要介護5	対象者と全国の差p＊＊
対象者	計	実数	2,141	336	728	291	279	271	236	
		％	100.0	15.7	34.0	13.6	13.0	12.7	11.0	<0.001
	居宅	実数	1,820	329	690	263	224	172	142	
		％	100.0	18.1	37.9	14.5	12.3	9.5	7.8	<0.001
	施設入所	実数	321	7	38	28	55	99	94	
		％	100.0	2.2	11.8	8.7	17.1	30.8	29.3	0.608
全国＊ (千人)	計	実数	2,798.5	325.2	827.1	536.5	378.2	376.8	354.8	
		％	100.0	11.6	29.6	19.2	13.5	13.5	12.7	
	居宅	実数	2,069.6	320	754.5	422.3	243.4	178.7	150.7	
		％	100.0	15.5	36.5	20.4	11.8	8.6	7.3	
	施設入所	実数	729	1	67.4	115	137.3	201.7	206.6	
		％	100.0	0.1	9.2	15.8	18.8	27.7	28.3	

＊ 厚生労働省統計情報部「介護給付費実態調査報告」平成16年5月審査分[13]

＊＊ Mann-Whitney U test

表3 男女別居宅・施設入所別対象者と観察期間中の転帰（平均5.7年）

		計		居宅		施設入所		居宅・施設入所の生存と死亡の差p＊
		計	％	人数	％	計	％	
観察期間中の転帰	計	2,141	100.0	1,820	85.0	321	15.0	
	生存	919	42.9	825	45.3	94	29.3	<0.001
	死亡	1,169	54.6	949	52.1	220	68.5	
	転出	53	2.5	46	2.5	7	2.2	
	男	729	100.0	650	89.2	79	10.8	
	生存	229	31.4	208	32.0	21	26.6	0.352
	死亡	488	66.9	432	66.5	56	70.9	
	転出	12	1.6	10	1.5	2	2.5	
	女	1,412	100.0	1,170	82.9	242	17.1	
	生存	690	48.9	617	52.7	73	30.2	<0.001
	死亡	681	48.2	517	44.2	164	67.8	
	転出	41	2.9	36	3.1	5	2.1	

＊ χ^2 検定

かった（$p < 0.001$）が，男性では差がみられなかった（表3）。

2) 男女別居宅・施設入所施設別死亡率

男女別に年齢階級，要介護（支援）度，寝たきり度，認知症度を層化し，居宅と施設入所別に人口100人当たり死亡率（100py）を比較した（表4）。男性の死亡率は居宅の19.4に対して施設入所は23.7と有意に施設入所の死亡率が高く（$p = 0.020$），女性も同様に居宅での10.3に対し，施設入所は19.1と有意に高かった（$p < 0.001$）。

年齢階級別死亡率は，男性は75～84歳の居宅は19.6であるのに対し，施設入所は28.9と有意に施設入所が高く（$p = 0.028$），女性も同様に85歳以上の居宅の16.1に対し，施設入所は25.1と施設入所が有意に高かった（$p < 0.001$）。

要介護（支援）度別死亡率は男性の要介護2が18.1に対し，施設入所は44.2と有意に高かった（$p = 0.004$）が，女性で差はみられなかった。

寝たきり度別死亡率は女性の寝たきりランクBの居宅は15.3に対し，施設入所は22.9と有意に高かった（（$P = 0.008$）が，男性で差はみられなかった。

認知症度では，女性ではランクIの居宅が9.7に対して，施設入所は14.9と高い傾向にあり（$P = 0.009$），ランクIIIでは居宅の16.7に対して施設入所は23.9と有意に高かった（$P = 0.020$）ものの，男性は差がみられなかった。

表4 男女別居宅と施設入所別死亡数と観察人年（100py）及び死亡率

	男 居宅				男 施設入所				男 居宅と施設入所所の差の検定 p**	女 居宅				女 施設入所				女 居宅と施設入所所の差の検定 p**
	人数	死亡数	観察人年	死亡率/100py	人数	死亡数	観察人年	死亡率/100py		人数	死亡数	観察人年	死亡率/100py	人数	死亡数	観察人年	死亡率/100py	
計	650	432	2,230.7	19.4	79	56	236.6	23.7	0.020	1,170	517	5,008.1	10.3	242	164	860.6	19.1	<0.001
年齢階級																		
65～74歳	140	64	601.0	10.6	16	5	73.2	6.8	0.308	162	40	798.4	5.0	15	6	69.7	8.6	0.240
75～84歳	297	199	1,013.5	19.6	37	29	100.3	28.9	0.028	527	186	2,400.9	7.7	103	64	416.9	15.3	0.253
85歳以上	213	169	616.3	27.4	26	22	63.0	34.9	0.207	481	291	1,808.8	16.1	124	94	374.0	25.1	<0.001
要介護（支援）度																		
要支援	90	52	345.7	15.0	3	1	15.2	6.6	0.258	239	56	1,151.0	4.9	4	2	22.4	8.9	0.297
要介護1	225	135	861.2	15.7	12	7	40.1	17.4	0.762	465	166	2,170.9	7.6	26	10	114.2	8.8	0.594
要介護2	106	68	374.8	18.1	6	6	13.6	44.2	0.004	157	81	639.9	12.7	22	10	95.8	10.4	0.620
要介護3	97	75	276.4	27.1	13	7	46.1	15.2	0.076	127	84	458.5	18.3	42	30	146.5	20.5	0.545
要介護4	67	46	209.0	22.0	24	16	68.8	23.2	0.829	105	66	376.2	17.5	75	51	281.9	18.1	0.837
要介護5	65	56	163.5	34.2	21	19	52.8	36.0	0.217	77	64	211.6	30.2	73	61	199.9	30.5	0.943
寝たきり度																		
自立	13	5	61.8	8.1	0	0	0.0	0.0	-	20	6	102.8	5.8	2	1	9.4	10.7	0.456
生活自立（ランクJ）	203	106	839.2	12.6	3	1	15.6	6.4	0.462	425	117	2,062.5	5.7	4	1	23.9	4.2	0.069
準寝たきり（ランクA）	246	176	797.9	22.1	19	13	58.4	22.3	0.142	468	217	2,000.1	10.8	78	40	329.1	12.2	0.505
寝たきり（ランクB）	113	81	360.5	22.5	36	23	112.1	20.5	0.663	136	78	510.7	15.3	91	70	306.1	22.9	0.008
寝たきり（ランクC）	75	64	171.2	37.4	21	19	50.5	37.6	0.975	121	99	331.9	29.8	67	52	192.1	27.1	0.547
認知症度																		
自立	284	182	1,003.2	18.1	11	6	42.9	14.0	0.424	489	167	2,224.5	7.5	25	13	102.2	12.7	0.053
I	148	91	539.4	16.9	18	10	62.5	16.0	0.880	264	111	1,141.6	9.7	23	14	93.8	14.9	0.009
II	126	88	417.4	21.1	17	13	48.2	27.0	0.347	259	135	1,065.7	12.7	45	25	177.7	14.1	0.628
III	59	44	184.7	23.8	18	13	49.5	26.3	0.126	124	79	471.8	16.7	74	58	242.8	23.9	0.020
IV	33	27	85.9	31.4	15	14	33.5	41.8	0.082	34	25	104.5	23.9	75	54	244.1	22.1	0.697
疾患有*																		
糖尿病	46	32	167.8	35.0	8	5	31.3	16.0	0.503	88	35	407.7	8.6	16	10	58.5	17.1	0.037
高血圧性疾患	112	67	423.7	15.8	10	7	32.6	21.5	0.056	274	101	1,254.5	8.1	47	27	189.0	14.3	<0.001
心疾患（高血圧性を除く）	50	27	209.9	12.9	2	2	6.5	30.8	0.024	52	22	223.3	9.9	11	9	32.7	27.5	0.003
脳血管疾患	228	129	918.3	14.0	35	27	98.3	27.5	<0.001	226	82	1,042.0	7.9	83	55	288.4	19.1	<0.001
呼吸器の疾患	79	68	191.2	35.6	8	8	14.2	56.5	0.117	59	40	180.5	22.2	12	7	34.4	20.4	0.670
筋・骨格系疾患	158	102	552.9	18.4	17	9	56.4	16.0	0.856	516	192	2,395.4	8.0	57	40	193.9	20.6	<0.001
骨折等，損傷・中毒およびその他の外因の疾患	61	41	220.6	18.5	16	9	54.6	16.5	0.737	156	66	698.5	9.4	39	27	150.9	17.9	0.002
新生物	43	39	77.2	50.5	0	0	0.0	0.0	-	40	30	81.3	36.9	3	2	15.5	12.9	0.065

* 疾患有は対象者の4.0％以上が罹患していたもの

** Fisher exact test

表5　男女別居宅・施設入所別ハザード比

	人数	単変量解析			多変量解析 (年齢，介護度，寝たきり度，認知症度，疾患で調整)		
		ハザード比	95.0％信頼区間	有意確率	ハザード比	95.0％信頼区間	有意確率
男							
居宅	650	1.00	(reference)		1.00	(reference)	
施設入所	79	1.23	0.93-1.63	0.144	0.93	0.85-1.26	0.637
（介護老人福祉施設）	25	1.40	0.63-3.14	0.409	1.14	0.70-1.88	0.596
（介護老人保健施設）	42	1.83	0.73-4.62	0.198	0.88	0.59-1.32	0.542
（その他の施設）	12	1.93	0.81-4.62	0.140	0.74	0.32-1.71	0.482
女							
居宅	1,170	1.00	(reference)		1.00	(reference)	
施設入所	242	1.86	1.56-2.22	<0.001	0.99	0.80-1.23	0.938
（介護老人福祉施設）	97	1.05	0.60-1.81	0.874	0.98	0.73-1.31	0.885
（介護老人保健施設）	117	2.30	1.27-4.16	0.006	1.00	0.76-1.32	0.982
（その他の施設）	28	1.98	1.10-3.56	0.022	1.02	0.59-1.79	0.934

疾患が有の死亡率は男性では心疾患の居宅が12.9に対して，施設入所は30.8（p＝0.024），脳血管疾患では居宅が14.0に対して，施設入所は27.5と（p＜0.001）いずれも高かった。

女性では疾患が有の者の死亡率は糖尿病（居宅8.6，施設入所17.1）（p＝0.037），高血圧疾患（居宅8.1，施設入所14.3）（p＜0.001），心疾患（居宅9.9，施設入所27.5）（p＝0.003），脳血管疾患（居宅7.9，施設入所19.1）（p＜0.001），筋・骨格系疾患（居宅8.0，施設入所20.6）（p＜0.001），骨折等，損傷・中毒およびその他の外因の疾患（居宅9.4，施設入所17.9）（p＝0.002）であり，いずれの疾患も居宅の死亡に対して施設入所の率が有意に高かった。

3) 男女別居宅別のハザード比

男女別に居宅と施設入所別の死亡リスクをCoxの比例ハザードモデルを用いてハザード比を求めた（表5）。

男性について単変量解析を行い居宅1としたとき施設入所のハザード比は1.23（95％CI 0.93-1.63）であった。多変量解析で年齢，介護度，寝たきり度，認知症度，8つの疾患で調整したハザード比は0.93（95％CI 0.85-1.26）であり，居宅より低かったが，いずれも有意ではなかった（p＝0.14，0.25，0.64）。施設入所を介護老人福祉施設，介護老人保健施設，その他の施設として解析したが，どの施設も有意な違いは認められなかった。

女性について，単変量解析を行い居宅1としたとき施設入所のハザード比は1.86（95％ CI 1.56-2.22）と死亡リスクが高く，介護老人保健施設は2.3（95％ CI 1.27-4.16）であった。多変量解析の施設入所は0.99（95％ CI 0.80-1.23）であり，差は認められなかった。施設別でも有意な差はみられなかった。

3．考察

本研究はA市の要介護（支援）認定を受けた全員のベースライン情報から平均5.7年の追跡を行った結果である。今回の対象は，介護保険制度が発足して3年を経過した時点において，制度として安定した時期に対象者をとらえていること，観察期間中における市外への転出率は2.3％であり，同時期における2002年総務省「住民基本台帳人口移動報告」での高齢者の市外転出と比較[14]して，本研究対象者の転出は少ないこと，および調査開始時のA市の居宅者割合は77.6％であり，同時期（2003年度）の全国の居宅者割合は74.5％[15]と大差なかった。また，施設入所者の介護度を全国と比較したところ，有意な関連はみられなかったことから，データの信頼性及び結果の信頼性は高いと考えられる。

今回の研究結果から，人口100人年当たり死亡率は男女ともに居宅よりも施設入所の死亡率が高かった。男性の施設入所の死亡率は年齢階級では

75～84歳，要介護度では要介護2が有意に高かった。女性の年齢階級では85歳以上，寝たきり度ではBランク，認知症度はIとIIIのランクで施設入所の死亡率が居宅よりも有意に高かった。さらに，要介護（支援）状態に至った直接の原因疾患別死亡率は，男女ともに施設入所が高く，疾患名では高血圧性疾患，心疾患，脳血管疾患が有る者の死亡率が有意に高く，女性では前述の疾患に加えて糖尿病，筋・骨格系疾患，骨折等，損傷・中毒及びその他の外因の疾患が有る者では，無い者よりも有意に死亡率が高かった。そこで，Cox比例ハザードモデルを用いてハザード比を比較したところ，女性では居宅に対して施設入所の死亡リスクが高くなっていた。しかし，居宅と施設入所では対象者の背景に違いが有ることから，死亡に関連する要因である年齢，介護度，寝たきり度，認知症度と8つの疾患を調整したハザード比を算出したところ，男女とも居宅と施設入所の死亡リスクに差はみられなかった。結果から居宅と施設入所の死亡の比較では，見かけは施設入所の死亡リスクが高いが，死亡に関連する要因の影響を除くと両者に差がないことが示唆された。

高齢者の死亡について老年学では①生物学（老化の機序），②老年医学（老年歯科学を含む），③老年社会学（人口動態，福祉，社会学，行動心理学等）が関連していていると指摘している[16]。今回の研究結果では③に含まれる居宅と施設入所の

住まいの違いと死亡の関連をみたところ，住まいでの違いはなかったことから，住まいの違いよりも①生物学における違いの方が関係しているのかもしれないが，医学や看護などの医療関連情報は得られていないことからの結果であるため，医療も加味した研究が望まれる。

社会学の側面から，わが国の世帯や家族構成において，独居や高齢者夫婦世帯の増加が予測される中，要介護（支援）状態になった時にどこに住まうかは，要介護（支援）高齢者にとって大きな問題である[17]。今後は住まいの形態が変化し「有料老人ホーム（ケア付）」などの施設が増加してくることが想定され，要介護（支援）状態になった時に，本人や家族に求められる住まいの選択について，健康の側面からの評価提示が進んでいくことが望まれる。

本研究の特徴は，居宅と施設入所と死亡の関連を明らかにしたことである。しかし，本研究対象地域は中山間地であり，人口が密集する都会とは結果が異なる可能性があること，また，観察期間中の居宅から施設もしくは施設から居宅への移動は考慮していないこと，観察期間中に罹患した疾患の情報が得られていないこと，各種のサービス，特に医療サービスの状況は得られていないことによる研究の限界がある。また，今後は死亡指標に加えて，生活の質に関する研究も合わせて行っていくことが求められる。

第3章　生活環境と要介護（支援）高齢者の研究
5.　住宅改修の有無とその予後

はじめに

　日本は世界に先駆けて人口の高齢化が進行しており（厚生労働統計協会，2012），65歳以上の高齢者の事故では転倒・骨折が多く（内閣府，2013），屋内で半数以上が起きており（内閣府，2013），在宅高齢者の転倒は1年間で20％程度ある（安村誠司，1994）。また，要介護状態になった要因の11.8％を占めている（The Japan geriatrics society，2008）。転倒による死亡は高齢化に伴って急速に上昇しており，転倒による股関節骨折者の死亡は一般集団に比べて高い（Ensrud KE，2007）。

　高齢者は要介護状態になっても出来るだけ住み慣れた自宅で暮らしたいという希望を持っている（国土交通省，2004）。しかし，日本の住宅は高温多湿の気候から建築基準法施行令で床の高さおよび防湿方法が定められており（国土交通省住宅局住宅政策課，1950），生活様式では履物は玄関で脱ぎ，土などが屋内に入らないように段差を設けている。部屋は敷居を境にふすまや障子で区切られており，畳の上に布団を延べて就寝し，しゃがんで使う和式トイレ，そして入浴は狭くて深い浴槽にゆっくりつかるなど，欧米の生活様式とは異なる特徴がある。これらの和式の住宅での生活は高齢者の屋内での事故の発生を誘発し，立ち上がりや，歩行などの移動に多くの支障をもたらしている。

　高齢者の身体的特徴にあった住宅の必要性が指摘されているなか（Russell N，2008），北欧においては高齢者や要介護高齢者の住宅は社会制度の基盤のなかに組込まれているが（Statistics Denmark，2011；Shirakawa，2004），日本では高齢者，特に要介護高齢者の住宅施策は遅れており，要介護高齢者の自立支援という側面と介護保険費用負担の増大を抑制する面から，住宅対策の在り方が課題となっている（厚生労働省編，2012）。

　そこで，2000年から要介護高齢者の自立を助け，介護者の介護負担を軽減することを目的としてスタートした公的介護保険制度の（厚生労働省編，2012）下でのサービスの1つに住宅改修サービス（在宅生活を継続するために必要な手すりや段差の解消等の住宅改修を行った場合に，20万円の上限内で，費用の1割を自己負担し，残りの9割を介護保険制度から支払う）がある。

　住宅改修に関する研究では施設入所者の転倒・骨折が多く取り上げられ，適切なアセスメントが，その後の転倒予防につながること（Rubenstein LZ，et al. 1996；Miceli DG, et al，2004）やADLが改善すること（黒田ら，1994；横塚ら，2010；Mann WC，et al. 1999；小野ら，2005；Nikolaus, et al，2003；Hofmann MT, et al，2003）が報告されている。生存の関連では，身体的特徴に配慮した高齢者住宅で生活する者は，それ以外の高齢者よりも死亡率が低いこと（Mann WC, et al. 1999；Zhao L et al，1993）が報告されているが，住宅改修等と死亡に有意な関連が認められなかった（Rubenstein LZ et al. 1996）との報告もあり，住宅改修が，その後のどの時点で，どのような効果が見られるのか，生存との関連がどうなのかに関する結論は明確ではない。

　米国のAHCPR（Agency for Healthcare Research and Quality, 2010）は介護サービス供給システムの視点として，サービスの提供内容とその質の評価について主観的な満足感などの評価と共に，客観的な身体的な変化や生存率の評価を行うことの必要性を述べているものの，福祉対策は客観的データを収集分析して政策立案を行うことが難し

表1　要介護区分の状態像（例）

	要介護度					
	要支援	要介護度1	要介護度2	要介護度3	要介護度4	要介護度5
高齢者の状態像*	食事・排泄・衣服の着脱のいずれも概ね自立しているが、生活管理能力が低下する等のため時々支援を要する	食事・排泄・衣服の着脱のいずれも概ね自立しているが、一部に支援を要する	食事・衣服の着脱は何とか自分で出来るが、排泄は一部に介護を要する	食事・排泄・衣服の着脱のいずれも介護者の一部介護を要する	身体状態は様々であるが、食事・排泄・衣服の着脱のいずれにも介護者の全面的介護を要する。重症の認知症状態がある場合がある	寝返りを打つことが出来ない寝たきりの状態であり、食事・排泄・衣服の着脱のいずれにも全面的介護を要し、1日中ベッドの上で過ごす
本研究での分類	軽度		中等度		重度（介護度の重度化予防について検討するため本研究では分析対象外）	

＊厚生省「平成10年度高齢者介護サービス体制整備支援事業」結果より抜粋[1]

い分野であり（和田，2012），要介護高齢者にとって有効なサービスを提供するための評価は不十分であるとの指摘もある。

　以上から，要介護高齢者の自立支援と介護保険費の抑制のために，要介護高齢者の住宅改修が，その後のどの時点で，どのような効果が見られるのか，生存との関連どうなのかを明らかにすることを目的とした。

1.　研究方法

1) 対象者と方法

　調査対象地である岐阜県郡上市は山間地であり，市の隣に接する集落は世界文化遺産に指定された日本古来の建築物である合掌村があり，日本の古来の文化が根づいている地域である。調査開始時の2003年4月の人口は49,286人であった。日本における介護保険制度は，介護が必要な状態になったら本人もしくは家族が市町村の担当窓口に申請を行い，その後市町村の調査員が申請者本人の心身の状態を訪問調査する。その結果に基づいて，医療，保健，福祉の専門家によりなる5人の委員による介護認定審査会が開催され要介護度が判定され，要支援から要介護5までの6段階に分類されており，本研究では軽度（要支援と要介護1），中等度（要介護2と要介護3），重度（要介護4と要介護5）の3分類とした（表1）。

　研究対象者は2003年4月1日から2004年12月末までの21か月の間に介護認定審査会で認定を受けた65歳以上のすべての高齢者2,338人の

健康状態を2009年8月まで追跡したコホート調査である。本分析では介護予防及び介護の重度化予防の視点からの住宅改修の評価とするために，重度者と住宅改修をすでに行った可能性がある継続申請者を除く新規認定者674人とした。

　住宅改修の有無は，ベースライン登録時から1年の間に住宅改修を行ったものを住宅改修有とし，行わなかった者を住宅改修無とした。住宅改修の有無の観察終了時点から要介護度の悪化（含死亡）について1年後（365日目），2年後（730日目），3年後（1095日目）と2009年8月10日まで平均3.7年（平均1350日目）まで観察した。分析対象は1年間の観察期間中に転出した16人と，1年以内に死亡した111人を除く547人である。

　情報は，調査開始時における対象者の年齢，性，要介護（支援）度を介護認定審査会資料から入手した。要介護状態の変化は介護認定審査会資料から入手し，1年間の住宅改修サービスの利用の有無とその内容は国民健康保険連合会の給付支払請求から入手した。

2) 分析方法

1) 男女別・要介護状態別に1年間の住宅改修の有無別とその後の変化を悪化（含死亡）のクロス集計をした．悪化を従属変数としたのは，要介護高齢者のその後の変化は改善および維持，悪化，死亡であるが，死亡は悪化の延長線上にあることから，悪化と死亡を悪化（含死亡）とした。

2) 性別住宅改修の有無と死亡の関連をcoxの生

表2 要介護状態別男女別住宅改修の有無

		計		軽度と中等度の差p＊	男		軽度と中等度の差p＊	女		軽度と中等度の差p＊	男女差p
		有%	（有/計）		%	（有/計）		有%	（有/計）		
要介護の重症度	全体計	34.0	（186/547）		38.7	（75/194）		31.4	（111/353）		0.088
	軽度	36.4	（148/407）	0.047	41.6	（52/125）	0.257	34.0	（ 96/282）	0.036	0.143
	中等度	27.1	（ 38/140）		33.3	（23/ 69）		21.1	（ 15/ 71）		0.104

＊χ²検定

存分析を用いてハザード比を算出した。調整変数として年齢，疾患を用いた。疾患は脳卒中，認知症，筋・骨格系疾患，骨折損傷・中毒およびその他の外因の疾患と悪性新生物とした.

平均年齢の検定はt検定を，2×2表はχ² test（Fisher test）を，ハザード比は95%信頼区間を算出した。データの分析にはPASW statistics 18.0を用い，有意水準を5%未満とした。

3）倫理的配慮

本研究は，「疫学研究に関する倫理指針」（平成14年6月17日：文部科学省および厚生労働省）および国際薬剤疫学会が採択したGood Epidemiological Practiceに準拠して行った。研究計画については，平成15年1月15日付で国立保健医療科学院研究倫理審査委員会の承認（国立保健医療科学院研究倫理審査委員会による承認（承認番号NIPH-IBRA ＃ 03006）および平成20年8月5日付で大学共同利用機関法人　情報・システム研究機構　統計数理研究倫理審査委員会による承認（承認番号ISM-08002）を受けた。

2. 結果

1）対象者の男女別要介護状態別住宅改修の有無

対象者547人（男194，女353）における住宅改修有は全体計で34.0%であり，男性は38.7%で，女性は31.4%であったが有意な差はなかった（p＝0.088）（表2）。全体計の要介護状態別では軽度者で36.4%であり，中等度者は27.1%と軽度者の割合が大きかった（p＝0.047）。性別では男性で住宅改修の有無に有意な差はなく，女性では軽度者は34.0%，中等度者は21.1%と軽度者の割合が大きかった（p＝0.036）。

2）対象者の住宅改修の有無と年齢との関連について

対象者の平均年齢の表は省略したが，対象者全体の平均年齢は81.2（±7.1）歳であった。男性の住宅改修有の者の平均年齢は79.0（±6.9）歳，無の者は80.5（±7.5）歳で住宅改修の有無に差はなかった。女性の有の者は80.8（±6.9）歳で，無の者は82.4（±7.0）歳と有の者の平均年齢は無に比較して有意に低かった（t検定，p＝0.045）。

3）要介護状態別の住宅改修場所と改修方法

要介護状態別の主たる改修場所は多い順に廊下22.0%，トイレ19.9%，浴室17.2%および玄関13.4%になっていた（表3）。また，改修方法は手すりの取り付け89.8%，段差の解消44.1%，便器の変更20.4%の順であった。これらの改修場所と改修方法で軽度と中等度による有意な差はなかった。

4）要介護状態別の住宅改修の有無とその後の悪化について

住宅改修の有無別の要介護度の変化は，1年後の悪化（含死亡）は住宅改修有では48.6%，無では56.7%であり，2年後は有が62.9%で，無が71.9%で，3年後は有が79.4%で，無は84.8%と住宅改修無の者の悪化割合が大きかったものの有意な差はなかった（表4）。要介護度が軽度および重度においても同様の傾向にあった。

軽度と中等度の悪化の差は1年後及び2年後の変化での差はみられなかったが，3年後には中等

表3 要介護状態別の住宅改修場所と改修方法

		合計	%	軽度	%	中等度	%	軽度と中等度の差の検定 p*
住宅改修有の人数		186	100.0	148	100.0	38	100.0	―
主たる改修場所	廊下	41	22.0	32	21.6	9	23.7	0.789
	玄関	25	13.4	21	14.2	4	10.5	0.554
	階段	15	8.1	14	9.5	1	2.6	0.167
	浴室	32	17.2	26	17.6	5	13.2	0.415
	脱衣所	12	6.5	10	6.8	2	5.3	0.738
	トイレ	37	19.9	25	16.9	11	28.9	0.093
	寝室	3	1.6	3	2.0	0	0.0	0.501
	その他	21	11.3	17	11.5	6	15.8	0.317
改修方法 （複数回答）	手すりの取り付け	167	89.8	127	85.8	36	94.7	0.135
	段差の解消	82	44.1	63	42.6	14	36.8	0.522
	扉の変更	18	9.7	12	8.1	4	10.5	0.419
	便器の変更	37	19.9	31	20.9	5	13.2	0.477
	床材の変更	19	10.2	14	9.5	4	10.5	0.523

*χ² test, Fisher exact test

表4 男女別要介護状態別の住宅改修後の要介護度の悪化（平均追跡期間4.7年）

		計	改修1年後の変化				改修2年後の変化				改修3年後の変化				改修後平均3.7年後の死亡人数
			悪化%	[悪化（含死亡）/計]	不明	p*	悪化%	[悪化（含死亡）/計]	不明	p*	悪化%	[悪化（含死亡）/計]	不明	p*	
全体計	計	547	54.1	[237 (61)/438]	109		69.1	[313 (110)/453]	94		83.1	[394 (162)/474]	73		(224)
	有	186	48.6	[68 (17)/140]	46	0.110	62.9	[90 (28)/143]	43	0.054	79.5	[120 (42)/151]	35	0.146	(64)
	無	361	56.7	[169 (44)/298]	63		71.9	[223 (82)/310]	51		84.8	[274 (120)/323]	38		(160)
軽度計	計	407	56.6	[176 (35)/311]	96		71.2	[232 (68)/326]	81		85.0	[288 (104)/339]	68		(144)
	有	148	52.8	[57 (10)/108]	40	0.322	65.8	[73 (20)/111]	37	0.121	81.9	[95 (31)/116]	32	0.300	(46)
	無	259	58.6	[119 (25)/203]	56		74.0	[159 (48)/215]	44		86.5	[193 (73)/223]	36		(98)
中等度計	計	140	48.0	[61 (26)/127]	13		63.8	[81 (42)/127]	13		78.5	[106 (58)/135]	5		(80)
	有	38	34.4	[11 (7)/32]	6	0.073	53.1	[17 (8)/32]	6	0.147	71.4	[25 (11)/35]	3	0.235	(18)
	無	102	52.6	[50 (19)/95]	7		67.4	[64 (34)/95]	7		81.0	[81 (47)/100]	2		(62)
住宅改修有無の軽度と中等度の悪化の差 p						0.067				0.192				0.179	

*χ²検定 住宅改修の有無と悪化（含死亡）の比較（不明を除く）

表5 男女別要介護状態別と死亡の関連

		単変量解析							
		改修1年後		改修2年後		改修3年後		改修平均4.7年後	
		HR	（95％信頼区間）	HR	（95％信頼区間）	HR	（95％信頼区間）	HR	（95％信頼区間）
全体	合計	0.73	(0.38-1.40)	0.52	(0.32-0.87)	0.63	(0.45-0.88)	0.70	(0.53-0.92)
	男	0.77	(0.33-1.78)	0.57	(0.30-0.10)	0.58	(0.37-0.90)	0.59	(0.41-0.87)
	女	0.46	(0.14-1.56)	0.38	(0.15-0.92)	0.58	(0.34-0.99)	0.68	(0.45-1.04)
男	計	0.69	(0.33-1.44)	0.71	(0.42-1.19)	0.71	(0.46-1.08)	0.76	(0.54-1.08)
	軽度	0.69	(0.26-1.85)	0.69	(0.34-1.38)	0.67	(0.38-1.19)	0.65	(0.40-1.06)
	中等度	0.86	(0.33-2.23)	0.55	(0.22-1.36)	0.40	(0.17-0.91)	0.45	(0.23-0.88)
女	計	1.01	(0.42-2.40)	0.62	(0.29-1.33)	0.58	(0.30-1.11)	0.64	(0.38-1.09)
	軽度	0.58	(0.19-1.79)	0.60	(0.27-1.34)	0.62	(0.33-1.16)	0.72	(0.43-1.19)
	中等度	0.74	(0.09-6.38)	0.54	(0.12-2.41)	0.81	(0.27-2.41)	0.84	(0.36-1.96)

		多変量解析＊					
		改修2年後		改修3年後		改修平均3.7年後	
		HR	（95％信頼区間）	HR	（95％信頼区間）	HR	（95％信頼区間）
全体	合計	0.52	(0.32-0.87)	0.57	(0.54-0.81)	0.65	(0.65-0.91)
	男	0.57	(0.30-1.10)	0.52	(0.49-0.91)	0.53	(0.33-0.85)
	女	0.37	(0.15-0.92)	0.46	(0.47-0.94)	0.64	(0.38-1.08)
男	計	—	(—)	—	(—)	—	(—)
	軽度	—	(—)	—	(—)	—	(—)
	中等度	—	(—)	0.36	(0.10-1.29)	0.39	(0.14-1.14)
女	計	—	(—)	—	(—)	—	(—)
	軽度	—	(—)	—	(—)	—	(—)
	中等度	—	(—)	—	(—)	—	(—)

1) HR：ハザード比

2) 基準値は住宅改修無を1とし，住宅改修有のHRを算出。

3) ＊調整変数：年齢，疾患（脳卒中，認知症，筋・骨格系疾患，骨折損傷およびその他の外因の疾患，がん）

度よりも軽度に悪化割合が大きい傾向がみられた（p＝0.091）

①軽度者の状況

軽度者について住宅改修の有無別に要介護度の変化をみたところ，1年後の介護度の悪化（含死亡）の平均は56.6％であり，有が52.8％で，無は58.6％であった。2年後は有が65.8％で，無は74.0％であり，3年後は有が81.9％，無が86.5％であったが有意な差はなかった。

②中等度者の状況

中等度者の住宅改修後の1年後の悪化（含死亡）は有が34.4％で，無が52.6％であり無の悪化割合が大きい傾向にあった（p＝0.073），2年後は有が53.1％で，無が67.4％であり，3年後は有が71.4％で，無が81.0％であったが有意な差はなかった。

5) 男女別要介護状態別とその後の死亡の関連

住宅改修後平均3.7年後までの死亡を用いて，性別および要介護状態別に住宅改修無を基準（1.0）としてそれに対する住宅改修有の死亡リスクをもとめた（表5）。調整変数として疾患（脳血管疾患，筋骨格器系疾患，心臓病，がん），年齢，世帯構成，介護者を用いて算出したところ，全体では住宅改修有の2年後の死亡リスクは0.52倍（95％ CI 0.32-0.87），3年後では0.57倍（95％ CI 0.54-0.81）であり，住宅改修平均3.7年後では0.65倍（95％ CI 0.65-0.91）と，いずれも死亡リスクは住宅改修無しに比較して1/2程度となっていた。

①性別について

男性の住宅改修1年後から2年後は住宅改修の有無と死亡には関連がなかったが，3年後に住宅改修が有の死亡リスクは0.52倍（95％ CI 0.52-0.91），平均3.7年後では0.53倍（95％ CI 0.33-0.85）

と低かった．女性では住宅改修2年後の死亡リスクは0.37倍（0.15-0.92）で，3年後は0.46倍（95％CI 0.47-0.94）と有意に低かった。

②要介護状態別の状況

要介護度が軽度と中等度別では男女共に死亡リスクに有意な差は認められなかった。

3. 考察

1) 住宅改修の評価について

軽度および中等度者の要介護高齢者の悪化（含死亡）について，要介護度状態になった時点から1年間の間に住宅改修を実施した者（住宅改修有）と実施しなかった者（住宅改修無）のその後の変化を観察した。各観察時点における観察方法は1年後，2年後および3年後では要介護度の悪化（含死亡）を，3.7年後は死亡のみの観察とした。結果は住宅改修有の者の1年後の悪化（含死亡）は軽度の者は52.8％で，中等度の者は34.4％と中等度の者の悪化（含死亡）割合が低い傾向にあり（p＝0.067），また，中等度の者では住宅改修有の悪化（含死亡）割合が34.4％であるが，無が52.6％と，有の割合が小さい傾向にあった（p＝0.073）ことから，住宅改修は軽度よりも中等度で短期的に効果がある傾向が見られたが，2～3年後においては，変化はなかった。一方，住宅改修無を基準とし年齢・疾患を調整した住宅改修有のハザード比は，2年後で0.52（95％ CI 0.32-0.87），3年後で0.57（0.54-0.81），3.7年後で0.65（0.65-0.91）と，有意に低くなっていた。以上から，住宅改修有は短期的には介護度の悪化（含死亡）予防効果がある可能性が観察された。死亡指標を用いたハザード比からは長期的な死亡の低減効果が観察され，住宅改修は短期と長期にわたり悪化（含死亡）を予防することが示唆された。これまでの住宅改修の研究では短期的な観察研究（黒田ら，1994；横塚ら，2010；小野ら，2005）でADLが改善したことが報告されており，今回の結果も同様であった。加えて本研究では死亡指標を用い，年齢や疾患，介護度を調整してもなお死亡を減少することが示唆された。要介護高齢者において，住宅改修は健康に良好な影響を与えているが，健康な高齢者も

段差をなくすなどの住宅に配慮すること，転倒・骨折の発生を予防することができ，死亡を低減，ひいては健康寿命の延伸に資することができると考えられる。

2) 住宅改修が身体に良好な効果を生み出す機序について

住宅改修は家屋内の円滑な移動に関する改修が43.5％で，廊下，玄関および階段が最も多く，改修方法では手すりの取りつけ，段差の解消および扉の変更（ドアから引き戸への取り付け）が行われていた。また，日本の要介護高齢者では，日本人特有の入浴方法としての浴槽と浴室および更衣室の入浴関連場所が23.7％で，ついでトイレの改修（便器の変更）が19.9％であったことから，段差のある家屋から，段差のない家屋への変換と，床に座す生活から椅子に座る生活様式に変換することが，悪化（含死亡）予防に関連すると推測された。要介護高齢者が住宅改修を行い，移動ができるようになることで排せつや入浴が自立することにつながる。このことは要介護高齢者のさらなる悪化（含死亡）を予防し，QOLの向上をもたらすであろう。一方，介護者（家族）の介護負担を軽減する（黒田ら，1994；小野ら，2005）ことにもつながり，それが要介護高齢者自身の悪化予防に影響するというよい循環が生まれる可能性がある。これが，本研究結果の要介護高齢者の悪化（死亡）割合が小さく，死亡リスクの低下に結びついていると推察された。しかしこれらの機序については今後の研究の課題である。

3) 住宅改修サービスの推進について

本研究結果から1年間の住宅改修サービスの利用割合は34.0％であった。この数字のみでは必要な人のすべてが利用できているのかどうかは不明であるが，住宅改修がその後の悪化予防に有効に関連していることが示唆されたことから，より使いやすい制度にしていく必要がある。具体的には，本人の持っている障害と改修内容が合わず活用できない場合や，介護保険制度を活用するための手続きが煩雑であること，住宅改修費用の上限が20万円と制限があること等について，要介護高

齢者の身体機能の適正なアセスメントと改修計画の立案が必要である。そのため，本人や家族，ケア関係者および工事関係者のチームでの検討の場の設定や，申請事務の簡素化および費用の柔軟性などについて検討することが必要である。

4）要介護高齢者への
サービス評価指標について

今回は介護度の悪化と死亡を用いて変化を観察した。死亡は医師の診断書のもとに法に基づいて届けが出される正確なものである。しかし，要介護度は本人及び家族の申告によるために，①本人の悪化と申告の時期がずれている場合があること，②観察時点で申告がなされていない場合は要介護度が不明となるため，死亡に比較するとあいまいな指標といえる。よって，悪化を介護度の悪化を用いた場合に，真の値が得られず，結果があいまいになる可能性があると考えられる。そのため，**表4**の結果のように，住宅改修が無の者の悪化割合は有の者よりも大きい値を示しているものの，有意な差がない結果になったのかもしれない。しかし，**表4**の悪化（含死亡）は有意にはならなかったが，すべての時点で住宅改修が有の者の悪化（含死亡）は，住宅改修が無の者の割合よりも小さかったことから，住宅改修の有の者の悪化が少ないという傾向として読み取ることができると考えられる。一方，死亡という明確な指標を用いた場合は，単変量解析でも住宅改修が有の者のハザード比が有意に低く，更に，年齢や疾患を調整した場合ではほとんどすべての観察時点で，2年後以降で死亡リスクが有意に低くなっていた。このことから，死亡指標は住宅改修直後の評価指標というよりも，中長期的に使用するための信頼がおける評価指標として有益であると考えられた。

5）本研究データの特徴

本研究は郡上市の要介護認定を受けた高齢者の全数を追跡したコホート研究である。調査開始時の郡上市における65歳以上人口のうち，要介護の認定を受けた者は100人に対して16.42人であった。同時期の日本全国における値も16.27人（厚生労働統計協会編，2005）と差はなかった。また，観察期間中における市外への転出率は2.3%で，同時期における総務省統計局の人口移動報告資料（総務省統計局，2002）と比較しても本研究対象者の転出による変動は少ないことから，分析対象者の分析結果の信頼性は高いといえる。

6）今後の研究課題

結果から軽度と中等度の要介護高齢者における住宅改修は短期及び長期にわたり，介護度および生存の悪化予防に資することが明らかとなった。今後は，住宅改修が要介護者の意思や経済状況（Costa-Font J, 2008），改修前の住宅状況，住宅改修サービス以外の補助器具の使用，訪問看護や介護などの利用状況などとどう関連するのか，また都市部との違いの有無などの課題がある。

4. 結語

目的は岐阜県の一農村の要介護高齢者のうち，初めて認定された軽度および中等度者547人で，住宅改修の有無とその後の要介護度の悪化及び死亡との関連について平均3.7年後までの追跡調査を行った。

住宅改修の実施割合は34.0%で，男女の差はなかった。観察期間中の介護度の悪化（含死亡）割合は住宅改修有の者は無しの者に比べて小さい傾向にあり，年齢と疾患および介護度を調整したハザード比は約1/2と低くなっていた。住宅改修は短期と長期にわたり悪化（含死亡）を予防することが示唆された。

第4章 要介護（支援）高齢者コホート研究結果概要

1. コホート研究の概要と意義

　要介護高齢者の生活要因と死亡状況との関連についてコホートを用いて観察することにより，要因が死亡よりも時間的に先行するため，得られた結果の妥当性及び信頼性も高く，有用なエビデンスとなりうる。

　これまで，過去に要介護者の予後に関するコホート研究結果が報告されているが，それらの多くが一地域を対象とした報告であった。しかし，本調査報告では，郡上と富山の2地域でしかも，富山では平成12年度から平成17年度までと平成18年度以降平成24年度までの異なる時期に関す

る結果から構成されていることから，要因と死亡状況との間に因果関係も成り立つことから，より信頼性及び妥当性が高い結果が得られ，今後の介護予防に敷衍できうる有用な知見が得られた。

　さらに，本調査報告書では単なる知見や情報の提供にとどまらず，今後の要介護者の状態の悪化を含めた介護予防により役立つことを目的に，介護に参考となりうる身体的健康，精神的健康及び生活環境に関する過去の報告も収載し，介護の現場に携わる方々が実践的に活用できる内容とした。

第4章 要介護（支援）高齢者コホート研究結果概要
2. 郡上および富山の2地域の比較から

1. 目的

要介護高齢者の健康状態の維持および悪化予防のための支援を行う上で，要介護状態について，死亡を含め悪化に関連する要因を明らかにすることは，要介護高齢者の介護度，寝たきり度および認知状態の程度がその後の予後を予測することも可能となるため，それらの予防を目的とした対象者の理解や適切なケアサービスの提供にもつながる。

しかし，これまで，ADLや認知症など個々の要因と予後との関連に関する報告は散見されるも，要介護度，寝たきり度および認知状態の程度と予後との関連に関する報告は皆無といえる。

そこで，本論では本邦の2地域（郡上市，富山県中新川郡）における要介護度，寝たきり度および認知状態の程度と予後との関連の検討から，その共通点を明らかにし，今後の要介護高齢者の要介護度，寝たきり度および認知状態の程度に応じたケアプランの立案，さらにはケアサービスの実施・評価に資する資料を提示する。

2. 対象および方法

(1) 追跡対象
①岐阜県郡上市

郡上市（平成15年4月1日　人口49,286人）において，平成15年4月から平成16年12月までの21か月の間に1回でも要介護認定審査会で要支援または要介護と認定された2,338人（男804人，女1,534人）をベースライン調査の対象者とした。

②富山県中新川郡

中新川郡（平成12年10月人口53,509人，高齢化率21.6％）において得られた1号被保険者の要介護新規認定者は平成11年度から平成24年度までで7,164人（男2,656人，女4,508人）のうち，介護保険法が正式に開始された平成12年度からの新規認定者に限定した。

(2) 追跡期間と追跡方法
①岐阜県郡上市

追跡は，2005（平成17）年度から2009（平成20）年8月まで行った（表2）。生存者における平均追跡期間は2,080日（5.7年）で，最長生存者の観察は2,410日（6.6年），最短生存者の観察は1,680日（4.6年）であった。全員が追跡できた共通期間は4.6年であった。

追跡情報内容

入手した追跡情報は①要介護認定審査会情報，②介護サービスの利用における月別サービス給付の種類と費用情報，③国保レセプトから月別医療費情報および④死亡と転出であった。

②富山県中新川郡

発生率（死亡発生においては死亡率，介護度，寝たきり度，認知症度は悪化率，居住場所の移動は移動率）の算出には人月法を用い，単位は1,200人月とした。また居住場所で移動しない場合は留まり率と表現した。単位は同じく1,200人月である。

平成18年度から認定区分がそれまでの要支援，要介護1から要支援1，要支援2，要介護1に変更となった。そのため，新規認定者を平成12年度から平成17年度までと平成18年度以降平成24年度までの2群に分け，それぞれ前期集団，後期集団とし，各々解析を行った。

3. 結果

(1) 男女別原因疾患

疾患名	郡上		富山			
			前期		後期	
	男	女	男	女	男	女
脳血管疾患	36.9	22.3	53.6	30.7	30.9	20.8
悪性新生物	5.8	3.0	12.0	4.6	17.5	7.8
認知症	18.8	29.1	30.5	34.5	32.3	35.9
糖尿病	7.3	7.8	10.8	7.6	15.5	10.9
呼吸器疾患	11.9	5.0				
筋骨格系及結合組織の疾患	23.1	39.8	13.2	38.0	15.0	38.7

　原因疾患の男女別比較について，男では郡上と富山の前期で脳血管疾患の割合が，女は郡上及び富山の前期と後期を通じて筋骨格系疾患の割合が最も高く，ついで認知症の割合が高かった。

　富山の男では前期は脳血管疾患の割合が最も高かったが，後期では認知症の割合が数パーセントの差であるが脳血管疾患のそれに比べ高かった。

(2) 要介護度別，寝たきり度別，認知症度別転帰

　郡上市，富山県中新川郡とも要介護度別，寝たきり度別，認知症度別においてもそれぞれ程度が高いほど死亡率は高い傾向を示した。

(3) 原因疾患別転帰

疾患名	郡上		富山			
			前期		後期	
	男	女	男	女	男	女
脳血管疾患	0.9	0.9	0.8	1.0	0.5	0.9
悪性新生物			2.3	3.2	3.7	3.6
認知症	1.1	0.9	1.0	0.9	1.0	0.8
精神および行動の障害	1.1	1.4				
呼吸器疾患	1.3	1.4	1.6	1.4	1.6	1.6
筋骨格系及結合組織の疾患	0.9	1.0	0.9	1.2	1.1	0.7

　原因疾患と予後との関連について，「呼吸器疾患」が郡上及び富山（前期及び後期）ともに他の疾患に比べ最も関連が強かった。「脳血管疾患」及び「認知症」は郡上及び富山（前期及び後期）とも 1.0 倍未満と関連は弱かった。

　地域別では，郡上では男女とも「精神および行動の障害」との関連が，富山では男女とも「悪性新生物」が前期及び後期共通に関連が強かった。

(4) 身体動作関連項目別転帰

①第1群（麻痺拘縮）と死亡率との関係

　いずれかに麻痺のある人はない人に比べ男女ともに死亡率は高い傾向であった。逆にいずれかに拘縮のある人はない人に比べ男女ともに死亡率は低い傾向であった。

②第2群（移動）と死亡率

　郡上の男女及び富山の前期の女及び後期の男女において，「寝返り」を除くいずれの項目において，程度が悪いと死亡率は高かった。

③第3群（複雑動作）と死亡率

　3項目いずれも郡上の男女及び富山の前期の女及び後期の男女において，程度が悪いと死亡率は高かった。

④第4群（特別介護）と死亡率

　郡上の男女及び富山の前期・後期の男女すべてにおいて，褥瘡「あり」の者は「ない」者より，また嚥下，食物摂取では「できる」，「自立」者より「できない」，「全介助」の者で死亡率は男女とも高かった。

⑤第5群（身の回り）と死亡率

　「薬の内服」のみ郡上の男女及び富山の前期・後期の男女すべてにおいて，「全介助」の者は「できる」者より死亡率は男女とも高かった。また，郡上及び富山の前期・後期の女性では「つめきり」以外すべてで死亡率が高かった。

⑥第6群（意思疎通）と死亡率

　郡上の女性はいずれの項目で「できない」者は「普通」の者より死亡率が高かった。

　郡上，富山の前期・後期の女性では「聴力」の死亡率が高かった。

⑦第7群（問題行動）と死亡率

　郡上の男女で「暴言・暴行」「大声を出す」「介護への抵抗」で「ある」者は「ない」者より死亡率は高かったが，富山ではいずれの項目とも顕著な差は認められなかった。

　郡上と富山における調査結果から以下の項目に共通点が認められた。

a　介護が必要となった原疾患において，郡上と

表　身体動作関連項目別転帰　　　　　　　　（＋　郡上：生存と死亡の死亡率の比較　有意確率5％未満

富山：生存と死亡の死亡率比　2倍以上）

	郡上		富山			
			前期		後期	
	男	女	男	女	男	女
第1群　麻痺硬縮						
麻痺（ある）		＋				
関節制限の有無（ある）						
第2群　移動						
寝返り（できない）	＋	＋		＋	＋	
起き上がり（できない）	＋	＋		＋	＋	＋
座位保持（できない）	＋	＋		＋	＋	＋
両足での立位（できない）	＋	＋		＋	＋	＋
歩行（できない）	＋	＋		＋	＋	＋
移乗（できない）	＋	＋		＋	＋	＋
移動（できない）	＋	＋		＋	＋	＋
第3群　複雑動作						
立ち上がり（できない）	＋	＋		＋	＋	
片足での立位保持（できない）	＋	＋		＋	＋	
洗身（できない）	＋	＋	＋	＋	＋	＋
第4群　特別介護						
褥瘡（あり）	＋	＋	＋	＋	＋	＋
他の皮膚疾患（あり）		＋				
嚥下（できない）	＋	＋	＋	＋	＋	＋
食事摂取（全介助）	＋	＋	＋	＋	＋	＋
飲水（全介助）	＋	＋			＋	＋
排尿（全介助）	＋	＋			＋	＋
排便（全介助）	＋	＋		＋	＋	＋
第5群　身の回り						
口腔清潔（全介助）	＋	＋		＋		＋
洗顔（全介助）	＋	＋		＋		＋
整髪（全介助）	＋	＋		＋		＋
つめきり（全介助）		＋				
上下の着衣（全介助）	＋	＋		＋	＋	＋
ズボン等の着衣（全介助）	＋	＋		＋	＋	＋
薬の内服（全介助）	＋	＋	＋	＋	＋	＋
金銭の管理（全介助）	＋	＋		＋		＋
電話の利用（全介助）	＋	＋		＋		＋
日常の意思決定（全介助）	＋	＋		＋		＋
第6群　意思疎通						
視力（ほとんど見えない）	＋	＋				
聴力（ほとんど聞こえない）	＋	＋		＋		＋
意思の伝達（ほとんどできない）		＋				＋
指示への反応（通じない）	＋	＋				
毎日の日課の理解（できない）	＋	＋				
生年月日（できない）		＋				
自分の名前をいう（できない）		＋		＋		
短期記憶（できない）	＋	＋				
今の季節の理解（できない）	＋	＋				
場所の理解（できない）	＋	＋				＋
第7群　問題行動						
被害的（ある）						
作話（ある）						
幻視・幻聴（ある）		＋				
感情が不安定（ある）						
昼夜逆転（ある）		＋				
暴言・暴行（ある）	＋	＋				
同じ話をする（ある）						
大声を出す（ある）	＋	＋				
介護に抵抗（ある）	＋	＋				
常時の徘徊（ある）						
落ち着き無し（ある）	＋	＋				

富山の前後期を通じて共通に男では脳血管疾患の割合が高く，女は筋骨格系疾患の割合が最も高かった。

b　要介護度別，寝たきり度別，認知症度別転帰において，郡上市，富山とも要介護度別，寝たきり度別，認知症度別においてもそれぞれ程度が高いほど死亡率は高い傾向を示した。

c　原因疾患と予後との関連において，「呼吸器疾患」が郡上及び富山（前期及び後期）ともに他の疾患に比べ最も関連が強かった。

d　身体動作関連項目別の死亡状況については，郡上と富山で項目間に地域が認められたが，調査項目群では，「4. 特別介護」において，郡上及び富山(前期及び後期)共通に死亡率の高かった項目が7項目中3項目（褥瘡，嚥下，食事摂取）と他の調査項目群の中で最も高かった。その他，2地域共通に関連の強い項目として「洗身」「薬の内服」が認められた。

4.　結語

これらの結果から，異なる調査地域（郡上と富山）に加え，異なる調査時期（富山における前期，後期）で，共通の原因疾患が認められたことは我が国の今後の介護予防において，すなわち男性では脳血管疾患が共通に上位に認められたことは適正な生活習慣の保持の必要性を，女性において筋骨格系疾患が高かったことは転倒予防対策の啓発の必要性を強く示唆する知見と考えられた。

さらに，死亡状況と強い関連を示す既往疾患と日常生活項目が共通に認められたことは，要介護状態の進展の予測を可能とするものであり，要介護者の日常生活の観察上留意すべき項目として考えられた。

我が国において，介護予防および要介護進展予防は喫緊の対応すべき最重要課題である。

そこで，今回の2地域および富山における2つの時期における調査結果から得られた知見は，今後の我が国における介護予防および要介護状態の進展予防に有用かつ重要な知見が得られた。そこで，この知見をもとに地域における介護予防を行うために，複数の機関がその役割の理解・認識を行い，密接な連携による支援体制の構築を行う必要性が考えられた。

第4章 要介護（支援）高齢者コホート研究結果概要

3. 要介護（支援）高齢者 郡上コホート研究

はじめに

本研究は岐阜県郡上市の要介護（支援）高齢者を対象にしたコホート研究であり，2003（平成15）年度より郡上市役所，郡上医師会および郡上ケアマネジャー連絡会の協力のもとに開始した。本報告書は，(1) 対象者のベースライン時と，(2) その後の変化を単純集計した結果をまとめたものである。

1. 目 的

本研究は，要介護認定者の実態と問題点を解明するとともに，医療・看護・介護サービスの科学的根拠として，具体的・実践的活用の促進を図るため次の分析を行い，評価することを目的としている。より具体的には下記の通りである。

ア 要介護状態の変化および死亡との関連を明らかにする。

イ 調査開始時における介護サービス受給と介護者・世帯との関連性を明らかにする。

ウ 要介護状態の変化に伴う介護サービス受給の変化の関連性を分析し，要介護（支援）認定者の状況に応じた効果的な介護サービスとは何かを明らかにする。

エ 在宅における終末期の状態を明らかにし，終末期の介護サービス提供のあり方を検討する。

オ 介護給付費と医療費の関連を明らかにする。

2. 対象と方法

1) 対象

郡上市（平成15年4月1日 人口49,286人）において，平成15年4月から平成16年12月までの21か月の間に1回でも要介護認定審査会で要支援または要介護と認定された2,338人（男804人，女1,534人）をベースライン調査の対象者とした。対象者の住居は居宅が1,816人（77.6%），入院・入所が522人（22.4%）で，居宅者1,816人のうち男が644人（35.4%），女は1,172人（64.5%）であった。居宅者の世帯別では3世代世帯が41.3%と多く，次いで2世代世帯，高齢者夫婦世帯，独居の順であった。高齢者夫婦世帯は男が27.0%で，女は11.3%と男の割合が大きかったが，独居世帯は男では7.2%，女では15.6%と女の割合が大きかった。

2) 方法

上記の目標を達成するために2003～2004（平成15～16）年度に実施したベースライン対象者の開始時情報と，その後の追跡情報が得られた。情報収集時期および情報源と内容は次のとおりである。

①ベースライン時の開始時情報

(1) 介護認定調査員が行う79項目の身体的・精神的状況調査を入手するとともに主治医の意見書からの情報は，意見書を閲覧し収集して，コード化した。

介護認定審査会情報：申請区分，年齢，性別，前回認定審査会結果，前回認定有効期間，一次判定結果，介護サービスの現在の状況（訪問介護，訪問入浴介護，訪問看護，訪問リハビリテーショ

表1　追跡（観察）期間と情報の種類

	観察開始からの年数と情報の種類						最長観察日数 最小観察日数
	～'04年度末	～'05年度末	～'06年度末	～'07年度末	～'08年度末	～'09年度末	
	1年目	2年目	3年目	4年目	5年目	6～7年目	
最長観察者 （2003.4.1開始）	・介護認定審査会情報・介護給付情報 ・医療費情報 ・転帰					・転帰情報のみ	2410日
	1年目	2年目	3年目	4年目	5年目		
最短観察者 （2004.12.31開始）	・介護認定審査会情報・介護給付情報 ・医療費情報 ・転帰						1680日

表2　4年目までの追跡者転帰情報

		転帰					
		計	生存	死亡	累積死亡	転出	累積転出
男女計	1年目	2,338	2,012	321	321	5	5
	2年目	2,338	1,732	268	589	12	17
	3年目	2,338	1,496	222	811	14	31
	4年目	2,338	1,280	207	1,018	9	40
男	1年目	804	667	136	136	1	1
	2年目	804	533	131	267	3	4
	3年目	804	432	98	365	3	7
	4年目	804	342	88	453	2	9
女	1年目	1,534	1,345	185	185	4	4
	2年目	1,534	1,199	137	322	9	13
	3年目	1,534	1,064	124	446	11	24
	4年目	1,534	938	119	565	7	31

ン，居宅療養管理指導，通所介護，通所リハビリテーション，福祉用具貸与，短期入所生活介護，短期入所療養介護，痴呆対応型共同生活介護，特定施設入所者生活介護，福祉用具購入，住宅改修)，障害老人自立度，痴呆性老人自立度，中間評価項目表（麻痺拘縮，移動，複雑動作，特別介護，身の回り，意思疎通，問題行動，特別な医療）

認定審査会対象者一覧：認定審査会結果，二次判定，認定期間

主治医の意見書情報：生年月日，住所，診断名

(2) 住民票より家族構成調査を行った。

(3) 郡上ケアマネジャー会の協力を得て介護者調査を行った。

②追跡期間と追跡情報

(1) 追跡期間と追跡者数

追跡は，2005（平成17）年度から2009（平成20）年8月まで行った（表1）。生存者における平均追跡期間は2,080日（5.7年）で，最長生存者の観察は2,410日（6.6年），最短生存者の観察は1,680日（4.6年）であった。全員が追跡できた共通期間は4.6年である。全員の追跡が可能であった4年後の転帰は，2,338人中の生存者が1,280人（54.7％）であり，累積死亡者は1,018人（43.5％），転出40人（1.7％）で，半数近くが死亡していた。また，転出は少なかった（表2）。

(2) 追跡情報内容

入手した追跡情報は①要介護認定審査会情報，②介護サービスの利用における月別サービス給付の種類と費用情報，③国保レセプトから月別医療費情報および④死亡と転出であった。

③データリンケージ

収集した要介護（支援）認定者情報と介護サービス給付情報は氏名，生年月日および住所地で連結しID番号を付与した。ついて，国保レセプトの月別医療費情報は氏名と生年月日と住所地で連結した。さらに世帯調査と転帰および介護者も同様に氏名，生年月日，住所地で情報のリンケージを行い，同じIDを付与した。

④解析方法

　情報解析は，①開始時情報の解析による評価とともに，②追跡情報の蓄積によるにともなって，開始時情報に追跡情報（平均5.7年後の死亡）を加えた評価をも行った。

　2×2表の検定はχ²検定を，2×n表はMann-WhitneyのU検定を行った。年齢調整はオッズ比およびハザード比の算出によった。

　なお，解析対象は2009年8月までは2,345人を解析対象とし，その後は最終確認で重複していた7人を除く2,338人を解析対象とした。

3. 研究対象者の個人情報の取り扱い

　提供を受けた介護認定にかかわる情報については，対象者ごとに整理番号を付与して管理した。

　データ管理と情報の機密保護については，代表研究者は「介護認定にかかわる情報」の提供を受け，代表研究者が指名した個人情報取扱者とともにこれらの個人情報を厳重に管理・保管した。個人情報取扱者は，個人情報の機密保持についての誓約書を代表研究者に提出するものとした。個人情報の厳重な管理・保管の責任のすべては代表研究者が行った。

　代表研究者および個人情報取扱者は，ベースライン調査に基づいて対象者ごとに整理番号を付与し，ベースライン調査以外の時期の「介護認定にかかわる情報」や他の調査についても整理番号を付与して，連結可能匿名化データを作成した。また，対象者の個人識別情報（氏名，住所地，性別および生年月日）と整理番号からなる対象者リストを作成し，厳重に保管・管理した。

　なお，本研究は，「疫学研究に関する倫理指針」（平成14年6月17日：文部科学省および厚生労働省）および国際薬剤疫学会が採択したGood Epidemiological Practiceに準拠して行う。同意取得を行わないことを含む研究計画については，平成15年1月15日付で国立保健医療科学院研究倫理審査委員会の承認（国立保健医療科学院研究倫理審査委員会による承認（承認番号NIPH-IBRA＃03006）および平成20年8月5日付で大学共同利用機関法人　情報・システム研究機構

統計数理研究倫理審査委員会による承認（承認番号ISM-08002）を受けた。

4. 結果Ⅰ

1）対象者のその後の追跡結果

①介護保険サービス開始時情報と転機

（平均5.7年後）との関連（表3）

　介護保険サービス開始時より5.7年後の死亡者割合は，男では67.6％，女では49.8％で，男の割合が大きかった（p＜0.001）。また，その割合は男女とも，年齢が高くなるとともに大きくなった（いずれもp＜0.001）。さらに，要介護度が高くなり，訪問寝たきり度および訪問認知症度が高くなるとともに，死亡者の割合が大きかった（いずれもp＜0.001）。男女とも，申請区分と5.7年後の死亡者の割合に有意差はなかった。また，男では，施設サービス利用状況と死亡者の割合に著明な差はみられなかったが，女では介護老人福祉施設，介護老人保健施設および医療機関療養以外の利用者に死亡者の割合が大きい傾向が見られた。

②第1群（麻痺拘縮）

　男では，麻痺の有無による死亡者の割合に有意差は見られなかったが，女では麻痺ありの者に死亡者の割合が大きかった（p＜0.001）。この傾向は，男の右上肢とその他の部位を除いて観察され（いずれもp＜0.003），女ではその他の部位を除いて観察された（p＜0.002）。

　男女とも関節制限の有無と死亡に有意な関連は見られなかった。しかし部位別に見れば，女は肩関節，肘関節，股関節および足関節の制限ありの者に死亡者の割合が大きかった（いずれもp＜0.001）。

③第2群（移動）

　男女とも，寝返りおよび起き上がり，座位保持および両足での立位保持ができなくなり，歩行困難が高度になるにつれて，また，移乗および移動は介助の必要性が強くなるにつれて死亡者の割合が大きかった（いずれもp＜0.001）。

④第3群（複雑動作）

　男女とも，立ち上がり，片足での立位保持および洗身ができなくなるにつれて死亡者の割合が大

表3-1　5.7年後の転帰　　　　(%)

| | 転帰 | | | | | | | | | |
| | 男 | | | | | 女 | | | | |
	生存	死亡	転出	計	生存と死亡の*差の検定: p値	生存	死亡	転出	計	生存と死亡の*差の検定: p値
男女計	248 (100.0)	544 (100.0)	12 (100.0)	804 (100.0)	—	728 (100.0)	765 (100.0)	41 (100.0)	1,534 (100.0)	男女差検定<0.001
年齢										
～69歳	35 (14.1)	17 (3.1)	0 (0)	52 (6.5)		35 (4.8)	11 (1.4)	1 (2.4)	47 (3.1)	
70～74歳	59 (23.8)	64 (11.8)	1 (8.3)	124 (15.4)		98 (13.5)	44 (5.8)	4 (9.8)	146 (9.5)	
75～79歳	63 (25.4)	124 (22.8)	3 (25)	190 (23.6)	<0.001	163 (22.4)	112 (14.6)	8 (19.5)	283 (18.4)	<0.001
80～84歳	46 (18.5)	127 (23.3)	4 (33.3)	177 (22)		213 (29.3)	172 (22.5)	16 (39)	401 (26.1)	
85～89歳	30 (12.1)	128 (23.5)	3 (25)	161 (20)		142 (19.5)	212 (27.7)	9 (22)	363 (23.7)	
90～94歳	14 (5.6)	57 (10.5)	0 (0)	71 (8.8)		67 (9.2)	173 (22.6)	2 (4.9)	242 (15.8)	
95歳以上	1 (0.4)	27 (5)	1 (8.3)	29 (3.6)		10 (1.4)	41 (5.4)	1 (2.4)	52 (3.4)	
要介護度										
要支援	44 (17.7)	59 (10.8)	0 (0)	103 (12.8)		175 (24)	63 (8.2)	13 (31.7)	251 (16.4)	
要介護1	88 (35.5)	144 (26.5)	6 (50)	238 (29.6)		319 (43.8)	191 (25)	13 (31.7)	523 (34.1)	
要介護2	42 (16.9)	89 (16.4)	2 (16.7)	133 (16.5)	<0.001	87 (12)	104 (13.6)	9 (22)	200 (13)	<0.001
要介護3	34 (13.7)	95 (17.5)	2 (16.7)	131 (16.3)		53 (7.3)	119 (15.6)	3 (7.3)	175 (11.4)	
要介護4	27 (10.9)	69 (12.7)	2 (16.7)	98 (12.2)		65 (8.9)	133 (17.4)	3 (7.3)	201 (13.1)	
要介護5	13 (5.2)	88 (16.2)	0 (0)	101 (12.6)		29 (4)	155 (20.3)	0 (0)	184 (12)	
訪問寝たきり度										
自立	7 (2.8)	5 (0.9)	0 (0)	12 (1.5)		18 (2.5)	6 (0.8)	0 (0)	24 (1.6)	
ランクJ	97 (39.1)	110 (20.2)	7 (58.3)	214 (26.6)	<0.001	288 (39.6)	124 (16.2)	16 (39)	428 (27.9)	<0.001
ランクA	81 (32.7)	209 (38.4)	3 (25)	293 (36.4)		292 (40.1)	283 (37)	21 (51.2)	596 (38.9)	
ランクB	48 (19.4)	119 (21.9)	2 (16.7)	169 (21)		86 (11.8)	164 (21.4)	4 (9.8)	254 (16.6)	
ランクC	15 (6)	101 (18.6)	0 (0)	116 (14.4)		44 (6)	188 (24.6)	0 (0)	232 (15.1)	
訪問認知症度										
自立	115 (46.4)	203 (37.3)	3 (25)	321 (39.9)		339 (46.6)	202 (26.4)	18 (43.9)	559 (36.4)	
I	57 (23)	112 (20.6)	5 (41.7)	174 (21.6)		162 (22.3)	141 (18.4)	10 (24.4)	313 (20.4)	
II	49 (19.8)	119 (21.9)	2 (16.7)	170 (21.1)	<0.001	140 (19.2)	182 (23.8)	9 (22)	331 (21.6)	<0.001
III	20 (8.1)	62 (11.4)	2 (16.7)	84 (10.4)		56 (7.7)	146 (19.1)	3 (7.3)	205 (13.4)	
IV	5 (2)	26 (4.8)	0 (0)	31 (3.9)		18 (2.5)	51 (6.7)	1 (2.4)	70 (4.6)	
M	2 (0.8)	22 (4)	0 (0)	24 (3)		13 (1.8)	43 (5.6)	0 (0)	56 (3.7)	
申請区分										
新規	105 (42.3)	221 (40.6)	5 (41.7)	331 (41.2)		285 (39.1)	213 (27.8)	16 (39)	514 (33.5)	
更新	142 (57.3)	309 (56.8)	7 (58.3)	458 (57)	—	435 (59.8)	532 (69.5)	25 (61)	992 (64.7)	—
変更	1 (0.4)	10 (1.8)	0 (0)	11 (1.4)		6 (0.8)	17 (2.2)	0 (0)	23 (1.5)	
介護申請	0 (0)	3 (0.6)	0 (0)	3 (0.4)		2 (0.3)	3 (0.4)	0 (0)	5 (0.3)	
変更更新	0 (0)	1 (0.2)	0 (0)	1 (0.1)		- (-)	- (-)	- (-)	- (-)	
施設利用										
在宅	203 (81.9)	431 (79.2)	10 (83.3)	644 (80.1)	0.391	616 (84.6)	521 (68.1)	35 (85.4)	1,172 (76.4)	<0.001
在宅以外	45 (18.1)	113 (20.8)	2 (16.7)	160 (19.9)		112 (15.4)	244 (31.9)	6 (14.6)	362 (23.6)	

＊2×2表はχ²検定，2×NはMann-WhitneyのU検定，－：検定不能

表3-2　5.7年後の転帰　　　(%)

		男 生存	死亡	転出	計	生存と死亡の*差の検定：p値	女 生存	死亡	転出	計	生存と死亡の*差の検定：p値
施設サービス											—
	利用なし	203 (81.9)	431 (79.2)	10 (83.3)	644 (80.1)		616 (84.6)	521 (68.1)	35 (85.4)	1,172 (76.4)	
	介護老人福祉施設	7 (2.8)	16 (2.9)	0 (0)	23 (2.9)		25 (3.4)	70 (9.2)	1 (2.4)	96 (6.3)	
	介護老人保健施設	8 (3.2)	30 (5.5)	1 (8.3)	39 (4.9)		30 (4.1)	76 (9.9)	5 (12.2)	111 (7.2)	
	介護療養型医療施設	0 (0)	2 (0.4)	0 (0)	2 (0.2)		0 (0)	3 (0.4)	0 (0)	3 (0.2)	
	認知症対応型共同生活介護適応施設グループホーム	1 (0.4)	3 (0.6)	0 (0)	4 (0.5)	—	7 (1)	6 (0.8)	0 (0)	13 (0.8)	—
	特定施設入所者生活介護適応施設ケアハウス	2 (0.8)	0 (0)	0 (0)	2 (0.2)		4 (0.5)	0 (0)	0 (0)	4 (0.3)	
	医療機関療養	3 (1.2)	8 (1.5)	0 (0)	11 (1.4)		6 (0.8)	14 (1.8)	0 (0)	20 (1.3)	
	医療機関療養以外	22 (8.9)	51 (9.4)	1 (8.3)	74 (9.2)		34 (4.7)	69 (9)	0 (0)	103 (6.7)	
	介護保健施設以外の施設	2 (0.8)	3 (0.6)	0 (0)	5 (0.6)		6 (0.8)	6 (0.8)	0 (0)	12 (0.8)	
第1群 麻痺拘縮	麻痺有無 ない	53 (21.4)	91 (16.7)	2 (16.7)	146 (18.2)	0.141	227 (31.2)	156 (20.4)	11 (26.8)	394 (25.7)	<0.001
	ある	195 (78.6)	453 (83.3)	10 (83.3)	658 (81.8)		501 (68.8)	609 (79.6)	30 (73.2)	1,140 (74.3)	
	左上肢 ない	187 (75.4)	429 (78.9)	10 (83.3)	626 (77.9)	0.003	638 (87.6)	607 (79.3)	33 (80.5)	1,278 (83.3)	<0.001
	ある	61 (24.6)	115 (21.1)	2 (16.7)	178 (22.1)		90 (12.4)	158 (20.7)	8 (19.5)	256 (16.7)	
	右上肢 ない	188 (75.8)	420 (77.2)	11 (91.7)	619 (77)	0.732	630 (86.5)	616 (80.5)	33 (80.5)	1,279 (83.4)	0.002
	ある	60 (24.2)	124 (22.8)	1 (8.3)	185 (23)		98 (13.5)	149 (19.5)	8 (19.5)	255 (16.6)	
	左下肢 ない	92 (37.1)	134 (24.6)	2 (16.7)	228 (28.4)	<0.001	289 (39.7)	192 (25.1)	16 (39)	497 (32.4)	<0.001
	ある	156 (62.9)	410 (75.4)	10 (83.3)	576 (71.6)		439 (60.3)	573 (74.9)	25 (61)	1,037 (67.6)	
	右下肢 ない	97 (39.1)	142 (26.1)	4 (33.3)	243 (30.2)	<0.001	287 (39.4)	214 (28)	15 (36.6)	516 (33.6)	<0.001
	ある	151 (60.9)	402 (73.9)	8 (66.7)	561 (69.8)		441 (60.6)	551 (72)	26 (63.4)	1,018 (66.4)	
	その他 ない	216 (87.1)	495 (91)	11 (91.7)	722 (89.8)	0.094	671 (92.2)	703 (91.2)	38 (92.7)	1,412 (92)	0.844
	ある	32 (12.9)	49 (9.01)	1 (8.33)	82 (10.2)		57 (7.83)	62 (8.1)	3 (7.32)	122 (7.95)	
	関節制限有無 ない	118 (47.6)	294 (54)	3 (25)	415 (51.6)	0.091	316 (43.4)	348 (45.5)	18 (43.9)	682 (44.5)	0.418
	ある	130 (52.4)	250 (46)	9 (75)	389 (48.4)		412 (56.6)	417 (54.5)	23 (56.1)	852 (55.5)	
	肩関節 ない	181 (73)	421 (77.4)	9 (75)	611 (76)	0.178	605 (83.1)	569 (74.4)	31 (75.6)	1,205 (78.6)	<0.001
	ある	67 (27)	123 (22.6)	3 (25)	193 (24)		123 (16.9)	196 (25.6)	10 (24.4)	329 (21.4)	
	肘関節 ない	210 (84.7)	458 (84.2)	11 (91.7)	679 (84.5)	0.861	665 (91.3)	658 (86)	37 (90.2)	1,360 (88.7)	0.001
	ある	38 (15.3)	86 (15.8)	1 (8.33)	125 (15.5)		63 (8.65)	107 (14)	4 (9.76)	174 (11.3)	
	股関節 ない	220 (88.7)	469 (86.2)	11 (91.7)	700 (87.1)	0.332	643 (88.3)	623 (81.4)	36 (87.8)	1,302 (84.9)	<0.001
	ある	28 (11.3)	75 (13.8)	1 (8.33)	104 (12.9)		85 (11.7)	142 (18.6)	5 (12.2)	232 (15.1)	
	膝関節 ない	180 (72.6)	407 (74.8)	7 (58.3)	594 (73.9)	0.505	435 (59.8)	491 (64.2)	26 (63.4)	952 (62.1)	0.078
	ある	68 (27.4)	137 (25.2)	5 (41.7)	210 (26.1)		293 (40.2)	274 (35.8)	15 (36.6)	582 (37.9)	
	足関節 ない	213 (85.9)	477 (87.7)	11 (91.7)	701 (87.2)	0.531	665 (91.3)	662 (86.5)	37 (90.2)	1,364 (88.9)	0.003
	ある	35 (14.1)	70 (12.9)	1 (8.33)	106 (13.2)		63 (8.65)	103 (13.5)	4 (9.76)	170 (11.1)	
	その他 ない	210 (84.7)	461 (84.7)	9 (75)	680 (84.6)	0.981	621 (85.3)	645 (84.3)	38 (92.7)	1,304 (85)	0.595
	ある	38 (15.3)	83 (15.3)	3 (25)	124 (15.4)		107 (14.7)	120 (15.7)	3 (7.32)	230 (15)	

＊2×2表はχ^2検定，2×NはMann-WhitneyのU検定，－：検定不能

表3-3　5.7年後の転帰 (%)

			転帰									
			男					女				
			生存	死亡	転出	計	生存と死亡の*差の検定:p値	生存	死亡	転出	計	生存と死亡の*差の検定:p値
第2群 移動	寝返り	できる	137 (55.2)	253 (46.5)	10 (83.3)	400 (49.8)	0.010	441 (60.6)	325 (42.5)	23 (56.1)	789 (51.4)	<0.001
		つかまれば可	86 (34.7)	206 (37.9)	2 (16.7)	294 (36.6)		237 (32.6)	270 (35.3)	16 (39)	523 (34.1)	
		できない	25 (10.1)	85 (15.6)	0 (0)	110 (13.7)		50 (6.87)	170 (22.2)	2 (4.88)	222 (14.5)	
	起き上がり	できる	68 (27.4)	122 (22.4)	7 (58.3)	197 (24.5)	0.001	249 (34.2)	162 (21.2)	14 (34.1)	425 (27.7)	<0.001
		つかまれば可	150 (60.5)	294 (54)	5 (41.7)	449 (55.8)		414 (56.9)	383 (50.1)	26 (63.4)	823 (53.7)	
		できない	30 (12.1)	128 (23.5)	0 (0)	158 (19.7)		65 (8.93)	220 (28.8)	1 (2.44)	286 (18.6)	
	座位保持	できる	180 (72.6)	303 (55.7)	10 (83.3)	493 (61.3)	<0.001	536 (73.6)	390 (51)	30 (73.2)	956 (62.3)	<0.001
		自分の手で支えれば可	38 (15.3)	98 (18)	2 (16.7)	138 (17.2)		103 (14.1)	128 (16.7)	8 (19.5)	239 (15.6)	
		支えてもらえば可	28 (11.3)	114 (21)	0 (0)	142 (17.7)		80 (11)	188 (24.6)	3 (7.32)	271 (17.7)	
		できない	2 (0.81)	29 (5.33)	0 (0)	31 (3.86)		9 (1.24)	59 (7.71)	0 (0)	68 (4.43)	
	両足での立位保持	できる	132 (53.2)	211 (38.8)	7 (58.3)	350 (43.5)	<0.001	412 (56.6)	276 (36.1)	21 (51.2)	709 (46.2)	<0.001
		支えがあれば可	89 (35.9)	207 (38.1)	3 (25)	299 (37.2)		243 (33.4)	240 (31.4)	18 (43.9)	501 (32.7)	
		できない	27 (10.9)	126 (23.2)	2 (16.7)	155 (19.3)		73 (10)	249 (32.5)	2 (4.9)	324 (21.1)	
	歩行	できる	65 (26.2)	101 (18.6)	3 (25)	169 (21)	<0.001	225 (30.9)	138 (18)	15 (36.6)	378 (24.6)	<0.001
		つかまれば可	135 (54.4)	274 (50.4)	7 (58.3)	416 (51.7)		403 (55.4)	323 (42.2)	24 (58.5)	750 (48.9)	
		できない	48 (19.4)	169 (31.1)	2 (16.7)	219 (27.2)		100 (13.7)	304 (39.7)	2 (4.9)	406 (26.5)	
	移乗	自立	159 (64.1)	257 (47.2)	8 (66.7)	424 (52.7)	<0.001	537 (73.8)	343 (44.8)	29 (70.7)	909 (59.3)	<0.001
		見守り等	40 (16.1)	100 (18.4)	2 (16.7)	142 (17.7)		92 (12.6)	117 (15.3)	7 (17.1)	216 (14.1)	
		一部介助	28 (11.3)	63 (11.6)	2 (16.7)	93 (11.6)		28 (3.8)	66 (8.6)	4 (9.8)	98 (6.4)	
		全介助	21 (8.5)	124 (22.8)	0 (0)	145 (18)		71 (9.8)	239 (31.2)	1 (2.4)	311 (20.3)	
	移動	自立	144 (58.1)	212 (39)	6 (50)	362 (45)	<0.001	486 (66.8)	313 (40.9)	28 (68.3)	827 (53.9)	<0.001
		見守り等	52 (21)	123 (22.6)	5 (41.7)	180 (22.4)		117 (16.1)	115 (15)	9 (22)	241 (15.7)	
		一部介助	26 (10.5)	80 (14.7)	1 (8.3)	107 (13.3)		55 (7.6)	87 (11.4)	3 (7.3)	145 (9.5)	
		全介助	26 (10.5)	129 (23.7)	0 (0)	155 (19.3)		70 (9.6)	250 (32.7)	1 (2.4)	321 (20.9)	
第3群 複雑動作	立ち上がり	できる	25 (10.1)	38 (7)	1 (8.3)	64 (8)	<0.001	90 (12.4)	51 (6.7)	6 (14.6)	147 (9.6)	<0.001
		つかまれば可	193 (77.8)	366 (67.3)	9 (75)	568 (70.6)		559 (76.8)	455 (59.5)	34 (82.9)	1,048 (68.3)	
		できない	30 (12.1)	140 (25.7)	2 (16.7)	172 (21.4)		79 (10.9)	259 (33.9)	1 (2.4)	339 (22.1)	
	片足での立位保持	できる	35 (14.1)	37 (6.8)	3 (25)	75 (9.3)	<0.001	91 (12.5)	49 (6.4)	6 (14.6)	146 (9.5)	<0.001
		支えがあれば可	140 (56.5)	272 (50)	6 (50)	418 (52)		454 (62.4)	340 (44.4)	26 (63.4)	820 (53.5)	
		できない	73 (29.4)	235 (43.2)	3 (25)	311 (38.7)		183 (25.1)	376 (49.2)	9 (22)	568 (37)	
	洗身	自立	78 (31.5)	112 (20.6)	3 (25)	193 (24)	<0.001	337 (46.3)	147 (19.2)	21 (51.2)	505 (32.9)	<0.001
		一部介助	101 (40.7)	170 (31.3)	7 (58.3)	278 (34.6)		243 (33.4)	229 (29.9)	15 (36.6)	487 (31.7)	
		全介助	64 (25.8)	209 (38.4)	2 (16.7)	275 (34.2)		120 (10.5)	301 (40.3)	5 (12.2)	456 (29.7)	
		行っていない	5 (2)	53 (9.7)	0 (0)	58 (7.2)		28 (3.8)	58 (7.6)	0 (0)	86 (5.6)	
		ある	35 (14.1)	70 (12.9)	1 (8.33)	106 (13.2)		63 (8.65)	103 (13.5)	4 (9.76)	170 (11.1)	

＊2×2表はχ^2検定，2×NはMann-WhitneyのU検定，－：検定不能

表3-4　5.7年後の転帰　(%)

			男 生存	男 死亡	男 転出	男 計	男 生存と死亡の*差の検定:p値	女 生存	女 死亡	女 転出	女 計	女 生存と死亡の*差の検定:p値
第4群 特別介護	褥瘡	ない	240 (96.8)	506 (93)	11 (91.7)	757 (94.2)	0.035	713 (97.9)	711 (92.9)	40 (97.6)	1,464 (95.4)	<0.001
		ある	8 (3.2)	38 (7)	1 (8.3)	47 (5.8)		15 (2.1)	54 (7.1)	1 (2.4)	70 (4.6)	
	他の皮膚疾患等	ない	207 (83.5)	432 (79.4)	9 (75)	648 (80.6)	0.179	641 (88)	636 (83.1)	33 (80.5)	1,310 (85.4)	0.007
		ある	41 (16.5)	112 (20.6)	3 (25)	156 (19.4)		87 (12)	129 (16.9)	8 (19.5)	224 (14.6)	
	嚥下	できる	203 (81.9)	381 (70)	10 (83.3)	594 (73.9)	<0.001	642 (88.2)	558 (72.9)	36 (87.8)	1,236 (80.6)	<0.001
		見守り等	40 (16.1)	141 (25.9)	2 (16.7)	183 (22.8)		78 (10.7)	172 (22.5)	5 (12.2)	255 (16.6)	
		できない	5 (2)	22 (4)	0 (0)	27 (3.4)		8 (1.1)	35 (4.6)	0 (0)	43 (2.8)	
	食物摂取	自立	190 (76.6)	352 (64.7)	10 (83.3)	552 (68.7)	<0.001	615 (84.5)	470 (61.4)	37 (90.2)	1,122 (73.1)	<0.001
		見守り等	29 (11.7)	71 (13.1)	2 (16.7)	102 (12.7)		67 (9.2)	111 (14.5)	3 (7.3)	181 (11.8)	
		一部介助	15 (6)	51 (9.4)	0 (0)	66 (8.2)		24 (3.3)	58 (7.6)	1 (2.4)	83 (5.4)	
		全介助	14 (5.6)	70 (12.9)	0 (0)	84 (10.4)		22 (3)	126 (16.5)	0 (0)	148 (9.6)	
	飲水	自立	166 (66.9)	282 (51.8)	6 (50)	454 (56.5)	<0.001	565 (77.6)	357 (46.7)	33 (80.5)	955 (62.3)	<0.001
		見守り等	36 (14.5)	103 (18.9)	5 (41.7)	144 (17.9)		83 (11.4)	149 (19.5)	5 (12.2)	237 (15.4)	
		一部介助	35 (14.1)	95 (17.5)	1 (8.3)	131 (16.3)		52 (7.1)	134 (17.5)	3 (7.3)	189 (12.3)	
		全介助	11 (4.4)	64 (11.8)	0 (0)	75 (9.3)		28 (3.8)	125 (16.3)	0 (0)	153 (10)	
	排尿	自立	127 (51.2)	187 (34.4)	5 (41.7)	319 (39.7)	<0.001	488 (67)	254 (33.2)	32 (78)	774 (50.5)	<0.001
		見守り等	22 (8.9)	35 (6.4)	2 (16.7)	59 (7.3)		39 (5.4)	36 (4.7)	3 (7.3)	78 (5.1)	
		一部介助	50 (20.2)	136 (25)	3 (25)	189 (23.5)		104 (14.3)	159 (20.8)	4 (9.8)	267 (17.4)	
		全介助	49 (19.8)	186 (34.2)	2 (16.7)	237 (29.5)		97 (13.3)	316 (41.3)	2 (4.9)	415 (27.1)	
	排便	自立	138 (55.6)	213 (39.2)	6 (50)	357 (44.4)	<0.001	508 (69.8)	271 (35.4)	32 (78)	811 (52.9)	<0.001
		見守り等	21 (8.5)	26 (4.8)	2 (16.7)	49 (6.1)		33 (4.5)	31 (4.1)	3 (7.3)	67 (4.4)	
		一部介助	40 (16.1)	111 (20.4)	1 (8.3)	152 (18.9)		90 (12.4)	144 (18.8)	4 (9.8)	238 (15.5)	
		全介助	49 (19.8)	194 (35.7)	3 (25)	246 (30.6)		97 (13.3)	319 (41.7)	2 (4.9)	418 (27.2)	
第5群 身の回り	口腔清潔	自立	166 (66.9)	274 (50.4)	5 (41.7)	445 (55.3)	<0.001	564 (77.5)	330 (43.1)	35 (85.4)	929 (60.6)	<0.001
		一部介助	46 (18.5)	98 (18)	6 (50)	150 (18.7)		92 (12.6)	156 (20.4)	3 (7.3)	251 (16.4)	
		全介助	36 (14.5)	172 (31.6)	1 (8.3)	209 (26)		72 (9.9)	279 (36.5)	3 (7.3)	354 (23.1)	
	洗顔	自立	175 (70.6)	280 (51.5)	8 (66.7)	463 (57.6)	<0.001	574 (78.8)	353 (46.1)	35 (85.4)	962 (62.7)	<0.001
		一部介助	45 (18.1)	129 (23.7)	4 (33.3)	178 (22.1)		103 (14.1)	205 (26.8)	4 (9.8)	312 (20.3)	
		全介助	28 (11.3)	135 (24.8)	0 (0)	163 (20.3)		51 (7)	207 (27.1)	2 (4.9)	260 (16.9)	
	整髪	自立	184 (74.2)	306 (56.3)	8 (66.7)	498 (61.9)	<0.001	588 (80.8)	373 (48.8)	37 (90.2)	998 (65.1)	<0.001
		一部介助	29 (11.7)	90 (16.5)	4 (33.3)	123 (15.3)		67 (9.2)	135 (17.6)	2 (4.9)	204 (13.3)	
		全介助	35 (14.1)	148 (27.2)	0 (0)	183 (22.8)		73 (10)	257 (33.6)	2 (4.9)	332 (21.6)	
	つめ切り	自立	85 (34.3)	159 (29.2)	2 (16.7)	246 (30.6)	0.094	349 (47.9)	165 (21.6)	20 (48.8)	534 (34.8)	<0.001
		一部介助	36 (14.5)	72 (13.2)	2 (16.7)	110 (13.7)		103 (14.1)	71 (9.3)	2 (4.9)	176 (11.5)	
		全介助	127 (51.2)	313 (57.5)	8 (66.7)	448 (55.7)		276 (37.9)	529 (69.2)	19 (46.3)	824 (53.7)	

＊2×2表はχ²検定，2×NはMann-WhitneyのU検定．－：検定不能

表3-5　5.7年後の転帰　　(%)

			男 生存	男 死亡	男 転出	男 計	男 生存と死亡の*差の検定: p値	女 生存	女 死亡	女 転出	女 計	女 生存と死亡の*差の検定: p値
第5群 身の回り	上衣の着脱	自立	107 (43.1)	162 (29.8)	5 (41.7)	274 (34.1)		496 (68.1)	255 (33.3)	32 (78)	783 (51)	
		見守り等	23 (9.3)	55 (10.1)	2 (16.7)	80 (10)	<0.001	62 (8.5)	79 (10.3)	4 (9.8)	145 (9.5)	<0.001
		一部介助	71 (28.6)	143 (26.3)	2 (16.7)	216 (26.9)		85 (11.7)	139 (18.2)	2 (4.9)	226 (14.7)	
		全介助	47 (19)	184 (33.8)	3 (25)	234 (29.1)		85 (11.7)	292 (38.2)	3 (7.3)	380 (24.8)	
	ズボン・パンツ等の着脱	自立	109 (44)	160 (29.4)	5 (41.7)	274 (34.1)		491 (67.4)	256 (33.5)	30 (73.2)	777 (50.7)	
		見守り等	23 (9.3)	55 (10.1)	1 (8.3)	79 (9.8)	<0.001	54 (7.4)	71 (9.3)	5 (12.2)	130 (8.5)	<0.001
		一部介助	63 (25.4)	136 (25)	3 (25)	202 (25.1)		88 (12.1)	122 (15.9)	3 (7.3)	213 (13.9)	
		全介助	53 (21.4)	193 (35.5)	3 (25)	249 (31)		95 (13)	316 (41.3)	3 (7.3)	414 (27)	
	薬の内服	自立	99 (39.9)	138 (25.4)	4 (33.3)	241 (30)		381 (52.3)	174 (22.7)	21 (51.2)	576 (37.5)	
		一部介助	111 (44.8)	235 (43.2)	6 (50)	352 (43.8)	<0.001	257 (35.3)	305 (39.9)	15 (36.6)	577 (37.6)	<0.001
		全介助	38 (15.3)	171 (31.4)	2 (16.7)	211 (26.2)		90 (12.4)	286 (37.4)	5 (12.2)	381 (24.8)	
	金銭の管理	自立	98 (39.5)	167 (30.7)	4 (33.3)	269 (33.5)		369 (50.7)	167 (21.8)	21 (51.2)	557 (36.3)	
		一部介助	58 (23.4)	88 (16.2)	2 (16.7)	148 (18.4)	<0.001	153 (21)	142 (18.6)	11 (26.8)	306 (19.9)	<0.001
		全介助	92 (37.1)	289 (53.1)	6 (50)	387 (48.1)		206 (28.3)	456 (59.6)	9 (22)	671 (43.7)	
	電話の利用	自立	110 (44.4)	144 (26.5)	7 (58.3)	261 (32.5)		388 (53.3)	194 (25.4)	23 (56.1)	605 (39.4)	
		一部介助	51 (20.6)	128 (23.5)	0 (0)	179 (22.3)	<0.001	155 (21.3)	147 (19.2)	12 (29.3)	314 (20.5)	<0.001
		全介助	87 (35.1)	272 (50)	5 (41.7)	364 (45.3)		185 (25.4)	424 (55.4)	6 (14.6)	615 (40.1)	
	日常の意思決定	できる	149 (60.1)	263 (48.3)	7 (58.3)	419 (52.1)		459 (63)	268 (35)	26 (63.4)	753 (49.1)	
		特別な場合を除いてできる	60 (24.2)	145 (26.7)	3 (25)	208 (25.9)	0.002	163 (22.4)	213 (27.8)	13 (31.7)	389 (25.4)	<0.001
		日常的に困難	30 (12.1)	81 (14.9)	2 (16.7)	113 (14.1)		66 (9.1)	156 (20.4)	2 (4.9)	224 (14.6)	
		できない	9 (3.6)	55 (10.1)	0 (0)	64 (8)		40 (5.5)	128 (16.7)	0 (0)	168 (11)	
第6群 意思疎通	視力	普通	174 (70.2)	331 (60.8)	7 (58.3)	512 (63.7)		494 (67.9)	440 (57.5)	28 (68.3)	962 (62.7)	
		1mはなれて見える	60 (24.2)	153 (28.1)	5 (41.7)	218 (27.1)		190 (26.1)	224 (29.3)	11 (26.8)	425 (27.7)	
		目の前見える	7 (2.8)	34 (6.3)	0 (0)	41 (5.1)	0.049	31 (4.3)	56 (7.3)	2 (4.9)	89 (5.8)	<0.001
		ほとんど見えない	5 (2)	13 (2.4)	0 (0)	18 (2.2)		10 (1.4)	13 (1.7)	0 (0)	23 (1.5)	
		判断不能	2 (0.8)	13 (2.4)	0 (0)	15 (1.9)		3 (0.4)	32 (4.2)	0 (0)	35 (2.3)	
	聴力	普通	172 (69.4)	263 (48.3)	6 (50)	441 (54.9)		470 (64.6)	391 (51.1)	21 (51.2)	882 (57.5)	
		普通の声が聞き取れる	49 (19.8)	163 (30)	3 (25)	215 (26.7)		169 (23.2)	196 (25.6)	15 (36.6)	380 (24.8)	
		大きな声なら聞き取れる	25 (10.1)	100 (18.4)	2 (16.7)	127 (15.8)	<0.001	85 (11.7)	145 (19)	5 (12.2)	235 (15.3)	<0.001
		ほとんど聞こえない	1 (0.4)	10 (1.8)	1 (8.3)	12 (1.5)		2 (0.3)	9 (1.2)	0 (0)	11 (0.7)	
		判断不能	1 (0.4)	8 (1.5)	0 (0)	9 (1.1)		2 (0.3)	24 (3.1)	0 (0)	26 (1.7)	
	意思の伝達	伝達できる	199 (80.2)	416 (76.5)	10 (83.3)	625 (77.7)		647 (88.9)	540 (70.6)	37 (90.2)	1224 (79.8)	
		ときどきできる	37 (14.9)	71 (13.1)	2 (16.7)	110 (13.7)	0.147	48 (6.6)	107 (14)	3 (7.3)	158 (10.3)	<0.001
		ほとんどできない	8 (3.2)	42 (7.7)	0 (0)	50 (6.2)		20 (2.7)	63 (8.2)	1 (2.4)	84 (5.5)	
		できない	4 (1.6)	15 (2.8)	0 (0)	19 (2.4)		13 (1.8)	55 (7.2)	0 (0)	68 (4.4)	

＊2×2表はχ²検定，2×NはMann-WhitneyのU検定．　－：検定不能

表3-6　5.7年後の転帰　　　(%)

			転 帰									
			男					女				
			生存	死亡	転出	計	生存と死亡の*差の検定: p値	生存	死亡	転出	計	生存と死亡の*差の検定: p値
第6群 意思疎通	指示への反応	通じる	214 (86.3)	430 (79)	11 (91.7)	655 (81.5)		640 (87.9)	540 (70.6)	36 (87.8)	1,216 (79.3)	
		ときどき通じる	31 (12.5)	96 (17.6)	1 (8.3)	128 (15.9)	0.013	72 (9.9)	165 (21.6)	5 (12.2)	242 (15.8)	<0.001
		通じない	3 (1.2)	18 (3.3)	0 (0)	21 (2.6)		16 (2.2)	60 (7.8)	0 (0)	76 (5)	
	毎日の日課を理解	できる	193 (77.8)	383 (70.4)	10 (83.3)	586 (72.9)	0.030	585 (80.4)	424 (55.4)	35 (85.4)	1,044 (68.1)	<0.001
		できない	55 (22.2)	161 (29.6)	2 (16.7)	218 (27.1)		143 (19.6)	341 (44.6)	6 (14.6)	490 (31.9)	
	生年月日をいう	できる	213 (85.9)	437 (80.3)	10 (83.3)	660 (82.1)	0.059	642 (88.2)	534 (69.8)	36 (87.8)	1,212 (79)	<0.001
		できない	35 (14.1)	107 (19.7)	2 (16.7)	144 (17.9)		86 (11.8)	231 (30.2)	5 (12.2)	322 (21)	
	短期記憶	できる	193 (77.8)	384 (70.6)	10 (83.3)	587 (73)	0.041	584 (80.4)	441 (57.6)	34 (82.9)	1,059 (69)	<0.001
		できない	55 (22.2)	160 (29.4)	2 (16.7)	217 (27)		144 (19.8)	324 (42.4)	7 (17.1)	475 (31)	
	自分の名前をいう	できる	236 (95.2)	503 (92.5)	12 (100)	751 (93.4)	0.209	704 (96.7)	662 (86.5)	38 (92.7)	1,404 (91.5)	<0.001
		できない	12 (4.8)	41 (7.5)	0 (0)	53 (6.6)		24 (3.3)	103 (13.5)	3 (7.3)	130 (8.5)	
	今の季節を理解	できる	204 (82.3)	401 (73.7)	8 (66.7)	613 (76.2)	0.011	615 (84.5)	477 (62.4)	37 (90.2)	1,129 (73.6)	<0.001
		できない	44 (17.7)	143 (26.3)	4 (33.3)	191 (23.8)		113 (15.5)	288 (37.6)	4 (9.8)	405 (26.4)	
	場所の理解	できる	227 (91.5)	447 (82.2)	10 (83.3)	684 (85.1)	<0.001	647 (88.9)	551 (72)	36 (87.8)	1,234 (80.4)	<0.001
		できない	21 (8.5)	97 (17.8)	2 (16.7)	120 (14.9)		81 (11.1)	214 (28)	5 (12.2)	300 (19.6)	
第7群 問題行動	被害的	ない	236 (95.2)	514 (94.5)	11 (91.7)	761 (94.7)		663 (91.1)	697 (91.1)	36 (87.8)	1,396 (91)	
		ときどきある	10 (4)	13 (2.4)	1 (8.3)	24 (3)	0.649	24 (3.3)	22 (2.9)	3 (7.3)	49 (3.2)	0.857
		ある	2 (0.8)	17 (3.1)	0 (0)	19 (2.4)		41 (5.6)	46 (6)	2 (4.9)	89 (5.8)	
	作話	ない	241 (97.2)	523 (96.1)	12 (100)	776 (96.5)		669 (91.9)	696 (91)	35 (85.4)	1,400 (91.3)	
		ときどきある	3 (1.2)	7 (1.3)	0 (0)	10 (1.2)	0.459	23 (3.2)	32 (4.2)	4 (9.8)	59 (3.8)	0.552
		ある	4 (1.6)	14 (2.6)	0 (0)	18 (2.2)		36 (4.9)	37 (4.8)	2 (4.9)	75 (4.9)	
	幻視幻聴	ない	235 (94.8)	494 (90.8)	10 (83.3)	739 (91.9)		659 (90.5)	661 (86.4)	36 (87.8)	1,356 (88.4)	
		ときどきある	5 (2)	21 (3.9)	1 (8.3)	27 (3.4)	0.058	28 (3.8)	50 (6.5)	1 (2.4)	79 (5.1)	0.015
		ある	8 (3.2)	29 (5.3)	1 (8.3)	38 (4.7)		41 (5.6)	54 (7.1)	4 (9.8)	99 (6.5)	
	感情が不安定	ない	227 (91.5)	480 (88.2)	11 (91.7)	718 (89.3)		645 (88.6)	659 (86.1)	33 (80.5)	1,337 (87.2)	
		ときどきある	11 (4.4)	34 (6.3)	0 (0)	45 (5.6)	0.166	39 (5.4)	49 (6.4)	5 (12.2)	93 (6.1)	0.152
		ある	10 (4)	30 (5.5)	1 (8.3)	41 (5.1)		44 (6)	57 (7.5)	3 (7.3)	104 (6.8)	
	昼夜逆転	ない	212 (85.5)	420 (77.2)	8 (66.7)	640 (79.6)		619 (85)	598 (78.2)	29 (70.7)	1,246 (81.2)	
		ときどきある	19 (7.7)	60 (11)	2 (16.7)	81 (10.1)	0.007	58 (8)	77 (10.1)	8 (19.5)	143 (9.3)	<0.001
		ある	17 (6.9)	64 (11.8)	2 (16.7)	83 (10.3)		51 (7)	90 (11.8)	4 (9.8)	145 (9.5)	
	暴言暴行	ない	222 (89.5)	454 (83.5)	8 (66.7)	684 (85.1)		674 (92.6)	680 (88.9)	39 (95.1)	1,393 (90.8)	
		ときどきある	16 (6.5)	41 (7.5)	3 (25)	60 (7.5)	0.019	27 (3.7)	36 (4.7)	0 (0)	63 (4.1)	0.013
		ある	10 (4)	49 (9)	1 (8.3)	60 (7.5)		27 (3.7)	49 (6.4)	2 (4.9)	78 (5.1)	
	同じ話をする	ない	220 (88.7)	460 (84.6)	10 (83.3)	690 (85.8)		591 (81.2)	590 (77.1)	31 (75.6)	1,212 (79)	
		ときどきある	11 (4.4)	24 (4.4)	1 (8.3)	36 (4.5)	0.105	42 (5.8)	58 (7.6)	4 (9.8)	104 (6.8)	0.062
		ある	17 (6.9)	60 (11)	1 (8.3)	78 (9.7)		95 (13)	117 (15.3)	6 (14.6)	218 (14.2)	

＊2×2表はχ^2検定，2×NはMann-WhitneyのU検定，－：検定不能

表3-7　5.7年後の転帰　　(%)

		転帰 男				生存と死亡の*差の検定:p値	転帰 女				生存と死亡の*差の検定:p値
		生存	死亡	転出	計		生存	死亡	転出	計	
大声を出す	ない	225 (90.7)	467 (85.8)	11 (91.7)	703 (87.4)	0.042	680 (93.4)	678 (88.6)	39 (95.1)	1,397 (91.1)	<0.001
	ときどきある	14 (5.6)	30 (5.5)	0 (0)	44 (5.5)		25 (3.4)	32 (4.2)	0 (0)	57 (3.7)	
	ある	9 (3.6)	47 (8.6)	1 (8.3)	57 (7.1)		23 (3.2)	55 (7.2)	2 (4.9)	80 (5.2)	
介護に抵抗	ない	209 (84.3)	421 (77.4)	9 (75)	639 (79.5)	0.016	637 (87.5)	613 (80.1)	34 (82.9)	1,284 (83.7)	<0.001
	ときどきある	23 (9.3)	53 (9.7)	2 (16.7)	78 (9.7)		40 (5.5)	62 (8.1)	2 (4.9)	104 (6.8)	
	ある	16 (6.5)	70 (12.9)	1 (8.3)	87 (10.8)		51 (7)	90 (11.8)	5 (12.2)	146 (9.5)	
常時の徘徊	ない	232 (93.5)	494 (90.8)	10 (83.3)	736 (91.5)	0.199	672 (92.3)	685 (89.5)	39 (95.1)	1,396 (91)	0.073
	ときどきある	5 (2)	17 (3.1)	0 (0)	22 (2.7)		10 (1.4)	24 (3.1)	0 (0)	34 (2.2)	
	ある	11 (4.4)	33 (6.1)	2 (16.7)	46 (5.7)		46 (6.3)	56 (7.3)	2 (4.9)	104 (6.8)	
落ち着きなし	ない	240 (96.8)	504 (92.6)	10 (83.3)	754 (93.8)	0.025	685 (94.1)	698 (91.2)	39 (95.1)	1,422 (92.7)	0.036
	ときどきある	2 (0.8)	14 (2.6)	1 (8.3)	17 (2.1)		16 (2.2)	28 (3.7)	2 (4.9)	46 (3)	
	ある	6 (2.4)	26 (4.8)	1 (8.3)	33 (4.1)		27 (3.7)	39 (5.1)	0 (0)	66 (4.3)	
外出して戻れない	ない	238 (96)	519 (95.4)	11 (91.7)	768 (95.5)	0.727	697 (95.7)	724 (94.6)	40 (97.6)	1,461 (95.2)	0.837
	ときどきある	4 (1.6)	12 (2.2)	0 (0)	16 (2)		13 (1.8)	15 (2)	0 (0)	28 (1.8)	
	ある	6 (2.4)	13 (2.4)	1 (8.3)	20 (2.5)		18 (2.5)	26 (3.4)	1 (2.4)	45 (2.9)	
一人で出たがる	ない	234 (94.4)	508 (93.4)	11 (91.7)	753 (93.7)	0.591	692 (95.1)	720 (94.1)	38 (92.7)	1,450 (94.5)	0.446
	ときどきある	5 (2)	10 (1.8)	0 (0)	15 (1.9)		9 (1.2)	18 (2.4)	1 (2.4)	28 (1.8)	
	ある	9 (3.6)	26 (4.8)	1 (8.3)	36 (4.5)		27 (3.7)	27 (3.5)	2 (4.9)	56 (3.7)	
収集癖	ない	241 (97.2)	530 (97.4)	12 (100)	783 (97.4)	0.662	702 (96.4)	728 (95.2)	39 (95.1)	1,469 (95.8)	0.223
	ときどきある	5 (2)	6 (1.1)	0 (0)	11 (1.4)		9 (1.2)	12 (1.6)	0 (0)	21 (1.4)	
	ある	2 (0.8)	8 (1.5)	0 (0)	10 (1.2)		17 (2.3)	25 (3.3)	2 (4.9)	44 (2.9)	
火の不始末	ない	235 (94.8)	519 (95.4)	12 (100)	766 (95.3)	0.720	668 (91.8)	728 (95.2)	35 (85.4)	1,431 (93.3)	0.006
	ときどきある	10 (4)	13 (2.4)	0 (0)	23 (2.9)		28 (3.8)	25 (3.3)	1 (2.4)	54 (3.5)	
	ある	3 (1.2)	12 (2.2)	0 (0)	15 (1.9)		32 (4.4)	12 (1.6)	5 (12.2)	49 (3.2)	
物や衣服を壊す	ない	242 (97.6)	528 (97.1)	12 (100)	782 (97.3)	0.683	718 (98.6)	748 (97.8)	40 (97.6)	1,506 (98.2)	0.223
	ときどきある	3 (1.2)	10 (1.8)	0 (0)	13 (1.6)		2 (0.3)	8 (1)	0 (0)	10 (0.7)	
	ある	3 (1.2)	6 (1.1)	0 (0)	9 (1.1)		8 (1.1)	9 (1.2)	1 (2.4)	18 (1.2)	
不潔行為	ない	244 (98.4)	529 (97.2)	12 (100)	785 (97.6)	0.325	710 (97.5)	735 (96.1)	41 (100)	1,486 (96.9)	0.116
	ときどきある	3 (1.2)	8 (1.5)	0 (0)	11 (1.4)		8 (1.1)	18 (2.4)	0 (0)	26 (1.7)	
	ある	1 (0.4)	7 (1.3)	0 (0)	8 (1)		10 (1.4)	12 (1.6)	0 (0)	22 (1.4)	
異食行動	ない	243 (98)	535 (98.3)	12 (100)	790 (98.3)	0.706	717 (98.5)	746 (97.5)	41 (100)	1,504 (98)	0.184
	ときどきある	0 (0)	5 (0.9)	0 (0)	5 (0.6)		3 (0.4)	9 (1.2)	0 (0)	12 (0.8)	
	ある	5 (2)	4 (0.7)	0 (0)	9 (1.1)		8 (1.1)	10 (1.3)	0 (0)	18 (1.2)	
ひどい物忘れ	ない	149 (60.1)	303 (55.7)	6 (50)	458 (57)	0.213	399 (54.8)	356 (46.5)	22 (53.7)	777 (50.7)	<0.001
	ときどきある	37 (14.9)	83 (15.3)	3 (25)	123 (15.3)		143 (19.6)	125 (16.3)	8 (19.5)	276 (18)	
	ある	62 (25)	158 (29)	3 (1.35)	223 (27.7)		186 (25.5)	284 (37.1)	11 (26.8)	481 (31.6)	

第7群　問題行動

＊2×2表はχ²検定，2×NはMann-WhitneyのU検定．　－：検定不能

表3-8　5.7年後の転帰　(%)

| | | | | 男 | | | | 生存と死亡の*差の検定：p値 | | 女 | | | | 生存と死亡の*差の検定：p値 |
		生存		死亡		転出		計		生存		死亡		転出		計	
特別医療有無	ない	225	(90.7)	429	(78.9)	11	(91.7)	665	(82.7)	<0.001	669	(91.9)	624	(81.6)	40	(97.6)	1,333	(86.9)	<0.001
	ある	23	(9.3)	115	(21.1)	1	(8.3)	139	(17.3)		59	(8.1)	141	(18.4)	1	(2.4)	201	(13.1)	
点滴の管理	ない	243	(98)	514	(94.5)	12	(100)	769	(95.6)	0.041	715	(98.2)	730	(95.4)	41	(100)	1,486	(96.9)	0.004
	ある	5	(2)	30	(5.5)	0	(0)	35	(4.4)		13	(1.8)	35	(4.6)	0	(0)	48	(3.1)	
中心静脈栄養	ない	248	(100)	542	(99.6)	12	(100)	802	(99.8)	0.339	728	(100)	762	(99.6)	41	(100)	1,531	(99.8)	0.090
	ある	0	(0)	2	(0.4)	0	(0)	2	(0.2)		0	(0)	3	(0.4)	0	(0)	3	(0.2)	
透析	ない	247	(99.6)	539	(99.1)	12	(100)	798	(99.3)	0.738	727	(99.9)	758	(99.1)	41	(100)	1,526	(99.5)	0.088
	ある	1	(0.4)	5	(0.9)	0	(0)	6	(0.7)		1	(0.1)	7	(0.9)	0	(0)	8	(0.5)	
ストーマ	ない	248	(100)	536	(98.5)	12	(100)	796	(99)	0.124	723	(99.3)	760	(99.3)	41	(100)	1,524	(99.3)	1.000
	ある	0	(0)	8	(1.5)	0	(0)	8	(1)		5	(0.7)	5	(0.7)	0	(0)	10	(0.7)	
酸素療養	ない	246	(99.2)	509	(93.6)	12	(100)	767	(95.4)	<0.001	720	(98.9)	741	(96.9)	40	(97.6)	1,501	(97.8)	0.011
	ある	2	(0.8)	35	(6.4)	0	(0)	37	(4.6)		8	(1.1)	24	(3.1)	1	(2.4)	33	(2.2)	
レスピレーター	ない	248	(100)	542	(99.6)	12	(100)	802	(99.8)	0.847	727	(99.9)	765	(100)	41	(100)	1,533	(99.9)	0.980
	ある	0	(0)	2	(0.4)	0	(0)	2	(0.2)		1	(0.1)	0	(0)	0	(0)	1	(0.1)	
気管切開の処置	ない	247	(99.6)	542	(99.6)	12	(100)	801	(99.6)	1.000	728	(100)	764	(99.9)	41	(100)	1,533	(99.9)	1.000
	ある	1	(0.4)	2	(0.4)	0	(0)	3	(0.4)		0	(0)	1	(0.1)	0	(0)	1	(0.1)	
疼痛の看護	ない	247	(99.6)	540	(99.3)	12	(100)	799	(99.4)	0.949	709	(97.4)	740	(96.7)	41	(100)	1,490	(97.1)	0.549
	ある	1	(0.4)	4	(0.7)	0	(0)	5	(0.6)		19	(2.6)	25	(3.3)	0	(0)	44	(2.9)	
経管栄養	ない	243	(98)	527	(96.9)	12	(100)	782	(97.3)	0.517	720	(98.9)	729	(95.3)	41	(100)	1,490	(97.1)	<0.001
	ある	5	(2)	17	(3.1)	0	(0)	22	(2.7)		8	(1.1)	36	(4.7)	0	(0)	44	(2.9)	
モニター測定	ない	248	(100)	542	(99.6)	12	(100)	802	(99.8)	0.847	728	(100)	757	(99)	41	(100)	1,526	(99.5)	0.016
	ある	0	(0)	2	(0.4)	0	(0)	2	(0.2)		0	(0)	8	(1)	0	(0)	8	(0.5)	
褥瘡の処置	ない	242	(97.6)	522	(96)	11	(91.7)	775	(96.4)	0.346	724	(99.5)	740	(96.7)	41	(100)	1,505	(98.1)	<0.001
	ある	6	(2.4)	22	(4)	1	(8.3)	29	(3.6)		4	(0.5)	25	(3.3)	0	(0)	29	(1.9)	
カテーテル	ない	242	(97.6)	525	(96.5)	11	(91.7)	778	(96.8)	0.560	725	(99.6)	744	(97.3)	41	(100)	1,510	(98.4)	<0.001
	ある	6	(2.4)	19	(3.5)	1	(8.3)	26	(3.2)		3	(0.4)	21	(2.7)	0	(0)	24	(1.6)	

＊2×2表はχ²検定．2×NはMann-WhitneyのU検定．－：検定不能

きかった（いずれも傾向 p<0.001）。

⑤第4群（特別介護）

　男女とも，褥瘡有の者の死亡者の割合が無の者に比べて大きかった（男 p=0.035，女 p<0.001）。褥瘡以外の皮膚疾患等の有無では，女で有の者の死亡者の割合が大きかったが（p<0.007），男では有意差がなかった。男女とも，嚥下，食物摂取，飲水，排尿および排便ができなくなるほど死亡者の割合が大きかった（いずれも p<0.001）。

⑥第5群（身の回り）

　男女とも，口腔の清潔，洗顔，整髪，上衣の着脱，ズボン・パンツの着脱，服薬，金銭の管理，電話の利用および日常生活の意思決定のいずれの項目も，困難になるほど死亡者の割合が大きかった（いずれも p<0.001）。この傾向は，爪切りでは女でのみ有意であった。

⑦第6群（意思疎通）

　男女とも，視力も聴力も低下するほど有意に死亡者の割合が大きかった（いずれも p<0.05）。女では，意思の伝達ができなくなるにつれて死亡者の割合が大きかった（p<0.001）が，男では関連が見られなかった。指示への反応が通じなくなるほど，死亡者の割合が男女とも大きかった（いずれも p<0.05）。認知症の中核症状（毎日の日課を理解できない，生年月日をいう，短期記憶，自分の名前をいう，今の季節の理解ができない，および場所の理解ができない）がある者の死亡者の割合は，ない者よりも一般に大きい傾向があったが（いずれも p<0.05），男の「生年月日をいう」と「自分の名前をいう」でもそのような傾向はみられるものの有意ではなかった。

　認知症の周辺症状のうち，昼夜逆転，暴言暴行，

表4 介護度別居住場所と4年目までの居住場所変化 (%)

開始時介護度	経過	居宅		介護老人福祉施設		介護老人保健施設		医療機関		その他の施設		死亡		転出		不明		計	
要支援	開始時	329	(92.9)	0		0		18	(5.1)	7	(2.0)	0		0		0		354	(100.0)
	1年目	263	(74.3)	0		1	(0.3)	3	(0.8)	8	(2.3)	28	(7.9)	1	(0.3)	50	(14.1)	354	(100.0)
	2年目	189	(53.4)	4	(1.1)	4	(1.1)	4	(1.1)	5	(1.4)	50	(14.1)	4	(1.1)	94	(26.6)	354	(100.0)
	3年目	158	(44.6)	4	(1.1)	3	(0.8)	11	(3.1)	9	(2.5)	67	(18.9)	5	(1.4)	97	(27.4)	354	(100.0)
	4年目	129	(36.4)	3	(0.8)	6	(1.7)	11	(3.1)	12	(3.4)	92	(26.0)	6	(1.7)	95	(26.8)	354	(100.0)
要介護1	開始時	690	(90.7)	10	(1.3)	6	(0.8)	35	(4.6)	20	(2.6)	0		0		0		761	(100.0)
	1年目	598	(78.6)	14	(1.8)	12	(1.6)	14	(1.8)	19	(2.5)	55	(7.2)	1	(0.1)	48	(6.3)	761	(100.0)
	2年目	464	(61.0)	31	(4.1)	25	(3.3)	18	(2.4)	25	(3.3)	117	(15.4)	4	(0.5)	77	(10.1)	761	(100.0)
	3年目	352	(46.3)	44	(5.8)	31	(4.1)	18	(2.4)	27	(3.5)	179	(23.5)	11	(1.4)	99	(13.0)	761	(100.0)
	4年目	302	(39.7)	43	(5.7)	25	(3.3)	11	(1.4)	25	(3.3)	245	(32.2)	13	(1.7)	97	(12.7)	761	(100.0)
要介護2	開始時	276	(82.9)	11	(3.3)	12	(3.6)	30	(9.0)	4	(1.2)	0		0		0		333	(100.0)
	1年目	234	(70.3)	11	(3.3)	18	(5.4)	19	(5.7)	6	(1.8)	37	(11.1)	1	(0.3)	7	(2.1)	333	(100.0)
	2年目	170	(51.1)	20	(6.0)	19	(5.7)	8	(2.4)	14	(4.2)	83	(24.9)	2	(0.6)	17	(5.1)	333	(100.0)
	3年目	133	(39.9)	21	(6.3)	16	(4.8)	12	(3.6)	10	(3.0)	123	(36.9)	5	(1.5)	22	(6.6)	333	(100.0)
	4年目	103	(30.9)	23	(6.9)	21	(6.3)	4	(1.2)	10	(3.0)	144	(43.2)	6	(1.8)	22	(6.6)	333	(100.0)
要介護3	開始時	216	(70.6)	19	(6.2)	27	(8.8)	38	(12.4)	6	(2.0)	0		0		0		306	(100.0)
	1年目	187	(61.1)	16	(5.2)	26	(8.5)	10	(3.3)	5	(1.6)	58	(19.0)	0		4	(1.3)	306	(100.0)
	2年目	137	(44.8)	22	(7.2)	22	(7.2)	6	(2.0)	6	(2.0)	100	(32.7)	0		13	(4.2)	306	(100.0)
	3年目	96	(31.4)	21	(6.9)	20	(6.5)	5	(1.6)	6	(2.0)	138	(45.1)	2	(0.7)	18	(5.9)	306	(100.0)
	4年目	63	(20.6)	26	(8.5)	19	(6.2)	7	(2.3)	3	(1.0)	172	(56.2)	1	(0.3)	15	(4.9)	306	(100.0)
要介護4	開始時	168	(56.2)	39	(13.0)	55	(18.4)	35	(11.7)	2	(0.7)	0		0		0		299	(100.0)
	1年目	130	(43.5)	38	(12.7)	46	(15.4)	15	(5.0)	3	(1.0)	56	(18.7)	0		11	(3.7)	299	(100.0)
	2年目	107	(35.8)	43	(14.4)	35	(11.7)	8	(2.7)	2	(0.7)	97	(32.4)	0		7	(2.3)	299	(100.0)
	3年目	79	(26.4)	41	(13.7)	28	(9.4)	5	(1.7)	2	(0.7)	132	(44.1)	3	(1.0)	9	(3.0)	299	(100.0)
	4年目	57	(19.1)	37	(12.4)	23	(7.7)	2	(.7)	1	(0.3)	165	(55.2)	2	(0.7)	12	(4.0)	299	(100.0)
要介護5	開始時	137	(48.1)	40	(14.0)	50	(17.5)	57	(20.0)	1	(0.4)	0		0		0		285	(100.0)
	1年目	94	(33.0)	30	(10.5)	41	(14.4)	22	(7.7)	1	(0.4)	87	(30.5)	0		10	(3.5)	285	(100.0)
	2年目	66	(23.2)	28	(9.8)	29	(10.2)	13	(4.6)	0		142	(49.8)	0		7	(2.5)	285	(100.0)
	3年目	45	(15.8)	23	(8.1)	17	(6.0)	10	(3.5)	0		177	(62.1)	0		13	(4.6)	285	(100.0)
	4年目	29	(10.2)	22	(7.7)	8	(2.8)	7	(2.5)	0		206	(72.3)	0		13	(4.6)	285	(100.0)

大声を出す，介護に抵抗および落ち着きなし，がある者における死亡者の割合は男女ともに大きかった（いずれも $p < 0.05$）。認知症の周辺症状のうち，被害的，作話，感情が不安定，同じ話をする，徘徊，外出して戻れない，一人で出たがる，収集癖，物や衣服を壊す，不潔行為および異食行動と死亡者の割合に有意な関連はみられなかった。

⑧第7群（問題行動）

認知症の周辺症状のうち，昼夜逆転，暴言暴行，大声を出す，介護に抵抗および落ち着きなし，が有る者の死亡者の割合は男女ともに大きかった（いずれも $p < 0.05$）ものの，被害的，作話，感情が不安定，同じ話をする，徘徊，外出して戻れない，一人で出たがる，収集癖，物や衣服を壊す，不潔行為および異食行動と死亡者の割合に有意な関連はみられなかった。

⑨特別な医療

男女とも，何らかの特別な医療を受けている者はそうでない者に比べて死亡者の割合が大きかった（男女とも $p < 0.001$）。そのような関連は，男では点滴の管理（$p = 0.041$）および酸素療法（$p < 0.001$）において，女では点滴の管理，酸素療法，経管栄養，モニターの測定，褥瘡の処置およびカテーテル（いずれも $p < 0.016$）においてみられた。

2）介護度別居住場所と4年目までの居住場所の変化（表4）

表4は，開始時の介護度別居住場所と4年目までの居住場所の変化を示したものである。開始

表5-1　年齢階級別介護度別4年目までの変化　　　　　　　　　　　　　　　　　　　　　　　　　　　　　　　　　　　　(%)

開始時年齢		要支援		要介護1		要介護2		要介護3		要介護4		要介護5		死亡		転出		不明		計	
									男												
69歳未満	開始時	6	(11.5)	19	(36.5)	8	(15.4)	7	(13.5)	4	(7.7)	8	(15.4)	0		0		0		52	(100.0)
	1年目	5	(9.6)	16	(30.8)	10	(19.2)	6	(11.5)	4	(7.7)	5	(9.6)	3	(5.8)	0		3	(5.8)	52	(100.0)
	2年目	1	(1.9)	10	(19.2)	11	(21.2)	7	(13.5)	4	(7.7)	4	(7.7)	5	(9.6)	0		10	(19.2)	52	(100.0)
	3年目	0		12	(23.1)	5	(9.6)	6	(11.5)	4	(7.7)	5	(9.6)	12	(23.1)	0		8	(15.4)	52	(100.0)
	4年目	0		9	(17.3)	9	(17.3)	4	(7.7)	3	(5.8)	6	(11.5)	15	(28.8)	0		6	(11.5)	52	(100.0)
70～74歳	開始時	15	(12.1)	35	(28.2)	21	(16.9)	16	(12.9)	20	(16.1)	17	(13.7)	0		0		0		124	(100.0)
	1年目	13	(10.5)	25	(20.2)	12	(9.7)	10	(8.1)	21	(16.9)	21	(16.9)	11	(8.9)	0		11	(8.9)	124	(100.0)
	2年目	9	(7.3)	22	(17.7)	8	(6.5)	10	(8.1)	18	(14.5)	16	(12.9)	28	(22.6)	0		13	(10.5)	124	(100.0)
	3年目	6	(4.8)	14	(11.3)	7	(5.6)	15	(12.1)	18	(14.5)	13	(10.5)	36	(29.0)	0		15	(12.1)	124	(100.0)
	4年目	3	(2.4)	17	(13.7)	6	(4.8)	12	(9.7)	17	(13.7)	11	(8.9)	47	(37.9)	0		11	(8.9)	124	(100.0)
75～79歳	開始時	23	(12.1)	53	(27.9)	31	(16.3)	34	(17.9)	17	(8.9)	32	(16.8)	0		0		0		190	(100.0)
	1年目	18	(9.5)	43	(22.6)	20	(10.5)	29	(15.3)	20	(10.5)	22	(11.6)	0		29	(15.3)	9	(4.7)	190	(100.0)
	2年目	11	(5.8)	27	(14.2)	13	(6.8)	24	(12.6)	16	(100.0)	26	(13.7)	57	(30.0)	0		16	(8.4)	190	(100.0)
	3年目	4	(2.1)	21	(11.1)	17	(8.9)	12	(6.3)	17	(8.9)	21	(11.1)	77	(40.5)	2	(1.1)	19	(10.0)	190	(100.0)
	4年目	3	(1.6)	13	(6.8)	13	(6.8)	11	(5.8)	15	(7.9)	20	(10.5)	101	(53.2)	2	(1.1)	12	(6.3)	190	(100.0)
80～84歳	開始時	23	(13.0)	50	(28.2)	25	(14.1)	32	(18.1)	25	(14.1)	22	(12.4)	0		0		0		177	(100.0)
	1年目	8	(4.5)	48	(27.1)	19	(10.7)	18	(10.2)	21	(11.9)	17	(9.6)	37	(20.9)	0		9	(5.1)	177	(100.0)
	2年目	7	(4.0)	32	(18.1)	17	(9.6)	12	(6.8)	16	(9.0)	13	(7.3)	68	(38.4)	0		12	(6.8)	177	(100.0)
	3年目	7	(4.0)	25	(14.1)	11	(6.2)	10	(5.6)	10	(5.6)	9	(5.1)	93	(52.5)	1	(0.6)	11	(6.2)	177	(100.0)
	4年目	7	(4.0)	11	(6.2)	14	(7.9)	17	(9.6)	8	(4.5)	3	(1.7)	107	(60.5)	1	(0.6)	9	(5.1)	177	(100.0)
85～89歳	開始時	23	(14.3)	54	(33.5)	27	(16.8)	25	(15.5)	15	(9.3)	17	(10.6)	0		0		0		161	(100.0)
	1年目	12	(7.5)	42	(26.1)	22	(13.7)	24	(14.9)	11	(6.8)	14	(8.7)	28	(17.4)	0		8	(5.0)	161	(100.0)
	2年目	5	(3.1)	26	(16.1)	21	(13.0)	22	(13.7)	6	(3.7)	15	(9.3)	51	(31.7)	2	(1.2)	13	(8.1)	161	(100.0)
	3年目	4	(2.5)	20	(12.4)	11	(6.8)	13	(8.1)	10	(6.2)	10	(6.2)	79	(49.1)	3	(1.9)	11	(6.8)	161	(100.0)
	4年目	1	(.6)	13	(8.1)	7	(4.3)	17	(10.6)	5	(3.1)	5	(3.1)	104	(64.6)	4	(2.5)	5	(3.1)	161	(100.0)
90歳以上	開始時	13	(13.0)	27	(27.0)	21	(21.0)	17	(17.0)	17	(17.0)	5	(5.0)	0		0		0		100	(100.0)
	1年目	8	(8.0)	20	(20.0)	14	(14.0)	10	(10.0)	12	(10.0)	2	(2.0)	28	(28.0)	0		6	(6.0)	100	(100.0)
	2年目	4	(4.0)	10	(10.0)	6	(6.0)	10	(10.0)	8	(8.0)	1	(1.0)	58	(58.0)	0		3	(3.0)	100	(100.0)
	3年目	1	(1.0)	10	(10.0)	4	(4.0)	8	(8.0)	7	(7.0)	0		68	(68.0)	1	(1.0)	1	(1.0)	100	(100.0)
	4年目	0		5	(5.0)	2	(2.0)	5	(5.0)	5	(5.0)	2	(2.0)	78	(78.0)	1	(1.0)	2	(2.0)	100	(100.0)

時に居宅であった者の，その後の居宅居住者の割合は介護度が重度になるほど大きくなる傾向にあり，要介護4～5においては施設入所者・入院者が居宅者を上回っていた。また，開始時の介護度が重度なほどその後の4年目までの死亡者の割合が大きかった。

3) 年齢階級別介護度別4年目までの変化（表5）

5歳階級別にみた開始時の介護度割合は，男ではいずれの年齢階級も要介護1の割合が27～36%を占めており最も大きかった。65～69歳群の4年後の死亡は28.8%であったが，年齢階級が高くなるにつれて死亡者の割合が大きくなり，75～79歳以上では半数が死亡し，90歳以上では78.0%が死亡していた。

女でも要介護1の割合が65-74歳では40%前後

を占め，年齢階級が高くなるにつれてその割合は小さくなるものの30%前後を占めていた。また，女では，いずれの年齢階級における死亡者の割合も男よりは小さかった。

4) 寝たきり度別1～4年後の変化（表6）

男女別に4年後までの寝たきり度の変化を観察したところ，男の場合，自立ランクの4年後の維持および改善は8.3%，ランクJでは19.2%，ランクAでは22.5%，ランクBでは30.2%，ランクCでは17.2%であり，女の4年後の変化では，自立ランクの維持および改善は12.5%，ランクJでは18.9%，ランクAでは27.6%，ランクBでは33.1%，ランクCでは30.0%であり，男女ともランクBの維持・改善した者の割合が大きかった。男女を比較すると，女の方が男に比較して維持・改善した者の割合が大きかった。

表5-2　年齢階級別介護度別4年目までの変化　　　　　　　　　　　　　　　　　　　　　　　　　　　　　　　　　　　　　　(%)

開始時年齢		要支援	要介護1	要介護2	要介護3	要介護4	要介護5	死亡	転出	不明	計
69歳未満	開始時	8 (17.0)	19 (40.4)	9 (19.1)	4 (8.5)	2 (4.3)	5 (10.6)	0	0	0	47 (100.0)
	1年目	9 (19.1)	14 (29.8)	4 (8.5)	7 (14.9)	3 (6.4)	3 (6.4)	4 (8.5)	0	3 (6.4)	47 (100.0)
	2年目	9 (19.1)	8 (17.0)	4 (8.5)	3 (6.4)	4 (8.5)	6 (12.8)	5 (10.6)	0	8 (17.0)	47 (100.0)
	3年目	5 (10.6)	9 (19.1)	5 (10.6)	4 (8.5)	3 (6.4)	6 (12.8)	6 (12.8)	0	9 (19.1)	47 (100.0)
	4年目	1 (2.1)	13 (27.7)	3 (6.4)	1 (2.1)	2 (4.3)	8 (17.0)	9 (19.1)	1 (2.1)	9 (19.1)	47 (100.0)
70~74歳	開始時	34 (23.3)	58 (39.7)	15 (10.3)	13 (8.9)	15 (10.3)	11 (7.5)	0	0	0	146 (100.0)
	1年目	25 (17.1)	46 (31.5)	16 (11.0)	10 (6.8)	12 (8.2)	13 (8.9)	11 (7.5)	0	13 (8.9)	146 (100.0)
	2年目	15 (10.3)	45 (30.8)	10 (6.8)	11 (7.5)	11 (7.5)	15 (10.3)	16 (11.0)	1 (0.7)	22 (15.1)	146 (100.0)
	3年目	13 (8.9)	29 (19.9)	6 (4.1)	18 (12.3)	9 (6.2)	18 (12.3)	23 (15.8)	1 (0.7)	29 (19.9)	146 (100.0)
	4年目	6 (4.1)	22 (15.1)	10 (6.8)	9 (6.2)	17 (11.6)	14 (9.6)	29 (19.9)	2 (1.4)	37 (25.3)	146 (100.0)
75~79歳	開始時	64 (22.6)	95 (33.6)	40 (14.1)	27 (9.5)	34 (12.0)	23 (8.1)	0	0	0	283 (100.0)
	1年目	46 (16.3)	80 (28.3)	37 (13.1)	29 (10.2)	27 (9.5)	18 (6.4)	23 (8.1)	1 (0.4)	22 (7.8)	283 (100.0)
	2年目	35 (12.4)	65 (23.0)	39 (13.8)	25 (8.8)	25 (8.8)	19 (6.7)	44 (15.5)	2 (0.7)	29 (10.2)	283 (100.0)
	3年目	20 (7.1)	51 (18.0)	29 (10.2)	23 (8.1)	28 (9.9)	21 (7.4)	65 (23.0)	3 (1.1)	43 (15.2)	283 (100.0)
	4年目	14 (4.9)	44 (15.5)	23 (8.1)	22 (7.8)	28 (9.9)	21 (7.4)	80 (28.3)	3 (1.1)	48 (17.0)	283 (100.0)
80~84歳	開始時	63 (15.7)	150 (37.4)	45 (11.2)	49 (12.2)	50 (12.5)	44 (11.0)	0	0	0	401 (100.0)
	1年目	50 (12.5)	123 (30.7)	43 (10.7)	40 (10.0)	46 (11.5)	36 (9.0)	42 (10.5)	1 (0.2)	20 (5.0)	401 (100.0)
	2年目	29 (7.2)	99 (24.7)	52 (13.0)	24 (6.0)	49 (12.2)	37 (9.2)	66 (16.5)	3 (0.7)	42 (10.5)	401 (100.0)
	3年目	27 (6.7)	70 (17.5)	47 (11.7)	37 (9.2)	39 (9.7)	37 (9.2)	88 (21.9)	9 (2.2)	47 (11.7)	401 (100.0)
	4年目	18 (4.5)	54 (13.5)	41 (10.2)	33 (8.2)	43 (10.7)	43 (10.7)	121 (30.2)	8 (2.0)	40 (10.0)	401 (100.0)
85~89歳	開始時	53 (14.6)	116 (32.0)	48 (13.2)	39 (10.7)	54 (14.9)	53 (14.6)	0	0	0	363 (100.0)
	1年目	41 (11.3)	95 (26.2)	44 (12.1)	37 (10.2)	44 (12.1)	43 (11.8)	45 (12.4)	1 (0.3)	13 (3.6)	363 (100.0)
	2年目	19 (5.2)	87 (24.0)	37 (10.2)	38 (10.5)	34 (9.4)	43 (11.8)	84 (23.1)	1 (0.3)	20 (5.5)	363 (100.0)
	3年目	12 (3.3)	56 (15.4)	38 (10.5)	34 (9.4)	31 (8.5)	38 (10.5)	123 (33.9)	4 (1.1)	27 (7.4)	363 (100.0)
	4年目	7 (1.9)	37 (10.2)	31 (8.5)	42 (11.6)	27 (7.4)	37 (10.2)	156 (43.0)	4 (1.1)	22 (6.1)	363 (100.0)
90歳以上	開始時	29 (9.9)	85 (28.9)	43 (14.6)	43 (14.6)	46 (15.6)	48 (16.3)	0	0	0	294 (100.0)
	1年目	26 (8.8)	66 (22.4)	30 (10.2)	37 (12.6)	34 (11.6)	28 (9.5)	60 (20.4)	0	13 (4.4)	294 (100.0)
	2年目	12 (4.1)	45 (15.3)	29 (9.9)	26 (8.8)	33 (11.2)	23 (7.8)	107 (36.4)	1 (0.3)	18 (6.1)	294 (100.0)
	3年目	12 (4.1)	28 (9.5)	19 (6.5)	23 (7.8)	36 (12.2)	12 (4.1)	146 (49.7)	2 (0.7)	16 (5.4)	294 (100.0)
	4年目	4 (1.4)	20 (6.8)	13 (4.4)	18 (6.1)	32 (10.9)	16 (5.4)	177 (60.2)	2 (0.7)	12 (4.1)	294 (100.0)

5）認知症度別1~4年後の変化（表7）

　男女別認知症ランク別に4年後までの変化を観察したところ，男の場合自立ランクの4年後の維持および改善は22.1%，ランクⅠでは19.5%，ランクⅡでは17.7%，ランクⅢでは19.1%，ランクⅣでは22.5%，ランクMでは12.5%であった。女の4年後の変化では自立ランクの維持および改善は24.7%，ランクⅠでは26.8%，ランクⅡでは26.3%，ランクⅢでは28.9%，ランクⅣでは30.0%，ランクMでは26.7%であった。男と女の比較では，女の方が男に比較して維持・改善の割合が大きい傾向があった。また女のランク別比較では各ランク共に24.7~30.0%が維持改善しており，ランク別の大きな違いは見られなかった。

6）居住場所別4年目までの居住場所変化（表8）

　追跡開始時の居住場所を居宅，介護老人福祉施設，介護老人保健施設および医療機関，その他に分けて，4年後の居住場所を観察した。追跡開始時に居宅であった者の34.8%は居宅のままであったが，居宅からの転出は12.8%，不明11.9%であり，死亡は40.5%であった。介護老人福祉施設であった者は，30.3%がそのままであったが，居宅へ戻った者は6.7%で，61.3%が死亡していた。介護老人保健施設であった者は，18.0%がそのままで，居宅に戻った者は4.7%で，介護老人福祉施設へ16.0%が移動し，56.0%が死亡していた。医療機関であった者がそのままの者は3.3%で，居宅に16.4%が戻り，介護老人福祉施設に5.6%，介護老人保健施設に5.6%が移動しており，55.4%が死亡していた。

表6-1 寝たきり度別4年目までの変化 (%)

開始時寝たきり度		自立	ランクJ	ランクA	ランクB	ランクC	死亡	転出	不明	計
					男					
自立	1年目	7 (58.3)	1 (8.3)	2 (16.7)	0	0	0	0	2 (16.7)	12 (100.0)
	2年目	4 (33.3)	2 (16.7)	2 (16.7)	0	0	2 (16.7)	0	2 (16.7)	12 (100.0)
	3年目	1 (8.3)	1 (8.3)	5 (41.7)	0	2 (16.7)	2 (16.7)	0	1 (8.3)	12 (100.0)
	4年目	1 (8.3)	1 (8.3)	5 (41.7)	2 (16.7)	0	3 (20.0)	0	0	12 (100.0)
ランクJ	1年目	2 (0.9)	141 (65.9)	26 (12.1)	4 (1.9)	2 (0.9)	15 (7.0)	0	24 (11.2)	214 (100.0)
	2年目	2 (0.9)	88 (41.1)	32 (15.0)	17 (7.9)	6 (2.8)	34 (15.9)	2 (0.9)	33 (15.4)	214 (100.0)
	3年目	0	55 (25.7)	39 (18.2)	18 (8.4)	11 (5.1)	57 (26.6)	3 (1.4)	31 (14.5)	214 (100.0)
	4年目	0	41 (19.2)	41 (19.2)	18 (8.4)	9 (4.2)	80 (37.4)	4 (1.9)	21 (9.8)	214 (100.0)
ランクA	1年目	2 (0.7)	17 (5.8)	188 (64.2)	18 (6.1)	8 (2.7)	48 (16.4)	0	12 (4.1)	293 (100.0)
	2年目	1 (0.3)	12 (4.1)	120 (41.0)	27 (9.2)	6 (2.0)	103 (35.2)	0	24 (8.2)	293 (100.0)
	3年目	0	10 (3.4)	81 (27.6)	27 (9.2)	8 (2.7)	144 (49.1)	1 (0.3)	22 (7.5)	293 (100.0)
	4年目	0	5 (1.7)	61 (20.8)	20 (6.8)	9 (3.1)	183 (62.5)	1 (0.3)	14 (4.8)	293 (100.0)
ランクB	1年目	0	3 (1.8)	8 (4.7)	112 (66.3)	11 (6.5)	32 (18.9)	0	3 (1.8)	169 (100.0)
	2年目	0	1 (0.6)	10 (5.9)	69 (40.8)	18 (10.7)	65 (38.5)	0	6 (3.6)	169 (100.0)
	3年目	0	0	9 (5.3)	55 (32.5)	14 (8.3)	83 (49.1)	3 (1.8)	5 (3.0)	169 (100.0)
	4年目	0	1 (0.6)	2 (1.2)	48 (28.4)	15 (8.9)	95 (56.2)	3 (1.8)	5 (3.0)	169 (100.0)
ランクC	1年目	0	0	1 (0.9)	4 (3.4)	65 (56.0)	41 (35.3)	0	5 (4.3)	116 (100.0)
	2年目	0	0	0	6 (5.2)	45 (38.8)	63 (54.3)	0	2 (1.7)	116 (100.0)
	3年目	0	0	0	4 (3.4)	27 (23.3)	79 (68.1)	0	6 (5.2)	116 (100.0)
	4年目	0	0	0	2 (1.7)	18 (15.5)	91 (78.4)	0	5 (4.3)	116 (100.0)

表6-2 寝たきり度別4年目までの変化 (%)

開始時寝たきり度		自立	ランクJ	ランクA	ランクB	ランクC	死亡	転出	不明	計
					女					
自立	1年目	16 (66.7)	5 (20.8)	0	1 (4.2)	0	0	0	2 (8.3)	24 (100.0)
	2年目	8 (33.3)	5 (20.8)	5 (20.8)	1 (4.2)	0	0	0	5 (20.8)	24 (100.0)
	3年目	6 (20.0)	6 (25.0)	6 (25.0)	1 (4.2)	2 (8.3)	0	0	3 (12.0)	24 (100.0)
	4年目	3 (12.0)	4 (16.7)	10 (41.7)	2 (8.3)	1 (4.2)	2 (8.3)	0	2 (8.3)	24 (100.0)
ランクJ	1年目	1 (0.2)	323 (75.5)	35 (8.2)	7 (1.6)	5 (1.2)	21 (4.9)	0	36 (8.4)	428 (100.0)
	2年目	1 (0.2)	210 (49.1)	87 (20.3)	16 (3.7)	9 (2.1)	40 (9.3)	3 (0.7)	62 (14.5)	428 (100.0)
	3年目	2 (0.5)	129 (30.1)	104 (24.3)	34 (7.9)	13 (3.0)	65 (15.2)	6 (1.4)	75 (17.5)	428 (100.0)
	4年目	1 (0.2)	80 (18.7)	114 (26.6)	29 (6.8)	25 (5.8)	87 (20.3)	9 (2.1)	83 (19.4)	428 (100.0)
ランクA	1年目	0	31 (5.2)	447 (75.0)	35 (5.9)	8 (1.3)	45 (7.6)	3 (0.5)	27 (4.5)	596 (100.0)
	2年目	1 (0.2)	35 (5.9)	309 (51.8)	71 (11.9)	19 (3.2)	97 (16.3)	5 (0.8)	59 (9.9)	596 (100.0)
	3年目	0	31 (5.2)	225 (37.8)	86 (14.4)	25 (4.2)	150 (25.2)	11 (1.8)	68 (11.4)	596 (100.0)
	4年目	0	17 (2.9)	147 (24.7)	108 (18.1)	45 (7.6)	202 (33.9)	9 (1.5)	68 (11.4)	596 (100.0)
ランクB	1年目	1 (0.4)	6 (2.4)	7 (2.8)	178 (70.1)	6 (2.4)	47 (18.5)	0	9 (3.5)	254 (100.0)
	2年目	1 (0.4)	5 (2.0)	21 (8.3)	114 (44.9)	33 (13.0)	73 (28.7)	0	7 (2.8)	254 (100.0)
	3年目	1 (0.4)	3 (1.2)	17 (6.7)	86 (33.9)	35 (13.8)	97 (38.2)	2 (0.8)	13 (5.1)	254 (100.0)
	4年目	0	3 (1.2)	15 (5.9)	66 (26.0)	36 (14.2)	122 (48.0)	2 (0.8)	10 (3.9)	254 (100.0)
ランクC	1年目	0	0	1 (0.4)	3 (1.3)	146 (62.9)	72 (31.0)	0	10 (4.3)	232 (100.0)
	2年目	0	0	1 (0.4)	12 (5.2)	100 (43.1)	112 (48.3)	0	7 (3.0)	232 (100.0)
	3年目	0	1 (0.4)	0	15 (6.5)	65 (28.0)	139 (59.9)	0	12 (5.2)	232 (100.0)
	4年目	0	0	2 (0.9)	13 (5.6)	53 (22.8)	159 (68.5)	0	5 (2.2)	232 (100.0)

表7-1　認知症度別1〜4年後の変化　(%)

男

開始時認知症度		自立	I	II	III	IV	M	死亡	転出	不明	計
自立	1年目	223 (69.5)	21 (6.5)	5 (1.6)	1 (0.3)	0	0	49 (15.3)	0	22 (6.9)	321 (100.0)
	2年目	147 (45.8)	31 (9.7)	9 (2.8)	2 (0.6)	0	0	92 (28.7)	1 (0.3)	39 (12.1)	321 (100.0)
	3年目	99 (30.8)	34 (10.6)	17 (5.3)	9 (2.8)	0	0	127 (39.6)	3 (0.9)	32 (10.0)	321 (100.0)
	4年目	71 (22.1)	29 (9.0)	21 (6.5)	10 (3.1)	0	1 (0.3)	163 (50.8)	3 (0.9)	23 (7.2)	321 (100.0)
I	1年目	8 (4.6)	113 (64.9)	8 (4.6)	4 (2.3)	0	0	29 (16.7)	0	12 (6.9)	174 (100.0)
	2年目	14 (8.0)	67 (38.5)	20 (11.5)	5 (2.9)	0	0	52 (29.9)	1 (0.6)	15 (8.6)	174 (100.0)
	3年目	13 (7.5)	37 (21.3)	27 (15.5)	9 (5.2)	0	0	70 (40.2)	3 (1.7)	15 (8.6)	174 (100.0)
	4年目	11 (6.3)	23 (13.2)	27 (15.5)	11 (6.3)	1 (0.6)	0	87 (50.0)	4 (2.3)	10 (5.7)	174 (100.0)
II	1年目	2 (1.2)	10 (5.9)	105 (61.8)	15 (8.8)	5 (2.9)	2 (1.2)	25 (14.7)	0	6 (3.5)	170 (100.0)
	2年目	0	13 (7.6)	51 (50.0)	29 (17.1)	8 (4.7)	3 (1.8)	59 (34.7)	0	7 (4.1)	170 (100.0)
	3年目	0	5 (2.9)	41 (24.1)	16 (9.4)	9 (5.3)	3 (1.8)	85 (50.0)	1 (0.6)	10 (5.9)	170 (100.0)
	4年目	0	2 (1.2)	28 (16.5)	17 (10.0)	9 (5.3)	2 (1.2)	105 (61.8)	1 (0.6)	6 (3.5)	170 (100.0)
III	1年目	0	2 (2.4)	5 (6.0)	54 (64.3)	3 (100.0)	1 (1.2)	16 (19.0)	0	3 (3.6)	84 (100.0)
	2年目	0	0	8 (9.5)	34 (40.5)	2 (2.4)	2 (2.4)	33 (39.3)	0	5 (6.0)	84 (100.0)
	3年目	0	0	5 (6.0)	22 (26.2)	5 (6.0)	4 (4.8)	43 (51.2)	0	5 (6.0)	84 (100.0)
	4年目	0	0	2 (2.4)	14 (16.7)	7 (8.3)	3 (3.6)	55 (65.5)	0	3 (3.6)	84 (100.0)
IV	1年目	0	0	2 (6.5)	1 (3.2)	18 (58.1)	1 (3.2)	8 (25.8)	0	1 (3.2)	31 (100.0)
	2年目	0	0	1 (3.2)	1 (3.2)	8 (25.8)	2 (6.5)	18 (58.1)	0	1 (3.2)	31 (100.0)
	3年目	0	0	0	1 (3.2)	6 (19.4)	1 (3.2)	21 (67.7)	0	2 (6.5)	31 (100.0)
	4年目	0	0	1 (3.2)	1 (3.2)	5 (16.1)	0	22 (71.0)	0	2 (6.5)	31 (100.0)
M	1年目	0	0	0	0	1 (4.2)	12 (50.0)	9 (37.5)	0	2 (8.3)	24 (100.0)
	2年目	0	0	0	0	1 (4.2)	10 (41.7)	13 (54.2)	0	0	24 (100.0)
	3年目	0	0	0	0	0	4 (16.7)	19 (79.2)	0	1 (4.2)	24 (100.0)
	4年目	0	0	0	0	0	3 (12.0)	20 (83.3)	0	1 (4.2)	24 (100.0)

表7-2　認知症度別1〜4年後の変化　(%)

女

開始時認知症度		自立	I	II	III	IV	M	死亡	転出	不明	計
自立	1年目	418 (74.8)	26 (4.7)	8 (1.4)	1 (0.2)	0	0	53 (9.5)	0	53 (9.5)	559 (100.0)
	2年目	285 (51.0)	68 (12.2)	26 (4.7)	3 (0.5)	0	0	84 (15.0)	3 (0.5)	90 (16.1)	559 (100.0)
	3年目	195 (34.9)	75 (13.4)	44 (7.9)	11 (2.0)	0	2 (0.4)	116 (20.8)	8 (1.4)	108 (19.3)	559 (100.0)
	4年目	138 (24.7)	74 (13.2)	47 (8.4)	20 (3.6)	0	4 (0.7)	150 (26.8)	9 (1.6)	117 (20.9)	559 (100.0)
I	1年目	12 (3.8)	221 (70.6)	30 (9.6)	3 (1.0)	2 (0.6)	1 (0.3)	32 (10.2)	2 (0.6)	10 (3.2)	313 (100.0)
	2年目	24 (7.7)	142 (45.4)	49 (15.7)	12 (3.8)	3 (1.0)	2 (0.6)	57 (18.2)	2 (0.6)	22 (7.0)	313 (100.0)
	3年目	17 (5.4)	88 (28.1)	67 (21.4)	15 (4.8)	5 (1.6)	5 (1.6)	82 (26.2)	5 (1.6)	29 (9.3)	313 (100.0)
	4年目	17 (5.4)	67 (21.4)	58 (18.5)	28 (8.9)	8 (2.6)	5 (1.6)	101 (32.3)	6 (1.9)	23 (7.3)	313 (100.0)
II	1年目	0	8 (2.4)	240 (72.5)	25 (7.6)	5 (1.5)	2 (0.6)	37 (11.2)	0	14 (4.2)	331 (100.0)
	2年目	1 (0.3)	13 (3.9)	152 (45.9)	55 (16.6)	10 (3.0)	4 (1.2)	77 (23.3)	2 (0.6)	17 (5.1)	331 (100.0)
	3年目	3 (0.9)	8 (2.4)	107 (32.3)	69 (20.8)	13 (3.9)	5 (1.5)	106 (32.0)	4 (1.2)	16 (4.8)	331 (100.0)
	4年目	1 (0.3)	5 (1.5)	81 (24.5)	70 (21.1)	17 (5.1)	6 (1.8)	129 (39.0)	3 (0.9)	19 (5.7)	331 (100.0)
III	1年目	0	0	6 (2.9)	151 (73.7)	6 (2.9)	4 (2.0)	35 (17.1)	1 (0.5)	2 (1.0)	205 (100.0)
	2年目	0	2 (1.0)	9 (4.4)	101 (49.3)	22 (10.7)	9 (4.4)	53 (25.9)	1 (0.5)	8 (3.9)	205 (100.0)
	3年目	0	2 (1.0)	10 (4.9)	69 (33.7)	26 (12.7)	8 (3.9)	78 (38.0)	1 (0.5)	11 (5.4)	205 (100.0)
	4年目	0	2 (1.0)	8 (3.9)	51 (24.9)	21 (10.2)	6 (2.9)	111 (54.1)	2 (1.0)	4 (2.0)	205 (100.0)
IV	1年目	0	0	0	1 (1.4)	53 (75.7)	1 (1.4)	12 (17.1)	0	3 (4.3)	70 (100.0)
	2年目	0	0	0	4 (5.7)	37 (52.9)	5 (7.1)	22 (31.4)	0	2 (2.9)	70 (100.0)
	3年目	0	0	0	5 (7.1)	24 (34.3)	3 (4.3)	33 (47.1)	1 (1.4)	4 (5.7)	70 (100.0)
	4年目	0	0	0	4 (5.7)	17 (24.3)	4 (5.7)	42 (60.0)	0	3 (4.3)	70 (100.0)
M	1年目	0	0	1 (1.8)	0	0	37 (66.1)	16 (28.6)	0	2 (3.6)	56 (100.0)
	2年目	0	0	1 (1.8)	1 (1.8)	1 (1.8)	23 (41.1)	29 (51.8)	0	1 (1.8)	56 (100.0)
	3年目	0	0	1 (1.8)	1 (1.8)	3 (5.4)	12 (21.4)	36 (64.3)	0	3 (5.4)	56 (100.0)
	4年目	0	0	0	0	4 (7.1)	11 (19.6)	39 (69.6)	0	2 (3.6)	56 (100.0)

表8　居住場所別4年目までの居住場所変化

		居宅	介護老人福祉施設	介護老人保健施設	医療機関	その他の施設	介護保険以外の施設	死亡	転出	不明	計
開始時		1,816 (77.7)	119 (5.1)	150 (6.4)	213 (9.1)	23 (1.0)	17 (0.7)	0	0	0	2,338 (100.0)
居宅	1年目	1,422 (78.3)	12 (0.7)	23 (1.3)	21 (1.2)	8 (0.4)	2 (0.1)	225 (12.4)	3 (0.2)	100 (5.5)	1,816 (100.0)
	2年目	1,046 (57.6)	51 (2.8)	56 (3.1)	30 (1.7)	20 (1.1)	3 (0.2)	417 (23.0)	10 (0.6)	183 (10.1)	1,816 (100.0)
	3年目	799 (44.0)	60 (3.3)	66 (3.6)	41 (2.3)	28 (1.5)	3 (0.2)	579 (31.9)	19 (1.0)	221 (12.2)	1,816 (100.0)
	4年目	632 (34.8)	74 (4.1)	69 (3.8)	34 (1.9)	25 (1.4)	5 (0.3)	736 (40.5)	24 (1.3)	217 (11.9)	1,816 (100.0)
介護老人福祉施設	1年目	0	88 (73.9)	0	0	0	0	25 (21.0)	0	6 (5.0)	119 (100.0)
	2年目	5 (4.2)	64 (53.8)	0	0	0	2 (1.7)	48 (40.3)	0	0	119 (100.0)
	3年目	3 (2.5)	54 (45.4)	0	0	0	1 (0.8)	60 (50.4)	1 (0.8)	0	119 (100.0)
	4年目	8 (6.7)	36 (30.3)	0	0	0	2 (1.7)	73 (61.3)	0	0	119 (100.0)
介護老人保健施設	1年目	7 (4.7)	6 (4.0)	110 (73.3)	3 (2.0)	0	0	21 (10.0)	0	3 (2.0)	150 (100.0)
	2年目	7 (4.7)	21 (10.0)	67 (44.7)	6 (2.0)	1 (0.7)	0	45 (30.0)	0	3 (2.0)	150 (100.0)
	3年目	4 (2.7)	23 (15.3)	43 (28.7)	1 (0.7)	0	0	70 (46.7)	3 (2.0)	6 (4.0)	150 (100.0)
	4年目	7 (4.7)	24 (10.0)	27 (10.0)	1 (0.7)	0	0	84 (50.0)	1 (0.7)	6 (4.0)	150 (100.0)
医療機関	1年目	74 (34.7)	2 (0.9)	11 (5.2)	58 (27.2)	0	1 (0.5)	47 (22.1)	0	20 (9.4)	213 (100.0)
	2年目	69 (32.4)	7 (3.3)	11 (5.2)	21 (9.9)	1 (0.5)	3 (1.4)	73 (34.3)	0	28 (13.1)	213 (100.0)
	3年目	51 (23.9)	11 (5.2)	6 (2.8)	10 (4.7)	2 (0.9)	3 (1.4)	97 (45.5)	1 (1.4)	30 (14.1)	213 (100.0)
	4年目	35 (16.4)	12 (5.6)	5 (2.3)	7 (3.3)	2 (0.9)	2 (0.9)	118 (55.4)	3 (1.4)	29 (13.6)	213 (100.0)
その他の施設	1年目	3 (13.0)	1 (4.3)	0	1 (4.3)	16 (69.6)	0	2 (8.7)	0	0	23 (100.0)
	2年目	4 (17.4)	3 (13.0)	0	0	11 (47.8)	0	4 (17.4)	0	1 (4.3)	23 (100.0)
	3年目	4 (17.4)	3 (13.0)	0	0	10 (43.5)	0	5 (21.7)	0	1 (4.3)	23 (100.0)
	4年目	1 (4.3)	3 (13.0)	1 (4.3)	0	9 (39.1)	0	7 (30.4)	0	2 (8.7)	23 (100.0)
介護保険以外の施設	1年目	0	0	0	0	0	15 (88.2)	1 (5.9)	0	1 (5.9)	17 (100.0)
	2年目	2 (11.8)	2 (11.8)	0	0	0	11 (64.7)	2 (11.8)	0	0	17 (100.0)
	3年目	2 (11.8)	3 (17.6)	0	0	1 (5.9)	6 (35.3)	5 (29.4)	0	0	17 (100.0)
	4年目	0	5 (29.4)	0	0	0	6 (35.3)	6 (35.3)	0	0	17 (100.0)

　その他以外の施設の4年後の住居について，開始時の居住場所がそのままの者は一番割合が高い居宅，次いで介護老人福祉施設でも約1/3であり，医療機関はほとんどが退院していた。移動の変化は死亡が最も大きく，死亡割合は介護老人福祉施設が最も大きく，次いで介護老人保健施設，医療機関，居宅の順となっていた。

7）調査開始後1年間の居宅サービス受給状況と平均5.7年後の転帰（表9）

　居宅者のうち1年目の死亡者と施設入居者を除く1,586人（男541人，女1,045人）について，利用したサービスと死亡の関連性を訪問介護，訪問看護，訪問リハビリ，居宅療養管理指導，訪問入浴，通所介護，通所リハビリおよび短期入所療養（生活）介護について観察した．1年間のサービス利用については，1年間に集中的にサービスを利用することや，散発的に利用することも考えられる。今回は1年間に平均的にサービスを継続利用した場合の状況を観察するために，利用した

サービスの量（頻度）を利用タイプ別に分類した。タイプは介護保険サービスがケアプランに基づくウィークリープランを基本としていることから，まず各月毎の利用回数を週当たりの利用回数に換算した．即ち0回／月，1〜3回／月，4〜7回（2回／週）／月，8〜11回（3回／週）／月，12〜15回（4回／週）／月，16〜19回（5回／週）／月，20回以上（6回以上／週）／月にタイプ分けし，平均化した回数を算出した。更に月毎のタイプを12か月分合計して，年間の利用タイプとした。これにより月当たりの回数が極端に多い利用や少ない利用の影響を排除した．分析はCox回帰分析を用いて，男女別に死亡を従属変数とし，各サービスを独立変数として，年齢・介護度と疾患を調整したハザード比と95%信頼区間を算出した．

　解析にあたって，年齢，介護度と，対象者の5%以上が罹患している疾患（心疾患，脳血管疾患，呼吸器疾患，糖尿病，高血圧性疾患，筋骨格系および結合組織の疾患，損傷）とがんおよび各サービス間の影響を除く解析を行った。その結果，男

表9 調査開始後1年間の居宅サービス受給状況と平均5.7年後の転帰（1年目の死亡者は除く）

1年間のサービス需給量	単変量解析 男			単変量解析 女			多変量解析（年齢・介護度・疾患・サービスを投入整）男		女	
	実数	ハザード比	95.0% CI	実数	ハザード比	95.0% CI	ハザード比	95.0% CI	ハザード比	95.0% CI
サービス利用 計	541			1,045						
無	241	1.00		474	1.00		1.00		1.00	
有	300	1.05	0.84 1.30	571	1.47	1.20 1.80 *	0.89	0.70 1.13	1.13	0.91 1.40
訪問介護 0回/月	387	1.00		710	1.00		1.00		1.00	
1〜3回/月	46	1.12	0.76 1.66	93	1.25	0.89 1.74	1.20	0.77 1.88	1.13	0.79 1.61
4〜7回/月	35	1.26	0.81 1.96	88	1.16	0.82 1.65	0.96	0.59 1.57	1.64	1.13 2.36 *
8〜11回/月	34	1.39	0.92 2.09	55	1.01	0.64 1.59	1.32	0.86 2.05	1.31	0.81 2.11
12回以上/月	39	1.36	0.91 2.03	99	1.16	0.83 1.61	1.12	0.74 1.70	1.11	0.78 1.58
訪問看護 0回/月	478	1.00		972	1.00		1.00		1.00	
1〜3回/月	45	1.69	1.18 2.43 *	49	1.73	1.17 2.56 *	1.14	0.69 1.87	1.06	0.65 1.72
4回以上/月	18	1.93	1.17 3.21 *	24	2.11	1.30 3.44 *	1.27	0.65 2.46	1.21	0.67 2.19
訪問リハビリテーション 0回/月	514			1,020			1.00		1.00	
1回以上/月	17	1.31	0.84 2.06	12	1.37	0.79 2.38	0.97	0.55 1.69	0.68	0.37 1.23
居宅療養管理指導 0回/月	482	1.00		950	1.00		1.00		1.00	
1回以上/月	59	1.57	1.14 2.16 *	78	1.87	1.41 2.48 *	1.18	0.68 2.04	0.86	0.57 1.31
訪問入浴 0回/月	514	1.00		1,027	1.00		1.00		1.00	
1回以上/月	27	0.32	0.21 0.48 *	18	0.28	0.17 0.47 *	2.24	1.35 3.73 *	1.91	1.06 3.42 *
通所介護 0回/月	320	1.00		558	1.00		1.00		1.00	
1〜3回/月	66	1.45	1.05 2.01 *	131	1.49	1.11 1.99 *	1.08	0.75 1.56	1.06	0.78 1.46
4〜7回/月	70	1.14	0.82 1.58	173	1.54	1.18 2.00 *	1.18	0.83 1.69	1.16	0.87 1.54
8〜11回/月	56	1.10	0.77 1.57	113	1.48	1.08 2.02 *	0.90	0.60 1.35	1.05	0.75 1.47
12回以上/月	29	1.00	0.62 1.63	70	1.06	0.70 1.61	0.86	0.50 1.51	0.69	0.44 1.08
通所リハビリテーション 0回/月	420	1.00		863	1.00		1.00		1.00	
1〜3回/月	37	0.82	0.52 1.31	65	1.05	0.71 1.56	0.93	0.56 1.54	1.04	0.69 1.57
4〜7回/月	51	0.68	0.46 1.01	74	0.65	0.41 1.02	0.73	0.47 1.13	0.57	0.36 0.91 *
8回以上/月	33	0.54	0.32 0.90 *	43	1.04	0.65 1.67	0.52	0.30 0.91 *	0.76	0.46 1.27
短期入所療養（生活）介護 0日/月	385	1.00		760	1.00		1.00		1.00	
1〜3日/月	103	1.27	0.96 1.67	169	1.75	1.37 2.25 *	0.95	0.66 1.37	1.12	0.83 1.50
4〜7日/月	25	1.63	1.02 2.61 *	54	2.35	1.64 3.39 *	1.34	0.75 2.38	1.43	0.92 2.22
8日以上/月	28	1.67	1.08 2.59	62	3.00	2.16 4.17 *	1.23	0.73 2.08	1.39	0.93 2.09

は入浴サービスを受けている者のハザード比（死亡する危険性）が2.24倍（95％信頼区間［CI］1.35〜3.73倍）と高く，通所リハビリテーションが0.52倍（95％ CI 0.30〜0.91倍）と低かった。女では訪問介護を受けている者が1.64倍（95％ CI 1.13〜2.36倍），入浴サービスが1.91倍（95％ CI 1.06〜3.42倍）と高く，通所リハビリテーションは0.57倍（95％ CI 0.36〜0.91倍）と死亡する傾向が低かった。

8）原因疾患別その後の転帰（表10）

主治医の診断書による要介護状態に至った主たる疾患（3つまでの記述）について，WHO「疾病および関連保健問題の国際統計分類第10回修正」に基づいて分類し，男女別に死亡に関連する疾患を観察した。

①新生物

新生物を有していた者が死亡した割合は無かった者に比べて大きかった（男 p＝0.003，女 p＝0.001）。死亡者の割合をがんの部位別に観察する

表10-1　原因疾患別転帰
(%)

		男 生存		死亡		転出		計		生存と死亡の差の検定p値	女 生存		死亡		転出		計		生存と死亡の差の検定p値
合計		248	(30.8)	544	(67.7)	12	(1.5)	804	(100.0)		728	(47.5)	765	(49.9)	41	(2.7)	1,534	(100.0)	男女差 <0.0001
感染症および寄生虫症	無	243	(30.8)	533	(67.6)	12	(1.5)	788	(100.0)	1.000	715	(47.4)	753	(49.9)	41	(2.7)	1,509	(100.0)	0.900
	有	5	(31.2)	11	(68.7)	0		16	(100.0)		13	(52.0)	12	(48.0)	0		25	(100.0)	
結核	無	247	(30.8)	542	(67.7)	12	(1.5)	801	(100.0)	1.000	725	(47.4)	764	(49.9)	41	(2.7)	1,530	(100.0)	0.582
	有	1	(33.3)	2	(66.7)	0		3	(100.0)		3	(75.0)	1	(25.0)	0		4	(100.0)	
ウイルス肝炎	無	247	(31.0)	539	(67.5)	12	(1.5)	798	(100.0)	0.737	726	(47.5)	762	(49.8)	41	(2.7)	1,529	(100.0)	1.000
	有	1	(16.7)	5	(83.3)	0		6	(100.0)		2	(40.0)	3	(60.0)	0		5	(100.0)	
新生物	無	243	(32.1)	502	(66.3)	12	(1.6)	757	(100.0)	0.003	718	(48.3)	730	(49.1)	40	(2.7)	1,488	(100.0)	0.001
	有	5	(10.6)	42	(89.4)	0		47	(100.0)		10	(21.7)	35	(76.1)	1	(2.2)	46	(100.0)	
胃	無	246	(31.1)	532	(67.3)	12	(1.5)	790	(100.0)	0.273	728	(47.7)	758	(49.6)	41	(2.7)	1,527	(100.0)	0.027
	有	2	(14.3)	12	(85.7)	0		14	(100.0)		0		7	(58.3)	0		7	(100.0)	
大腸	無	247	(31.1)	536	(67.4)	12	(1.5)	795	(100.0)	0.341	723	(47.5)	758	(49.8)	41	(2.7)	1,522	(100.0)	0.838
	有	1	(11.1)	8	(88.9)	0		9	(100.0)		5	(41.7)	7	(58.3)	0		12	(100.0)	
肝及肝内胆管	無	248	(31.0)	541	(67.5)	12	(1.5)	801	(100.0)	0.583	728	(47.6)	762	(49.8)	41	(2.7)	1,531	(100.0)	0.265
	有	0		3	(100.0)	0		3	(100.0)		0		3	(100.0)	0		3	(100.0)	
気管・気管支及肺	無	248	(31.2)	536	(67.3)	12	(1.5)	796	(100.0)	0.124	727	(47.6)	759	(49.7)	41	(2.7)	1,527	(100.0)	0.147
	有	0		8	(100.0)	0		8	(100.0)		1	(14.3)	6	(85.7)	0		7	(100.0)	
内分泌・栄養及代謝疾患	無	225	(30.6)	499	(67.8)	12	(1.6)	736	(100.0)	0.741	649	(47.0)	689	(50.1)	37	(2.7)	1,375	(100.0)	0.620
	有	23	(33.8)	45	(66.2)	0		68	(100.0)		79	(49.7)	76	(47.8)	4	(2.5)	159	(100.0)	
糖尿病	無	229	(30.7)	504	(67.7)	12	(1.6)	745	(100.0)	0.994	664	(47.0)	711	(50.3)	39	(2.8)	1,414	(100.0)	0.620
	有	19	(32.2)	40	(67.8)	0		59	(100.0)		64	(53.3)	54	(45.0)	2	(1.7)	120	(100.0)	
循環器系の疾患	無	97	(27.8)	246	(70.5)	6	(1.7)	349	(100.0)	0.125	371	(48.6)	378	(49.5)	15	(2.0)	764	(100.0)	0.584
	有	151	(33.2)	298	(65.5)	6	(1.3)	455	(100.0)		357	(46.4)	387	(50.3)	26	(3.4)	770	(100.0)	
高血圧性疾患	無	201	(29.6)	466	(68.7)	11	(1.6)	678	(100.0)	0.122	545	(45.5)	627	(52.4)	25	(2.1)	1,197	(100.0)	0.001
	有	47	(37.3)	78	(61.9)	1	(0.8)	126	(100.0)		183	(54.3)	138	(40.9)	16	(4.7)	337	(100.0)	
心疾患(高血圧性の者除く)	無	224	(30.0)	511	(68.5)	11	(1.5)	746	(100.0)	0.093	695	(47.4)	729	(49.8)	41	(2.8)	1,465	(100.0)	1.000
	有	24	(41.4)	33	(56.9)	1	(1.7)	58	(100.0)		33	(47.8)	36	(52.2)	0		69	(100.0)	

と，男では胃がんの有無とは関連が見られなかったが，女では胃がんがある者の死亡の割合が大きかった（p=0.001）。

②循環器疾患

循環器疾患の全体では疾患の有無による死亡者の割合に差は見られなかった。男では脳血管疾患が有った者は無かった者に比較して死亡者の割合が大きかった（p=0.005）。高血圧性疾患の無かった女の死亡者の割合は52.4％で，有った者の40.9％よりも有意に多かった（p=0.001）。男では，脳血管疾患が有った者は無かった者に比較して死亡者の割合が大きかった（p=0.005）。くも膜下出血が有った女の死亡者の割合は，無かった者よりも大きかった（p=0.021）。

③精神および行動の障害

精神および行動の障害の有無による死亡者の割合は，女の有る者の死亡者の割合は61.1％で，無

い者の44.9％よりも大きかった（p<0.001）。血管性および詳細不明の認知症では，男女とも有る者の死亡者の割合は無い者に比較して大きかった（男p=0.049，女p<0.001）。

④呼吸器疾患

男女とも，呼吸器疾患が有る者の死亡者の割合は無い者に比較して大きかった（男女ともp<0.001）。

⑤筋骨格系及結合組織の疾患

筋骨格系及結合組織の疾患の女の死亡者の割合は有る者が42.4％であり，無い者では54.8％と，ある者の死亡が少なかった（p<0.001）。男では疾患の有無と死亡は関連していなかった。

9) 世帯と介護者（表11）

①世帯構成

開始時の居宅者1,826人（男644人，女1,172人）

表10-2　原因疾患別転帰 (%)

		男 生存		死亡		転出		計		生存と死亡の差の検定p値	女 生存		死亡		転出		計		生存と死亡の差の検定p値
脳血管疾患	無	138	(27.2)	361	(71.2)	8	(1.6)	507	(100.0)	0.005	549	(46.4)	602	(50.8)	33	(2.8)	1,184	(100.0)	0.148
	有	110	(37.0)	183	(61.6)	4	(1.3)	297	(100.0)		179	(51.1)	163	(46.6)	8	(2.3)	350	(100.0)	
（くも膜下出血）	無	247	(30.8)	542	(67.7)	12	(1.5)	801	(100.0)	1.000	719	(47.2)	764	(50.1)	41	(2.7)	1,524	(100.0)	0.021
	有	1	(33.3)	2	(66.7)	0		3	(100.0)		9	(90.0)	1	(10.0)	0		10	(100.0)	
（脳内出血）	無	237	(30.5)	529	(68.1)	11	(1.4)	777	(100.0)	0.310	709	(47.1)	756	(50.2)	41	(2.7)	1,506	(100.0)	0.064
	有	11	(40.7)	15	(55.6)	1	(3.7)	27	(100.0)		19	(67.9)	9	(32.1)	0		28	(100.0)	
（脳梗塞）	無	215	(30.8)	473	(67.8)	10	(1.4)	698	(100.0)	1.000	672	(47.6)	702	(49.8)	37	(2.6)	1,411	(100.0)	0.771
	有	33	(31.1)	71	(67.0)	2	(1.9)	106	(100.0)		56	(45.5)	63	(51.2)	4	(3.3)	123	(100.0)	
精神及び行動の障害	無	211	(32.1)	437	(66.4)	10	(1.5)	658	(100.0)	0.131	574	(51.7)	504	(45.4)	32	(2.9)	1,110	(100.0)	<0.001
	有	37	(25.3)	107	(73.3)	2	(1.4)	146	(100.0)		154	(36.3)	261	(61.6)	9	(2.1)	424	(100.0)	
血管性及び詳細不明の認知症	無	219	(32.3)	449	(66.2)	10	(1.5)	678	(100.0)	0.049	602	(52.0)	520	(44.9)	35	(3.0)	1,157	(100.0)	<0.001
	有	29	(23.0)	95	(75.4)	2	(1.6)	126	(100.0)		126	(33.4)	245	(65.0)	6	(1.6)	377	(100.0)	
統合失調症型障害及び妄想性障害	無	247	(30.9)	541	(67.6)	12	(1.5)	800	(100.0)	1.000	722	(47.4)	761	(49.9)	41	(2.7)	1,524	(100.0)	0.629
	有	1	(25.0)	3	(75.0)	0		4	(100.0)		6	(60.0)	4	(40.0)	0		10	(100.0)	
神経系疾患	無	214	(30.7)	471	(67.7)	11	(1.6)	696	(100.0)	1.000	636	(47.2)	675	(50.1)	37	(2.7)	1,348	(100.0)	0.662
	有	34	(31.5)	73	(67.6)	1	(.9)	108	(100.0)		92	(49.5)	90	(48.4)	4	(2.2)	186	(100.0)	
アルツハイマー病	無	243	(31.2)	525	(67.4)	11	(1.4)	779	(100.0)	0.367	690	(47.2)	733	(50.1)	40	(2.7)	1,463	(100.0)	0.409
	有	5	(20.0)	19	(76.0)	1	(4.0)	25	(100.0)		38	(53.5)	32	(45.1)	1	(1.4)	71	(100.0)	
眼及び付属器の疾患	無	245	(31.1)	532	(67.4)	12	(1.5)	789	(100.0)	0.501	708	(47.1)	755	(50.2)	40	(2.7)	1,503	(100.0)	0.072
	有	3	(20.0)	12	(80.0)	0		15	(100.0)		20	(64.5)	10	(32.3)	1	(3.2)	31	(100.0)	
耳及び乳様突起の疾患	無	244	(30.7)	539	(67.8)	12	(1.5)	795	(100.0)	0.622	723	(47.8)	750	(49.5)	41	(2.7)	1,514	(100.0)	0.055
	有	4	(44.4)	5	(55.6)	0		9	(100.0)		5	(25.0)	15	(75.0)	0		20	(100.0)	
呼吸器疾患	無	236	(33.3)	460	(65.0)	12	(1.7)	708	(100.0)	<0.001	709	(48.7)	712	(48.9)	36	(2.5)	1,457	(100.0)	<0.001
	有	12	(12.0)	84	(87.0)	0		96	(100.0)		19	(24.7)	53	(68.8)	5	(6.5)	77	(100.0)	
喘息	無	246	(31.3)	527	(67.1)	12	(1.5)	785	(100.0)	0.745	719	(47.6)	753	(49.9)	37	(2.5)	1,509	(100.0)	0.745
	有	2	(10.5)	17	(89.5)	0		19	(100.0)		9	(30.0)	12	(48.0)	4	(16.0)	25	(100.0)	

表10-3　原因疾患別転帰 (%)

		男 生存		死亡		転出		計		生存と死亡の差の検定p値	女 生存		死亡		転出		計		生存と死亡の差の検定p値
消化器の疾患	無	232	(31.1)	503	(67.3)	12	(1.6)	747	(100.0)	1.000	686	(47.5)	720	(49.9)	38	(2.6)	1,444	(100.0)	1.000
	有	16	(28.1)	41	(71.9)	0		57	(100.0)		42	(46.7)	45	(50.0)	3	(3.3)	90	(100.0)	
歯及び歯の支持組織疾患	無	248	(30.8)	544	(67.7)	12	(1.5)	804	(100.0)	—	727	(47.4)	765	(49.9)	41	(2.7)	1,533	(100.0)	0.980
	有	0		0		0		0	(100.0)		1	(100.0)	0		0		1	(100.0)	
食道胃及び十二指腸の疾患	無	243	(31.0)	529	(67.5)	12	(1.5)	784	(100.0)	0.710	707	(47.4)	744	(49.9)	41	(2.7)	1,492	(100.0)	0.994
	有	5	(25.0)	15	(75.0)	0		20	(100.0)		21	(50.0)	21	(50.0)	0		42	(100.0)	
肝疾患	無	246	(30.9)	537	(67.5)	12	(1.5)	795	(100.0)	0.819	723	(47.4)	762	(50.0)	40	(2.6)	1,525	(100.0)	0.671
	有	2	(22.2)	7	(77.8)	0		9	(100.0)		5	(55.6)	3	(33.3)	1	(11.1)	9	(100.0)	
皮膚及び皮下組織の疾患	無	246	(31.3)	527	(67.1)	12	(1.5)	785	(100.0)	0.084	721	(47.6)	754	(49.8)	40	(2.6)	1,515	(100.0)	0.545
	有	2	(10.5)	17	(89.5)	0		19	(100.0)		7	(36.8)	11	(57.9)	1	(5.3)	19	(100.0)	
筋骨格系及び結合組織の疾患	無	184	(29.8)	425	(68.8)	9	(1.5)	618	(100.0)	0.260	392	(42.5)	506	(54.8)	25	(2.7)	923	(100.0)	<0.001
	有	64	(34.4)	119	(64.0)	3	(1.6)	186	(100.0)		336	(55.0)	259	(42.4)	16	(2.6)	611	(100.0)	
尿路性器系の疾患	無	233	(31.2)	503	(67.3)	11	(1.5)	747	(100.0)	0.542	715	(47.8)	742	(49.6)	40	(2.7)	1,497	(100.0)	0.171
	有	15	(26.3)	41	(71.9)	1	(1.8)	57	(100.0)		13	(35.1)	23	(62.2)	1	(2.7)	37	(100.0)	
損傷，中毒及びその他の外因の影響	無	218	(30.3)	490	(68.2)	11	(1.5)	719	(100.0)	0.426	627	(47.5)	662	(50.1)	32	(2.4)	1,321	(100.0)	0.876
	有	30	(35.3)	54	(63.5)	1	(1.2)	85	(100.0)		101	(47.4)	103	(48.4)	9	(4.2)	213	(100.0)	

表11　男女別介護度別世帯構成及び介護者

		計	(%)	計	(%)	要支援	(%)	要介護1	(%)	要介護2	(%)	要介護3	(%)	要介護4	(%)	要介護5	(%)
世帯構成	男 計	644	(100.0)	644	(100.0)	93	(14.4)	214	(33.2)	114	(17.7)	96	(14.9)	65	(10.1)	62	(9.6)
	単独世帯	47	(7.3)	47	(100.0)	13	(27.7)	19	(40.4)	6	(12.8)	5	(10.6)	0	(0.0)	4	(8.5)
	高齢者夫婦世帯	174	(27.0)	174	(100.0)	29	(16.7)	61	(35.1)	28	(16.1)	25	(14.4)	15	(8.6)	16	(9.2)
	2世代世帯	114	(17.7)	114	(100.0)	12	(10.5)	35	(30.7)	19	(16.7)	23	(20.2)	14	(12.3)	11	(9.6)
	3世代世帯	247	(38.4)	247	(100.0)	28	(11.3)	76	(30.8)	48	(19.4)	38	(15.4)	31	(12.6)	26	(10.5)
	その他	62	(9.6)	62	(100.0)	11	(17.7)	23	(37.1)	13	(21.0)	5	(8.1)	5	(8.1)	5	(8.1)
	女 計	1,172	(100.0)	1,172	(100.0)	236	(20.1)	476	(40.6)	162	(13.8)	120	(10.2)	103	(8.8)	75	(6.4)
	単独世帯	183	(15.6)	183	(100.0)	57	(31.1)	90	(49.2)	17	(9.3)	8	(4.4)	6	(3.3)	5	(2.7)
	高齢者夫婦世帯	140	(11.9)	140	(100.0)	37	(26.4)	55	(39.3)	15	(10.7)	14	(10.0)	11	(7.9)	8	(5.7)
	2世代世帯	216	(18.4)	216	(100.0)	33	(15.3)	86	(39.8)	34	(15.7)	28	(13.0)	21	(9.7)	14	(6.5)
	3世代世帯	503	(42.9)	503	(100.0)	77	(15.3)	197	(39.2)	80	(15.9)	56	(11.1)	50	(9.9)	43	(8.5)
	その他	130	(11.1)	130	(100.0)	32	(24.6)	48	(36.9)	16	(12.3)	14	(10.8)	15	(11.5)	5	(3.8)
主介護者	男 計	644	(100.0)	644	(100.0)	93	(14.4)	214	(33.2)	114	(17.7)	96	(14.9)	65	(10.1)	62	(9.6)
	なし	45	(7.0)	45	(100.0)	12	(26.7)	19	(42.2)	6	(13.3)	4	(8.9)	0	(0.0)	4	(8.9)
	配偶者	330	(51.2)	330	(100.0)	37	(11.2)	105	(31.8)	58	(17.6)	53	(16.1)	35	(10.6)	42	(12.7)
	嫁	122	(18.9)	122	(100.0)	15	(12.3)	36	(29.5)	29	(23.8)	22	(18.0)	12	(12.3)	5	(4.1)
	娘	40	(6.2)	40	(100.0)	6	(15.0)	13	(32.5)	7	(17.5)	5	(12.5)	4	(12.5)	5	(12.5)
	息子	31	(4.8)	31	(100.0)	2	(6.5)	16	(51.6)	5	(16.1)	2	(6.5)	4	(12.9)	2	(6.5)
	その他	9	(1.4)	9	(100.0)	2	(22.2)	4	(44.4)	1	(11.1)	2	(22.2)	0	(0.0)	0	(0.0)
	不明	67	(10.4)	67	(100.0)	19	(28.4)	21	(31.3)	8	(11.9)	8	(11.9)	7	(10.4)	4	(6.0)
	女 計	1,172	(100.0)	1,172	(100.0)	236	(20.1)	476	(40.6)	162	(13.8)	120	(10.2)	103	(8.8)	75	(6.4)
	なし	171	(14.6)	171	(100.0)	55	(32.2)	81	(47.4)	16	(9.4)	8	(4.7)	6	(3.5)	5	(2.9)
	配偶者	199	(17.0)	199	(100.0)	39	(19.6)	85	(42.7)	26	(13.1)	23	(11.6)	15	(7.5)	11	(5.5)
	嫁	406	(34.6)	406	(100.0)	67	(16.5)	140	(34.5)	65	(16.0)	57	(14.0)	45	(11.1)	32	(7.9)
	娘	130	(11.1)	130	(100.0)	24	(18.5)	49	(37.7)	21	(16.2)	11	(8.5)	15	(11.5)	10	(7.7)
	息子	89	(7.6)	89	(100.0)	16	(18.0)	39	(43.8)	16	(18.0)	9	(10.1)	3	(3.4)	6	(6.7)
	その他	43	(3.7)	43	(100.0)	6	(14.0)	20	(46.5)	5	(11.6)	2	(4.7)	5	(11.6)	5	(11.6)
	不明	134	(11.4)	134	(100.0)	29	(21.6)	62	(46.3)	13	(9.7)	10	(7.5)	14	(10.4)	6	(4.5)

の世帯構成で，最も多いのは男女とも3世代世帯（男38.4％，女42.9％）であり，次いで男では高齢者夫婦世帯の27.0％で，女は2世代世帯の18.4％であった。単独世帯は男では7.3％，女では15.6％と女の割合が大きかった。男の高齢者夫婦世帯は27.0％で，女の11.9％の2倍強であった。

②介護者の続き柄

要介護（支援）高齢者が男の場合の介護者は配偶者が51.2％で，次いで嫁が18.9％であった。女の場合の介護者は嫁が34.6％で，次いで配偶者の17.0％であった。介護者なしは，男の要支援で26.7％，要介護5で8.9％，女ではそれぞれ32.2％，2.9％であった。

男の介護は配偶者が半数いたが，女は嫁が一番多く，配偶者介護は1/5と少なかった。

介護者がいない者の割合は女で大きかった。

10）介護保険費と医療費の関係（表12）

介護給付サービスの利用額分布をみると，居宅と入所の平均介護給付費は要支援の男の中央値は1月当たり38,740円，女は39,970円であり，介護度が重度になるにつれて給付費は高くなり，介護度5では男では216,330円，女では288,920円であった。どの介護度においても男より女の給付費が高く，介護度が重度になるほど給付費の幅が大きかった。居宅と施設では，居宅の利用額が支給限度額を下回っていたが，入所ではそれに近いか超えていた。

ついで，居住場所（居宅と入所。居宅は介護保険費の有無別）による介護保険費と医療保険費の関連性をみた。比較は，開始時に病院入院をしている人を除いたうえで，その後1年間の生存者1,644人を対象として，調査開始時点から1年間の間に各保険から支払われた費用をみた。性や年齢の違いによる費用の違いを除くために性別年齢

表12　年齢階級別介護保険費と医療保険費の関連

男

		居宅介護サービス利用無 介護保険費 (無)	居宅介護サービス利用無 医療保険費 (a)	居宅介護サービス利用有 介護保険費 (有)	居宅介護サービス利用有 医療保険費 (b)	施設入所 介護保険費 (有)	施設入所 医療保険費 (c)	医療費 (a)(b)(c)の平均値の検定p値
計	人数	69		406		50		
	合計額 (0-12月)	0	3,487,962	25,529,677	17,826,079	12,598,559	2,333,604	0.812
	平均値 (1月当り)	0	50,550	62,881	43,907	251,971	46,672	
	標準偏差	0	82,126	59,945	72,685	92,940	95,709	
65〜74歳 (d)	人数	13		99		11		
	合計額 (0-12月)	0	960,137	5,901,553	5,195,502	2,400,461	694,173	0.504
	平均値 (1月当り)	0	73,857	59,612	52,480	218,224	63,107	
	標準偏差	0	132,498	52,799	84,037	116,784	124,575	
75〜84歳 (e)	人数	29		183		23		
	合計額 (0-12月)	0	1,817,015	11,618,747	8,686,844	6,304,281	1,006,222	0.632
	平均値 (1月当り)	0	62,656	63,490	47,469	274,099	43,749	
	標準偏差	0	83,133	61,375	71,445	69,325	88,489	
85歳以上 (f)	人数	27		124		16		
	合計額 (0-12月)	0	710,811	8,009,377	3,943,734	3,893,818	633,209	0.867
	平均値 (1月当り)	0	26,325	64,592	31,804	243,364	39,576	
	標準偏差	0	32,421	63,441	63,166	102,033	88,477	
介護・医療費 (d)(e)(f) の平均値の検定p値		0.070	0.070	0.788	0.056	0.282	0.867	

女

		居宅介護サービス利用無 介護保険費 (無)	居宅介護サービス利用無 医療保険費 (a)	居宅介護サービス利用有 介護保険費 (有)	居宅介護サービス利用有 医療保険費 (b)	施設入所 介護保険費 (有)	施設入所 医療保険費 (c)	医療費 (a)(b)(c)の平均値の検定p値
計	人数	153		809		157		
	合計額 (0-12月)	0	7,901,012	50,470,785	26,587,061	45,585,454	3,248,957	<0.001
	平均値 (1月当り)	0	51,641	62,387	32,864	290,353	20,694	
	標準偏差	0	89,904	61,427	62,891	49,687	50,526	
65〜74歳 (d)	人数	18		114		12		
	合計額 (0-12月)	0	1,058,105	5,332,099	5,464,592	3,349,962	809,529	0.826
	平均値 (1月当り)	0	58,784	46,773	47,935	279,163	67,461	
	標準偏差	0	91,382	51,798	103,917	62,738	137,937	
75〜84歳 (e)	人数	77		371		71		
	合計額 (0-12月)	0	4,538,234	22,439,199	12,791,717	20,417,685	1,382,329	<0.001
	平均値 (1月当り)	0	58,938	60,483	34,479	287,573	19,469	
	標準偏差	0	100,758	64,942	56,416	55,312	35,347	
85歳以上 (f)	人数	58		324		74		
	合計額 (0-12月)	0	2,304,673	22,699,486	8,330,752	21,817,807	1,057,098	<0.01
	平均値 (1月当り)	0	39,736	70,060	25,712	294,835	14,285	
	標準偏差	0	72,764	59,329	48,332	41,237	31,430	
介護・医療費 (d)(e)(f) の平均値の検定p値		0.100	0.100	<0.001	0.018	0.536	0.311	

表13 男女別要介護（要支援）度別年齢階級別全国比較

		男女計		男		女	
		郡上市	χ^2検定	郡上市	χ^2検定	郡上市	χ^2検定
人口		14,236		6,112		8,124	
	郡上市：人数	2,338		804		1,534	
総計	対100人対	16.42	0.643	13.15	<0.001	18.88	0.021
	同，全国	16.27		11.14		20.03	
《要介護度》							
要支援	郡上市：人数	354		103		251	
	対100人対	2.49	0.085	1.69	0.493	3.09	0.022
	同，全国	2.72		1.58		3.57	
要介護1		761		238		523	
	対100人対	5.35	0.708	3.89	0.056	6.44	0.521
	同，全国	5.27		3.44		6.62	
要介護2		333		133		200	
	対100人対	2.34	0.754	2.18	0.094	2.46	0.123
	同，全国	2.38		1.88		2.75	
要介護3		306		131		175	
	対100人対	2.15	0.514	2.14	<0.001	2.15	0.154
	同，全国	2.07		1.62		2.40	
要介護4		299		98		201	
	対100人対	2.10	0.322	1.60	0.262	2.47	0.614
	同，全国	1.98		1.43		2.39	
要介護5		285		101		184	
	対100人対	2.00	0.142	1.65	<0.001	2.26	0.790
	同，全国	1.84		1.19		2.31	
《年齢》							
65～69歳		99		52		47	
	対100人対	3.22	0.617	3.65	0.237	2.85	0.669
	同，全国	3.06		3.10		3.04	
70～74歳		270		124		146	
	対100人対	7.54	0.349	7.54	0.069	7.55	0.767
	同，全国	7.13		6.41		7.73	
75～79歳		473		190		283	
	対100人対	14.09	0.139	12.35	0.767	15.57	0.070
	同，全国	15.09		12.09		17.34	
80～84歳		578		177		401	
	対100人対	24.65	<0.001	20.00	0.159	27.47	<0.001
	同，全国	30.01		22.23		34.35	
85～89歳		524		161		363	
	対100人対	42.74	0.001	38.06	0.900	45.21	0.001
	同，全国	49.40		38.44		54.09	
90～94歳		313		71		242	
	対100人対	59.51	0.062	44.10	0.052	66.30	0.439
	同，全国	66.13		55.51		69.68	
95歳以上		81		29		52	
	対100人対	61.36	0.021	78.38	0.585	54.74	0.004
	同，全国	79.30		70.82		81.30	

全国値，厚生労働省老健局「介護保険事業状況報告」「介護保険事業状況報告月報」平成17年（2005年）4月末現在による。

厚生の指標，介護保険関連統計の年次資料．第52巻16号，p.13：表2，2005.

階級別に比較した。まず，居住場所別の介護保険費と医療保険費の関係を見たところ，女で医療費が高いのは居宅で介護保険費の使用がなく，医療保険のみ使用している者の月平均費用額は51,641円で，次いで居宅で介護保険費を使用している者の平均が32,864円であり，施設入所者は20,694円と有意に少なく（p＜0.001），年齢階級別では75歳以上の階級で同様の傾向が見られた（75～84歳 p＜0.001，85歳以上 p＜0.01）。一方，男では女のような違いはみられなかった。

また，居住場所（居宅と入所）別に，介護保険費と医療保険費について，年齢階級による違いを比べたところ，女の居宅の介護保険費有の者だけ，高齢になるにつれて介護保険費が多くなり（p＜0.001），医療保険費が少なく（p＝0.018）なっていた。

11）全国の保険関連統計との比較

郡上市の開始時データと全国の保険関連統計との比較を行った。全国のデータは厚生統計協会厚生の指標介護保険関連統計の年次推移2005年版を主に用いて比較した。

比較は全国データとして既に出されているものに対して，郡上データを再集計し，比較した。

郡上市の居宅者のサービス受給状況の比較は，調査開始時の居宅者1,816人のうち，365日までに死亡した230人を除いた1,586人について集計した。

比較した項目は下記のとおりである。

なお全国調査のデータ出所は各表の欄外に付した。

郡上市と全国調査の比較項目

・男女別要介護（支援）度別年齢階級別全国比較（**表13**）
・介護度別原因疾患（**表14**）
・年齢階級別原因疾患（**表15**）
・介護度別世帯構成（**表16**）
・年齢階級別世帯構成（**表17**）
・年齢階級別介護者状況（**表18**）
・居宅の世帯構成別介護者状況（1年生存者）（**表19**）
・居宅者の要介護（要支援）別サービス利用状況

（1年生存者）（**表20**）
・年齢階級別居宅サービス利用状況（1年生存者）（**表21**）
・世帯構成別居宅サービス利用状況（1年生存者）（**表22**）
・介護者の続柄別居宅サービス利用状況（1年生存者：郡上市のみ）（**表23**）
・介護度別施設入所状況（**表24**）

①男女別要介護（支援）別年齢階級別全国比較

郡上市の2003年度65歳以上人口14,236人（男6,112人，男女別年齢階級別要介護（支援）高齢者数（**表13**）女8,124人）で，全人口に占める65歳以上人口は28.9％であり，同時点の総務省統計局「各年国政調査報告」による全国の65歳以上人口割合は19.0％と，郡上市が大きく全国を上回っていた。

本調査の郡上市要介護（支援）高齢者のベースライン調査対象者は2,338人（男804人，女1,534人）で，65歳以上人口の16.42％を占め，全国も16.27％であり，郡上市の要介護（支援）認定者と全国との間に有意な差はなかった（p＝0.643）。男女別では，男は郡上市13.15％に対して全国では11.14％と郡上市の要介護（支援）者数が多かった（p＜0.0001）。女では郡上市18.88％に対して全国は20.03％と有意に郡上市の要介護（支援）者割合が小さかった（p＝0.021）。

要介護（支援）度別では，郡上市は全国と比較して，男の要介護3と要介護5で有意に多く（p＜0.001），女では要支援者割合が小さかった（p＝0.022）。

受給者の割合を年齢階級別にみれば，男は全国とほぼ同様であるが，女での割合は80～84歳では小さく（p＜0.001），85～89歳でも同様であり（p＝0.001），95歳以上でも小さかった（p＝0.004）。

②介護度別原因疾患（**表14**）

介護を要する状態に至った原因疾患について，国民生活基礎調査結果を用いて要介護度別に比較した。

脳血管疾患は全国では25.7％を占めており，介護度が重度の者に多かった。郡上市でも27.7％を占め，要介護（支援）度別でも重度の者が多かった。

筋骨格器系および結合組織の疾患は全国での10.6％に比べて，郡上市では34.1％と多かった。全国でも郡上市でも介護度が軽度の者に占める割合が大きい傾向があった（郡上市では要介護で47.5％，要介護5で17.9％）。

認知症は全国10.7％に対して郡上市では25.5％と多く，ともに介護度が重度になるほど占める割合が大きかった（郡上市では要支援で10.7％，要介護5で38.2％）。

高齢による衰弱の割合は，全国での16.3％に対して，郡上市は0.2％と小さかった。

③年齢階級別原因疾患（表15）

郡上市の要介護状態となった原因疾患のうち，脳血管疾患の割合は65～79歳までは1位を占めており，65～69歳では40.4％と最も多く，高齢になるほど少なくなり，75～79歳では33.2％であった。国民生活基礎調査においては要介護状態となった原因疾患では脳血管疾患が65～84歳まで1位を占めており，65～69歳で42.7％と最も多く，高齢になるほど少なくなり，80～84歳では22.2％であり，郡上市とほぼ同様の傾向であった。

郡上市で要介護状態となった疾患の2位は関節疾患で34.1％を占め，全国の10.5％より多かった。関節疾患の割合は郡上市および全国とも年齢階級が高くなるにつれて割合が大きくなっていた。男女別の関節疾患は郡上市では男23.1％で，女39.8％であり，女に多く，全国でも同様の傾向がみられた。

認知症は郡上市で25.5％を占めていたが，全国は11.2％と少なかった。

脳血管疾患（脳卒中）は郡上市の男で36.9％と多く，女は22.8％で，男に多かったが，この傾向は全国と同じであった。

高齢による衰弱は，85歳以上で全国では26.5％以上と脳血管疾患に代わって要介護状態となった疾患の1位となっていたが，郡上市では，その傾向は見られなかった。

④介護度別世帯構成（表16）

郡上市の要介護（支援）高齢者の世帯構成は，もっとも多いのが3世代世帯で39.3％（全国30.4％）で，次いで2世代世帯17.0％（全国9.3％），夫婦世帯16.0％（全国19.2％），単独世帯12.5％（全国20.5％）となっており，2～3世代世帯が全国よりも多く，単独世帯と夫婦世帯は全国よりも少なかった。

⑤年齢階級別世帯構成（表17）

郡上市では3世代世帯が全体の39.3％を占めており最も多かった。この割合は年齢階級が高くなるにつれて大きくなり，男女ともに同様の傾向であった。全国の傾向も同様であったが，全体に占める割合は郡上市を大きく下回っていた。2世代世帯は全国では年齢階級が高くなるにつれて減少していたが，郡上市でその傾向は見られなかった。夫婦のみ世帯は郡上市と全国共に年齢階級が高くなるにつれて減少していた。単独世帯は郡上市では75～84歳で14～16％を占めていた。全国では70～89歳までの20％前後を占めており，郡上市の単独世帯は全国に比較して少なかった。

⑥1年目生存者（開始時在宅者）の年齢階級別同居介護者（表18）

郡上市において調査開始時に居宅であり，かつ1年間生存していた者1,568人の介護者は配偶者が38.1％（全国35.2％）で，子の配偶者が38.0％（全国32.6％）となっていた。子は20.3％（全国29.6％）であり，郡上市は配偶者または子の配偶者が介護者である割合が全国よりも高かった。

男女別による介護者の続柄は，郡上市では男の場合は妻が62.1％（全国68.5％）で，子の配偶者が22.8％（16.6％）であり，女の場合は夫が23.3％（17.3％）で，子の配偶者は47.4％（41.2％）と，男とは逆であった。

郡上市および全国共に，また，男女共に配偶者の介護は要介護（支援）者が高齢になるにつれて少なくなり，子の配偶者による介護が多くなっていた。

⑦1年目生存者（開始時在宅者）の世帯構成別介護者状況（表19）

郡上市において調査開始時に居宅であり，かつ1年間生存していた者1,568人の3世代世帯の介護者では子の配偶者が多く，郡上市では51.5％（全国51.2％）で全国とほぼ同様であった。核家族世帯（2世代世帯を含む）では，郡上市は配偶者が

表14 介護度別原因疾患

郡上市：上段：人数　下段：％

区分	脳血管疾患	高齢による衰弱	損傷、中毒及びその他の外因の影響（骨折・転倒を含む）計	(脊髄損傷)	骨折・転倒	認知症 計	アルツハイマー型	血管性	筋骨格系及び結合組織の疾患	心臓病	視覚・聴覚障害	呼吸器疾患	糖尿病	がん	パーキンソン病	その他	不明	不詳	記載なし	計
全国*1 計	25.7%	16.3%	—	2.2%	10.8%	10.7%	—	—	10.6%	4.1%	2.7%	2.5%	2.4%	1.7%	1.6%	6.9%	0.8%	1.0%	—	100.0%
要支援（支援）	11.8%	14.9%	—	2.7%	10.5%	3.3%	—	—	17.5%	6.5%	4.7%	2.9%	3.2%	1.7%	0.9%	8.5%	1.8%	1.9%	—	100.0%
要介護1	21.9%	16.7%	—	2.5%	13.1%	7.0%	—	—	14.3%	5.0%	3.1%	3.1%	2.5%	1.9%	1.3%	6.3%	0.5%	0.9%	—	100.0%
要介護2	29.6%	16.0%	—	2.4%	10.3%	12.1%	—	—	6.4%	3.7%	2.3%	1.9%	2.9%	1.8%	1.5%	8.0%	0.8%	0.5%	—	100.0%
要介護3	33.6%	13.3%	—	1.3%	11.9%	18.6%	—	—	3.7%	1.9%	0.9%	2.7%	1.9%	2.1%	1.8%	5.6%	0.4%	0.5%	—	100.0%
要介護4	36.4%	14.7%	—	1.3%	7.3%	18.9%	—	—	5.6%	2.4%	1.6%	1.2%	1.3%	0.6%	3.3%	5.0%	0.1%	0.3%	—	100.0%
要介護5	44.5%	7.6%	—	0.6%	5.5%	21.7%	—	—	2.1%	2.0%	0.9%	1.8%	2.1%	1.2%	3.1%	6.3%	0.5%	0.3%	—	100.0%
郡上市*2（開始時）計	647 / 27.7%	4 / 0.2%	298 / 12.7%	47 / 2.0%	—	597 / 25.5%	96 / 4.1%	503 / 21.5%	797 / 34.1%	127 / 5.4%	46 / 2.0%	173 / 7.4%	179 / 7.7%	93 / 4.0%	63 / 2.7%	—	—	—	196 / 8.4%	2338 / 100.0%
要支援	69 / 19.5	0 / —	42 / 11.9	12 / 3.4	—	38 / 10.7	7 / 2.0	31 / 8.8	168 / 47.5	24 / 6.8	6 / 1.7	21 / 5.9	33 / 9.3	10 / 2.8	2 / 0.6	—	—	—	26 / 7.3	354 / 100.0
要介護1	164 / 21.6	0 / —	97 / 12.7	21 / 2.8	—	123 / 16.2	20 / 2.6	103 / 13.5	333 / 43.8	56 / 7.4	20 / 2.6	52 / 6.8	66 / 8.7	23 / 3.0	18 / 2.4	—	—	—	56 / 7.4	761 / 100.0
要介護2	87 / 26.1	1 / 0.3	35 / 10.5	7 / 2.1	—	97 / 29.1	16 / 4.8	81 / 24.3	96 / 28.8	17 / 5.1	4 / 1.2	32 / 9.6	25 / 7.5	21 / 6.3	6 / 1.8	—	—	—	24 / 7.2	333 / 100.0
要介護3	85 / 27.8	1 / 0.3	44 / 14.4	3 / 1.0	—	116 / 37.9	22 / 7.2	96 / 31.4	80 / 26.1	13 / 4.2	8 / 2.6	20 / 6.5	22 / 7.2	14 / 4.6	14 / 4.6	—	—	—	25 / 8.2	306 / 100.0
要介護4	128 / 42.8	0 / —	45 / 15.1	1 / 0.3	—	114 / 38.1	15 / 5.0	99 / 33.1	69 / 23.1	8 / 2.7	6 / 2.0	24 / 8.0	20 / 6.7	15 / 5.0	10 / 3.3	—	—	—	27 / 9.0	299 / 100.0
要介護5	114 / 40.0	2 / 0.7	35 / 12.3	3 / 1.1	—	109 / 38.2	16 / 5.6	93 / 32.6	51 / 17.9	9 / 3.2	2 / 0.7	24 / 8.4	13 / 4.6	10 / 3.5	13 / 4.6	—	—	—	38 / 13.3	285 / 100.0

（全国*1：高齢者数10万対）

*1 平成16年国民生活基礎調査. p.201：表8
*2 郡上市は主治医の記載3つまでの延計
*− 該当データなし

表15-1　年齢階級別原因疾患（全国）

上段：人数
下段：％

介護が必要となった原因疾患（実数）

全国*1　要介護（支援）高齢者数10万対

	年齢	脳血管疾患	心臓病	悪性新生物	呼吸器疾患	関節*2疾患	認知症	パーキンソン病	糖尿病	視覚・聴覚障害	骨折・転倒	脊髄損傷	高齢による衰弱	その他	不明*3	不詳*3	総数
計	計	22,667	4,071	1,746	2,497	9,946	10,595	1,513	2,301	2,592	10,597	2,029	16,295	6,189	770	953	94,763
		23.9%	4.3%	1.8%	2.6%	10.5%	11.2%	1.6%	2.4%	2.7%	11.2%	2.1%	17.2%	6.5%	0.8%	1.0%	99.8%
	65～69	2,475	152	146	49	682	366	181	206	280	273	270	84	599	—	27	5,792
		42.7	2.6	2.5	0.8	11.8	6.3	3.1	3.6	4.8	4.7	4.7	1.5	10.3	—	0.5	100.0
	70～74	4,526	450	290	150	1,613	767	281	450	505	696	300	486	1,268	132	137	12,053
		37.6	3.7	2.4	1.2	13.4	6.4	2.3	3.7	4.2	5.8	2.5	4.0	10.5	1.1	1.1	100.0
	75～79	5,252	998	510	416	2,287	1,553	463	639	368	1,966	456	1,254	1,482	183	139	17,968
		29.2	5.6	2.8	2.3	12.7	8.6	2.6	3.6	2.0	10.9	2.5	7.0	8.2	1.0	0.8	100.0
	80～84	5,452	1,193	318	986	2,961	3,110	362	633	587	3,118	715	3,586	1,262	192	121	24,594
		22.2	4.9	1.3	4.0	12.0	12.6	1.5	2.6	2.4	12.7	2.9	14.6	5.1	0.8	0.5	100.0
	85～89	3,120	732	408	489	1,578	2,642	179	274	519	2,464	250	5,153	1,149	210	298	19,467
		16.0	3.8	2.1	2.5	8.1	13.6	0.9	1.4	2.7	12.7	1.3	26.5	5.9	1.1	1.5	100.0
	90～	1,841	546	73	406	825	2,157	46	98	332	2,080	39	5,733	428	53	231	14,890
		12.4	3.7	0.5	2.7	5.5	14.5	0.3	0.7	2.2	14.0	0.3	38.5	2.9	0.4	1.6	100.0
男	計	11,687	1,342	810	1,115	1,517	2,128	747	965	786	1,681	753	3,816	2,039	159	371	29,914
		39.1%	4.5%	2.7%	3.7%	5.1%	7.1%	2.5%	3.2%	2.6%	5.6%	2.5%	12.8%	6.8%	0.5%	1.2%	100.0%
	65～69	1,484	49	82	17	148	43	128	81	133	85	141	25	349	—	15	2,780
		53.4	1.8	2.9	0.6	5.3	1.5	4.6	2.9	4.8	3.1	5.1	0.9	12.6	—	0.5	100.0
	70～74	2,772	219	133	79	181	337	107	282	32	127	165	256	304	8	43	5,043
		55.0	4.3	2.6	1.6	3.6	6.7	2.1	5.6	0.6	2.5	3.3	5.1	6.0	0.2	0.9	100.0
	75～79	2,825	239	253	177	327	345	281	239	91	280	161	288	382	22	54	5,964
		47.4	4.0	4.2	3.0	5.5	5.8	4.7	4.0	1.5	4.7	2.7	4.8	6.4	0.4	0.9	100.0
	80～84	2,714	302	114	370	230	403	190	222	188	687	237	830	344	43	33	6,909
		39.3	4.4	1.7	5.4	3.3	5.8	2.8	3.2	2.7	9.9	3.4	12.0	5.0	0.6	0.5	100.0
	85～89	1,220	313	175	317	421	670	35	103	214	364	49	1,152	497	86	140	5,755
		21.2	5.4	3.0	5.5	7.3	11.6	0.6	1.8	3.7	6.3	0.9	20.0	8.6	1.5	2.4	100.0
	90～	673	220	53	154	209	330	6	37	128	139	—	1,264	162	—	87	3,462
		19.4	6.4	1.5	4.4	6.0	9.5	0.2	1.1	3.7	4.0	—	36.5	4.7	—	2.5	100.0
女	計	10,980	2,730	936	1,382	8,429	8,467	766	1,336	1,806	8,916	1,277	12,479	4,151	611	583	64,849
		16.9%	4.2%	1.4%	2.1%	13.0%	13.1%	1.2%	2.1%	2.8%	13.7%	2.0%	19.2%	6.4%	0.9%	0.9%	100.0%
	65～69	991	104	64	32	533	322	53	125	147	189	129	59	250	—	13	3,011
		32.9	3.5	2.1	1.1	17.7	10.7	1.8	4.2	4.9	6.3	4.3	2.0	8.3	—	0.4	100.0
	70～74	1,754	231	157	71	1,432	430	175	169	473	569	135	230	964	124	94	7,009
		25.0	3.3	2.2	1.0	20.4	6.1	2.5	2.4	6.7	8.1	1.9	3.3	13.8	1.8	1.3	100.0
	75～79	2,427	759	257	240	1,960	1,208	182	400	277	1,687	295	966	1,1000	161	85	12,004
		20.2	6.3	2.1	2.0	16.3	10.1	1.5	3.3	2.3	14.1	2.5	8.0	91.6	1.3	0.7	100.0
	80～84	2,738	891	204	616	2,731	2,707	171	411	399	2,431	477	2,755	917	149	88	17,685
		15.5	5.0	1.2	3.5	15.4	15.3	1.0	2.3	2.3	13.7	2.7	15.6	5.2	0.8	0.5	100.0
	85～89	1,901	419	233	172	1,157	1,972	144	171	305	2,100	201	4,001	653	125	158	13,712
		13.9	3.1	1.7	1.3	8.4	14.4	1.1	1.2	2.2	15.3	1.5	29.2	4.8	0.9	1.2	100.0
	90～	1,168	326	21	252	616	1,872	40	60	205	1,941	39	4,469	266	53	144	11,428
		10.2	2.9	0.2	2.2	5.4	16.4	0.4	0.5	1.8	17.0	0.3	39.1	2.3	0.5	1.3	100.0

*1　平成16年国民生活基礎調査報告.　p.700：表13：該当する疾患に○
*2　生活基礎調査は骨折・転倒であるが，郡上市は骨折のみ記載
*3　生活基礎調査の不明・不詳であるが，郡上市は記載なしとした

上段：人数
下段：％

表15-2　年齢階級別原因疾患（郡上市）

	年齢	脳血管疾患	心臓病	悪性新生物	呼吸器疾患	関節*2疾患	認知症	パーキンソン病	糖尿病	視覚・聴覚障害	骨折	脊髄損傷	高齢による衰弱	記載*3なし	総数
計	計	647	127	93	173	797	597	63	179	75	167	47	4	196	2,338
		27.7%	5.4%	4.0%	7.4%	34.1%	25.5%	2.7%	7.7%	3.2%	7.1%	2.0%	0.2%	8.4%	100.0%
	65～69	40	6	4	4	18	9	5	10	4	6	2	0	9	99
		40.4	6.1	4.0	4.0	18.2	9.1	5.1	10.1	4.0	6.1	2.0	0.0	9.1	100.0
	70～74	101	12	13	23	79	40	7	20	9	16	10	0	19	270
		37.4	4.4	4.8	8.5	29.3	14.8	2.6	7.4	3.3	5.9	3.7	0.0	7.0	100.0
75～79	159	23	22	38	159	95	15	46	12	28	8	0	42	473
		33.6	4.9	4.7	8.0	33.6	20.1	3.2	9.7	2.5	5.9	1.7	0.0	8.9	100.0
	80～84	157	29	22	39	218	145	29	46	20	36	15	0	45	578
		27.2	5.0	3.8	6.7	37.7	25.1	5.0	8.0	3.5	6.2	2.6	0.0	7.8	100.0
	85～89	132	37	24	40	186	161	4	36	13	49	7	0	36	524
		25.2	7.1	4.6	7.6	35.5	30.7	0.8	6.9	2.5	9.4	1.3	0.0	6.9	100.0
	90～	58	20	8	29	137	147	3	21	17	32	5	4	45	394
		14.7	5.1	2.0	7.4	34.8	37.3	0.8	5.3	4.3	8.1	1.3	1.0	11.4	100.0
男	計	297	58	47	96	186	151	29	59	24	29	19	1	66	804
		36.9%	7.2%	5.8%	11.9%	23.1%	18.8%	3.6%	7.3%	3.0%	3.6%	2.4%	0.1%	8.2%	100.0%
	65～69	24	5	1	2	4	2	2	7	2	2	1	0	7	52
		46.2	9.6	1.9	3.8	7.7	3.8	3.8	13.5	3.8	3.8	1.9	0.0	13.5	100.0
	70～74	62	9	6	19	23	12	4	11	4	4	2	0	8	124
		50.0	7.3	4.8	15.3	18.5	9.7	3.2	8.9	3.2	3.2	1.6	0.0	6.5	100.0
	75～79	84	13	10	22	31	31	6	16	4	7	4	0	19	190
		44.2	6.8	5.3	11.6	16.3	16.3	3.2	8.4	2.1	3.7	2.1	0.0	10.0	100.0
	80～84	62	11	16	26	51	36	14	13	6	6	6	0	11	177
		35.0	6.2	9.0	14.7	28.8	20.3	7.9	7.3	3.4	3.4	3.4	0.0	6.2	100.0
	85～89	50	15	11	19	46	41	1	10	2	7	5	0	12	161
		31.1	9.3	6.8	11.8	28.6	25.5	0.6	6.2	1.2	4.3	3.1	0.0	7.5	100.0
	90～	15	5	3	8	31	29	2	2	6	3	1	1	9	100
		15.0	5.0	3.0	8.0	31.0	29.0	2.0	2.0	6.0	3.0	1.0	1.0	9.0	100.0
女	計	350	69	46	77	611	446	34	120	51	138	28	3	130	1,534
		22.8%	4.5%	3.0%	5.0%	39.8%	29.1%	2.2%	7.8%	3.3%	9.0%	1.8%	0.2%	8.5%	100.0%
	65～69	16	1	3	2	14	7	3	3	2	4	1	0	2	47
		34.0	2.1	6.4	4.3	29.8	14.9	6.4	6.4	4.3	8.5	2.1	0.0	4.3	100.0
	70～74	39	3	7	4	56	28	3	9	5	12	8	0	11	146
		26.7	2.1	4.8	2.7	38.4	19.2	2.1	6.2	3.4	8.2	5.5	0.0	7.5	100.0
	75～79	75	10	12	16	128	64	9	30	8	21	4	0	23	283
		26.5	3.5	4.2	5.7	45.2	22.6	3.2	10.6	2.8	7.4	1.4	0.0	8.1	100.0
	80～84	95	10	6	13	167	109	15	33	14	30	9	0	34	401
		23.7	4.5	1.5	3.2	41.6	27.2	3.7	8.2	3.5	7.5	2.2	0.0	8.5	100.0
	85～89	82	22	13	21	140	120	3	26	11	42	2	0	24	363
		22.6	6.1	3.6	5.8	38.6	33.1	0.8	7.2	3.0	11.6	0.6	0.0	6.6	100.0
	90～	43	15	5	21	106	118	1	19	11	29	4	3	36	294
		14.6	5.1	1.7	7.1	36.1	40.1	0.3	6.5	3.7	9.9	1.4	1.0	12.2	100.0

＊1　平成16年国民生活基礎調査報告. p.700：表13：該当する疾患に○
＊2　生活基礎調査は骨折・転倒であるが，郡上市は骨折のみ記載
＊3　生活基礎調査の不明・不詳であるが，郡上市は記載なしとした
＊　－：該当データなし

表16　介護度別世帯構成

		要介護（支援）高齢者世帯構成						
		単独世帯	夫婦世帯	再：高齢者夫婦世帯（ともに65歳以上）	2世代世帯	3世代世帯	その他の世帯	計
全国* 要介護（支援）高齢者世帯 1万対	計	1,943 (20.5)	1,815 (19.2)	－	878 (9.3)	2,873 (30.4)	1,955 (20.7)	9,465 (100.0)
	要支援	634 (35.8)	356 (20.1)	－	124 (7.0)	417 (23.6)	238 (13.4)	1,770 (100.0)
	要介護1	825 (25.6)	556 (17.3)	－	306 (9.5)	905 (28.1)	617 (19.2)	3,220 (100.0)
	要介護2	237 (14.6)	376 (23.2)	－	128 (7.9)	513 (31.6)	367 (22.6)	1,621 (100.0)
	要介護3	115 (10.8)	184 (17.2)	－	111 (10.4)	382 (35.8)	275 (25.8)	1,067 (100.0)
	要介護4	70 (7.7)	173 (19.0)	－	100 (11.0)	311 (34.2)	255 (28.1)	909 (100.0)
	要介護5	14 (2.0)	125 (17.6)	－	84 (11.8)	306 (43.2)	181 (25.5)	709 (100.0)
	不詳	48 (28.4)	35 (20.7)	－	25 (14.8)	39 (23.1)	22 (13.0)	169 (100.0)
郡上市 要介護 （支援） 高齢者 （開始時） 計	計	293 (12.5)	375 (16.0)	358 (15.3)	398 (17.0)	920 (39.3)	352 (15.1)	2,338 (100.0)
	要支援	73 (20.6)	70 (19.7)	67 (18.9)	45 (12.7)	115 (32.5)	51 (14.4)	354 (100.0)
	要介護1	122 (16.0)	123 (16.2)	115 (15.1)	130 (17.1)	292 (38.4)	94 (12.4)	761 (100.0)
	要介護2	30 (9.0)	47 (14.1)	46 (13.8)	63 (18.9)	147 (44.1)	46 (13.8)	333 (100.0)
	要介護3	24 (7.8)	45 (14.7)	45 (14.7)	68 (22.2)	127 (41.5)	42 (13.7)	306 (100.0)
	要介護4	22 (7.4)	47 (15.7)	44 (14.7)	50 (16.7)	121 (40.5)	59 (19.7)	299 (100.0)
	要介護5	22 (7.7)	43 (15.1)	41 (14.4)	42 (14.7)	118 (41.4)	60 (21.1)	285 (100.0)
居宅	計	230 (12.7)	314 (17.3)	298 (16.4)	330 (18.2)	750 (41.3)	192 (10.6)	1,816 (100.0)
	要支援	70 (21.3)	66 (20.0)	63 (19.1)	45 (13.7)	105 (31.9)	43 (13.1)	329 (100.0)
	要介護1	109 (15.8)	116 (16.9)	108 (15.7)	121 (17.5)	273 (39.6)	71 (10.3)	690 (100.0)
	要介護2	23 (8.3)	43 (15.6)	42 (15.2)	53 (19.2)	128 (46.4)	29 (10.5)	276 (100.0)
	要介護3	13 (6.0)	39 (18.1)	39 (18.1)	51 (23.6)	94 (43.5)	19 (8.8)	216 (100.0)
	要介護4	6 (3.6)	26 (15.5)	23 (13.7)	35 (20.8)	81 (48.2)	20 (11.9)	168 (100.0)
	要介護5	9 (6.6)	24 (17.5)	23 (16.8)	25 (18.2)	69 (50.4)	10 (7.3)	137 (100.0)
入所 ・ 入院	計	63 (12.1)	61 (11.7)	60 (11.5)	68 (13.0)	170 (32.6)	160 (30.7)	522 (100.0)
	要支援	3 (12.0)	4 (16.0)	4 (16.0)	0	10 (40.0)	8 (32.0)	25 (100.0)
	要介護1	13 (18.3)	7 (9.9)	7 (9.9)	9 (12.7)	19 (26.8)	23 (32.4)	71 (100.0)
	要介護2	7 (12.3)	4 (7.0)	4 (7.0)	10 (17.5)	19 (33.3)	17 (29.8)	57 (100.0)
	要介護3	11 (12.2)	6 (6.7)	6 (6.7)	17 (18.9)	33 (36.7)	23 (25.6)	90 (100.0)
	要介護4	16 (12.2)	21 (16.0)	21 (16.0)	15 (11.5)	40 (30.5)	39 (29.8)	131 (100.0)
	要介護5	13 (8.8)	19 (0.7)	18 (12.2)	17 (11.5)	49 (33.1)	50 (33.8)	148 (100.0)

＊　平成16年国民生活基礎調査報告書．p.684：表4
＊　－：該当データなし

54.9％（全国77.9％）で，全国よりも少なかった。

⑧１年目生存者(開始時在宅者)の要介護度別サービス利用状況（表20）

　郡上市において調査開始時に居宅であり，かつ１年間生存していた者1,586人のうち，開始時から１年間の間にサービス（訪問系サービス，通所系サービスおよび短期入所サービス）の利用がない者は24.8％であり，介護度が重度になるにつれてサービス利用がない者は減少し，要介護5では5.4％と小さくなり，ほとんどの者が何らかのサービスを利用していた。

　サービスの種類は１種類のみ利用が39.4％，2種類利用が25.5％，3種類以上利用が10.3％であり，介護度が軽度者はサービス利用の種類が少なく，重度になるにつれて複数のサービスを利用す

る者の割合が大きくなっていた。

　訪問系サービスは全体で36.1％の者が利用していた。利用者の介護度は重度になるにつれて利用している者の割合が大きくなっていた。介護度5の者では訪問看護ステーションの利用割合が69.2％と大きくなっていた。また，訪問介護は50.5％が利用していた。訪問介護は，全国の利用割合よりも要介護1以外のランクで利用割合が大きかった。訪問看護ステーション利用者も要介護1以外の介護度で利用者割合が大きかった。

　通所系サービスの利用者割合は全体で57.4％と約半数が利用していた。通所介護は全体の44.6％が利用し，要介護2以上の者は53.8-59.9％と半数以上が利用していた。通所リハビリテーションの利用は全体の19.1％が利用していたが，通所介護

表17 年齢階級別世帯構成　　(%)

		年齢階級	単独世帯	夫婦世帯	再：高齢者夫婦世帯（ともに65歳以上）	2世代世帯	3世代世帯	その他の世帯	計
全国 要介護（支援）高齢者数10万対	計	65-69	807 (13.9)	2,303 (39.8)	－ －	3,509 (60.6)	975 (16.8)	500 (8.6)	5,792 (100.0)
		70~74	2,328 (19.3)	4,493 (37.3)	－ －	6,017 (49.9)	2,495 (20.7)	1,213 (10.1)	12,053 (100.0)
		75~79	4,106 (22.9)	4,951 (27.6)	－ －	6,621 (36.8)	4,819 (26.8)	2,422 (13.5)	17,968 (100.0)
		80~84	6,156 (25.0)	5,057 (20.6)	－ －	7,241 (29.4)	7,396 (30.1)	3,801 (15.5)	24,594 (100.0)
		85~89	3,268 (16.8)	2,298 (11.8)	－ －	3,578 (18.4)	6,980 (35.9)	5,641 (29.0)	19,467 (100.0)
		90~	1,545 (10.4)	922 (6.2)	－ －	1,723 (11.6)	5,822 (39.1)	5,800 (39.0)	14,890 (100.0)
		計	18,211 (19.2)	20,024 (21.1)	－ －	28,689 (30.3)	28,487 (30.1)	19,376 (20.4)	94,763 (100.0)
	男	65~69	345 (12.4)	1,278 (46.0)	－ －	1,760 (63.3)	396 (14.2)	279 (10.0)	2,780 (100.0)
		70~74	638 (12.7)	2,456 (48.7)	－ －	3,054 (60.6)	987 (19.6)	364 (7.2)	5,043 (100.0)
		75~79	651 (10.9)	2,663 (44.7)	－ －	3,207 (53.8)	1,337 (22.4)	769 (12.9)	5,964 (100.0)
		80~84	828 (12.0)	2,831 (41.0)	－ －	3,691 (53.4)	1,789 (25.9)	602 (8.7)	6,909 (100.0)
		85~89	571 (9.9)	1,735 (30.1)	－ －	2,162 (37.6)	1,924 (33.4)	1,099 (19.1)	5,755 (100.0)
		90~	399 (11.5)	755 (21.8)	－ －	862 (24.9)	1,189 (34.3)	1,011 (29.2)	3,462 (100.0)
		計	3,432 (11.5)	11,718 (39.2)	－ －	14,736 (49.3)	7,623 (25.5)	4,123 (13.8)	29,914 (100.0)
	女	65~69	461 (15.3)	1,206 (40.1)	－ －	1,749 (58.1)	580 (19.3)	221 (7.3)	3,011 (100.0)
		70~74	1,690 (24.1)	2,036 (29.0)	－ －	2,962 (42.3)	1,508 (21.5)	849 (12.1)	7,009 (100.0)
		75~79	3,455 (28.8)	2,288 (19.1)	－ －	3,414 (28.4)	3,482 (29.0)	1,653 (13.8)	12,004 (100.0)
		80~84	5,329 (30.1)	2,225 (12.6)	－ －	3,550 (20.1)	5,607 (31.7)	3,199 (18.1)	17,685 (100.0)
		85~89	2,697 (19.7)	563 (4.1)	－ －	1,417 (10.3)	5,055 (36.9)	4,542 (33.1)	13,712 (100.0)
		90~	1,147 (10.0)	168 (1.5)	－ －	860 (7.5)	4,632 (40.5)	4,789 (41.9)	11,428 (100.0)
		計	14,779 (22.8)	8,306 (12.8)	－ －	13,952 (21.5)	20,865 (32.2)	15,253 (23.5)	64,849 (100.0)
郡上市（開始時）	計	65~69	12 (9.1)	31 (31.3)	23 (23.2)	18 (18.2)	26 (26.3)	15 (15.2)	99 (100.0)
		70~74	27 (10.0)	76 (28.1)	70 (25.9)	46 (17.0)	91 (33.7)	30 (11.1)	270 (100.0)
		75~79	68 (14.4)	97 (20.5)	95 (20.1)	73 (15.4)	189 (40.0)	46 (9.7)	473 (100.0)
		80~84	92 (15.9)	82 (14.2)	81 (14.0)	98 (17.0)	221 (38.2)	85 (14.7)	578 (100.0)
		85~89	53 (10.1)	64 (12.2)	64 (12.2)	86 (16.4)	228 (43.5)	93 (17.7)	524 (100.0)
		90~	44 (11.2)	25 (6.3)	25 (6.3)	77 (19.5)	165 (41.9)	83 (21.1)	394 (100.0)
		計	293 (12.5)	375 (16.0)	358 (15.3)	398 (17.0)	920 (39.3)	352 (15.1)	2,338 (100.0)
	男	65~69	3 (5.8)	18 (34.6)	10 (19.2)	10 (19.2)	14 (26.9)	7 (13.5)	52 (100.0)
		70~74	8 (6.5)	36 (29.0)	31 (25.0)	26 (21.0)	41 (33.1)	13 (10.5)	124 (100.0)
		75~79	15 (7.9)	49 (25.8)	49 (25.8)	30 (15.8)	83 (43.7)	13 (6.8)	190 (100.0)
		80~84	16 (9.0)	38 (21.5)	37 (20.9)	24 (13.6)	69 (39.0)	30 (16.9)	177 (100.0)
		85~89	12 (7.5)	41 (25.5)	41 (25.5)	21 (13.0)	62 (38.5)	25 (15.5)	161 (100.0)
		90~	9 (9.0)	14 (14.0)	14 (14.0)	19 (19.0)	39 (39.0)	19 (19.0)	100 (100.0)
		計	63 (7.8)	196 (24.4)	182 (22.6)	130 (16.2)	308 (38.3)	107 (13.3)	804 (100.0)
	女	65~69	6 (12.8)	13 (27.7)	13 (27.7)	8 (17.0)	12 (25.5)	8 (17.0)	47 (100.0)
		70~74	19 (13.0)	40 (27.4)	39 (26.7)	20 (13.7)	50 (34.2)	17 (11.6)	146 (100.0)
		75~79	53 (18.7)	48 (17.0)	46 (16.3)	43 (15.2)	106 (37.5)	33 (11.7)	283 (100.0)
		80~84	76 (19.0)	44 (11.0)	44 (11.0)	74 (18.5)	152 (37.9)	55 (13.7)	401 (100.0)
		85~89	41 (11.3)	23 (6.3)	23 (6.3)	65 (17.9)	166 (45.7)	68 (18.7)	363 (100.0)
		90~	35 (11.9)	11 (3.7)	11 (3.7)	58 (19.7)	126 (42.9)	64 (21.8)	294 (100.0)
		計	230 (15.0)	179 (11.7)	176 (11.5)	268 (17.5)	612 (39.9)	245 (16.0)	1,534 (100.0)

* 平成16年国民生活基礎調査報告書．p.691：表8
* －：該当データなし

上段：人数
下段：％

表18　年齢階級別介護者状況

		年齢	同居の介護者続柄								不明を除く計	計
			配偶者	子	再掲：娘	再掲：息子	子の配偶者	父母その他親族	その他	不明		
全国* 要介護（支援）高齢者数10万対%	計	全体	35.2%	29.6%	—	—	32.6%	0.0%	2.6%	—	—	100.0%
		65～69	80.0%	12.3%	—	—	4.4%	0.2%	3.2%	—	—	100.0%
		70～79	58.7%	23.1%	—	—	16.0%	—	2.1%	—	—	100.0%
		80～89	24.8%	33.0%	—	—	39.3%	—	3.0%	—	—	100.0%
		90～	5.6%	37.9%	—	—	54.0%	—	2.5%	—	—	100.0%
	男	全体	68.5%	14.0%	—	—	16.6%	0.0%	1.0%	—	—	100.0%
		65～69	90.1%	5.3%	—	—	0.8%	0.3%	3.5%	—	—	100.0%
		70～79	85.7%	8.0%	—	—	5.7%	—	0.5%	—	—	100.0%
		80～89	60.6%	16.4%	—	—	22.1%	—	0.9%	—	—	100.0%
		90～	22.4%	31.5%	—	—	45.2%	—	0.8%	—	—	100.0%
	女	全体	17.3%	38.0%	—	—	41.2%	—	3.5%	—	—	100.0%
		65～69	69.1%	19.8%	—	—	8.3%	—	2.8%	—	—	100.0%
		70～79	38.0%	34.7%	—	—	23.9%	—	3.4%	—	—	100.0%
		80～89	8.0%	40.8%	—	—	47.3%	—	3.9%	—	—	100.0%
		90～	0.6%	39.8%	—	—	56.6%	—	3.0%	—	—	100.0%
郡上市（開始時在宅：1年目生存者）	計	全体	528	281	164	117	526	5	45	201	1,385	1586
			38.1%	20.3%	11.8%	8.4%	38.0%	0.4%	3.2%	14.5%	100.0%	
		65～69	55	7	3	4	3	2	2	8	69	77
			79.7	10.1	4.3	5.8	4.3	2.9	2.9	11.6	100.0	
		70～79	269	67	37	30	76	1	16	81	429	510
			62.7	15.6	8.6	7.0	17.7	0.2	3.7	18.9	100.0	
		80～89	181	147	83	12	302	1	17	85	648	733
			62.7	15.6	8.6	7.0	17.7	0.2	3.7	18.9	100.0	
		90～	23	60	41	19	145	1	10	27	239	266
			9.6	25.1	17.2	7.9	60.7	0.4	4.2	11.3	100.0	
	男	全体	329	71	40	31	121	1	8	67	530	597
			62.1%	13.4%	7.5%	5.8%	22.8%	0.2%	1.5%	12.6%	100.0%	
		65～69	34	2	1	1	1	0	0	4	37	41
			91.9	5.4	2.7	2.7	2.7	0.0	0.0	10.8	100.0	
		70～79	152	19	11	8	23	0	2	32	196	228
			77.6	9.7	5.6	4.1	11.7	0.0	1.0	16.3	100.0	
		80～89	129	33	21	12	62	1	4	27	229	256
			56.3	14.4	9.2	5.2	27.1	0.4	1.7	11.8	100.0	
		90～	14	17	7	10	35	0	2	4	68	72
			20.6	25.0	10.3	14.7	51.5	0.0	2.9	5.9	100.0	
	女	全体	199	210	124	86	405	4	37	134	855	989
			23.3%	24.6%	14.5%	10.1%	47.4%	0.5%	4.3%	15.7%	100.0%	
		65～69	21	5	2	3	2	2	2	4	32	36
			65.6	15.6	6.3	9.4	6.3	6.3	6.3	12.5	100.0	
		70～79	117	48	26	22	53	1	14	49	233	282
			50.2	20.6	11.2	9.4	22.7	0.4	6.0	21.0	100.0	
		80～89	52	114	62	52	240	0	13	58	419	477
			12.4	27.2	14.8	12.4	57.3	0.0	3.1	13.8	100.0	
		90～	9	43	34	9	110	1	8	23	171	194
			5.3	25.1	19.9	5.3	64.3	0.6	4.7	13.5	100.0	

*　平成16年国民生活基礎調査. p.206：表13
*　－：該当データなし

表19　居宅世帯構成別介護者状況（1年目生存者）　　　　　　　　　　　　　　　　　　　(%)

| | | 要介護（支援）高齢者の世帯 | | | | | | | | | |
		核家族世帯（二世代世帯を含む）		再掲：夫婦のみの世帯		三世代世帯		その他の世帯		計	
全国*介護者	計	22,778	(100.0)	14,082	(100.0)	26,214	(100.0)	17,114	(100.0)	66,106	(100.0)
	配偶者	17,741	(77.9)	14,082	(100.0)	4,660	(17.8)	2,304	(13.5)	24,706	(37.4)
	子	4,615	(20.3)	—	—	7,414	(28.3)	6,810	(39.8)	188,39	(28.5)
	子の配偶者	—	—	—	—	13,410	(51.2)	6,849	(40.0)	20,259	(30.6)
	父母	409	(1.8)	—	—	89	(0.3)	83	(0.5)	581	(0.9)
	その他の親族	13	(0.1)	—	—	640	(2.4)	1,067	(6.2)	1,721	(2.6)
郡上市同居の介護者続柄（開始時）・計	配偶者	301	(54.9)	215	(84.6)	199	(29.0)	28	(18.5)	528	(38.1)
	子	130	(23.7)	18	(7.1)	110	(16.0)	41	(27.2)	281	(20.3)
	嫁	106	(19.3)	16	(6.3)	353	(51.5)	67	(44.4)	526	(38.0)
	他の家族	2	(0.4)	2	(0.8)	2	(0.3)	1	(0.7)	5	(0.4)
	その他	9	(1.6)	3	(1.2)	22	(3.2)	14	(9.3)	45	(3.2)
	再掲：娘	51	(9.3)	12	(4.7)	83	(12.1)	30	(19.9)	164	(11.8)
	再掲：息子	79	(14.4)	6	(2.4)	27	(3.9)	11	(7.3)	117	(8.4)
	不明除く計	548	(100.0)	254	(100.0)	686	(100.0)	151	(100.0)	1,385	(100.0)
	不明	96		60		64		41		201	
	計	644		314		750		192		1,586	
男	配偶者	183	(72.6)	126	(86.3)	126	(54.8)	20	(41.7)	329	(62.1)
	子	35	(13.9)	8	(5.5)	25	(10.9)	11	(22.9)	71	(13.4)
	嫁	31	(12.3)	10	(6.8)	76	(33.0)	14	(29.2)	121	(22.8)
	他の家族	1	(0.4)	1	(0.7)	0		0		1	(0.2)
	その他	2	(0.8)	1	(0.7)	3	(1.3)	3	(6.3)	8	(1.5)
	再掲：娘	13	(5.2)	5	(3.4)	20	(8.7)	7	(14.6)	40	(7.5)
	再掲：息子	12	(4.8)	3	(2.1)	5	(2.2)	4	(8.3)	31	(5.8)
	不明除く計	252	(100.0)	146	(100.0)	230	(100.0)	48	(100.0)	530	(100.0)
	不明	36		28		17		14		67	
	計	288		174		247		62		597	
女	配偶者	118	(39.9)	89	(82.4)	73	(16.0)	8	(7.8)	199	(23.3)
	子	95	(32.1)	10	(9.3)	85	(18.6)	30	(29.1)	210	(24.6)
	嫁	75	(25.3)	6	(5.6)	277	(60.7)	53	(51.5)	405	(47.4)
	他の家族	1	(0.3)	1	(0.9)	2	(0.4)	1	(1.0)	4	(0.5)
	その他	7	(2.4)	2	(1.9)	19	(4.2)	11	(10.7)	37	(4.3)
	再掲：娘	38	(12.8)	7	(6.5)	63	(13.8)	23	(22.3)	124	(14.5)
	再掲：息子	57	(19.3)	3	(2.8)	22	(4.8)	7	(6.8)	86	(10.1)
	不明除く計	296	(100.0)	108	(100.0)	456	(100.0)	103	(100.0)	855	(100.0)
	不明	60		32		47		27		134	
	計	356		140		503		130		989	

＊　平成16年国民生活基礎調査，p.756：表42
＊　－：該当データなし

表20　居宅者の要介護（要支援）別サービス利用状況

上段：人数　下段：％

		サービス利用者数							
		要支援	要介護1	要介護2	要介護3	要介護4	要介護5	その他	計
全国* 在宅サービ ス利用	訪問介護	—	—	—	—	—	—	—	899,167
		17.2%	39.3%	16.0%	9.8%	7.8%	7.6%	2.3%	100.0%
	訪問入浴介護	—	—	—	—	—	—	—	70,948
		0.1%	2.8%	6.3%	12.0%	25.2%	51.4%	2.2%	100.0%
	訪問看護ステーション	—	—	—	—	—	—	—	262,925
		2.7%	16.4%	14.3%	12.9%	14.6%	21.5%	17.6%	100.0%
	通所介護	—	—	—	—	—	—	—	920,869
		13.6%	35.3%	19.7%	12.6%	8.7%	5.2%	4.9%	100.0%
	通所リハビリ	—	—	—	—	—	—	—	419,510
		11.0%	36.9%	22.9%	14.2%	9.5%	5.0%	0.5%	100.0%
郡上市 （1年目生存 者の1年目 在宅サービ ス利用）	計	302	639	247	171	134	93		1,586
		100.0%	100.0%	100.0%	100.0%	100.0%	100.0%	—	100.0%
	訪問系通所系短期入所サービス								
	利用無	128	191	35	16	18	5		393
		42.4	29.9	14.2	9.4	13.4	5.4	—	24.8
	1種類利用有	146	270	104	60	28	17		625
		48.3	42.3	42.1	35.1	20.9	18.3	—	39.4
	2種類利用有	25	148	81	64	51	36		405
		8.3	23.2	32.8	37.4	38.1	38.7	—	25.5
	3種類利用有	3	30	27	31	37	35		163
		1.0	4.7	10.9	18.1	27.6	37.6	—	10.3
	訪問系サービス利用有	80	200	87	69	71	65		572
		26.5	31.3	35.2	40.4	53.0	69.9	—	36.1
	訪問介護利用有	79	189	70	54	50	47		489
		26.2	29.6	28.3	31.6	37.3	50.5	—	30.8
	訪問入浴利用有	0	2	10	4	13	16		45
		0.0	1.0	11.5	5.8	18.3	24.6	—	7.9
	訪問看護ステーション利用有	7	27	22	29	35	45		165
		8.8	13.5	25.3	42.0	49.3	69.2	—	28.8
	通所系サービス利用有	109	341	179	130	89	63		911
		36.1	53.4	72.5	76.0	66.4	67.7	—	57.4
	通所介護有	82	253	148	100	75	50		708
		27.2	39.6	59.9	58.5	56.0	53.8	—	44.6
	通所リハ有	34	112	61	46	26	24		303
		11.3	17.5	24.7	26.9	19.4	25.8	—	19.1
	短期入所系サービス利用有	16	115	81	82	81	66		441
		5.3	18.0	32.8	48.0	60.4	71.0	—	27.8

＊　（2003.9）（厚生の指標：介護保険関連統計の年次推移．第52巻16号，2005年，特別編集号，p.25：表8）

＊　－：該当データなし

上段：人数
下段：％

表21　年齢階級別居宅サービス利用状況

		年齢階級							合計
		40〜64	65〜69	70〜74	75〜79	80〜84	85〜89	90〜	
全国＊要介護（支援）高齢者数10万対	計	5,215	5,792	12,053	17,968	24,594	19,467	14,890	99,979
		100.0％	100.0％	100.0％	100.0％	100.0％	100.0％	100.0％	
	訪問系サービス利用有	1,717	2,139	4,302	5,725	9,007	5,580	3,506	31,976
		32.0	32.9	36.9	35.7	31.9	36.6	28.7	31.0
	通所系サービス利用有	1,537	1,647	3,807	6,270	8,764	7,945	6,481	36,473
		36.5	29.5	28.4	31.6	34.9	35.6	40.8	36.0
	短期入所系利用有	203	339	526	1,393	1,875	2,231	2,450	9,018
		9.0	3.9	5.9	4.4	7.8	7.6	11.5	9.0
郡上市（1年目生存者の1年目在宅サービス利用）	計		80	195	339	381	353	238	1,586
			100.0％	100.0％	100.0％	100.0％	100.0％	100.0％	100.0％
	訪問系通所系短期入所系のうち　利用無		24	60	90	87	81	51	393
			30.0	30.8	26.5	22.8	22.9	21.4	24.8
	1種類利用有		30	70	138	172	133	82	625
			37.5	35.9	40.7	45.1	37.7	34.5	39.4
	2種類利用有		19	45	85	86	91	79	405
			23.8	23.1	25.1	22.6	25.8	33.2	25.5
	3種類利用有		7	20	26	36	48	26	163
			8.8	10.3	7.7	9.4	13.6	10.9	10.3
	訪問系サービス利用有		30	84	129	141	117	71	572
			37.5	43.1	38.1	37.0	33.1	29.8	36.1
	通所系サービス利用有		43	94	179	223	226	146	911
			53.8	48.2	52.8	58.5	64.0	61.3	57.4
	短期入所系利用有		16	42	78	12	116	101	441
			20.0	21.5	23.0	23.1	32.9	42.4	27.8

＊（平成16年国民生活基礎調査. p.718：表24）

の利用者は44.6％であり，1/2以下の利用であった。各介護度別の利用状況は全国では要介護1〜2の利用割合が大きかったが，郡上市では介護度が重度になるほど利用者の割合が多くなっていた。

短期入所系サービス利用有は全体の27.8％であった。介護度が重度になるほど利用は増加し，要介護5では71.0％の者が利用していた。

⑨1年目生存者（開始時居宅者）の年齢階級別サービス利用状況（表21）

郡上市において調査開始時に居宅であり，かつ1年間生存していた者1,586人のうち，1年間のいずれかで介護サービスを受けていなかった者は24.8％で，年齢階級が高くなるほどサービス利用無の者の割合は小さくなり，利用有の者の割合が増加していた。

訪問系サービス利用者の割合は36.1％で，全国の利用割合の31.0％よりも大きく，各年代別にみ

ても3〜4割の者が利用しており，郡上市は全国と同様の傾向を示していた。

通所系サービス利用者は57.4％（全国36.0％）で，全国に比較して利用する者の割合は極めて大きかった。年齢階級が高くなるほど利用割合は大きくなる傾向にあり，どの年齢階級でも全国よりも利用割合が大きかった。

短期入所系サービスは27.8％（全国9.0％）で，郡上市の利用は年齢階級が高くなるにつれて利用割合が大きくなり，どの年齢階級でも全国の利用割合よりも大きかった。

⑩1年目生存者（開始時在宅者）の世帯構成別サービス利用状況（表22）

郡上市において調査開始時に居宅であり，かつ1年間生存していた者1,586人について，世帯別にみたサービス利用状況は，単独世帯でサービスの利用がない者の割合は20.9％で，利用有が約80％と大きく，次いで3世代世帯の76.2％で，核

133

上段：人数
下段：％

表22　世帯構成別居宅サービス利用状況（1年目生存者）

| | | 要介護（支援）高齢者世帯数（複数回答） | | | | | |
		単独世帯	核家族世帯（二世代世帯を含む）	（再）夫婦世帯	三世代世帯	その他の世帯	計
全国* 要介護（支援） 高齢者数10万対	計	18,917	32,054	21,360	29,146	19,883	100,000
		100.0％	100.0％	100.0％	100.0％	100.0％	100.0％
	訪問系サービス有	14,187	17,050	11,540	13,554	9,368	54,159
		75.0	53.2	54.0	46.5	47.1	54.2
	通所系サービス有	5,549	10,105	6,319	13,886	9,336	38,876
		29.3	31.5	29.6	47.6	47.0	38.9
	短期入所サービス有	635	1,902	1,343	4,301	3,181	10,019
		3.4	5.9	6.3	14.8	16.0	10.0
郡上市 （1年目生存者の 1年目サービス利用）	計	211	562	276	647	166	1,586
		100.0％	100.0％	100.0％	100.0％	100.0％	100.0％
	訪問系サービス有	119	246	139	161	46	572
		56.4	43.8	50.4	24.9	27.7	36.1
	通所系サービス有	104	292	130	418	97	911
		49.3	52.0	47.1	64.6	58.4	57.4
	短期入所系サービス有	41	139	60	215	46	441
		19.4	24.7	21.7	33.2	27.7	27.8
	利用無	44	149	77	154	46	393
		20.9	26.5	27.9	23.8	27.7	24.8
	1種類利用有	92	208	100	259	66	625
		43.6	37.0	36.2	40.0	39.8	39.4
	2種類利用有	53	146	68	167	39	405
		25.1	26.0	24.6	25.8	23.5	25.5
	3種類利用有	22	59	31	67	12	163
		10.4	10.5	11.2	10.4	7.2	10.3

＊　平成16年国民生活基礎調査．p.716：表21

上段：人数
下段：％

表23　介護者別サービス利用状況

| | | 介護者 | | | | | | | | |
		なし	配偶者	嫁	娘	息子	他家族	その他	不明	計
郡上市 （1年目生存者 の1年目在宅 サービス利用）	計	198	457	445	158	108	4	43	173	1,586
		100.0％	100.0％	100.0％	100.0％	100.0％	100.0％	100.0％	100.0％	100.0％
	訪問系サービス有	110	175	97	55	54	1	17	63	572
		55.6	38.3	21.8	34.8	50.0	25.0	39.5	36.4	36.1
	通所系サービスの有	100	249	322	89	54	2	25	70	911
		50.5	54.5	72.4	56.3	50.0	50.0	58.1	40.5	57.4
	短期入所系サービス有	39	110	170	54	16	1	17	34	441
		19.7	24.1	38.2	34.2	14.8	25.0	39.5	19.7	27.8
	訪問系通所系短期入所系のうち									
	利用無	42	129	83	41	22	1	5	70	393
		21.2	28.2	18.7	25.9	20.4	25.0	11.6	40.5	24.8
	1種類利用有	83	171	180	62	54	2	18	55	625
		41.9	37.4	40.4	39.2	50.0	50.0	41.9	31.8	39.4
	2種類利用有	53	108	137	29	26	1	19	32	405
		26.8	23.6	30.8	18.4	24.1	25.0	44.2	18.5	25.5
	3種類利用有	20	49	45	26	6	0	1	16	163
		10.1	10.7	10.1	16.5	5.6	0.0	2.3	9.2	10.3

表24　介護度別施設入所状況

上段：人数
下段：%

		%（横）	要支援	要介護1	要介護2	要介護3	要介護4	要介護5	その他	公的施設利用者計
全国*（2003.3～2004.2末）	計									8,639,258
		—	—	—	—	—	—	—	—	100.0%
	介護老人福祉施設									4,028,754
		100.0%	—	7.8%	13.2%	18.3%	29.3%	31.1%	0.3%	46.6%
	介護老人保健施設									3,073,652
		100.0%	—	12.3%	19.6%	23.7%	26.7%	17.4%	0.3%	35.6%
	介護療養型医療施設									1,536,852
		100.0%	—	3.4%	5.9%	11.4%	28.9%	49.5%	0.9%	17.8%
郡上市（開始時）	計	274	0	17	23	46	142	92	0	274
		100.0%		6.2	8.4	16.8	51.8	33.6		100.0%
	介護老人福祉施設	119	0	10	11	19	39	40	0	119
		100.0%		8.4	9.2	16.0	32.8	33.6		43.4%
	介護老人保健施設	150	0	6	12	27	55	50	0	150
		100.0%		4.0	8.0	18.0	36.7	33.3		54.7%
	介護療養型医療施設	5	0	1	0	0	2	2	0	5
		100.0%		20.0	0.0	0.0	40.0	40.0		1.8%

＊　厚生の指標　介護保険関連統計の年次推移．第52巻16号，2005年，特別編集号，p.14：表4

家族世帯は73.5％，高齢者夫婦世帯のサービス利用者は72.1％と利用割合が小さくなっていた。

（1）訪問系サービス利用

　訪問系サービス利用は単独世帯の利用が56.4％（全国75.0％）であり，全国よりも18.6ポイント少なく，3世代世帯では24.9％（全国46.5％）で全国の約1/2であった。

（2）通所系サービス

　通所系サービス利用は57.4％（全国38.9％）で，どの世帯においても全国の利用割合よりも大きかった。3世代世帯の利用は64.6％（全国47.6％）と17.0ポイント高く，利用割合が小さいのは夫婦世帯47.1％（全国29.6％）であった。

（3）短期入所サービス

　短期入所サービスの利用割合が大きいのは3世代世帯の33.2％（全国14.8％）で，どの世帯も全国より利用割合が大きかった。

⑫1年目生存者（開始時在宅者）の介護者別
　　サービス利用状況（表23）

　郡上市において調査開始時に居宅であり，かつ1年間生存していた者1,586人について介護者別のサービス利用割合をみた。

　嫁が介護者の場合は81.3％がサービスの利用をしており，2種類以上のサービスを利用している者が40.9％であった。サービス内容は通所系サー

ビスが72.4％，短期入所系サービスが38.2％と他の続柄の介護者に比べて大きく，訪問系サービスは21.8％の利用で，他の介護者よりも利用割合が小さかった。

　配偶者が介護者の場合は訪問系サービス利用が38.3％，通所系サービスが54.5％であり，訪問系サービスの割合が他の続柄の介護者よりも多かった。

　息子が介護者の場合は訪問系サービスと通所系サービスを利用している者が50.0％であり，短期入所系サービスの利用は14.8％と他の介護者に比較して少なかった。

⑬介護度別施設利用者数（表24）

　開始時に施設入所しており，その後1年間生存した者274人の介護度は要介護4が51.8％，要介護5が33.6％と重度の者が85.4％を占めていた。特に介護療養型医療施設は80.0％が重度であった。介護老人福祉施設では重度の者が66.4％（全国60.4％）であり，介護老人保健施設は70.0％（全国44.1％）で，介護療養型医療施設の重度者は80.0％（全国78.4％）とどの施設も全国に比べて重度者の割合が大きかった。

⑭結果Ⅰ　まとめ

（1）要介護（支援）高齢者の状況

　郡上市の2003年4月における65歳以上人口割

合は28.9％で全国と比較すると高齢化が進行していた。郡上市の要介護（支援）高齢者数が高齢者人口に占める割合16.4％で，全国の値と類似していた。

開始時に施設入所しており，その後1年間生存した者274人の介護度は要介護4が半数以上で，要介護5が3割を超えており，全国に比べて重度の者が入所している割合が大きかった。

(2) 要介護（支援）高齢者の世帯と介護者

開始時の世帯構成は男女とも3世代世帯が最も多く，次いで男では高齢者夫婦世帯，女では2世代世帯であり，単独世帯の女割合は男より大きかった。高齢者夫婦世帯は男が女の2倍強であった。男の半数は配偶者が介護者であり，女は嫁の介護割合が大きく，女が配偶者に介護されるのは男の1/5と少なかった。また，介護者がいない者の割合は男より女で大きかった。

(3) 要介護（支援）に至った原因疾患

介護を要する状態に至った原因疾患について郡上市と全国を比較では，脳血管疾患の割合は郡上市と全国ともにほぼ同じであった。筋骨格器系および結合組織の疾患は郡上市の割合が，全国よりも大きく，認知症も同様に郡上市の割合が全国よりも大きかった。

(4) 居宅サービス利用状況

1年目生存者の居宅サービスの利用は約7割強であった。

要介護度が重度になるほど利用割合が大きくなり，複数のサービスを利用する者の割合が大きくなっていたが，全国では逆に軽度の者のサービスの利用割合が大きかった。

郡上市の居宅サービスの利用の種別では訪問系サービスは3人に1人の割合で利用しており，全国とほぼ同様であった。通所系サービスと短期入所系サービスの利用割合は全国よりも大きかった。

1年目生存者の世帯別のサービス利用は単独世帯では8割が利用しており，次いで3世代世帯，核家族世帯，高齢者夫婦世帯の順となっていた。

訪問系サービスの利用は単独世帯では半数強が利用していたものの，全国の利用割合よりも小さかった。3世代世帯では4人に1人が何らかのサービスを利用していたが，利用割合は全国の利用よりも小さかった。

介護者別では介護者が嫁の場合は何らかのサービスを8割強の者が利用しており，利用しているサービスは通所系サービスが7割強，短期入所系サービスは4割弱と他の介護者よりも利用割合は大きかったが，逆に訪問系サービスでは2割と小さかった。

介護者が配偶者の場合は訪問系サービスが4割，通所系サービスが5割の利用であり，訪問系サービスの割合が他の介護者よりも大きかった。

(5) 4年目（5年後）の居住場所の変化

居住場所が居宅である者の4年目の変化は，要介護度が重度になるほど死亡及び施設入所割合が大きくなっていた。

(6) 5.7年後の死亡

平均5.7年後には男性の67.6％，女性の49.9％が死亡していた。男女とも年齢が高くなるとともに，要介護度が高くなるとともに，寝たきり度・認知症度が重度になるとともに，死亡者の割合が大きくなっていた。認知症度と寝たきり度では，寝たきり度が死亡と有意に関連していた。原因疾患別の死亡割合では，男女とも新生物，呼吸器疾患が有る者で大きく，循環器系の疾患が有る者で小さかった。

1年目の居宅サービス受給と死亡の関連では，男女とも入浴サービスを受給している者の死亡リスクは高く，通所リハビリテーション受給者の死亡リスクは低かった。

(7) 介護保険費と医療保険費の関連

住場所別の介護保険費と医療保険費の関係は，医療費が高いのは居宅の介護保険を使用していない者で，次いで居宅で介護保険費と医療保険の両方を使用している者であり，施設入所者の医療費は少なかった。

第4章　要介護（支援）高齢者コホート研究結果概要

4. 要介護（支援）高齢者 中新川コホート研究

はじめに

　本研究は富山県中新川郡の要介護（支援）高齢者を対象にしたコホート研究であり，中新川広域行政事務組合介護保険課の要請により開始された。

1. 目的

　本報告の目的は郡上報告の目的のうち
　ア　要介護状態の変化および死亡との関連を明らかにする。
を少し変え，以下に示す内容である。
　新規要介護認定者の認定時の状況とその後の変化および死亡との関連を明らかにする。
　イからオまでの項目は情報が揃っておらず，本報告では示すことはできなかった。

2. 対象と方法

1) 対象

　中新川郡（平成12年10月人口 53,509人，高齢化率 21.6%）において得られた1号被保険者の要介護新規認定者は平成11年度から平成24年度までで7,164人（男2,656人，女4,508人）である（表1）。富山情報の特徴は新規認定者即ち要支援，要介護の状態に新規になった人々のその後の変化の解析にこだわった。表1からも推測できるように平成11年度新規認定者には罹患者と同時に有病者も多く含まれている。このため，富山情報の解析は介護保険法が正式に開始された平成12年度からの新規認定者に限定した。
　また平成18年度から認定区分がそれまでの要

支援，要介護1から要支援1，要支援2，要介護1に変更となった。そのため，新規認定者を平成12年度から平成17年度までと平成18年度以降平成24年度までの2群に分け，それぞれ前期集団，後期集団とし，各々解析した。

2) 方法

　発生率（死亡発生においては死亡率，介護度，寝たきり度，認知症度は悪化率，居住場所の移動は移動率）の算出には人月法を用い，単位は1,200人月とした。また居住場所で移動しない場合は留まり率と表現した。単位は同じく1,200人月である。

3. 研究対象者の個人情報の取り扱い

　すべての解析において事務組合の同意が得られており，論文化にあたっては随時富山大学倫理審査委員会の承認を得ている。

4. 結果

1) 対象者の死亡率

①基本情報と死亡率（表2-1）

　年齢別では高齢者ほど死亡率が高かった。前期と後期では女性では全体として後期の方が死亡率は低い傾向であった。要介護度別，寝たきり度別，認知症度別においてもそれぞれ程度が高いほど死亡率は高い傾向を示した。

②施設利用と死亡率（表2-2）

　新規認定時利用施設間に顕著な死亡率の相違はみられなかった。

③第1群（麻痺拘縮）と死亡率（表2-3）

　いずれかに麻痺のある人はない人に比べ男女と

もに死亡率は高い傾向であった。逆にいずれかに拘縮のある人はない人に比べ男女ともに死亡率は低い傾向であった。

④第2群（移動）と死亡率（表2-4）

　いずれの項目においても程度が悪いと死亡率は高まった。このことは男女ともにみられた。

⑤第3群（複雑動作）と死亡率（表2-5）

　3項目いずれも男女ともに程度が悪いと死亡率は高まった。

⑥第4群（特別介護）と死亡率（表2-6）

　褥瘡「あり」の者は「ない」者より、また嚥下、食物摂取、飲水、排尿、排便では「できる」、「自立」者より「できない」、「全介助」の者で死亡率は男女とも高かった。皮膚疾患では差異は認められなかった。

⑦第5群（身の回り）と死亡率（表2-7）

　「自立」もしくは「できる」者に対して2倍以上死亡率が高かったのは、男性では「薬の内服」のみであった。女性では「つめきり」以外すべてで2倍以上の死亡率の相違がみられた。

⑧第6群（意思疎通）と死亡率（表2-8）

　「普通」もしくは「できる」者に対して2倍以上死亡率が高かったのは、男性では「視力」のみ、女性では「聴力」、「意思の伝達」、「自分の名前をいう」の3項目であった。

⑨第7群（問題行動）と死亡率（表2-9、表2-10）

　男性のみ「被害的」、「落ち着きなし」でそれぞれ1.6倍、1.8倍の死亡率の相違がみられたのみで、その他の項目においてはほとんど差異はみられなかった。

⑩特別な医療と死亡率（表2-11）

　調査に用いられた特別な医療いずれかある者はいずれも無い者に比べ男性は1.7倍、女性は1.3倍死亡率が高かった。それぞれの項目において3倍以上の違いがあったのは「中心静脈栄養」、「レスピレーター」、「気管切開」の3項目であった。

⑪要介護認定の原因疾患と死亡率（表2-12）

　顕著な相違がみられたのは「悪性新生物」のみで男性2.3倍、女性3.2倍であった。その他男性では「骨粗鬆症」1.9倍、「呼吸器疾患」1.6倍、女性では「心疾患」1.5倍、「呼吸器疾患」1.4倍

であった。要介護認定の主要疾患である脳血管疾患は男女ともに1.0倍未満であった。

2）居住場所の変化：要介護度別5年以内（表3-1、表3-2）

　自宅から老人介護保健施設への移動率は要介護度が上昇するにつれ上昇したが、要介護5では0であった。自宅留まり率は要介護度が上昇するにつれ低下したが、前期と後期の間には特定の傾向はみられなかった。

　医療機関からの移動で一番多かったのは自宅で、特に要支援から要介護3までは圧倒的であった。しかし要介護度が上昇するにつれ介護療養型医療施設や介護老人保健施設への移動も上昇した。

3）要介護度の変化（表4）

　要介護度の悪化率は女性より男性が、また高齢者になるほど高値を示した。ただし95歳以上男性は対象者が少なく評価できなかった。前期と後期の比較では、65～74歳では男女とも後期の方が全般的に悪化率は高値の傾向であった。ただしこの傾向は75歳以上では明らかでなかった。

4）寝たきり度の変化（表5）

　1ランク以上の悪化率は要介護度の変化と同様、女性より男性が、高齢者ほど高値であった。また84歳までの群では男女とも1ランク以上悪化する率はランクJ、A、Bの順に低くなる傾向があったが、85歳以上群ではその傾向はみられなかった。

5）認知症度の変化（表6）

　全体を通して男女間に要介護度や寝たきり度でみられた悪化率の相違は認知症度では明らかでなかった。ただし高齢者ほど高値を示すのは同じである。

6）居住場所の変化：性・年齢群別全観察期間（表7）

　自宅留まり率は男性より女性が、また85歳以上より65～84歳の方が高かった。自宅居住者の

死亡率はその逆であった。移動で多くみられたのは介護老人保健施設や医療機関であったが，性・年齢で共通する傾向は特にみられなかった。

　医療機関の留まり率はほとんど0であった。その中で自宅移動が一番多く，年齢別では85歳以上の方が高かった。性別では明らかな傾向はみられなかった。

7）介護が必要になった原因疾患（表8）

　脳血管疾患は男女とも65〜74歳で一番多い割合を示した（男性53.0％，女性36.9％）。しかしこの割合は高齢者ほど低下した。また前期に比べ後期はすべての性・年齢群でその割合は低下した。

　認知症も脳血管疾患に次いで多い割合を示し，これも高齢者ほど上昇した。しかし，前期と後期との割合に相違は明らかでなかった。

　脊椎症，下肢関節骨格系，骨粗鬆症は女性で特に大きな割合を示した。しかし65〜74歳では相対的に低い割合であったが75歳以上では年齢による割合の相違はみられなかった。

表1　年度別新規認定者数

		要支援	要支援1	要支援2	要介護1	要介護2	要介護3	要介護4	要介護5	計
男女計	H11	131			301	247	164	206	209	1,258
	H12	69			156	71	65	41	26	428
	H13	75			166	91	47	50	35	464
	H14	101			215	79	44	34	36	509
	H15	127			167	59	39	36	25	453
	H16	97			154	53	35	30	29	398
	H17	83			150	39	32	17	31	352
	H18		50	79	126	85	63	36	34	473
	H19		79	85	131	66	54	29	20	464
	H20		82	88	124	64	42	20	22	442
	H21		121	35	108	47	31	31	26	399
	H22		161	74	139	44	28	44	39	529
	H23		151	63	127	39	32	42	25	479
	H24		136	77	163	50	22	35	33	516
	総計	683	780	501	2,227	1,034	698	651	590	7,164
男性	H11	32			84	83	52	66	53	370
	H12	16			51	35	31	16	11	160
	H13	24			58	38	24	28	14	186
	H14	26			69	34	20	15	18	182
	H15	32			57	21	14	17	11	152
	H16	39			48	23	14	9	15	148
	H17	30			50	19	20	9	14	142
	H18		11	23	42	40	27	21	26	190
	H19		32	32	32	32	31	14	10	183
	H20		19	29	38	28	20	10	15	159
	H21		40	13	42	21	12	9	16	153
	H22		47	28	64	18	15	19	28	219
	H23		47	23	48	18	16	20	17	189
	H24		60	22	75	23	11	13	19	223
	総計	199	256	170	758	433	307	266	267	2,656
女性	H11	99			217	164	112	140	156	888
	H12	53			105	36	34	25	15	268
	H13	51			108	53	23	22	21	278
	H14	75			146	45	24	19	18	327
	H15	95			110	38	25	19	14	301
	H16	58			106	30	21	21	14	250
	H17	53			100	20	12	8	17	210
	H18		39	56	84	45	36	15	8	283
	H19		47	53	99	34	23	15	10	281
	H20		63	59	86	36	22	10	7	283
	H21		81	22	66	26	19	22	10	246
	H22		114	46	75	26	13	25	11	310
	H23		104	40	79	21	16	22	8	290
	H24		76	55	88	27	11	22	14	293
	総計	484	524	331	1,469	601	391	385	323	4,508

表2-1 転帰

死亡率，転出率は対1,200人月

		男性						女性					
		総人数	総観察人月	死亡		転出		総人数	総観察人月	死亡		転出	
				人数	死亡率	人数	転出率			人数	死亡率	人数	転出率
全体													
	前期	970	47,162	761	19.4	28	0.7	1,634	117,518	1,004	10.3	81	0.8
	後期	1,316	35,607	589	19.9	21	0.7	1,986	71,113	474	8.0	73	1.2
年齢													
前期	65～74歳	232	14,001	152	13.0	7	0.6	249	20,368	93	5.5	19	1.1
	75～84歳	448	22,538	349	18.6	13	0.7	782	60,288	439	8.7	41	0.8
	85～94歳	274	10,266	244	28.5	8	0.9	566	35,275	438	14.9	20	0.7
	95歳以上	16	357	16	53.8	0	0.0	37	1,587	34	25.7	1	0.8
後期	65～74歳	272	8,169	93	13.7	6	0.9	280	9,573	62	7.8	13	1.6
	75～84歳	669	18,545	287	18.6	12	0.8	984	35,783	196	6.6	36	1.2
	85～94歳	353	8,490	199	28.1	2	0.3	677	24,395	198	9.7	21	1.0
	95歳以上	22	403	10	29.8	1	3.0	45	1,362	18	15.9	3	2.6
要介護度													
前期	要支援	153	9,670	98	12.2	6	0.7	351	28,588	148	6.2	28	1.2
	要介護1	259	13,315	204	18.4	7	0.6	540	43,468	339	9.4	19	0.5
	要介護2	123	5,645	112	23.8	1	0.2	147	9,103	106	14.0	5	0.7
	要介護3	70	2,567	62	29.0	1	0.5	76	4,337	65	18.0	0	0.0
	要介護4	34	1,088	30	33.1	0	0.0	43	2,229	35	18.8	1	0.5
	要介護5	13	159	13	98.1	0	0.0	12	271	11	48.7	0	0.0
後期	要支援1	215	5,815	60	12.4	4	0.8	470	15,841	58	4.4	14	1.1
	要支援2	139	4,270	61	17.1	4	1.1	275	10,534	63	7.2	3	0.3
	要介護1	263	7,687	103	16.1	2	0.3	469	18,791	101	6.4	19	1.2
	要介護2	111	3,125	62	23.8	2	0.8	134	4,684	57	14.6	5	1.3
	要介護3	44	1,317	30	27.3	1	0.9	60	2,285	28	14.7	1	0.5
	要介護4	31	701	22	37.7	0	0.0	35	1,047	15	17.2	1	1.1
	要介護5	23	262	20	91.6	0	0.0	12	289	3	12.5	0	0.0
寝たきり度													
前期	自立	8	223	4	21.5	2	10.8	3	246	2	9.8	0	0.0
	ランクJ	276	17,279	194	13.5	9	0.6	562	47,395	265	6.7	40	1.0
	ランクA	424	19,017	341	21.5	12	0.8	722	49,874	472	11.4	32	0.8
	ランクB	174	7,998	148	22.2	2	0.3	243	15,375	174	13.6	6	0.5
	ランクC	88	2,645	74	33.6	3	1.4	104	4,628	91	23.6	3	0.8
後期	自立	5	221	0	0.0	0	0.0	3	151	0	0.0	0	0.0
	ランクJ	320	10,896	97	10.7	6	0.7	615	24,668	96	4.7	29	1.4
	ランクA	626	15,943	281	21.2	13	1.0	1,026	34,946	252	8.7	38	1.3
	ランクB	258	7,149	125	21.0	1	0.2	272	9,631	99	12.3	6	0.7
	ランクC	107	1,398	86	73.8	1	0.9	70	1,717	27	18.9	0	0.0
認知症度													
前期	自立	201	11,814	137	13.9	4	0.4	387	30,740	176	6.9	20	0.8
	I	272	13,626	211	18.6	10	0.9	430	31,206	254	9.8	23	0.9
	II	301	13,597	247	21.8	9	0.8	513	36,272	341	11.3	30	1.0
	III	153	6,500	134	24.7	4	0.7	239	16,547	178	12.9	5	0.4
	IV	39	1,432	29	24.3	0	0.0	53	2,218	44	23.8	3	1.6
	M	4	193	3	18.7	1	6.2	12	535	11	24.7	0	0.0
後期	自立	231	6,312	95	18.1	4	0.8	381	12,838	64	6.0	13	1.2
	I	473	11,766	194	19.8	7	0.7	713	24,340	166	8.2	23	1.1
	II	491	14,243	227	19.1	7	0.6	774	29,686	202	8.2	35	1.4
	III	93	2,766	53	23.0	3	1.3	94	3,622	34	11.3	2	0.7
	IV	28	520	20	46.2	0	0.0	24	627	8	15.3	0	0.0
	M	0	—	0	—	0	—	0	—	0	—	0	—

表2-2 転帰

死亡率，転出率は対1,200人月

		男性						女性					
		総人数	総観察人月	死亡		転出		総人数	総観察人月	死亡		転出	
				人数	死亡率	人数	転出率			人数	死亡率	人数	転出率
施設利用1													
前期	自宅	652	32,444	519	19.2	15	0.6	1,169	87,996	704	9.6	53	0.7
	自宅以外	318	14,718	242	19.7	13	1.1	465	29,522	300	12.2	28	1.1
後期	自宅	826	23,177	358	18.5	13	0.7	1,455	53,471	325	7.3	43	1.0
	自宅以外	490	12,430	231	22.3	8	0.8	531	17,642	149	10.1	30	2.0
施設利用2													
前期	自宅	652	32,444	519	19.2	15	0.6	1,169	87,996	704	9.6	53	0.7
	介護老人福祉施設	0	—	0	—	0	—	2	174	1	6.9	0	0.0
	介護老人保健施設	8	321	7	26.2	0	0.0	16	943	13	16.5	2	2.5
	介護療養型医療施設	13	486	13	32.1	0	0.0	29	1,785	25	16.8	0	0.0
	認知症グループホーム	2	101	2	23.8	0	0.0	6	323	3	11.1	1	3.7
	医療機関（医療保険適用療養病床）	5	210	4	22.9	0	0.0	12	834	7	10.1	0	0.0
	医療機関（療養病床以外）	131	5,847	83	17.0	5	1.0	192	11,576	99	10.3	8	0.8
	その他の施設	159	7,753	133	20.6	8	1.2	208	13,887	152	13.1	17	1.5
後期	自宅	826	23,177	358	18.5	13	0.7	1,455	53,471	325	7.3	43	1.0
	介護老人福祉施設	2	22	2	109.1	0	0.0	3	175	0	0.0	0	0.0
	介護老人保健施設	8	250	5	24.0	1	4.8	24	1,120	10	10.7	1	1.1
	介護療養型医療施設	2	85	1	14.1	0	0.0	9	389	5	15.4	0	0.0
	認知症グループホーム	7	332	4	14.5	1	3.6	9	492	2	4.9	1	2.4
	ケアハウス等	4	37	1	32.4	1	32.4	1	6	0	0.0	1	200.0
	医療機関（医療保険適用療養病床）	18	543	7	15.5	0	0.0	15	385	4	12.5	2	6.2
	医療機関（療養病床以外）	432	10,638	204	23.0	5	0.6	442	13,914	124	10.7	20	1.7
	その他の施設	17	523	7	16.1	0	0.0	28	1,161	4	4.1	5	5.2

表2-3　転帰　　　　　　　　　　　　　　　　　　　　　　　　　　　　　　　　　　　死亡率，転出率は対1,200人月

			男性						女性				
			総人数	総観察人月	死亡		転出		総人数	総観察人月	死亡		転出	
					人数	死亡率	人数	転出率			人数	死亡率	人数	転出率
第1群：麻痺拘縮群														
前期	麻痺有無	ない	275	14,708	218	17.8	12	1.0	607	48,862	323	7.9	44	1.1
		ある	695	32,454	543	20.1	16	0.6	1,027	68,656	681	11.9	37	0.6
	左上肢	ない	844	40,584	670	19.8	25	0.7	1,490	108,843	907	10.0	74	0.8
		ある	126	6,578	91	16.6	3	0.5	144	8,675	97	13.4	7	1.0
	右上肢	ない	863	42,115	687	19.6	23	0.7	1,499	109,145	914	10.0	75	0.8
		ある	107	5,047	74	17.6	5	1.2	135	8,373	90	12.9	6	0.9
	左下肢	ない	358	20,321	266	15.7	17	1.0	672	54,450	356	7.8	45	1.0
		ある	612	26,841	495	22.1	11	0.5	962	63,068	648	12.3	36	0.7
	右下肢	ない	353	19,703	264	16.1	14	0.9	685	55,375	367	8.0	46	1.0
		ある	617	27,459	497	21.7	14	0.6	949	62,143	637	12.3	35	0.7
	麻痺その他	ない	923	44,580	729	19.6	27	0.7	1,589	114,696	971	10.2	80	0.8
		ある	47	2,582	32	14.9	1	0.5	45	2,822	33	14.0	1	0.4
	拘縮有無	ない	552	24,269	447	22.1	14	0.7	719	48,922	465	11.4	34	0.8
		ある	418	22,893	314	16.5	14	0.7	915	68,596	539	9.4	47	0.8
	肩関節拘縮	ない	808	38,117	648	20.4	23	0.7	1,405	100,625	862	10.3	72	0.9
		ある	162	9,045	113	15.0	5	0.7	229	16,893	142	10.1	9	0.6
	股関節拘縮	ない	916	43,849	724	19.8	27	0.7	1,495	108,228	921	10.2	76	0.8
		ある	54	3,313	37	13.4	1	0.4	139	9,290	83	10.7	5	0.6
	膝関節拘縮	ない	744	34,560	591	20.5	21	0.7	1,046	71,436	681	11.4	55	0.9
		ある	226	12,602	170	16.2	7	0.7	588	46,082	323	8.4	26	0.7
	拘縮その他	ない	803	38,136	635	20.0	24	0.8	1,249	88,002	760	10.4	55	0.7
		ある	167	9,026	126	16.8	4	0.5	385	29,516	244	9.9	26	1.1
後期	麻痺有無	ない	709	16,923	256	18.2	10	0.7	1,136	34,918	172	5.9	39	1.3
		ある	607	18,684	333	21.4	11	0.7	850	36,195	302	10.0	34	1.1
	左上肢	ない	1,212	32,753	541	19.8	18	0.7	1,885	68,227	438	7.7	69	1.2
		ある	104	2,854	48	20.2	3	1.3	101	2,886	36	15.0	4	1.7
	右上肢	ない	1,227	33,007	548	19.9	20	0.7	1,875	68,063	441	7.8	69	1.2
		ある	89	2,600	41	18.9	1	0.5	111	3,050	33	13.0	4	1.6
	左下肢	ない	800	19,200	279	17.4	11	0.7	1,243	37,712	196	6.2	45	1.4
		ある	516	16,407	310	22.7	10	0.7	743	33,401	278	10.0	28	1.0
	右下肢	ない	799	19,151	279	17.5	12	0.8	1,238	37,697	198	6.3	41	1.3
		ある	517	16,456	310	22.6	9	0.7	748	33,416	276	9.9	32	1.1
	麻痺その他	ない	1,255	33,719	561	20.0	20	0.7	1,935	68,658	459	8.0	72	1.3
		ある	61	1,888	28	17.8	1	0.6	51	2,455	15	7.3	1	0.5
	拘縮有無	ない	1,067	27,022	467	20.7	15	0.7	1,533	50,574	335	7.9	57	1.4
		ある	249	8,585	122	17.1	6	0.8	453	20,539	139	8.1	16	0.9
	肩関節拘縮	ない	1,211	32,054	537	20.1	19	0.7	1,831	64,539	428	8.0	68	1.3
		ある	105	3,553	52	17.6	2	0.7	155	6,574	46	8.4	5	0.9
	股関節拘縮	ない	1,292	34,926	576	19.8	20	0.7	1,939	69,018	455	7.9	71	1.2
		ある	24	681	13	22.9	1	1.8	47	2,095	19	10.9	2	1.1
	膝関節拘縮	ない	1,187	30,584	520	20.4	17	0.7	1,684	55,798	377	8.1	61	1.3
		ある	129	5,023	69	16.5	4	1.0	302	15,315	97	7.6	12	0.9
	拘縮その他	ない	1,246	33,633	559	19.9	20	0.7	1,898	68,237	441	7.8	72	1.3
		ある	70	1,974	30	18.2	1	0.6	88	2,876	33	13.8	1	0.4

表2-4 転帰

死亡率，転出率は対1,200人月

			男性						女性					
			総人数	総観察人月	死亡		転出		総人数	総観察人月	死亡		転出	
					人数	死亡率	人数	転出率			人数	死亡率	人数	転出率
第2群：移動														
前期	寝返り	できる	603	31,757	462	17.5	21	0.8	1,076	81,843	630	9.2	58	0.9
		つかまれば可	270	11,877	220	22.2	5	0.5	424	29,381	266	10.9	17	0.7
		できない	97	3,528	79	26.9	2	0.7	134	6,294	108	20.6	6	1.1
	起き上がり	できる	397	21,947	301	16.5	17	0.9	744	56,094	417	8.9	45	1.0
		つかまれば可	400	18,669	314	20.2	8	0.5	690	51,324	424	9.9	30	0.7
		できない	173	6,546	146	26.8	3	0.5	200	10,100	163	19.4	6	0.7
	座位保持	できる	646	34,451	485	16.9	23	0.8	1,184	90,129	665	8.9	63	0.8
		自分の手で支えれば可	129	5,245	109	24.9	2	0.5	220	14,972	151	12.1	10	0.8
		支えてもらえば可	160	6,398	142	26.6	2	0.4	180	10,449	146	16.8	6	0.7
		できない	35	1,068	25	28.1	1	1.1	50	1,968	42	25.6	2	1.2
	両足での 立位保持	できる	573	29,654	431	17.4	22	0.9	1,048	82,134	580	8.5	58	0.8
		支えがあれば可	237	11,329	195	20.7	3	0.3	395	26,081	265	12.2	19	0.9
		できない	160	6,179	135	26.2	3	0.6	191	9,303	159	20.5	4	0.5
	歩行	できる	314	17,280	232	16.1	14	1.0	519	41,904	271	7.8	41	1.2
		つかまれば可	420	20,291	329	19.5	9	0.5	784	57,152	475	10.0	31	0.7
		できない	236	9,591	200	25.0	5	0.6	331	18,462	258	16.8	9	0.6
	移乗	自立	645	34,315	486	17.0	23	0.8	1,267	96,661	724	9.0	72	0.9
		見守り等	110	4,628	90	23.3	0	0.0	98	6,502	64	11.8	3	0.6
		一部介助	77	3,582	68	22.8	2	0.7	93	5,646	66	14.0	2	0.4
		全介助	138	4,637	117	30.3	3	0.8	176	8,709	150	20.7	4	0.6
	移動	自立	265	14,016	180	15.4	7	0.6	508	37,025	232	7.5	36	1.2
		見守り等	66	2,575	51	23.8	2	0.9	93	5,557	50	10.8	2	0.4
		一部介助	25	985	22	26.8	0	0.0	39	2,209	25	13.6	2	1.1
		全介助	79	2,775	60	25.9	2	0.9	105	5,379	70	15.6	1	0.2
後期	寝返り	できる	794	23,445	305	15.6	18	0.9	1,277	48,496	267	6.6	50	1.2
		つかまれば可	396	9,781	199	24.4	2	0.2	558	18,536	166	10.7	20	1.3
		できない	126	2,381	85	42.8	1	0.5	151	4,081	41	12.1	3	0.9
	起き上がり	できる	450	15,168	179	14.2	11	0.9	821	34,606	170	5.9	36	1.2
		つかまれば可	647	16,101	266	19.8	9	0.7	972	30,917	220	8.5	33	1.3
		できない	219	4,338	144	39.8	1	0.3	193	5,590	84	18.0	4	0.9
	座位保持	できる	921	26,873	364	16.3	16	0.7	1,565	56,947	329	6.9	60	1.3
		自分の手で支えれば可	149	4,050	63	18.7	3	0.9	224	8,523	70	9.9	7	1.0
		支えてもらえば可	205	4,132	130	37.8	2	0.6	179	5,170	68	15.8	6	1.4
		できない	41	552	32	69.6	0	0.0	18	473	7	17.8	0	0.0
	両足での 立位保持	できる	792	22,863	292	15.3	18	0.9	1,248	45,876	232	6.1	56	1.5
		支えがあれば可	334	8,765	169	23.1	2	0.3	577	20,394	174	10.2	15	0.9
		できない	190	3,979	128	38.6	1	0.3	161	4,843	68	16.8	2	0.5
	歩行	できる	466	13,872	155	13.4	12	1.0	667	24,371	113	5.6	36	1.8
		つかまれば可	507	14,115	236	20.1	7	0.6	1,006	36,666	246	8.1	31	1.0
		できない	343	7,620	198	31.2	2	0.3	313	10,076	115	13.7	6	0.7
	移乗	自立	903	26,055	341	15.7	15	0.7	1,615	59,184	329	6.7	64	1.3
		見守り等	140	3,894	71	21.9	3	0.9	140	4,752	52	13.1	4	1.0
		一部介助	102	2,454	58	28.4	2	1.0	90	2,818	33	14.1	3	1.3
		全介助	171	3,204	119	44.6	1	0.4	141	4,359	60	16.5	2	0.6
	移動	自立	802	23,095	289	15.0	13	0.7	1,467	53,480	274	6.1	54	1.2
		見守り等	169	5,109	84	19.7	5	1.2	188	7,082	72	12.2	10	1.7
		一部介助	74	1,714	41	28.7	1	0.7	79	2,898	25	10.4	4	1.7
		全介助	271	5,689	175	36.9	2	0.4	252	7,653	103	16.2	5	0.8

表2-5　転帰 死亡率，転出率は対1,200人月

			男性						女性					
			総人数	総観察人月	死亡		転出		総人数	総観察人月	死亡		転出	
					人数	死亡率	人数	転出率			人数	死亡率	人数	転出率
第3群：複雑動作														
前期	立ち上がり	できる	130	7,283	101	16.6	5	0.8	230	18,436	134	8.7	13	0.8
		つかまれば可	661	33,217	509	18.4	19	0.7	1,177	87,488	682	9.4	62	0.9
		できない	179	6,662	151	27.2	4	0.7	227	11,594	188	19.5	6	0.6
	片足での立位保持	できる	129	7,396	96	15.6	5	0.8	220	17,801	107	7.2	17	1.1
		支えがあれば可	586	29,180	451	18.5	19	0.8	1,042	78,243	610	9.4	53	0.8
		できない	255	10,586	214	24.3	4	0.5	372	21,474	287	16.0	11	0.6
	洗身	自立	257	15,430	183	14.2	12	0.9	636	52,799	317	7.2	40	0.9
		一部介助	389	19,699	300	18.3	10	0.6	659	45,519	421	11.1	32	0.8
		全介助	253	10,163	211	24.9	5	0.6	268	15,375	209	16.3	6	0.5
		行っていない	71	1,870	67	43.0	1	0.6	71	3,825	57	17.9	3	0.9
後期	立ち上がり	できる	170	5,342	47	10.6	6	1.3	395	26,081	40	1.8	19	0.9
		つかまれば可	920	25,201	395	18.8	14	0.7	191	9,303	352	45.4	49	6.3
		できない	226	5,064	147	34.8	1	0.2	519	41,904	82	2.3	5	0.1
	片足での立位保持	できる	266	8,458	86	12.2	6	0.9	784	57,152	52	1.1	29	0.6
		支えがあれば可	763	20,521	318	18.6	13	0.8	331	18,462	326	21.2	38	2.5
		できない	287	6,628	185	33.5	2	0.4	1,267	96,661	96	1.2	6	0.1
	洗身	自立	396	11,810	131	13.3	7	0.7	812	29,683	124	5.0	27	1.1
		一部介助	533	15,093	210	16.7	11	0.9	801	29,894	217	8.7	38	1.5
		全介助	253	6,307	156	29.7	1	0.2	235	7,586	84	13.3	4	0.6
		行っていない	134	2,397	92	46.1	2	1.0	138	3,950	49	14.9	4	1.2

表2-6 転帰

死亡率，転出率は対1,200人月

			男性						女性					
			総人数	総観察人月	死亡		転出		総人数	総観察人月	死亡		転出	
					人数	死亡率	人数	転出率			人数	死亡率	人数	転出率
第4群：特別介護														
前期	褥瘡	ない	915	45,768	713	18.7	26	0.7	1,576	114,739	951	9.9	81	0.8
		ある	55	1,394	48	41.3	2	1.7	58	2,779	53	22.9	0	0.0
	皮膚疾患	ない	789	38,026	618	19.5	24	0.8	1,407	102,989	863	10.1	69	0.8
		ある	181	9,136	143	18.8	4	0.5	227	14,529	141	11.6	12	1.0
	嚥下	できる	747	38,077	584	18.4	22	0.7	1,457	107,701	870	9.7	77	0.9
		見守り等	194	8,418	153	21.8	6	0.9	138	8,540	101	14.2	2	0.3
		できない	29	667	24	43.2	0	0.0	39	1,277	33	31.0	2	1.9
	食物摂取	自立	704	36,939	536	17.4	23	0.7	1,387	103,685	815	9.4	74	0.9
		見守り等	125	5,660	107	22.7	2	0.4	100	7,203	68	11.3	3	0.5
		一部介助	59	2,567	49	22.9	2	0.9	56	3,166	45	17.1	1	0.4
		全介助	82	1,996	69	41.5	1	0.6	91	3,464	76	26.3	3	1.0
	飲水	自立	233	12,220	161	15.8	9	0.9	502	35,662	230	7.7	35	1.2
		見守り等	145	6,406	111	20.8	0	0.0	187	12,028	106	10.6	5	0.5
		一部介助	24	837	19	27.2	1	1.4	19	973	15	18.5	0	0.0
		全介助	33	888	22	29.7	1	1.4	37	1,507	26	20.7	1	0.8
	排尿	自立	189	10,385	124	14.3	6	0.7	454	33,567	196	7.0	31	1.1
		見守り等	58	2,308	45	23.4	1	0.5	67	4,419	40	10.9	2	0.5
		一部介助	86	3,976	65	19.6	2	0.6	109	6,477	67	12.4	6	1.1
		全介助	102	3,682	79	25.7	2	0.7	115	5,707	74	15.6	2	0.4
	排便	自立	231	12,174	155	15.3	8	0.8	492	36,013	220	7.3	33	1.1
		見守り等	45	2,089	31	17.8	0	0.0	41	2,590	20	9.3	3	1.4
		一部介助	51	2,205	43	23.4	0	0.0	96	5,825	60	12.4	3	0.6
		全介助	108	3,883	84	26.0	3	0.9	116	5,742	77	16.1	2	0.4
後期	褥瘡	ない	502	19,285	292	18.2	13	0.8	829	42,031	290	8.3	42	1.2
		ある	30	583	27	55.6	0	0.0	18	653	12	22.1	1	1.8
	皮膚疾患	ない	389	14,253	233	19.6	7	0.6	696	35,438	251	8.5	37	1.3
		ある	143	5,615	86	18.4	6	1.3	151	7,246	51	8.4	6	1.0
	嚥下	できる	1,025	28,120	419	17.9	17	0.7	1,812	65,252	412	7.6	67	1.2
		見守り等	239	6,604	136	24.7	2	0.4	151	5,411	52	11.5	6	1.3
		できない	52	883	34	46.2	2	2.7	23	450	10	26.7	0	0.0
	食物摂取	自立	1,076	30,343	432	17.1	19	0.8	1,822	66,164	405	7.3	70	1.3
		見守り等	73	2,221	39	21.1	0	0.0	67	2,507	30	14.4	2	1.0
		一部介助	52	1,142	38	39.9	0	0.0	33	951	13	16.4	1	1.3
		全介助	115	1,901	80	50.5	2	1.3	64	1,491	26	20.9	0	0.0
	飲水	自立	235	9,654	129	16.0	6	0.7	551	29,468	154	6.3	30	1.2
		見守り等	228	8,463	143	20.3	7	1.0	261	12,041	128	12.8	12	1.2
		一部介助	28	815	20	29.4	0	0.0	13	597	7	14.1	1	2.0
		全介助	41	936	27	34.6	0	0.0	22	578	13	27.0	0	0.0
	排尿	自立	629	16,641	191	13.8	12	0.9	1,294	45,185	227	6.0	47	1.2
		見守り等	142	5,249	82	18.7	3	0.7	186	9,209	57	7.4	11	1.4
		一部介助	200	5,717	102	21.4	1	0.2	232	7,837	73	11.2	9	1.4
		全介助	345	8,000	214	32.1	5	0.8	274	8,882	117	15.8	6	0.8
	排便	自立	707	19,231	242	15.1	11	0.7	1,384	49,214	251	6.1	51	1.2
		見守り等	127	5,045	66	15.7	2	0.5	134	6,469	42	7.8	10	1.9
		一部介助	124	3,110	59	22.8	3	1.2	183	6,252	63	12.1	6	1.2
		全介助	358	8,221	222	32.4	5	0.7	285	9,178	118	15.4	6	0.8

表2-7　転帰

死亡率, 転出率は対1,200人月

			男性						女性					
			総人数	総観察人月	死亡 人数	死亡率	転出 人数	転出率	総人数	総観察人月	死亡 人数	死亡率	転出 人数	転出率
第5群：身の回り														
前期	口腔清潔	自立	562	29,933	421	16.9	18	0.7	1,136	88,798	628	8.5	69	0.9
		一部介助	268	12,603	220	20.9	7	0.7	340	21,231	246	13.9	7	0.4
		全介助	140	4,626	120	31.1	3	0.8	158	7,489	130	20.8	5	0.8
	洗顔	自立	561	29,787	422	17.0	16	0.6	1,139	89,162	626	8.4	66	0.9
		一部介助	279	13,145	229	20.9	9	0.8	359	21,898	266	14.6	11	0.6
		全介助	130	4,230	110	31.2	3	0.9	136	6,458	112	20.8	4	0.7
	整髪	自立	581	30,772	439	17.1	17	0.7	1,175	91,201	650	8.6	69	0.9
		一部介助	243	11,536	197	20.5	7	0.7	309	19,231	230	14.4	8	0.5
		全介助	146	4,854	125	30.9	4	1.0	150	7,086	124	21.0	4	0.7
	つめきり	自立	368	20,120	277	16.5	14	0.8	710	56,925	375	7.9	41	0.9
		一部介助	149	7,776	109	16.8	5	0.8	252	17,769	149	10.1	16	1.1
		全介助	453	19,266	375	23.4	9	0.6	672	42,824	480	13.5	24	0.7
	上衣の着脱	自立	429	24,251	301	14.9	18	0.9	1,005	77,760	536	8.3	62	1.0
		見守り等	110	5,519	90	19.6	4	0.9	145	10,786	99	11.0	4	0.4
		一部介助	288	12,354	251	24.4	1	0.1	334	21,413	242	13.6	11	0.6
		全介助	143	5,038	119	28.3	5	1.2	150	7,559	127	20.2	4	0.6
	ズボン等の着脱	自立	428	24,016	302	15.1	17	0.8	1,004	77,397	536	8.3	66	1.0
		見守り等	106	5,508	82	17.9	5	1.1	149	11,347	100	10.6	4	0.4
		一部介助	247	10,704	218	24.4	1	0.1	267	17,351	199	13.8	5	0.3
		全介助	189	6,934	159	27.5	5	0.9	214	11,423	169	17.8	6	0.6
	薬の内服	自立	261	15,142	175	13.9	8	0.6	611	49,292	302	7.4	33	0.8
		一部介助	546	26,465	448	20.3	16	0.7	838	58,587	556	11.4	45	0.9
		全介助	163	5,555	138	29.8	4	0.9	185	9,639	146	18.2	3	0.4
	金銭の管理	自立	228	13,033	150	13.8	8	0.7	514	41,316	232	6.7	29	0.8
		一部介助	361	17,913	289	19.4	9	0.6	590	42,512	370	10.4	37	1.0
		全介助	381	16,216	322	23.8	11	0.8	530	33,690	402	14.3	15	0.5
	日常の意思決定	できる	143	7,768	92	14.2	4	0.6	268	19,642	105	6.4	17	1.0
		特別な場合を除いてできる	261	11,211	204	21.8	6	0.6	425	27,988	234	10.0	24	0.9
		日常的に困難	28	1,231	16	15.6	1	1.0	44	2,253	32	17.0	0	0.0
		できない	3	141	1	8.5	0	0.0	8	287	6	25.1	0	0.0
後期	口腔清潔	自立	819	23,734	296	15.0	17	0.9	1,502	55,142	297	6.5	59	1.3
		一部介助	348	8,890	188	25.4	3	0.4	404	13,882	148	12.8	12	1.0
		全介助	149	2,983	105	42.2	1	0.4	80	2,089	29	16.7	2	1.1
	洗顔	自立	820	23,805	298	15.0	17	0.9	1,521	55,970	304	6.5	57	1.2
		一部介助	339	8,622	181	25.2	2	0.3	374	12,683	134	12.7	15	1.4
		全介助	157	3,180	110	41.5	2	0.8	91	2,460	36	17.6	1	0.5
	整髪	自立	906	25,695	334	15.6	18	0.8	1,579	57,461	322	6.7	60	1.3
		一部介助	251	6,621	153	27.7	1	0.2	300	10,802	117	13.0	11	1.2
		全介助	159	3,291	102	37.2	2	0.7	107	2,850	35	14.7	2	0.8
	つめきり	自立	541	14,892	209	16.8	6	0.5	982	35,855	158	5.3	34	1.1
		一部介助	198	5,760	82	17.1	5	1.0	319	11,983	87	8.7	18	1.8
		全介助	577	14,955	298	23.9	10	0.8	685	23,275	229	11.8	21	1.1
	上衣の着脱	自立	628	17,766	215	14.5	11	0.7	1,348	48,607	252	6.2	53	1.3
		見守り等	170	6,212	77	14.9	6	1.2	177	8,060	59	8.8	8	1.2
		一部介助	395	9,070	215	28.4	3	0.4	376	12,113	131	13.0	11	1.1
		全介助	123	2,559	82	38.5	1	0.5	85	2,333	32	16.5	1	0.5
	ズボン等の着脱	自立	614	17,294	213	14.8	11	0.8	1,317	47,381	246	6.2	51	1.3
		見守り等	158	5,866	70	14.3	5	1.0	171	7,988	51	7.7	9	1.4
		一部介助	357	8,315	185	26.7	3	0.4	359	11,807	119	12.1	10	1.0
		全介助	187	4,132	121	35.1	2	0.6	139	3,937	58	17.7	3	0.9
	薬の内服	自立	311	9,198	117	15.3	6	0.8	702	25,438	117	5.5	18	0.8
		一部介助	796	21,582	343	19.1	12	0.7	1,141	41,603	308	8.9	52	1.5
		全介助	209	4,827	129	32.1	3	0.7	143	4,072	49	14.4	3	0.9
	金銭の管理	自立	335	9,496	138	17.4	7	0.9	698	24,742	115	5.6	25	1.2
		一部介助	434	12,919	180	16.7	7	0.7	658	25,262	154	7.3	28	1.3
		全介助	547	13,192	271	24.7	7	0.6	630	21,109	205	11.7	20	1.1
	日常の意思決定	できる	351	9,993	148	17.8	4	0.5	566	20,528	108	6.3	21	1.2
		特別な場合を除いてできる	859	22,658	382	20.2	14	0.7	1,318	47,365	334	8.5	48	1.2
		日常的に困難	91	2,653	48	21.7	3	1.4	81	2,765	26	11.3	4	1.7
		できない	0	—	0	—	0	—	0	—	0	—	0	—

147

表2-8　転帰

死亡率，転出率は対1,200人月

			男性						女性					
					死亡		転出				死亡		転出	
			総人数	総観察人月	人数	死亡率	人数	転出率	総人数	総観察人月	人数	死亡率	人数	転出率
第6群：意思疎通														
前期	視力	普通	862	43,374	669	18.5	25	0.7	1,468	107,508	878	9.8	70	0.8
		1m離れて見える	74	2,668	64	28.8	3	1.3	106	7,056	78	13.3	7	1.2
		目の前見える	12	309	11	42.7	0	0.0	24	1,301	18	16.6	2	1.8
		ほとんど見えない	7	465	5	12.9	0	0.0	9	699	6	10.3	1	1.3
		判断不能	15	346	12	41.6	0	0.0	27	954	24	30.2	1	1.3
	聴力	普通	552	30,136	407	16.2	16	0.6	994	75,293	548	8.7	57	0.9
		普通の声が聞き取れる	237	9,914	197	23.8	8	1.0	368	26,167	237	10.9	16	0.7
		大きな声なら聞き取れる	164	6,579	142	25.9	3	0.5	238	14,891	188	15.2	6	0.5
		ほとんど聞こえない	9	307	8	31.3	1	3.9	14	579	12	24.9	1	2.1
		判断不能	8	226	7	37.2	0	0.0	20	588	19	38.8	1	2.0
	意思の伝達	伝達できる	765	38,994	589	18.1	24	0.7	1,387	102,766	822	9.6	75	0.9
		ときどきできる	154	6,321	133	25.2	2	0.4	183	12,096	126	12.5	4	0.4
		ほとんどできない	41	1,546	31	24.1	2	1.6	35	1,656	30	21.7	1	0.7
		できない	10	301	8	31.9	0	0.0	29	1,000	26	31.2	1	1.2
	毎日の日課を理解	できる	575	30,412	434	17.1	18	0.7	996	75,584	556	8.8	56	0.9
		できない	395	16,750	327	23.4	10	0.7	638	41,934	448	12.8	25	0.7
	生年月日をいう	できる	880	43,545	687	18.9	27	0.7	1,414	104,733	831	9.5	76	0.9
		できない	90	3,617	74	24.6	1	0.3	220	12,785	173	16.2	5	0.5
	短期記憶	できる	691	35,225	527	18.0	22	0.7	1,140	85,589	638	8.9	65	0.9
		できない	279	11,937	234	23.5	6	0.6	494	31,929	366	13.8	16	0.6
	自分の名前をいう	できる	925	45,507	726	19.1	27	0.7	1,583	115,384	957	10.0	80	0.8
		できない	45	1,655	35	25.4	1	0.7	51	2,134	47	26.4	1	0.6
	今の季節を理解できる	できる	769	39,408	592	18.0	23	0.7	1,300	97,118	753	9.3	71	0.9
		できない	201	7,754	169	26.2	5	0.8	334	20,400	251	14.8	10	0.6
	場所の理解	できる	875	43,555	686	18.9	26	0.7	1,496	110,204	891	9.7	77	0.8
		できない	95	3,607	75	25.0	2	0.7	138	7,314	113	18.5	4	0.7
後期	視力	普通	1,242	33,839	558	19.8	20	0.7	1,888	68,064	439	7.7	71	1.3
		1m離れて見える	42	1,200	15	15.0	0	0.0	55	1,768	18	12.2	1	0.7
		目の前見える	13	196	7	42.9	1	6.1	18	587	6	12.3	1	2.0
		ほとんど見えない	10	297	3	12.1	0	0.0	14	480	6	15.0	0	0.0
		判断不能	9	75	6	96.0	0	0.0	11	214	5	28.0	0	0.0
	聴力	普通	827	22,514	338	18.0	13	0.7	1,270	45,466	267	7.0	44	1.2
		普通の声が聞き取れる	336	9,693	162	20.1	6	0.7	516	19,464	135	8.3	23	1.4
		大きな声なら聞き取れる	140	3,216	81	30.2	2	0.7	177	5,464	65	14.3	6	1.3
		ほとんど聞こえない	7	143	4	33.6	0	0.0	15	558	4	8.6	0	0.0
		判断不能	6	41	4	117.1	0	0.0	8	161	3	22.4	0	0.0
	意思の伝達	伝達できる	796	17,975	302	20.2	9	0.6	1,232	36,449	225	7.4	44	1.4
		ときどきできる	111	2,712	52	23.0	2	0.9	108	4,298	36	10.1	3	0.8
		ほとんどできない	22	518	14	32.4	1	2.3	21	443	4	10.8	0	0.0
		できない	9	70	7	120.0	0	0.0	6	79	4	60.8	0	0.0
	毎日の日課を理解	できる	897	22,956	346	18.1	10	0.5	1,394	45,049	258	6.9	55	1.5
		できない	419	12,651	243	23.0	11	1.0	592	26,064	216	9.9	18	0.8
	生年月日をいう	できる	1,213	32,946	529	19.3	19	0.7	1,828	65,705	426	7.8	68	1.2
		できない	103	2,661	60	27.1	2	0.9	158	5,408	48	10.7	5	1.1
	短期記憶	できる	917	24,179	373	18.5	13	0.6	1,374	47,326	298	7.6	49	1.2
		できない	399	11,428	216	22.7	8	0.8	612	23,787	176	8.9	24	1.2
	自分の名前をいう	できる	1,284	34,849	569	19.6	20	0.7	1,962	70,539	464	7.9	73	1.2
		できない	32	758	20	31.7	1	1.6	24	574	10	20.9	0	0.0
	今の季節を理解できる	できる	1,073	28,890	456	18.9	16	0.7	1,688	60,048	375	7.5	66	1.3
		できない	243	6,717	133	23.8	5	0.9	298	11,065	99	10.7	7	0.8
	場所の理解	できる	1,218	32,418	534	19.8	17	0.6	1,896	68,154	435	7.7	70	1.2
		できない	98	3,189	55	20.7	4	1.5	90	2,959	39	15.8	3	1.2

表2-9 転帰

死亡率，転出率は対1,200人月

			男性						女性					
			総人数	総観察人月	死亡		転出		総人数	総観察人月	死亡		転出	
					人数	死亡率	人数	転出率			人数	死亡率	人数	転出率
第7群：問題行動1														
前期	被害的	ない	942	46,114	736	19.2	27	0.7	1,480	105,226	904	10.3	76	0.9
		ときどきある	10	394	8	24.4	0	0.0	47	3,851	30	9.3	1	0.3
		ある	18	654	17	31.2	1	1.8	107	8,441	70	10.0	4	0.6
	作話	ない	939	45,841	733	19.2	27	0.7	1,553	110,552	953	10.3	79	0.9
		ときどきある	6	217	6	33.2	0	0.0	15	1,596	8	6.0	0	0.0
		ある	25	1,104	22	23.9	1	1.1	66	5,370	43	9.6	2	0.4
	感情が不安定	ない	888	42,757	688	19.3	26	0.7	1,498	106,157	921	10.4	72	0.8
		ときどきある	19	1,164	14	14.4	0	0.0	40	3,254	24	8.9	4	1.5
		ある	63	3,241	59	21.8	2	0.7	96	8,107	59	8.7	5	0.7
	昼夜逆転	ない	854	42,225	654	18.6	28	0.8	1,500	107,653	901	10.0	79	0.9
		ときどきある	32	1,656	27	19.6	0	0.0	42	3,191	33	12.4	1	0.4
		ある	84	3,281	80	29.3	0	0.0	92	6,674	70	12.6	1	0.2
	同じ話をする	ない	873	42,955	675	18.9	24	0.7	1,380	96,616	840	10.4	73	0.9
		ときどきある	3	151	3	23.8	0	0.0	20	1,783	15	10.1	1	0.7
		ある	94	4,056	83	24.6	4	1.2	234	19,119	149	9.4	7	0.4
	大声を出す	ない	892	43,476	696	19.2	25	0.7	1,549	110,914	942	10.2	78	0.8
		ときどきある	19	1,019	16	18.8	0	0.0	19	1,402	14	12.0	1	0.9
		ある	59	2,667	49	22.0	3	1.3	66	5,202	48	11.1	2	0.5
	介護に抵抗	ない	879	42,837	679	19.0	28	0.8	1,514	109,102	915	10.1	76	0.8
		ときどきある	21	954	20	25.2	0	0.0	26	1,496	20	16.0	2	1.6
		ある	70	3,371	62	22.1	0	0.0	94	6,920	69	12.0	3	0.5
	徘徊	ない	916	44,888	712	19.0	26	0.7	1,557	111,540	946	10.2	79	0.8
		ときどきある	10	471	10	25.5	0	0.0	17	1,286	12	11.2	0	0.0
		ある	44	1,803	39	26.0	2	1.3	60	4,692	46	11.8	2	0.5
	落ち着きなし	ない	936	45,860	729	19.1	28	0.7	1,591	114,077	977	10.3	80	0.8
		ときどきある	10	486	9	22.2	0	0.0	10	824	8	11.7	0	0.0
		ある	24	816	23	33.8	0	0.0	33	2,617	19	8.7	1	0.5
後期	被害的	ない	1,277	34,053	575	20.3	21	0.7	1,845	65,980	443	8.1	67	1.2
		ときどきある	19	645	8	14.9	0	0.0	57	1,893	8	5.1	2	1.3
		ある	20	909	6	7.9	0	0.0	84	3,240	23	8.5	4	1.5
	作話	ない	1,272	34,693	578	20.0	21	0.7	1,904	68,692	462	8.1	69	1.2
		ときどきある	15	313	1	3.8	0	0.0	26	660	2	3.6	1	1.8
		ある	29	601	10	20.0	0	0.0	56	1,761	10	6.8	3	2.0
	感情が不安定	ない	1,205	32,756	541	19.8	20	0.7	1,829	66,105	449	8.2	68	1.2
		ときどきある	19	568	8	16.9	0	0.0	34	892	5	6.7	2	2.7
		ある	92	2,283	40	21.0	1	0.5	123	4,116	20	5.8	3	0.9
	昼夜逆転	ない	1,261	34,076	559	19.7	20	0.7	1,945	69,883	459	7.9	72	1.2
		ときどきある	12	442	5	13.6	0	0.0	10	258	5	23.3	0	0.0
		ある	43	1,000	26	27.5	1	1.1	31	972	10	12.3	1	1.2
	同じ話をする	ない	1,192	32,346	543	20.1	20	0.7	1,686	60,912	419	8.3	56	1.1
		ときどきある	6	162	1	7.4	0	0.0	25	485	3	7.4	1	2.5
		ある	118	3,099	45	17.4	1	0.4	275	9,716	52	6.4	16	2.0
	大声を出す	ない	1,244	33,525	548	19.6	17	0.6	1,950	69,832	461	7.9	72	1.2
		ときどきある	14	426	6	16.9	0	0.0	8	223	3	16.1	1	5.4
		ある	58	1,656	35	25.4	4	2.9	28	1,058	10	11.3	0	0.0
	介護に抵抗	ない	1,279	34,689	567	19.6	20	0.7	1,956	69,889	466	8.0	71	1.2
		ときどきある	4	78	4	61.5	0	0.0	5	180	0	0.0	1	6.7
		ある	33	840	18	25.7	1	1.4	25	1,044	8	9.2	1	1.1
	徘徊	ない	1,302	35,132	582	19.9	21	0.7	1,972	70,633	472	8.0	72	1.2
		ときどきある	2	26	0	0.0	0	0.0	1	41	1	29.3	0	0.0
		ある	12	449	7	18.7	0	0.0	13	439	1	2.7	1	2.7
	落ち着きなし	ない	1,278	34,391	570	19.9	21	0.7	1,939	69,229	455	7.9	71	1.2
		ときどきある	12	344	7	24.4	0	0.0	13	335	8	28.7	1	3.6
		ある	26	872	12	16.5	0	0.0	34	1,549	11	8.5	1	0.8

表2-10　転帰

死亡率，転出率は対1,200人月

			男性						女性					
					死亡		転出				死亡		転出	
			総人数	総観察人月	人数	死亡率	人数	転出率	総人数	総観察人月	人数	死亡率	人数	転出率
第7群：問題行動2														
前期	外出して戻れない	ない	937	45,579	733	19.3	28	0.7	1,579	112,717	973	10.4	79	0.8
		ときどきある	9	461	8	20.8	0	0.0	24	1,906	15	9.4	1	0.6
		ある	24	1,122	20	21.4	0	0.0	31	2,895	16	6.6	1	0.4
	一人で出たがる	ない	934	45,494	728	19.2	27	0.7	1,568	112,621	950	10.1	81	0.9
		ときどきある	7	273	7	30.8	0	0.0	10	755	8	12.7	0	0.0
		ある	29	1,395	26	22.4	1	0.9	56	4,142	46	13.3	0	0.0
	収集癖	ない	964	46,728	756	19.4	27	0.7	1,599	114,847	980	10.2	79	0.8
		ときどきある	2	101	2	23.8	0	0.0	7	491	5	12.2	0	0.0
		ある	4	333	3	10.8	1	3.6	28	2,180	19	10.5	2	1.1
	物や衣服を壊す	ない	963	46,869	755	19.3	28	0.7	1,620	116,491	993	10.2	81	0.8
		ときどきある	3	78	3	46.2	0	0.0	4	200	4	24.0	0	0.0
		ある	4	215	3	16.7	0	0.0	10	827	7	10.2	0	0.0
後期	外出して戻れない	ない	1,300	35,041	585	20.0	21	0.7	1,964	70,415	470	8.0	71	1.2
		ときどきある	9	379	2	6.3	0	0.0	10	472	4	10.2	2	5.1
		ある	7	187	2	12.8	0	0.0	12	226	0	0.0	0	0.0
	一人で出たがる	ない	1,296	34,898	583	20.0	20	0.7	1,971	70,286	470	8.0	73	1.2
		ときどきある	6	247	2	9.7	1	4.9	4	221	1	5.4	0	0.0
		ある	14	462	4	10.4	0	0.0	11	606	3	5.9	0	0.0
	収集癖	ない	1,312	35,509	587	19.8	20	0.7	1,975	70,678	473	8.0	73	1.2
		ときどきある	0	—	0	—	0	—	2	86	0	0.0	0	0.0
		ある	4	98	2	24.5	1	12.2	9	349	1	3.4	0	0.0
	物や衣服を壊す	ない	1,311	35,518	588	19.9	21	0.7	1,985	71,094	474	8.0	73	1.2
		ときどきある	2	37	0	0.0	0	0.0	1	19	0	0.0	0	0.0
		ある	3	52	1	23.1	0	0.0	0	—	0	—	0	—

表2-11 転帰

死亡率，転出率は対1,200人月

			男性						女性					
					死亡		転出				死亡		転出	
		総人数	総観察人月		人数	死亡率	人数	転出率	総人数	総観察人月	人数	死亡率	人数	転出率
特別な医療														
前期 特別医療有無	ない	765	40,248		592	17.7	23	0.7	1,395	102,423	839	9.8	74	0.9
	ある	205	6,914		169	29.3	5	0.9	239	15,095	165	13.1	7	0.6
点滴の管理	ない	923	45,758		726	19.0	25	0.7	1,602	116,322	981	10.1	79	0.8
	ある	47	1,404		35	29.9	3	2.6	32	1,196	23	23.1	2	2.0
中心静脈栄養	ない	954	47,040		745	19.0	28	0.7	1,619	117,010	991	10.2	81	0.8
	ある	16	122		16	157.4	0	0.0	15	508	13	30.7	0	0.0
透析	ない	955	46,576		747	19.2	28	0.7	1,624	117,138	997	10.2	81	0.8
	ある	15	586		14	28.7	0	0.0	10	380	7	22.1	0	0.0
ストーマ	ない	964	47,022		756	19.3	27	0.7	1,630	117,417	1,002	10.2	81	0.8
	ある	6	140		5	42.9	1	8.6	4	101	2	23.8	0	0.0
酸素療法	ない	915	45,915		715	18.7	27	0.7	1,608	116,520	984	10.1	81	0.8
	ある	55	1,247		46	44.3	1	1.0	26	998	20	24.0	0	0.0
レスピレーター	ない	968	47,130		759	19.3	28	0.7	1,634	117,518	1,004	10.3	81	0.8
	ある	2	32		2	75.0	0	0.0	0	—	0	—	0	—
気管切開の処置	ない	962	47,031		754	19.2	27	0.7	1,629	117,357	999	10.2	81	0.8
	ある	8	131		7	64.1	1	9.2	5	161	5	37.3	0	0.0
疼痛の看護	ない	937	45,458		733	19.3	28	0.7	1,536	109,112	948	10.4	77	0.8
	ある	33	1,704		28	19.7	0	0.0	98	8,406	56	8.0	4	0.6
経管栄養	ない	939	46,525		736	19.0	27	0.7	1,590	116,003	967	10.0	79	0.8
	ある	31	637		25	47.1	1	1.9	44	1,515	37	29.3	2	1.6
モニター測定	ない	963	47,013		756	19.3	28	0.7	1,629	117,326	1,000	10.2	81	0.8
	ある	7	149		5	40.3	0	0.0	5	192	4	25.0	0	0.0
褥瘡の処置	ない	931	46,304		728	18.9	26	0.7	1,603	116,124	975	10.1	81	0.8
	ある	39	858		33	46.2	2	2.8	31	1,394	29	25.0	0	0.0
カテーテル	ない	926	45,533		727	19.2	27	0.7	1,584	114,918	966	10.1	80	0.8
	ある	44	1,629		34	25.0	1	0.7	50	2,600	38	17.5	1	0.5
後期 特別医療有無	ない	1,069	31,475		426	16.2	17	0.6	1,837	67,589	410	7.3	69	1.2
	ある	247	4,132		163	47.3	4	1.2	149	3,524	64	21.8	4	1.4
点滴の管理	ない	1,241	34,574		531	18.4	20	0.7	1,953	70,439	457	7.8	72	1.2
	ある	75	1,033		58	67.4	1	1.2	33	674	17	30.3	1	1.8
中心静脈栄養	ない	1,293	35,495		570	19.3	20	0.7	1,976	70,972	469	7.9	73	1.2
	ある	23	112		19	203.6	1	10.7	10	141	5	42.6	0	0.0
透析	ない	1,294	35,196		583	19.9	19	0.6	1,968	70,729	467	7.9	73	1.2
	ある	22	411		6	17.5	2	5.8	18	384	7	21.9	0	0.0
ストーマ	ない	1,308	35,432		584	19.8	21	0.7	1,977	70,824	472	8.0	73	1.2
	ある	8	175		5	34.3	0	0.0	9	289	2	8.3	0	0.0
酸素療法	ない	1,250	34,745		540	18.7	21	0.7	1,964	70,685	461	7.8	72	1.2
	ある	66	862		49	68.2	0	0.0	22	428	13	36.4	1	2.8
レスピレーター	ない	1,316	35,607		589	19.9	21	0.7	1,984	71,103	473	8.0	73	1.2
	ある	0	—		0	—	0	—	2	10	1	120.0	0	0.0
気管切開の処置	ない	1,307	35,375		585	19.8	21	0.7	1,983	71,098	473	8.0	73	1.2
	ある	9	232		4	20.7	0	0.0	3	15	1	80.0	0	0.0
疼痛の看護	ない	1,295	35,506		570	19.3	21	0.7	1,976	70,945	469	7.9	73	1.2
	ある	21	101		19	225.7	0	0.0	10	168	5	35.7	0	0.0
経管栄養	ない	1,275	34,595		568	19.7	20	0.7	1,962	70,603	466	7.9	72	1.2
	ある	41	1,012		21	24.9	1	1.2	24	510	8	18.8	1	2.4
モニター測定	ない	1,295	35,295		570	19.4	21	0.7	1,975	70,962	469	7.9	73	1.2
	ある	21	312		19	73.1	0	0.0	11	151	5	39.7	0	0.0
褥瘡の処置	ない	1,278	34,906		560	19.3	21	0.7	1,965	70,413	465	7.9	72	1.2
	ある	38	701		29	49.6	0	0.0	21	700	9	15.4	1	1.7
カテーテル	ない	1,252	34,488		546	19.0	20	0.7	1,937	69,807	456	7.8	73	1.3
	ある	64	1,119		43	46.1	1	1.1	49	1,306	18	16.5	0	0.0

表2-12 転帰

死亡率，転出率は対1,200人月

			男性						女性					
			総人数	総観察人月	死亡		転出		総人数	総観察人月	死亡		転出	
					人数	死亡率	人数	転出率			人数	死亡率	人数	転出率
原因疾患														
前期	脳血管疾患	ない	560	24,703	443	21.5	19	0.9	1,133	79,928	686	10.3	54	0.8
		ある	410	22,459	318	17.0	9	0.5	501	37,590	318	10.2	27	0.9
	認知症	ない	674	35,067	512	17.5	20	0.7	1,070	78,103	611	9.4	49	0.8
		ある	296	12,095	249	24.7	8	0.8	564	39,415	393	12.0	32	1.0
	悪性新生物	ない	854	44,250	661	17.9	25	0.7	1,559	115,196	943	9.8	79	0.8
		ある	116	2,912	100	41.2	3	1.2	75	2,322	61	31.5	2	1.0
	心疾患	ない	799	39,745	622	18.8	26	0.8	1,351	101,236	805	9.5	64	0.8
		ある	171	7,417	139	22.5	2	0.3	283	16,282	199	14.7	17	1.3
	高血圧	ない	815	39,015	641	19.7	24	0.7	1,278	90,215	800	10.6	58	0.8
		ある	155	8,147	120	17.7	4	0.6	356	27,303	204	9.0	23	1.0
	糖尿病	ない	865	41,925	683	19.5	24	0.7	1,509	108,549	919	10.2	78	0.9
		ある	105	5,237	78	17.9	4	0.9	125	8,969	85	11.4	3	0.4
	呼吸器疾患	ない	879	44,039	684	18.6	26	0.7	1,592	114,926	974	10.2	81	0.8
		ある	91	3,123	77	29.6	2	0.8	42	2,592	30	13.9	0	0.0
	パーキンソン病	ない	939	45,546	738	19.4	28	0.7	1,594	114,520	979	10.3	77	0.8
		ある	31	1,616	23	17.1	0	0.0	40	2,998	25	10.0	4	1.6
	脊椎症	ない	804	38,609	638	19.8	22	0.7	1,175	82,404	739	10.8	57	0.8
		ある	166	8,553	123	17.3	6	0.8	459	35,114	265	9.1	24	0.8
	下肢関節骨格系	ない	887	42,437	692	19.6	25	0.7	1,278	88,768	815	11.0	72	1.0
		ある	83	4,725	69	17.5	3	0.8	356	28,750	189	7.9	9	0.4
	骨粗鬆症	ない	925	45,909	723	18.9	26	0.7	1,354	97,830	845	10.4	65	0.8
		ある	45	1,253	38	36.4	2	1.9	280	19,688	159	9.7	16	1.0
後期	脳血管疾患	ない	909	22,105	443	24.0	16	0.9	1,572	54,782	373	8.2	64	1.4
		ある	407	13,502	146	13.0	5	0.4	412	16,278	100	7.4	9	0.7
	認知症	ない	891	23,874	401	20.2	10	0.5	1,272	44,195	322	8.7	44	1.2
		ある	425	11,733	188	19.2	11	1.1	712	26,865	151	6.7	29	1.3
	悪性新生物	ない	1,086	32,325	428	15.9	19	0.7	1,829	67,614	399	7.1	69	1.2
		ある	230	3,282	161	58.9	2	0.7	155	3,446	74	25.8	4	1.4
	心疾患	ない	1,009	28,173	449	19.1	15	0.6	1,593	58,123	370	7.6	60	1.2
		ある	307	7,434	140	22.6	6	1.0	391	12,937	103	9.6	13	1.2
	高血圧	ない	1,007	26,174	483	22.1	17	0.8	1,461	51,330	369	8.6	54	1.3
		ある	309	9,433	106	13.5	4	0.5	523	19,730	104	6.3	19	1.2
	糖尿病	ない	1,112	29,669	507	20.5	16	0.6	1,768	63,587	419	7.9	66	1.2
		ある	204	5,938	82	16.6	5	1.0	216	7,473	54	8.7	7	1.1
	呼吸器疾患	ない	1,208	33,136	526	19.0	21	0.8	1,928	69,210	453	7.9	71	1.2
		ある	108	2,471	63	30.6	0	0.0	56	1,850	20	13.0	2	1.3
	パーキンソン病	ない	1,283	34,744	575	19.9	21	0.7	1,938	69,381	461	8.0	70	1.2
		ある	33	863	14	19.5	0	0.0	46	1,679	12	8.6	3	2.1
	脊椎症	ない	1,075	28,996	480	19.9	21	0.9	1,435	50,365	359	8.6	56	1.3
		ある	241	6,611	109	19.8	0	0.0	549	20,695	114	6.6	17	1.0
	下肢関節骨格系	ない	1,190	31,751	530	20.0	20	0.8	1,542	54,721	387	8.5	61	1.3
		ある	126	3,856	59	18.4	1	0.3	442	16,339	86	6.3	12	0.9
	骨粗鬆症	ない	1,244	33,894	549	19.4	21	0.7	1,657	59,479	399	8.0	62	1.3
		ある	72	1,713	40	28.0	0	0.0	327	11,581	74	7.7	11	1.1

表3-1 新規認定時居住場所の移動 (5年以内)

人数 (移動率/1,200人月)　　内は留まり率

		対象者数	総観察人月	自宅	介護老人福祉施設	介護老人保健施設	介護療養型医療施設	グループホーム・ケアハウス等	医療機関	その他の施設	死亡	転出等
要支援												
前期	自宅	504	20,648	264 (86.1)	5 (0.3)	29 (1.7)	4 (0.2)	9 (0.5)	82 (4.8)	25 (1.5)	69 (4.0)	17 (1.0)
	介護老人福祉施設	0	—	—	—	—	—	—	—	—	—	—
	介護老人保健施設	0	—	—	—	—	—	—	—	—	—	—
	介護療養型医療施設	0	—	—	—	—	—	—	—	—	—	—
	グループホーム・ケアハウス等	1	2	0 (0.0)	0 (0.0)	0 (0.0)	0 (0.0)	0 (0.1)	0 (0.0)	0 (0.0)	1 (600.0)	0 (0.0)
	医療機関	30	296	21 (85.1)	0 (0.0)	1 (4.1)	0 (0.0)	0 (0.0)	4 (0.1)	2 (8.1)	1 (4.1)	1 (4.1)
	その他の施設	17	337	6 (21.4)	0 (0.0)	0 (0.0)	1 (3.6)	0 (0.0)	2 (7.1)	6 (60.8)	0 (0.0)	2 (7.1)
後期	自宅	1099	29,211	693 (83.3)	1 (0.0)	12 (0.5)	2 (0.1)	11 (0.5)	224 (9.2)	30 (1.2)	111 (4.6)	15 (0.6)
	介護老人福祉施設	0	—	—	—	—	—	—	—	—	—	—
	介護老人保健施設	7	—	0 (0.0)	0 (0.0)	0 (0.1)	0 (0.0)	1 (171.4)	0 (0.0)	0 (0.0)	0 (0.0)	0 (0.0)
	介護療養型医療施設	0	—	—	—	—	—	—	—	—	—	—
	グループホーム・ケアハウス等	5	50	0 (0.0)	0 (0.0)	0 (0.0)	0 (0.0)	2 (28.0)	0 (0.0)	1 (24.0)	1 (24.0)	1 (24.0)
	医療機関	159	1,223	96 (94.2)	0 (0.0)	1 (1.0)	1 (1.0)	2 (2.0)	40 (0.1)	7 (6.9)	4 (3.9)	8 (7.8)
	その他の施設	17	483	2 (5.0)	0 (0.0)	0 (0.0)	0 (0.0)	0 (0.0)	1 (2.5)	10 (82.6)	3 (7.5)	1 (2.5)
要介護1												
前期	自宅	799	29,117	289 (79.0)	20 (0.8)	95 (3.9)	16 (0.7)	26 (1.1)	123 (5.1)	46 (1.9)	175 (7.2)	9 (0.4)
	介護老人福祉施設	0	—	—	—	—	—	—	—	—	—	—
	介護老人保健施設	10	329	1 (3.6)	2 (7.3)	1 (67.2)	1 (3.6)	1 (3.6)	1 (3.6)	1 (3.6)	1 (3.6)	1 (3.6)
	介護療養型医療施設	5	48	1 (25.0)	0 (0.0)	1 (25.0)	0 (0.1)	0 (0.0)	0 (0.0)	3 (75.0)	0 (0.0)	0 (0.0)
	グループホーム・ケアハウス等	5	204	0 (0.0)	0 (0.0)	0 (0.0)	0 (0.0)	2 (82.4)	1 (5.9)	1 (5.9)	0 (0.0)	1 (5.9)
	医療機関	97	1,062	60 (67.8)	1 (1.1)	7 (7.9)	1 (1.1)	0 (0.0)	15 (7.3)	4 (4.5)	5 (5.6)	4 (4.5)
	その他の施設	92	976	61 (75.0)	3 (3.7)	8 (9.8)	5 (6.1)	4 (4.9)	1 (1.2)	5 (0.1)	5 (6.1)	0 (0.0)
後期	自宅	732	19,923	397 (79.8)	14 (0.8)	48 (2.9)	3 (0.2)	17 (1.0)	122 (7.3)	12 (0.7)	107 (6.4)	12 (0.7)
	介護老人福祉施設	0	—	—	—	—	—	—	—	—	—	—
	介護老人保健施設	5	202	1 (5.9)	0 (0.0)	2 (82.2)	1 (5.9)	0 (0.0)	1 (5.9)	0 (0.0)	0 (0.0)	0 (0.0)
	介護療養型医療施設	0	—	—	—	—	—	—	—	—	—	—
	グループホーム・ケアハウス等	8	253	1 (4.7)	0 (0.0)	0 (0.0)	0 (0.0)	4 (81.0)	0 (0.0)	2 (9.5)	0 (0.0)	1 (4.7)
	医療機関	155	1,339	85 (76.2)	0 (0.0)	6 (5.4)	0 (0.0)	3 (2.7)	36 (0.1)	5 (4.5)	19 (17.0)	1 (0.9)
	その他の施設	18	396	0 (0.0)	3 (9.1)	1 (3.0)	0 (0.0)	1 (3.0)	3 (9.1)	7 (66.7)	1 (3.0)	2 (6.1)

153

表3-1 新規認定時居住場所の移動（5年以内）

人数（移動率/1,200人月）　□内は留まり率

	対象者数	総観察人月	自宅	介護老人福祉施設	介護老人保健施設	介護療養型医療施設	グループホーム・ケアハウス等	医療機関	その他の施設	死亡	転出等
要介護2　前期											
自宅	270	7,431	60(66.1)	14(2.3)	43(6.9)	5(0.8)	5(0.8)	34(5.5)	18(2.9)	88(14.2)	3(0.5)
介護老人福祉施設	0	—	—	—	—	—	—	—	—	—	—
介護老人保健施設	2	18	0(0.0)	0(0.0)	1(33.3)	1(66.7)	0(0.0)	0(0.0)	0(0.0)	0(0.0)	0(0.0)
介護療養型医療施設	5	208	1(5.8)	0(0.0)	1(5.8)	2(82.7)	0(0.1)	0(0.0)	0(0.0)	1(5.8)	0(0.0)
グループホーム・ケアハウス等	1	7	1(171.4)	0(0.0)	0(0.0)	0(0.0)	0(0.1)	0(0.0)	0(0.0)	0(0.0)	0(0.0)
医療機関	49	454	31(81.9)	1(2.6)	2(5.3)	6(15.9)	0(0.0)	1(0.1)	1(2.6)	7(18.5)	0(0.0)
その他の施設	65	576	40(83.3)	1(2.1)	6(12.5)	5(10.4)	0(0.0)	2(4.2)	1(0.1)	7(14.6)	3(6.3)
後期											
自宅	245	5,699	86(66.5)	6(1.3)	24(5.1)	1(0.2)	5(1.1)	51(10.7)	1(0.2)	68(14.3)	3(0.6)
介護老人福祉施設	1	60	0(0.0)	1(100.0)	0(0.0)	0(0.0)	0(0.0)	0(0.0)	0(0.0)	0(0.0)	0(0.0)
介護老人保健施設	6	188	1(6.4)	0(0.0)	4(87.2)	0(0.0)	0(0.0)	0(0.0)	0(0.0)	0(0.0)	1(6.4)
介護療養型医療施設	0	—	—	—	—	—	—	—	—	—	—
グループホーム・ケアハウス等	6	220	0(0.0)	0(0.0)	0(0.0)	0(0.0)	2(78.2)	2(10.9)	0(0.0)	0(0.0)	2(10.9)
医療機関	132	1,039	69(79.7)	1(1.2)	8(9.2)	2(2.3)	3(3.5)	18(0.1)	5(5.8)	21(24.3)	5(5.8)
その他の施設	5	105	0(0.0)	1(1.4)	0(0.0)	0(0.0)	0(0.0)	2(22.9)	2(65.7)	0(0.0)	0(0.0)
要介護3　前期											
自宅	146	3,555	32(61.5)	9(3.0)	17(5.7)	6(2.0)	1(0.3)	15(5.1)	5(1.7)	60(20.3)	1(0.3)
介護老人福祉施設	1	30	0(0.0)	0(60.0)	0(0.0)	0(0.0)	0(0.0)	0(0.0)	0(0.0)	1(40.0)	0(0.0)
介護老人保健施設	6	112	2(21.4)	1(10.7)	0(35.7)	0(0.0)	0(0.0)	0(0.0)	1(10.7)	2(21.4)	0(0.0)
介護療養型医療施設	5	66	1(18.2)	0(0.0)	2(36.4)	1(27.3)	0(0.0)	0(0.0)	0(0.0)	1(18.2)	0(0.0)
グループホーム・ケアハウス等	0	—	—	—	—	—	—	—	—	—	—
医療機関	49	414	33(95.7)	0(0.0)	6(17.4)	1(2.9)	0(0.0)	4(0.1)	0(0.0)	5(14.5)	0(0.0)
その他の施設	55	555	26(56.2)	1(2.2)	10(21.6)	6(13.0)	0(0.0)	3(6.5)	4(0.1)	4(8.6)	1(2.2)
後期											
自宅	104	2,621	34(68.0)	6(2.7)	6(2.7)	2(0.9)	0(0.0)	16(7.3)	1(0.5)	37(16.9)	2(0.9)
介護老人福祉施設	2	77	0(0.0)	1(84.4)	0(0.0)	0(0.0)	0(0.0)	0(0.0)	0(0.0)	1(15.6)	0(0.0)
介護老人保健施設	12	260	1(4.6)	1(4.6)	4(63.1)	0(0.0)	0(0.0)	3(13.8)	0(0.0)	2(9.2)	1(4.6)
介護療養型医療施設	3	80	1(15.0)	0(0.0)	0(0.0)	1(70.0)	0(0.0)	0(0.0)	0(0.0)	1(15.0)	0(0.0)
グループホーム・ケアハウス等	1	11	0(0.0)	0(0.0)	0(0.0)	0(0.1)	0(0.0)	0(0.0)	0(0.0)	1(109.1)	0(0.0)
医療機関	147	1,264	67(63.6)	2(1.9)	22(20.9)	4(3.8)	3(2.8)	25(0.1)	4(3.8)	20(19.0)	0(0.0)
その他の施設	3	57	0(0.0)	0(0.0)	0(0.0)	0(0.0)	0(0.0)	1(21.0)	0(36.8)	2(42.1)	0(0.0)

表3-2　新規認定時居住場所の移動（5年以内）

人数（移動率/1,200人月）　　　□ 内は留まり率

要介護度	期	新規認定時居住場所	対象者数	総観察人月	自宅	介護老人福祉施設	介護老人保健施設	介護療養型医療施設	グループホーム・ケアハウス等	医療機関・	その他の施設	死亡	転出等
要介護4	前期	自宅	77	1,694	16 (56.8)	2 (1.4)	11 (7.8)	1 (0.7)	1 (0.7)	2 (1.4)	1 (0.7)	42 (29.8)	1 (0.7)
		介護老人福祉施設	1	60	0 (0.0)	1 (100.0)	0 (0.0)	0 (0.0)	0 (0.0)	0 (0.0)	0 (0.0)	0 (0.0)	0 (0.0)
		介護老人保健施設	3	41	1 (29.3)	2 (58.5)	0 (12.2)	0 (0.0)	0 (0.0)	0 (0.0)	0 (0.0)	0 (0.0)	0 (0.0)
		介護療養型医療施設	12	395	0 (0.0)	0 (0.0)	2 (6.1)	3 (72.7)	0 (0.0)	2 (6.1)	0 (0.0)	5 (15.2)	0 (0.0)
		グループホーム・ケアハウス等	1	12	0 (0.0)	0 (0.0)	0 (0.0)	0 (0.0)	1 (100.0)	0 (0.0)	0 (0.0)	0 (0.0)	0 (0.0)
		医療機関	44	420	10 (28.6)	0 (0.0)	9 (25.7)	13 (37.1)	0 (0.0)	5 (0.1)	1 (2.9)	6 (17.1)	0 (0.0)
		その他の施設	70	623	23 (44.3)	4 (7.7)	14 (27.0)	19 (36.6)	0 (0.0)	1 (1.9)	2 (0.1)	6 (11.6)	1 (1.9)
	後期	自宅	66	1,338	24 (62.3)	2 (1.8)	6 (5.4)	1 (0.9)	0 (0.0)	8 (7.2)	0 (0.0)	25 (22.4)	0 (0.0)
		介護老人福祉施設	2	17	0 (0.0)	1 (29.4)	0 (0.0)	0 (0.0)	0 (0.0)	0 (0.0)	0 (0.0)	1 (70.6)	0 (0.0)
		介護老人保健施設	6	116	0 (0.0)	3 (31.0)	0 (37.9)	1 (10.3)	0 (0.0)	0 (0.0)	0 (0.0)	2 (20.7)	0 (0.0)
		介護療養型医療施設	5	139	0 (0.0)	0 (0.0)	1 (8.6)	1 (65.5)	0 (0.0)	1 (8.6)	0 (0.0)	2 (17.3)	0 (0.0)
		グループホーム・ケアハウス等	0	—	—	—	—	—	—	—	—	—	—
		医療機関	158	1,269	56 (53.0)	2 (1.9)	26 (24.6)	5 (4.7)	1 (0.9)	28 (0.1)	1 (0.9)	38 (35.9)	1 (0.9)
		その他の施設	0	—	—	—	—	—	—	—	—	—	—
要介護5	前期	自宅	25	377	3 (30.0)	0 (0.0)	0 (0.0)	0 (0.0)	0 (0.0)	1 (3.2)	0 (0.0)	21 (66.8)	0 (0.0)
		介護老人福祉施設	0	—	—	—	—	—	—	—	—	—	—
		介護老人保健施設	3	38	0 (0.0)	0 (0.0)	0 (5.3)	0 (0.0)	0 (0.0)	1 (31.6)	0 (0.0)	1 (31.6)	1 (31.6)
		介護療養型医療施設	15	444	0 (0.0)	1 (2.7)	0 (0.0)	3 (67.6)	0 (0.0)	2 (5.4)	3 (8.1)	6 (16.2)	0 (0.0)
		グループホーム・ケアハウス等	0	—	—	—	—	—	—	—	—	—	—
		医療機関	71	648	12 (22.2)	2 (3.7)	6 (11.1)	10 (18.5)	0 (0.0)	18 (1.9)	0 (0.0)	20 (37.0)	3 (5.6)
		その他の施設	68	591	2 (4.1)	1 (2.0)	9 (18.3)	26 (52.8)	0 (0.0)	3 (6.1)	4 (0.1)	23 (46.7)	0 (0.0)
	後期	自宅	35	374	7 (10.2)	3 (9.6)	1 (3.2)	0 (0.0)	0 (0.0)	3 (9.6)	0 (0.0)	21 (67.4)	0 (0.0)
		介護老人福祉施設	0	—	—	—	—	—	—	—	—	—	—
		介護老人保健施設	2	39	0 (0.0)	0 (0.0)	1 (69.2)	0 (0.0)	0 (0.0)	0 (0.0)	0 (0.0)	1 (30.8)	0 (0.0)
		介護療養型医療施設	3	50	0 (0.0)	0 (0.0)	0 (0.0)	1 (52.0)	0 (0.0)	0 (0.0)	0 (0.0)	2 (48.0)	0 (0.0)
		グループホーム・ケアハウス等	1	1	0 (0.0)	0 (0.0)	0 (0.0)	0 (0.0)	0 (0.1)	0 (0.0)	0 (0.0)	1 (1200.0)	0 (0.0)
		医療機関	156	1,320	17 (15.5)	1 (0.9)	13 (11.8)	12 (10.9)	0 (0.0)	47 (0.9)	1 (0.9)	62 (56.4)	3 (2.7)
		その他の施設	2	46	0 (0.0)	2 (52.2)	0 (0.0)	0 (0.0)	0 (0.0)	0 (0.0)	0 (47.8)	0 (0.0)	0 (0.0)

155

表4　要介護度悪化率（/1,200人月）

			対象者数	総観察人月	要介護1以上	要介護2以上	要介護3以上	要介護4以上	要介護5以上	死亡率
65〜74歳	前期	要支援	41	828	37.7	7.2	4.3	4.3	4.3	2.9
		要介護1	75	2,898		23.2	10.4	5.0	3.7	2.5
		要介護2	36	1,325			29.0	19.0	11.8	9.1
		要介護3	30	1,173				22.5	14.3	9.2
		要介護4	27	1,071					28.0	11.2
		要介護5	23	590						30.5
	後期	要支援	69	935	42.4	24.4	16.7	11.6	9.0	7.7
		要介護1	76	1,316		42.9	26.4	21.0	13.7	10.9
		要介護2	33	861			27.9	15.3	13.9	7.0
		要介護3	32	969				18.6	7.4	3.7
		要介護4	29	485					39.6	27.2
		要介護5	33	796						28.6
75〜84歳	前期	要支援	79	1,507	45.4	14.3	8.0	5.6	4.0	3.2
		要介護1	147	4,809		31.4	18.5	13.0	9.0	6.7
		要介護2	79	2,363			37.1	20.8	15.7	10.7
		要介護3	57	1,738				34.5	22.1	14.5
		要介護4	46	1,417					35.6	19.5
		要介護5	40	1,063						38.4
	後期	要支援	220	3,567	37.3	20.2	15.5	12.4	9.8	5.7
		要介護1	183	3,691		36.1	22.4	16.6	12.7	6.5
		要介護2	91	1,972			37.1	25.6	21.3	15.8
		要介護3	59	1,048				49.2	34.4	24.0
		要介護4	52	1,122					35.3	24.6
		要介護5	64	1,167						43.2
85〜94歳	前期	要支援	45	937	47.4	21.8	16.6	10.2	10.2	9.0
		要介護1	107	2,675		44.0	25.1	18.4	14.8	11.7
		要介護2	49	865			63.8	41.6	26.4	23.6
		要介護3	34	528				70.5	43.2	36.4
		要介護4	19	407					53.1	38.3
		要介護5	20	395						54.7
	後期	要支援	128	2,040	45.3	22.9	16.5	13.5	8.8	6.5
		要介護1	79	1,021		61.1	43.5	36.4	30.6	22.3
		要介護2	53	964			44.8	29.9	19.9	17.4
		要介護3	40	734				42.5	27.8	21.3
		要介護4	20	494					31.6	24.3
		要介護5	33	339						95.6
95歳以上	前期	要支援	2	1,507	1.6	1.6	0.8	0.8	0.8	0.8
		要介護1	7	4,809		1.5	1.0	0.7	0.7	0.2
		要介護2	8	2,363			3.6	2.0	1.5	1.5
		要介護3	3	1,738				2.1	0.7	0.7
		要介護4	3	1,417					2.5	1.7
		要介護5	2	1,063						0.0
	後期	要支援	9	154	39.0	23.4	15.6	7.8	7.8	0.0
		要介護1	3	39		30.8	30.8	30.8	30.8	30.8
		要介護2	3	25			144.0	144.0	96.0	48.0
		要介護3	1	31				38.7	38.7	0.0
		要介護4	5	44					136.4	136.4
		要介護5	1	2						600.0

注：要介護1以上とは要介護1から5, あるいは死亡に至ったことを示す

表4 要介護度悪化率 (/1,200人月)

			対象者数	総観察人月	要介護1以上	要介護2以上	要介護3以上	要介護4以上	要介護5以上	死亡率
65~74歳	前期	要支援	70	2,031	19.5	4.1	2.4	2.4	2.4	2.4
		要介護1	95	4,639		18.6	9.3	4.7	3.6	2.1
		要介護2	29	1,327			18.1	8.1	4.5	3.6
		要介護3	23	1,091				18.7	2.2	1.1
		要介護4	14	602					23.9	10.0
		要介護5	18	923						13.0
	後期	要支援	117	2,586	19.0	7.0	4.2	3.2	2.3	1.4
		要介護1	78	1,530		34.5	22.0	14.9	10.2	7.1
		要介護2	29	784			29.1	13.8	7.7	7.7
		要介護3	21	445				37.8	24.3	10.8
		要介護4	25	465					38.7	12.9
		要介護5	10	286						8.4
75~84歳	前期	要支援	209	4,898	33.6	8.3	5.1	2.4	1.7	1.0
		要介護1	332	13,417		25.0	11.4	7.0	4.4	3.1
		要介護2	99	3,450			31.3	16.7	11.5	8.3
		要介護3	56	2,011				31.0	13.1	8.4
		要介護4	47	2,130					23.7	10.1
		要介護5	39	1,473						22.8
	後期	要支援	464	9,309	22.8	8.9	6.6	5.2	4.0	2.6
		要介護1	281	7,085		27.3	11.5	8.0	5.3	3.4
		要介護2	84	2,079			26.6	19.0	13.3	8.1
		要介護3	62	1,867				23.1	12.9	7.1
		要介護4	61	1,626					18.5	9.6
		要介護5	32	634						24.6
85~94歳	前期	要支援	102	1,990	49.4	15.1	9.6	5.4	4.8	3.0
		要介護1	233	7,986		32.2	14.4	9.6	6.6	5.3
		要介護2	90	2,694			37.4	18.7	14.3	8.9
		要介護3	57	1,750				33.6	24.0	14.4
		要介護4	46	1,871					26.9	15.4
		要介護5	38	1,188						35.4
	後期	要支援	261	5,250	29.9	13.7	8.5	5.0	3.4	2.1
		要介護1	207	5,162		27.7	13.5	9.8	5.6	2.8
		要介護2	94	1,936			44.0	24.8	16.7	8.7
		要介護3	51	1,188				38.4	20.2	12.1
		要介護4	41	921					30.0	16.9
		要介護5	23	569						19.0
95歳以上	前期	要支援	4	49	73.5	49.0	24.5	24.5	24.5	24.5
		要介護1	15	277		65.0	43.3	39.0	21.7	13.0
		要介護2	4	77			62.3	31.2	15.6	15.6
		要介護3	3	57				63.2	42.1	42.1
		要介護4	7	122					59.0	19.7
		要介護5	4	133						36.1
	後期	要支援	13	175	54.9	34.3	27.4	6.9	0.0	0.0
		要介護1	11	186		51.6	38.7	32.3	12.9	6.5
		要介護2	8	119			60.5	50.4	30.3	20.2
		要介護3	6	134				44.8	9.0	0.0
		要介護4	4	133					27.1	18.0
		要介護5	3	50						24.0

注：要介護1以上とは要介護1から5, あるいは死亡に至ったことを示す

表5 寝たきり度悪化率 (/1,200人月)

			男性							女性						
			対象者数	総観察人月	ランクJ以上	ランクA以上	ランクB以上	ランクC以上	死亡率	対象者数	総観察人月	ランクJ以上	ランクA以上	ランクB以上	ランクC以上	死亡率
65～74歳	前期	自立	4	69	17.4	17.4	0.0	0.0	0.0	1	10	120.0	0.0	0.0	0.0	0.0
		ランクJ	65	2,182		29.1	7.7	3.8	3.3	100	3,805		25.9	3.5	0.6	0.6
		ランクA	89	2,963			25.9	13.4	10.1	88	3,792			16.8	5.7	3.8
		ランクB	51	1,920				24.4	12.5	45	2,429				13.3	7.4
		ランクC	23	751					24.0	15	577					16.6
	後期	自立	1	7	0.0	0.0	0.0	0.0	0.0	1	7	171.4	0.0	0.0	0.0	0.0
		ランクJ	47	888		35.1	8.1	5.4	4.1	83	1,866		29.6	5.8	1.9	1.3
		ランクA	120	2,092			34.4	18.9	12.6	136	2,866			20.9	9.6	8.4
		ランクB	82	1,985				19.9	12.1	51	1,115				18.3	10.8
		ランクC	22	390					46.2	9	242					0.0
75～84歳	前期	自立	4	82	43.9	14.6	14.6	0.0	0.0	2	82	29.3	14.6	0.0	0.0	0.0
		ランクJ	137	3,624		40.1	11.3	7.0	5.3	313	9,640		34.6	8.8	3.4	2.4
		ランクA	186	5,234			35.3	19.3	14.9	325	11,881			25.0	9.9	7.3
		ランクB	78	2,876				27.1	17.5	102	4,129				22.7	13.4
		ランクC	43	1,081					41.1	40	1,647					21.9
	後期	自立	3	136	26.5	8.8	0.0	0.0	0.0	2	14	171.4	0.0	0.0	0.0	0.0
		ランクJ	187	3,691		37.7	11.1	6.8	4.9	343	7,934		28.7	7.4	3.8	2.1
		ランクA	312	5,474			35.7	21.9	16.4	484	10,464			18.2	9.6	5.7
		ランクB	108	2,521				23.8	15.2	127	3,626				15.9	10.6
		ランクC	59	745					77.3	28	562					27.8
85～94歳	前期	自立	0	—	—	—	—	—	—	0	—	—	—	—	—	—
		ランクJ	72	2,011		40.6	10.7	6.6	4.8	145	4,349		39.2	8.0	4.4	3.0
		ランクA	139	2,586			56.1	31.6	26.0	291	8,636			34.2	16.0	11.4
		ランクB	41	754				62.1	46.2	87	3,011				27.5	21.1
		ランクC	22	456					52.6	43	1,483					31.6
	後期	自立	0	—	—	—	—	—	—	0	—	—	—	—	—	—
		ランクJ	1	1,438		0.0	0.0	0.0	0.0	187	4,380		34.5	6.3	2.7	1.4
		ランクA	81	2,717			6.6	2.6	1.8	374	7,882			25.0	10.8	7.5
		ランクB	184	1,208				70.5	55.6	88	2,151				25.7	16.7
		ランクC	62	222					156.8	28	613					21.5
95歳以上	前期	自立	0	—	—	—	—	—	—	0	—	—	—	—	—	—
		ランクJ	2	35		68.6	34.3	34.3	34.3	4	70		68.6	34.3	17.1	17.1
		ランクA	10	223			53.8	32.3	26.9	18	329			62.0	21.9	14.6
		ランクB	4	28				171.4	171.4	9	128				75.0	46.9
		ランクC	0	—	—	—	—	—	—	6	188					38.3
	後期	自立	0	—	—	—	—	—	—	0	—	—	—	—	—	—
		ランクJ	5	106		56.6	45.3	0.0	0.0	2	50		48.0	0.0	0.0	0.0
		ランクA	10	138			78.3	34.8	8.7	32	445			51.2	18.9	8.1
		ランクB	6	49				0.0	0.0	6	187				19.3	12.8
		ランクC	1	2					0.0	5	115					31.3

注：ランクJ以上とはランクJからC，あるいは死亡に至ったことを示す

表6　認知症悪化率（/1,200人月）

			男性								女性							
			対象者数	総観察人月	I以上	II以上	III以上	IV以上	M以上	死亡率	対象者数	総観察人月	I以上	II以上	III以上	IV以上	M以上	死亡率
65～74歳	前期	自立	71	2,128	31.0	13.0	8.5	8.5	8.5	8.5	92	4,435	16.0	3.2	2.2	2.2	1.9	1.9
		I	55	1,948		28.3	8.6	7.4	7.4	7.4	61	2,878		19.6	5.0	4.2	3.8	3.8
		II	60	2,293			22.5	10.5	8.4	8.4	57	2,597			18.9	4.6	1.8	1.8
		III	30	1,226				23.5	18.6	18.6	29	1,733				14.5	4.8	4.2
		IV	14	598					14.0	14.0	7	428					11.2	11.2
		M	2	85						14.1	3	171						7.0
	後期	自立	68	1,253	36.4	21.1	19.2	19.2	18.2	18.2	94	1,958	25.7	10.4	8.0	8.0	8.0	8.0
		I	88	1,657		31.1	13.8	12.3	10.9	10.9	68	1,773		22.3	5.4	4.7	4.1	4.1
		II	86	2,292			19.9	10.5	7.9	7.9	98	2,531			20.9	7.1	5.2	5.2
		III	22	545				30.8	13.2	13.2	14	388				21.6	9.3	9.3
		IV	8	247					19.4	19.4	6	209					0.0	0.0
		M	0	—						—	0	—						—
75～84歳	前期	自立	97	2,684	38.5	13.4	7.6	7.6	7.6	7.6	203	7,113	30.0	9.4	4.0	3.7	3.5	3.5
		I	121	3,280		40.6	16.1	14.6	14.6	14.6	190	8,252		21.8	5.4	3.6	3.5	3.5
		II	135	4,367			30.8	15.7	13.5	13.5	243	11,186			21.3	7.7	6.5	6.5
		III	74	2,971				24.6	17.8	17.4	113	7,280				15.0	8.2	8.2
		IV	19	748					24.1	20.9	26	1,122					18.2	16.0
		M	2	108						22.2	7	295						24.4
	後期	自立	125	2,095	45.3	20.0	16.6	14.9	14.9	14.9	213	4,674	26.2	5.6	2.6	2.3	2.3	2.3
		I	226	3,932		38.1	16.5	15.3	14.6	14.6	346	7,957		24.4	7.7	6.2	6.0	5.9
		II	258	6,519			26.1	16.2	14.4	14.4	362	11,453			15.3	5.6	4.5	4.5
		III	46	1,272				23.6	18.9	18.9	50	1,890				14.0	8.9	8.9
		IV	14	185					77.8	77.8	13	279					25.8	25.8
		M	0	—						—	0	—						—
85～94歳	前期	自立	31	627	55.5	19.1	9.6	9.6	9.6	9.6	89	1,982	51.5	10.3	3.0	2.4	2.4	2.4
		I	90	1,912		50.8	25.1	18.8	17.6	17.6	172	5,339		36.0	11.2	9.4	8.8	8.8
		II	102	2,788			40.9	22.4	21.5	21.5	194	7,502			27.2	11.4	10.1	10.1
		III	45	1,271				34.9	27.4	27.4	90	3,952				24.3	17.9	17.6
		IV	6	77					93.5	93.5	19	495					43.6	43.6
		M	0	—						—	2	62						38.7
	後期	自立	35	502	74.1	21.5	12.0	9.6	9.6	9.6	74	1,438	40.9	13.4	6.7	6.7	6.7	6.7
		I	147	2,246		52.4	23.5	21.9	21.9	21.9	279	6,307		30.4	6.3	5.1	4.8	4.8
		II	141	2,929			35.6	25.0	22.9	22.9	292	8,983			19.6	9.1	7.9	7.9
		III	24	463				44.1	31.1	31.1	27	824				17.5	11.7	11.7
		IV	6	88					54.5	54.5	5	139					17.3	17.3
		M	0	—						—	0	—						—
95歳以上	前期	自立	2	22	109.1	109.1	109.1	109.1	109.1	109.1	3	39	92.3	30.8	0.0	0.0	0.0	0.0
		I	6	164		43.9	22.0	14.6	14.6	14.6	7	127		66.1	47.2	37.8	28.3	28.3
		II	4	67			71.6	53.7	53.7	53.7	19	560			36.4	17.1	17.1	17.1
		III	4	85				56.5	56.5	56.5	7	161				44.7	29.8	29.8
		IV	0	—					—	—	1	75					16	16
		M	0	—						—	0	—						—
	後期	自立	3	33	109.1	36.4	0.0	0.0	0.0	0.0	0	—	—	—	—	—	—	—
		I	12	170		63.5	49.4	49.4	49.4	49.4	20	355		50.7	6.8	6.8	6.8	6.8
		II	6	59			81.4	40.7	40.7	40.7	22	597			26.1	10.1	10.1	10.1
		III	1	2				600.0	600.0	600.0	3	50				48.0	48.0	48.0
		IV	0	—					—	—	0	—					—	—
		M	0	—						—	0	—						—

注：I以上とはIからM，あるいは死亡に至ったことを示す

表7　新規認定時居住場所の移動（全観察期間内）

人数（移動率/1,200人月）

			対象者数	総観察人月	自宅	介護老人福祉施設	介護老人保健施設	介護療養型医療施設	グループホーム・ケアハウス等	医療機関	その他の施設	死亡
自宅												
前期	男性	65~84歳	443	18792	88 (77.3)	17 (1.1)	32 (2.0)	9 (0.6)	7 (0.4)	90 (5.7)	22 (1.4)	173 (11.0)
		85歳以上	209	5722	17 (59.7)	10 (2.1)	23 (4.8)	4 (0.8)	5 (1.0)	38 (8.0)	13 (2.7)	97 (20.3)
	女性	65~84歳	727	39298	163 (82.8)	26 (0.8)	108 (3.3)	16 (0.5)	33 (1.0)	174 (5.3)	48 (1.5)	137 (4.2)
		85歳以上	442	18771	45 (74.6)	32 (2.0)	79 (5.1)	9 (0.6)	4 (0.3)	66 (4.2)	28 (1.8)	169 (10.8)
後期	男性	65~84歳	566	13375	266 (73.1)	5 (0.4)	24 (2.2)	1 (0.1)	3 (0.3)	116 (10.4)	9 (0.8)	136 (12.2)
		85歳以上	260	5539	99 (65.1)	3 (0.6)	8 (1.7)	1 (0.2)	5 (1.1)	66 (14.0)	6 (1.3)	72 (15.6)
	女性	65~84歳	909	27208	555 (84.4)	15 (0.7)	37 (1.6)	3 (0.1)	19 (0.8)	153 (6.7)	23 (1.0)	90 (4.0)
		85歳以上	546	16003	281 (80.1)	11 (0.8)	32 (2.4)	5 (0.4)	7 (0.5)	103 (7.7)	7 (0.5)	88 (6.6)
介護老人福祉施設												
前期	男性	65~84歳	0	—	—	—	—	—	—	—	—	—
		85歳以上	0	—	—	—	—	—	—	—	—	—
	女性	65~84歳	2	151	0 (0.0)	0 (84.1)	0 (0.0)	0 (0.0)	0 (0.0)	1 (7.9)	0 (0.0)	1 (7.9)
		85歳以上	0	—	—	—	—	—	—	—	—	—
後期	男性	65~84歳	0	—	—	—	—	—	—	—	—	—
		85歳以上	2	22	0 (0.0)	0 (0.0)	0 (0.0)	0 (0.0)	0 (0.0)	0 (0.0)	0 (0.0)	2 (109.1)
	女性	65~84歳	2	91	0 (0.0)	2 (100.0)	0 (0.0)	0 (0.0)	0 (0.0)	0 (0.0)	0 (0.0)	0 (0.0)
		85歳以上	1	84	0 (0.0)	1 (100.0)	0 (0.0)	0 (0.0)	0 (0.0)	0 (0.0)	0 (0.0)	0 (0.0)
介護老人保健施設												
前期	男性	65~84歳	6	106	1 (11.3)	1 (11.3)	0 (32.1)	0 (0.0)	0 (0.0)	1 (11.3)	1 (11.3)	2 (22.6)
		85歳以上	2	32	1 (37.5)	0 (0.0)	0 (25.0)	1 (37.5)	0 (0.0)	0 (0.0)	0 (0.0)	0 (0.0)
	女性	65~84歳	8	143	1 (8.4)	3 (25.2)	1 (41.3)	0 (0.0)	0 (0.0)	0 (0.0)	1 (8.4)	1 (8.4)
		85歳以上	8	288	1 (4.2)	1 (4.2)	0 (66.7)	1 (4.2)	1 (4.2)	1 (4.2)	0 (0.0)	2 (8.3)
後期	男性	65~84歳	5	63	0 (0.0)	1 (19.0)	1 (23.8)	0 (0.0)	0 (0.0)	1 (19.0)	0 (0.0)	1 (19.0)
		85歳以上	3	40	0 (0.0)	0 (0.0)	0 (10.0)	0 (0.0)	1 (30.0)	2 (60.0)	0 (0.0)	0 (0.0)
	女性	65~84歳	12	417	2 (5.8)	2 (5.8)	3 (74.1)	1 (2.9)	1 (2.9)	1 (2.9)	0 (0.0)	1 (2.9)
		85歳以上	12	366	1 (3.3)	2 (6.6)	5 (77.0)	1 (3.3)	0 (0.0)	0 (0.0)	0 (0.0)	3 (9.8)
介護療養型医療施設												
前期	男性	65~84歳	10	229	1 (5.2)	0 (0.0)	2 (10.5)	2 (58.1)	0 (0.0)	0 (0.0)	1 (5.2)	4 (21.0)
		85歳以上	3	24	1 (50.0)	0 (0.0)	0 (0.0)	0 (0.0)	0 (0.0)	0 (0.0)	0 (0.0)	2 (100.0)
	女性	65~84歳	17	729	1 (1.6)	1 (1.6)	2 (3.3)	1 (73.4)	0 (0.0)	3 (4.9)	4 (6.6)	5 (8.2)
		85歳以上	12	437	0 (0.0)	0 (0.0)	2 (5.5)	0 (67.0)	0 (0.0)	2 (5.5)	1 (2.7)	7 (19.2)
後期	男性	65~84歳	2	49	0 (0.0)	0 (0.0)	1 (24.5)	0 (51.0)	0 (0.0)	0 (0.0)	0 (0.0)	1 (24.5)
		85歳以上	0	—	—	—	—	—	—	—	—	—
	女性	65~84歳	5	198	1 (6.1)	1 (6.1)	0 (0.0)	1 (75.8)	0 (0.0)	0 (0.0)	0 (0.0)	2 (1 2.1)
		85歳以上	4	71	0 (0.0)	0 (0.0)	0 (0.0)	1 (49.3)	0 (0.0)	1 (16.9)	0 (0.0)	2 (33.8)
グループホーム・ケアハウス等												
前期	男性	65~84歳	1	86	0 (0.0)	0 (0.0)	0 (0.0)	0 (0.0)	0 (86.0)	0 (0.0)	0 (0.0)	1 (14.0)
		85歳以上	1	13	0 (0.0)	0 (0.0)	0 (0.0)	0 (0.0)	0 (7.7)	1 (92.3)	0 (0.0)	0 (0.0)
	女性	65~84歳	6	159	1 (7.5)	0 (0.0)	0 (0.0)	0 (0.0)	1 (62.3)	0 (0.0)	2 (15.1)	1 (7.5)
		85歳以上	0	—	—	—	—	—	—	—	—	—
後期	男性	65~84歳	9	234	0 (0.0)	0 (0.0)	1 (5.1)	1 (5.1)	2 (64.1)	2 (10.3)	0 (0.0)	2 (10.3)
		85歳以上	2	20	0 (0.0)	0 (0.0)	0 (0.0)	0 (0.0)	1 (40.0)	0 (0.0)	1 (60.0)	0 (0.0)
	女性	65~84歳	7	186	1 (6.5)	0 (0.0)	0 (0.0)	0 (0.0)	1 (61.3)	1 (6.5)	1 (6.5)	1 (6.5)
		85歳以上	3	146	0 (0.0)	0 (0.0)	0 (0.0)	0 (0.0)	2 (91.8)	0 (0.0)	1 (8.2)	0 (0.0)
医療機関												
前期	男性	65~84歳	108	1161	49 (50.6)	1 (1.0)	7 (7.2)	10 (10.3)	0 (0.0)	17 (5.9)	3 (3.1)	17 (17.6)
		85歳以上	28	241	16 (79.7)	0 (0.0)	2 (10.0)	3 (14.9)	0 (0.0)	0 (0.0)	1 (5.0)	6 (29.9)
	女性	65~84歳	142	1563	75 (57.6)	1 (0.8)	13 (10.0)	13 (10.0)	0 (0.0)	20 (6.3)	3 (2.3)	13 (10.0)
		85歳以上	62	446	28 (75.3)	2 (5.4)	9 (24.2)	6 (16.1)	0 (0.0)	8 (0.0)	1 (2.7)	8 (21.5)
後期	男性	65~84歳	348	2937	148 (60.5)	2 (0.8)	14 (5.7)	9 (3.7)	5 (2.0)	77 (0.0)	11 (4.5)	78 (31.9)
		85歳以上	102	681	29 (51.1)	1 (1.8)	10 (17.6)	3 (5.3)	2 (3.5)	22 (0.0)	1 (1.8)	34 (59.9)
	女性	65~84歳	316	2705	152 (67.4)	2 (0.9)	26 (11.5)	8 (3.5)	2 (0.9)	73 (0.0)	7 (3.1)	37 (16.4)
		85歳以上	141	1157	61 (63.3)	2 (2.1)	26 (27.0)	5 (5.2)	3 (3.1)	19 (0.0)	4 (4.1)	16 (16.6)
その他の施設												
前期	男性	65~84歳	112	1116	49 (52.7)	3 (3.2)	15 (16.1)	20 (21.5)	0 (0.0)	4 (4.3)	8 (0.0)	13 (14.0)
		85歳以上	47	354	18 (61.0)	1 (3.4)	5 (16.9)	6 (20.3)	1 (3.4)	1 (3.4)	2 (0.0)	12 (40.7)
	女性	65~84歳	129	1542	55 (42.8)	2 (1.6)	16 (12.5)	21 (16.3)	3 (2.3)	7 (5.4)	7 (5.1)	14 (10.9)
		85歳以上	79	676	36 (63.9)	4 (7.1)	11 (19.5)	15 (26.6)	0 (0.0)	2 (3.6)	2 (0.0)	7 (12.4)
後期	男性	65~84歳	11	182	2 (13.2)	3 (19.8)	0 (0.0)	0 (0.0)	1 (6.6)	2 (13.2)	1 (34.1)	2 (13.2)
		85歳以上	6	88	0 (0.0)	0 (0.0)	0 (0.0)	0 (0.0)	0 (0.0)	0 (0.0)	3 (59.1)	3 (40.9)
	女性	65~84歳	13	437	0 (0.0)	1 (2.7)	0 (0.0)	0 (0.0)	0 (0.0)	0 (0.0)	9 (89.0)	1 (2.7)
		85歳以上	15	474	0 (0.0)	2 (5.1)	1 (2.5)	0 (0.0)	0 (0.0)	5 (12.7)	6 (77.2)	0 (0.0)

注：■部の（ ）内は留まり率（/1200人月）を示す

表8 介護が必要になった原因疾患

人数 (%)

	人数	脳血管疾患	認知症	悪性新生物	心疾患	高血圧	糖尿病	脊椎症	下肢関節骨格系	骨粗鬆症
男性										
前期 (H12～H17)										
65～74歳	232 (100)	123 (53.0)	44 (19.0)	29 (12.5)	24 (10.3)	30 (12.9)	35 (15.1)	27 (11.6)	12 (5.2)	3 (1.3)
75～84歳	448 (100)	193 (43.1)	135 (30.1)	65 (14.5)	73 (16.3)	79 (17.6)	46 (10.3)	83 (18.5)	39 (8.7)	18 (4.0)
85～94歳	274 (100)	90 (32.8)	108 (39.4)	21 (7.7)	69 (25.2)	45 (16.4)	24 (8.8)	52 (19.0)	30 (10.9)	22 (8.0)
95歳以上	16 (100)	4 (25.0)	9 (56.3)	1 (6.3)	5 (31.3)	1 (6.3)	0 (0.0)	4 (25.0)	2 (12.5)	2 (12.5)
後期 (H18～H24)										
65～74歳	272 (100)	107 (39.3)	50 (18.4)	54 (19.9)	46 (16.9)	61 (22.4)	66 (24.3)	27 (9.9)	17 (6.3)	2 (0.7)
75～84歳	669 (100)	214 (32.0)	234 (35.0)	126 (18.8)	146 (21.8)	155 (23.2)	106 (15.8)	120 (17.9)	52 (7.8)	34 (5.1)
85～94歳	353 (100)	85 (24.1)	135 (38.2)	48 (13.6)	105 (29.7)	88 (24.9)	32 (9.1)	86 (24.4)	50 (14.2)	33 (9.3)
95歳以上	22 (100)	1 (4.5)	6 (27.3)	2 (9.1)	10 (45.5)	5 (22.7)	0 (0.0)	8 (36.4)	7 (31.8)	3 (13.6)
女性										
前期 (H12～H17)										
65～74歳	249 (100)	92 (36.9)	58 (23.3)	10 (4.0)	25 (10.0)	47 (18.9)	20 (8.0)	49 (19.7)	49 (19.7)	27 (10.8)
75～84歳	782 (100)	241 (30.8)	273 (34.9)	41 (5.2)	118 (15.1)	170 (21.7)	67 (8.6)	241 (30.8)	174 (22.3)	140 (17.9)
85～94歳	566 (100)	157 (27.7)	216 (38.2)	24 (4.2)	131 (23.1)	134 (23.7)	38 (6.7)	158 (27.9)	125 (22.1)	106 (18.7)
95歳以上	37 (100)	11 (29.7)	17 (45.9)	0 (0.0)	9 (24.3)	5 (13.5)	0 (0.0)	11 (29.7)	8 (21.6)	7 (18.9)
後期 (H18～H24)										
65～74歳	280 (100)	72 (25.7)	71 (25.4)	37 (13.2)	40 (14.3)	58 (20.7)	48 (17.1)	40 (14.3)	44 (15.7)	18 (6.4)
75～84歳	984 (100)	195 (19.8)	358 (36.4)	76 (7.7)	174 (17.7)	236 (24.0)	108 (11.0)	299 (30.4)	227 (23.1)	184 (18.7)
85～94歳	677 (100)	140 (20.7)	265 (39.1)	41 (6.1)	165 (24.4)	213 (31.5)	59 (8.7)	200 (29.5)	163 (24.1)	114 (16.8)
95歳以上	45 (100)	6 (13.3)	18 (40.0)	1 (2.2)	12 (26.7)	16 (35.6)	1 (2.2)	10 (22.2)	8 (17.8)	11 (24.4)

おわりに

今後の展望

　介護保険制度の創設は，利用者の自己決定，自立支援を目指し，制度の導入による市場化，介護・福祉分野への企業や民間非営利団体の参入による競争原理を働かせた。また施設間の競争によるサービスの質向上や利用者がより良いサービスを受けることも可能となり，障害者や重症者の方へのセーフティネットとなった。介護保険制度の改正では，軽度者の増加に伴って予防重視型への転換も図られ，サービス提供が単に介護負担への支援のみならず，利用者の介護予防と自立支援をより強く求めるようになった。

　介護保険の理念にある利用者本位という視点から，特に軽度者は自らの健康状態の維持・介護予防のため，生活を支える上の介護保険サービスを併用しながら，重症化を予防していかねばならない。しかしながら，現状の財政状況から軽度者を中心とした公的サービスのカバー範囲が，徐々に縮小する流れは避けられないであろう。また介護保険サービスの提供は，介護現場の生活を舞台にしているため，利用者ニーズも多様化しており，加えて心身ともに療養意欲も一般的に高い軽度者は生活の質を求めた主張も多い。例えば，重症度別に何が良く利用され効果が高いかを，介護保険データから視覚化し分析することが必要不可欠である。そして，今後も増加し続ける軽度者の重症化を予防しうる介護保険サービス内容の各種効果についても明らかにし，真に必要なものを取捨選択できることが介護保険制度の健全な運営のために重要である。

　今回の介護保険データにおける研究会から提出された調査や分析結果からも，サービスにおいて効果と課題の両側面の多様な現象をみることができた。一方で，介護保険サービスの質評価には地域の資源や課題も異なり左右されることも考えられるため，他地域との比較において検討することが課題とされた。このような貴重な介護保険データは，実際全国の各自治体に多く集積していることから，今後もより良いサービス提供のためのフォーマット作成に，自治体と連携し，引き続き介護保険データの科学的な評価研究とケアの在り方を複眼的に模索することが必要である。

　郡上コホートは，国立保健医療科学院（旧国立公衆衛生院）での自治体職員との共同研究を行っておられた故藤田利治先生が本書編集者の三徳和子と一緒に取り組まれた研究が出発となっている。故藤田利治先生は，地域で起きていることを既存資料から疫学的な視点で明らかにされる研究を私たちに示された。

　そして，この郡上コホートとその貴重な研究から広がった富山コホートを1冊の本として出版することはその軌跡をたどるものであった。

　日本の高齢社会は，他国に例を見ないスピードで加速している。その中で，介護保険が2000年から始まり，それまで家族にのみ頼っていた介護が社会化された。それに伴い，今後さらに増大する社会保障費についての議論も深刻化の様相を呈している。その一旦を垣間見るのは「わが国の急速な高齢化は世界で未曾有の経験」や「2025年問題」など危機的状況の言葉である。

　その実情の把握は，既存統計資料では限界があり，さまざまな行政データの個と個をつなぎ，経年的なデータに加工して疫学的な視点から分析することが重要である。すなわち，個々の人々のデータを経過といった時間軸でつなぐことでエビデンスに基づく施策の効果や課題が見出される。

そこで，明らかになったことは，国民や社会の期待に応えるべく効果的なサービスを見出すことであり，そのための介護保険サービスの標準化をより一層図ることが求められる。一方で，介護保険の現状を横断的に見ることはできても，時間の経過の中での把握が困難とされたことを，今回提示された研究成果は，それを覆すほどのものとなった。いずれも貴重なデータであり，私たちの周囲で起きている多様な現象を介護保険のデータからあぶりだしたものと言える。老いとは，「喪失の体験」といわれる。そして，誰にも平等に訪れるものである。それだけに，すべての人々の関心に繋がるものであり，貴重な情報であると言える。

介護保険制度はスタートした当初から，この国に浸透するのには時間がかなりかかると思われていたにも関わらず，今では多くの高齢者が介護保険を利用するようになった。今後の展望として，介護保険だけでなく，さまざまな行政資料を活用した健康指標や健康情報の可視化である。

折しも，2015年度から国は介護保険と国民健康保険情報をリンクさせるデータヘルスに取り組むこととしている。このことで，特定健康診査の情報から介護保険情報によるアウトカムで介護予防，健康寿命の延伸の成果を科学的根拠に基づく行政施策へとPDCAサイクルで各市町村保険者が介護予防医療費適正化に向けて計画的に実施することが求められている。その実現にとっても，今回の介護保険のデータ分析の手法が参考になると思われる。

このような丁寧なデータの積み重ねとそれに基づく保健活動の実践が，高齢社会における一人一人の思いに沿ったQOLの向上に資すると考える。

論文執筆者 （所属・肩書は執筆時）

● 第1章　身体障害と要介護（支援）高齢者の関連研究

1. 介護要因疾患の意義

成瀬　優知　富山大学

2. 介護要因となる主要疾患の実態

下田　裕子　富山福祉短期大学

寺西　敬子　富山大学

新鞍真理子　富山大学

成瀬　優知　富山大学

3. 摂食・嚥下障害が在宅療養に及ぼす影響

川辺　千秋　富山大学附属病院看護部看護師

成瀬　優知　富山大学医学薬学研究部東西統合医療看護学教授

寺西　敬子　富山大学医学薬学研究部東西統合医療看護学助教

新鞍真理子　富山大学医学薬学研究部東西統合医療看護学准教授

下田　裕子　富山福祉短期大学看護学科講師

廣田　和美　中新川広域行政事務組合介護保険課主任

東海奈津子　富山大学医学薬学研究部東西統合医療看護学助教

道券夕紀子　富山大学医学薬学研究部東西統合医療看護学助教

梅村　俊彰　富山大学医学薬学研究部東西統合医療看護学講師

吉井　忍　富山大学附属病院看護部看護師

安田　智美　富山大学医学薬学研究部東西統合医療看護学教授

4. 介護保険認定高齢者における性・年齢別にみた要介護度と生命予後の関連

新鞍真理子　富山大学医学部看護学科地域・老人看護学講座

寺西　敬子　富山大学医学部看護学科地域・老人看護学講座

須永　恭子　富山大学医学部看護学科地域・老人看護学講座

中林美奈子　富山大学医学部看護学科地域・老人看護学講座

泉野　潔　富山大学医学部看護学科地域・老人看護学講座

炭谷　靖子　富山大学医学部看護学科地域・老人看護学講座

下田　裕子　富山福祉短期大学

廣田　和美　前中新川広域行政事務組合介護保険課

神谷　貞子　前中新川広域行政事務組合介護保険課

岩本　寛美　前中新川広域行政事務組合介護保険課

上坂かず子　上市町役場

成瀬　優知　富山大学医学部看護学科地域・老人看護学講座

5. 要介護認定者の日常生活自立度と生命予後との関連

寺西　敬子　富山大学地域・老人看護学講座助手

下田　裕子　富山福祉短期大学講師

新鞍眞理子　富山大学地域・老人看護学講座講師

山田雅奈恵　富山大学地域・老人看護学講座修士課程

田村　一美　富山大学地域・老人看護学講座修士課程，温泉リハビリテーションいま泉病院総看護師長

廣田　和美　中新川広域行政事務組合介護保険課保健師

神谷　貞子　中新川広域行政事務組合介護保険課保健師

岩本　寛美　立山町役場保健師

上坂かず子　上市町役場保健師

成瀬　優知　富山大学地域・老人看護学講座教授

6. 介護保険制度下におけるサービス利用の有無と要介護度の変化

寺西　敬子　富山大学医学部地域・老人看護学講座

下田　裕子　富山大学医学部地域・老人看護学講座／富山福祉短期大学

新鞍真理子　富山大学医学部地域・老人看護学講座

廣田　和美　中新川広域行政事務組合介護保険課

神谷　貞子　中新川広域行政事務組合介護保険課

岩本　寛美　中新川広域行政事務組合介護保険課

上坂かず子　上市町役場

成瀬　優知　富山大学医学部地域・老人看護学講座

◉ 第2章　認知症と要介護（支援）高齢者の研究

1. 研究の概要

尾形由紀子　福岡県立大学看護学部教授

2. 2年以内の要介護度の悪化および死亡と認知症高齢者の自立度との関連

新鞍真理子　富山大学医学部看護学科地域・老人看護学講座

廣田　和美　前中新川広域行政事務組合介護保険課

寺西　敬子　富山大学医学部看護学科地域・老人看護学講座

下田　裕子　富山福祉短期大学

神谷　貞子　前中新川広域行政事務組合介護保険課

岩本　寛美　前中新川広域行政事務組合介護保険課

上坂かず子　上市町役場

須永　恭子　富山大学医学部看護学科地域・老人看護学講座

山田雅奈恵　富山大学医学部看護学科地域・老人看護学講座

田村　一美　富山大学医学部看護学科地域・老人看護学講座

成瀬　優知　富山大学医学部看護学科地域・老人看護学講座

3. 要介護認定を受けた認知症高齢者の日常生活自立度の変化と認知症に関連する症状項目の変化

鳶野　沙織　富山大学地域看護学修士課程

新鞍真理子　富山大学大学院医学薬学研究部准教授

下田　裕子　富山福祉短期大学講師

東海奈津子　富山大学付属病院看護師

寺西　敬子　富山大学大学院医学薬学研究部助教

山田雅奈恵　富山県庁保健師

田村　一美　元富山大学

山口　悦子　元富山大学

永森　睦美　中新川広域行政事務組合保健師

上坂かず子　上市町役場保健師

成瀬　優知　富山大学大学院医学薬学研究部教授

4. 障害高齢者の日常生活自立度における維持期間と脳卒中および認知症の相乗影響

東海奈津子　富山大学地域看護学修士課程

新鞍眞理子　富山大学地域看護学講師

下田　裕子　富山福祉短期大学講師

鳶野　沙織　富山大学地域看護学修士課程

寺西　敬子　富山大学地域看護学助教

山田雅奈恵　富山県庁保健師

田村　一美　温泉リハビリテーションいま泉病院総看護師長

山口　悦子　富山短期大学准教授

永森　睦美　富山大学地域看護学教授

上坂かず子　富山福祉短期大学講師

成瀬　優知　富山大学地域看護学教授

5. 認知症高齢者の日常生活における意思決定および伝達能力―介護が必要となった時点から2年間の追跡結果―

三徳　和子　人間環境大学

島内　　節　広島文化学園大学

6. 中山間地域A市における要介護（支援）高齢者の要介護度，寝たきり度および認知症と死亡の関連

三徳　和子　川崎医療福祉大学

藤田　利治　元国立統計数理研究所

富田　早苗　川崎医療福祉大学大学院博士後期課程

神宝　貴子　川崎医療福祉大学大学院博士前期課程

森戸　雅子　川崎医療福祉大学

長尾　光城　川崎医療福祉大学

小河　孝則　川崎医療福祉大学

● 第3章　生活環境と要介護（支援）高齢者の研究

1. 研究の概要

寺西　敬子　富山大学大学院医学薬学研究部助教

2. 住宅改修が要介護認定者の在宅継続期間へ及ぼす影響

山田雅奈恵　富山大学地域・老人看護学講座修士課程

田村　一美　富山大学地域・老人看護学講座修士課程，温泉リハビリテーションいま泉病院総看護師長

寺西　敬子　富山大学地域・老人看護学講座助手

新鞍真理子　富山大学地域・老人看護学講座講師

下田　裕子　富山福祉短期大学講師

永森　睦美　中新川広域行政事務組合介護保険課保健師

上坂かず子　上市町役場保健師

成瀬　優知　富山大学地域・老人看護学講座教授

3. 介護保険における施設継続利用者の身体的要因―特別介護項目に焦点をあてて―

田村　一美　温泉リハビリテーションいま泉病院

新鞍真理子　富山大学医学部看護学科

寺西　敬子　富山大学医学部看護学科

山田雅奈恵　高岡厚生センター射水支所

下田　裕子　富山福祉短期大学

山田　悦子　富山短期大学

永森　睦美　中新川広域行政事務組合

上坂かず子　上市町役場

成瀬　優知　富山大学医学部看護学科

4. 要介護（支援）高齢者の居宅と施設入所における死亡との関連

三徳　和子　川崎医療福祉大学

5. 住宅改修の有無とその予後

三徳　和子　人間環境大学看護学部

島内　節　広島文化学園大学看護学部

◉ 第4章　要介護（支援）高齢者コホート研究結果概要

1. 研究および調査の概要

岡本　和士　愛知県立大学看護学部教授

郡上および富山の2地域の比較から

岡本　和士　愛知県立大学看護学部教授

三徳　和子　人間環境大学教授

成瀬　優知　富山大学大学院医学薬学研究部教授

要介護（支援）高齢者郡上コホート研究

三徳　和子　川崎医療福祉大学医療福祉学部教授

要介護（支援）高齢者中新川コホート研究

成瀬　優知　富山大学大学院医学薬学研究部教授

◉ おわりに

眞崎　直子　日本赤十字広島看護大学看護学部教授

林　真二　日本赤十字広島看護大学看護学部

文献

● 第1章　身体障害と要介護（支援）高齢者の関連研究

1. 介護要因疾患の意義

1) 鈴木道雄, 福田孜, 成瀬優知, 數川悟, 飯田恭子, 石川宏：富山県における老人性痴呆実態調査からみた痴呆有病率の推移. 老年精神医学雑誌, 14(12)：1509-1518(2003).
2) 下田裕子, 寺西敬子, 新鞍真理子, 成瀬優知：介護要因となる主要疾患の実態. 共創福祉, 2：27-32(2007).
3) 未発表資料. 本誌「男女別データ」中掲載.
4) 東海奈津子, 新鞍眞理子, 下田裕子, 鳶野沙織, 寺西敬子, 山田雅奈恵, 田村一美, 山口悦子, 永森睦美, 上坂かず子, 成瀬優知：障害高齢者の日常生活自立度における維持期間と脳卒中および認知症の相乗影響, 厚生の指標, 55：29-33(2008).

2. 介護要因となる主要疾患の実態

郷木義子, 畝博：長期要介護のリスク要因に関する疫学研究, 基本健康診査受診者の追跡調査から. 日本公衆衛生誌, 226-234(2005).
林亮, 丸茂紀子, 鷲見恵里子, 後藤忠雄, 藤田利治, 三徳和子：要支援・要介護認定者の原因疾患と介護予防. 第63回日本公衆衛生学会総合抄録集, 755(2006).
稲垣俊明, 水野弥一, 水野友之, 岩瀬環：指定介護療養型医療施設の要介護者の検討. 名古屋市厚生院紀要, 26：81-91(2000).
神田錬蔵：川崎市における要介護高齢者の保健及び老人病の疫学と臨床管理. 熱帯, 25：141-150(1992).
厚生省：厚生白書（昭和63年度版）. 東京, ぎょうせい, 234(1988).
厚生統計協会：平成16年　国民生活基礎調査. 東京, 厚生統計協会, 698-699(2004).
厚生統計協会：国民衛生の動向・厚生の指標（臨時増刊2006年第53巻9号）. 東京, 厚生統計協会, 33-36(2006b).
厚生統計協会：国民衛生の動向・厚生の指標（臨時増刊2006年第53巻9号）. 東京, 厚生統計協会, 36(2006c).
厚生統計協会：国民衛生の動向・厚生の指標（臨時増刊2006年第53巻9号）. 東京, 厚生統計協会, 65-66(2006a).
厚生統計協会：国民衛生の動向・厚生の指標（臨時増刊2006年第53巻9号）. 東京, 厚生統計協会, 396(2006d).
島根県健康福祉部高齢者福祉課：介護サービスの有効性評価に関する調査研究—第1報：ケアマネジメントの現状と今後のあり方—. 東京, 日本医師会総合政策研究機構, 45(2003).
武田俊平：介護保険における要介護疾患と要介護未認定期間（健康寿命）. 日本公衆衛生誌, 417-424(2002).

3. 摂食・嚥下障害が在宅療養に及ぼす影響

1) 直江祐樹, 高山文博, 太田清人, 他：在宅患者における摂食・嚥下障害に関する調査　訪問看護ステーション看護婦に対する質問調査. 日本摂食・嚥下リハビリテーション学会雑誌, 4(2)：30-37(2000).
2) 岩手医科大学病院附属歯科医療センター口腔リハビリ外来 (http://denture.iwate-med.ac.jp/cn21/cn17/dysphagia100.html) 2010.7.6.
3) 滋賀医科大学社会医学講座公衆衛生部門：脳卒中有病者数と脳卒中による介護者数の推移 (http://www.stroke-projection.com) 2010.7.6.
4) 松田明子：在宅における要介護者の摂食・嚥下障害の有無と身体機能, 主介護者の介護負担感及び介護時間との関連. 日本看護科学会誌, 23(3)：37-47(2003).
5) 平井雅子, 安心院登代美, 木本ちはる, 他：摂食・嚥下障害患者の退院後の追跡調査. 日本リハビリテーション看護学会学術大会集録13回, 109-111(2001).
6) 厚生労働省：第3回要介護認定調査検討会　資料1～3　高齢者介護実態調査結果 (http://www.mhlw.go.jp/shingi/2007/11/dl/s1109-10c.pdf)2010.7.6.
7) 要介護認定　認定調査員テキスト2009.7　樹形モデル図（要介護認定等基準時間の推計方法）.
8) 二木淑子, 長島潤, 中谷千鶴子, 他：訪問看護ステーション利用者の摂食・嚥下障害の実態. 作業療法ジャーナル, 36(1)：73-78(2002).
9) 高居智実, 濱田豊子, 枝川和代, 他：摂食・嚥下障害患者の在宅食事管理にむけて退院後の実態調査. 中国四国地区国立病院機構・国立療養所看護研究学会誌, 4：270-273(2008).
10) 新井香奈子：訪問看護における摂食・嚥下障害者の主介護者に対する援助と課題. 日本摂食・嚥下リハビリテーション学会雑誌, 10(1)：22-30(2006).
11) 新井香奈子：摂食・嚥下障害者の主介護者の介護経験　主体的な介護の取り組み. 癌と化学療法, 32(1)：50-52(2005).

12) 松田明子：在宅の摂食・嚥下障害をもつ主介護者に対する教育効果．日本摂食・嚥下リハビリテーション学会雑誌，7(1)：19-27(2003)．
13) 大塚きく子，橋本元結花，川村智賀子：在宅療養者の嚥下障害と食事介護の現状．日本看護学会論文集：地域看護，34：64-66(2004)．
14) 聖隷三方原病院嚥下チーム：嚥下障害ポケットマニュアル第2版．医歯薬出版，1：1-3(2007)．
15) 杉本正子：在宅看護論―実践をことばに　第3版．ヌーヴェルヒロカワ，142(1999)．
16) 聖隷三方原病院嚥下チーム：嚥下障害ポケットマニュアル第2版．医歯薬出版，199(2007)．
17) 聖隷三方原病院嚥下チーム：嚥下障害ポケットマニュアル第2版．表2-5嚥下障害の原因疾患，医歯薬出版，21(2007)．
18) 戸田中央総合病院グループ：摂食嚥下障害 (http://www.tmg.gr.jp/hokensinpou/040303-sessyokuenge.html)2010.7.6.
19) 向井美恵，鎌倉やよい，編：Nursing Mook 20　摂食・嚥下障害の理解とケア．学習研究社，16(2003)．
20) 口腔ケアで誤嚥性肺炎の予防―8020推進財団 (http://8020zaidan.or.jp/magazine/start_care04.html)2010.7.6.

本研究は，第70回日本公衆衛生学会総会（平成23年10月，秋田市）で発表した．研究を行うにあたり，ご協力いただきましたA県B地区介護保険課の皆様ならびに諸先生方に心より感謝を申し上げます．

4. 介護保険認定高齢者における性・年齢別にみた要介護度と生命予後の関連

1) 厚生統計協会：介護保険関連統計の年次推移―制度創設から5年間の主要統計―．厚生の指標臨時増刊号，52：12-13(2006)．
2) 厚生省：厚生白書（平成10年度版）．ぎょうせい，東京，234(1998)．
3) 厚生省令第58号：要介護認定等に係る介護認定審査会による審査及び判定の基準等に関する省令，平成11年4月30日．
4) 筒井孝子：図解よくわかる要介護認定．日本看護協会出版会，東京，144-145(1999)．
5) 渡辺丈眞，松浦尊麿，渡辺美鈴，他：生活自立高齢者における要介護状態移行に関わる短期的予後危険因子の年齢期による差異．大阪医科大学雑誌，62：1-7(2003)．
6) 島津淳：要介護状態となった環境要因および要介護度変化の環境要因についての一考察．総合ケア，14(10)：59-67(2004)．
7) 筒井孝子：介護保険制度下の介護サービス評価に関する変化―痴呆性高齢者に提供された介護サービスと経年的変化―．厚生の指標，51：1-6(2004)．
8) 東野定律：痴呆性高齢者の状態の経年的変化と介護サービス利用に関する研究．病院管理，42：75-87(2005)．
9) 古谷野亘，柴田博，芳賀博，他：地域老人における日常生活動作能力―その変化と死亡率への影響―．日本公衆衛生誌，31：637-641(1984)．
10) Campbell AJ, Diep C, Reinken J, et al.：Factor predicting mortality in a total population sample of the elderly. Journal of Epidemiology and Community Health, 39：337-342(1985)．
11) Koyano W, Shibata H, Haga H, et al.：Prevalence and outcome of low ADL and incontinence among the elderly five years follow-up in Japanese urban community. Archives of Gerontology and Geriatrics, 5：197-206(1986)．
12) 新開省二，渡辺修一郎，熊谷修，他：地域高齢者における「準ねたきり」の発生率，予後および危険因子．日本公衆衛生誌，48：741-752(2001)．
13) 古谷野亘，柴田博，芳賀博，他：地域老人における失禁とその予後―5年間の追跡―．日本公衆衛生誌，33：11-16(1986)．
14) 中西範幸，多田羅浩三，中島和江，他：地域高齢者における尿，および便失禁―出現頻度，関連要因と生命予後―．日本公衆衛生誌，44：192-200(1997)．
15) 近藤高明，葛谷文男：在宅寝たきり老人の生命予後関連因子に関する研究―寿命モデルを用いた検討―．日本老年医学会雑誌，26(3)：47-52(1989)．
16) 中西範幸，多田羅浩三，新庄文明，他：地域高齢者の日常生活上の支障と生命予後との関係．厚生の指標，44：20-26(1997)．
17) 中西範幸，多田羅浩三，中島和江，他：地域高齢者の生命予後と障害，健康管理，社会生活との関連についての研究．日本公衆衛生誌，44：89-101(1997)．
18) 山本千紗子，星旦二，巴山玉連，他：家族が行う認知症判断と生存予後および生存に関連する要因．日本認知症ケア学会誌，4：40-50(2005)．
19) Kelman HR, Thomas C, Kennedy GJ, et al.：Cognitive impairment and mortality in older community residents. American Journal of Public Health, 84：1255-1260(1994)．
20) 中西範幸，西岡千里，山田敦弘，他：地域高齢者の知的障害に関連する要因と生命予後に関する研究．日本公衆衛生誌，44：845-856(1997)．
21) Landi F, Onder G, Cattel C, et al.：Function status and clinical correlates in cognitively impaired community-living older people. Journal of Geriatric Psychiatry Neurology, 14：21-27(2001)．
22) 藤田利治：地域老人の日常生活動作能力低下の生命予後への影響．日本公衆衛生誌，36：717-729(1989)．
23) 橋本修二，岡本和士，前田清，他：地域高齢者の生命予後に影響する日常生活上の諸因子についての検討―3年6ヶ月の追跡調査―．日本公衆衛生誌，33：741-748(1986)．
24) 藤田利治，籏野脩一：地域老人の生命予後関連要因についての3地域追跡研究．日本公衆衛生誌，37：1-8(1990)．
25) 本間善之，成瀬優知，鏡森定信：高齢者の日常生活自立度と生命予後，活動余命との関連について―高齢者ニーズ調査より―．日本公衆衛生誌，45：1018-1029(1998)．
26) 本間善之，成瀬優知，鏡森定信：高齢者における身体・社会活動と活動余命，生命予後の関連について―高齢者ニーズ調査より―．日本公衆衛生誌，46：380-390(1999)．
27) 永松俊哉，種田行男，北畠義典，他：地域高齢者における生活体力と予後との関係．Research in Exercise Epidemiology，2：39-43(2000)．

28) 厚生統計協会：国民衛生の動向，52(9)：65，380-382(2005).

29) 厚生労働省大臣官房統計情報部：平成16年国民生活基礎調査第2巻．厚生統計協会，東京，698-699(2006).

30) 川越雅弘，島根県健康福祉部高齢者福祉課：介護サービスの有効性評価に関する調査研究—第1報：ケアマネジメントの現状と今後のあり方—．日本医師会総合政策研究機構報告書第55号，9-10(2003).

31) 武田俊平：介護保険における65歳以上要介護等認定者の2年後の生死と要介護度の変化．日本公衆衛生誌，51：157-167(2004).

32) 厚生労働省老健局長通知第1224001号：「痴呆」に替わる用語について，平成16年12月24日.

33) Donaldson LJ, Clayton DG, Clarke M.：The elderly in residential care Mortality in relation to functional capacity. Journal of Epidemiology and Community Health, 34：96-101(1980).

34) Donaldson LJ, Jagger C.：Survival and functional capacity three year follow up of an elderly population in hospitals and homes. Journal of Epidemiology and Community Health, 37：176-179(1983).

35) 川越雅弘，島根県健康福祉部高齢者福祉課：介護サービスの有効性評価に関する調査研究—第1報：ケアマネジメントの現状と今後のあり方—．日本医師会総合政策研究機構報告書第55号，67(2003).

36) 厚生労働省：全国介護保険担当者課長会議資料No.5，平成14年6月4日.

37) 川越雅弘，阿部崇：改訂版一次判定ソフトの概要と課題—二次判定方法の確立に向けて—．日医総研ワーキングペーパー．日本医師会総合政策研究機構報告書第77号，37(2002).

38) 文部科学省，厚生労働省：「疫学研究に関する倫理指針」，平成14年6月通知，平成16年12月改正.

5. 要介護認定者の日常生活自立度と生命予後との関連

1) 古谷野亘，柴田博，芳賀博，他：地域老人における日常生活動作能力—その変化と死亡率への影響—．日本公衆衛生雑誌，31(12)：637-641(1984).

2) 藤田利治：地域老人の日常生活動作能力低下の生命予後への影響．日本公衆衛生雑誌，36(10)：717-729(1989).

3) 本間善之，成瀬優知，鏡森定信：高齢者の日常生活自立度と生命予後，活動余命との関連について高齢者ニーズ調査より．日本公衆衛生雑誌，45(10)：1018-1029(1998).

4) 中西範幸，多田羅浩三，中島和江，他：地域高齢者の生命予後と障害，健康管理，社会生活の状況との関連についての研究．日本公衆衛生雑誌，44(2)：89-101(1997).

5) 辻一郎，南優子，深尾彰，他：高齢者における日常生活動作遂行能力の経年変化．日本公衆衛生雑誌，41(5)：415-423(1994).

6) 柊山幸志郎，上田一雄：循環器疾患患者の日常生活動作阻害要因と今後予想される社会的負担—高齢者死亡に影響を及ぼす要因に関する調査研究事業．日本循環器管理研究協議会雑誌，35(3)：205-213(2000).

7) 中西範幸，多田羅浩三，新庄文明，他：地域高齢者の日常生活上の支障と生命予後との関係—38カ月間の追跡—．厚生の指標，44(1)：20-26(1997).

8) 川越雅弘，島根県健康福祉部高齢者福祉課：介護サービスの有効性評価に関する調査研究〜第1報：ケアマネジメントの現状と今後のあり方〜．日本医師会総合政策研究機構報告書第55号，11-12(2003).

9) 永松俊哉，種田行男，北畠義典，他：地域高齢者における生活体力と予後との関係．運動疫学研究，2(supple)：39-43(2000).

6. 介護保険制度下におけるサービス利用の有無と要介護度の変化

1) 高齢者リハビリテーション研究会：高齢者リハビリテーションのあるべき方向．厚生労働省，2004，http://www.mhlw.go.jp/shingi/2004/03/s0331-3.html(アクセス日時：2006/01/16).

2) 三田寺祐治，早坂聡久：家族介護者による在宅福祉サービスの評価．厚生の指標，50(10)：1-7(2003).

3) 早坂聡久，三田寺祐治：高齢者本人による在宅福祉サービスの評価．厚生の指標，50(10)：8-16(2003).

4) 坪井章雄，松田俊，佐々木実，ほか：主介護者の主観的介護負担に影響を及ぼす介護保険サービスの検討．総合リハビリテーション，30(12)：1413-1420(2002).

5) 筒井孝子：介護保険制度下の介護サービス評価に関する変化　痴呆性高齢者に提供された介護サービスと経年的変化．厚生の指標，51(1)：1-6(2004).

6) 平成13年国民生活基礎調査．厚生労働省，http://www.mhlw.go.jp/toukei/saikin/hw/k-tyosa/k-tyosa01/(アクセス日時：2005/10/04).

7) 武田俊平：介護保険における65歳以上要介護等認定者の2年後の生死と要介護度の変化．日本公衆衛生雑誌，51(3)：157-167(2004).

8) 介護給付費実態調査報告（平成13年5月審査分〜平成14年4月審査分）．厚生労働省，http://www.mhlw.go.jp/toukei/saikin/hw/kaigo/kyufu/01/(アクセス日時：2005/10/04).

9) 金貞任，岡полу一：在宅要介護高齢者の心身機能の変化と影響要因の検討　東京とS区のパネル調査を中心に．厚生の指標，51(8)：8-15(2004).

10) 社会保障審議会介護保険部会：介護保険制度の見直しに関する意見．厚生労働省，2004，http://www.mhlw.go.jp/shingi/2004/07/dl/(アクセス日時：2006/01/16).

11) 高齢者介護研究会：2015年の高齢者介護—高齢者の尊厳を支えるケアの確立に向けて—．厚生労働省，2003，http://www.mhlw.go.jp/topics/kaigo/kentou/15kourei/(アクセス日時：2006/01/16).

● 第2章　認知症と要介護（支援）高齢者の研究

1. 研究の概要

1) Agency for Healthcare Research and Quality 2010.
2) 新鞍真理子，廣田和美，寺西敬子，下田裕子，神谷貞子，岩本寛美，上坂かず子，須永恭子，山田雅奈恵，田村一美，成瀬優知：2年以内の要介護度の悪化および死亡と認知症高齢者の自立度との関連．老年精神医学雑誌，17(10)：1079-1086.(2006).
3) 鳶野沙織，新鞍眞理子，下田裕子，東海奈津子，寺西敬子，山田雅奈恵，田村一美，山口悦子，永森睦美，上坂かず子，成瀬優知：要介護認定を受けた認知症高齢者の日常生活自立度の変化と認知症に関連する症状項目の変化．厚生の指標，57(6)：25-32 (2010).
4) 三徳和子，藤田利治，富田早苗，神宝多賀子，森戸雅子，長尾光白，小河孝則：中山間地域A市における要介護（支援）高齢者の要介護度，寝たきり度及び認知症度と死亡の関連．川崎医療福祉学会誌，20(2)：383-389(2011).
5) 東海奈津子，新鞍眞理子，下田裕子，鳶野沙織，寺西敬子，山田雅奈恵，田村一美，山口悦子，永森睦美，上坂かず子，成瀬優知：障害高齢者の日常生活自立度における維持期間と脳卒中および認知症の相乗影響．厚生の指標，55：29-33(2008).
6) 三徳和子：認知症高齢者の日常生活における意思決定・伝達能力—介護が必要になった時点から2年間の追跡—．Open Nurs J, 13(8)：17-24(2014).

2. 2年以内の要介護度の悪化および死亡と認知症高齢者の自立度との関連

1) Aguero-Torres H, Qiu C, Winblad B, Fratiglioni K : Dementing disorders in the elderly : Evolution of disease severity over 7 years. Alzheimer Dis Assoc Disord, 16(4) : 221-227(2002).
2) Asada T, Kinosita T, Morikawa S, Motonaga T, et al. : A prospective 5-year follow-up study on the behavioral disturbances of community-dwelling elderly people with Alzheimer disease. Alzheimer Dis Assoc Disord, 13(4) : 202-208(1999).
3) 別所遊子，出口洋二，安井裕子，日下幸則，他：在宅痴呆症高齢者の10年間の死亡率，死因および死亡場所．日本公衆衛生雑誌，52(10)：865-873(2005).
4) Burns A, Lewis G : Survival in dementia. in Ageing and dementia, ed. by Burns A, Edward Arnold, Boston, 126-127(1993).
5) Eagles JM, Beattie JAG, Restall DB, Rawlinson F, et al. : Relation between cognitive impairment and early death in the elderly. BMJ, 300 : 239-240(1990).
6) 藤原佳典，天野秀紀，熊谷 修，吉田裕人，他：在宅自立高齢者の介護保険認定に関連する身体・心理的要因；3年4か月間の追跡研究から．日本公衆衛生雑誌，53(2)：77-91(2006).
7) 長谷川和夫，本間昭，尹美淑，天本宏，他：老化性痴呆の追跡調査；5年後の予後．日本老年医学会雑誌，17(6)：630-638(1980).
8) 東野定律：痴呆性高齢者の状態の経年的変化と介護サービス利用に関する研究．病院管理，42(1)：75-87(2005).
9) 稲垣俊明，山本俊幸，野倉一也，橋詰良夫，他：老人施設における老年期痴呆の5年後の予後調査に関する研究．日本老年医学会雑誌，29(10)：729-734(1992).
10) 石塚正敏：「寝たきり度」判定基準のできるまで．公衆衛生，56(1)：69-71(1992).
11) Jagger C, Clarke M : Mortality risks in the elderly : Five-year follow-up of a total population. Int J Epidemiol, 17(1) : 111-114 (1988).
12) 介護保険法等の一部を改正する法律（平成17年法律第77号）．2005年6月22日成立．
13) 川越雅弘，阿部崇：改訂版一次判定ソフトの概要と課題；二次判定方法の確立に向けて．日医総研ワーキングペーパー，日本医師会総合政策研究機構報告書第77号，37(2002).
    (http://www.jmari.med.or.jp/research/dl.php?no=184)
14) 川越雅弘，島根県健康福祉部高齢者福祉課：介護サービスの有効性評価に関する調査研究；第1報：ケアマネジメントの現状と今後のあり方．日本医師会総合政策研究機構 報告書第55号，9-14(2003).
15) Keiman HR, Thomas C, Kennedy GJ, Cheng J : Cognitive impairment and mortality in older community residents. Am J Public Health, 84(8) : 1255-1260(1994).
16) 金貞任，平岡公一：在宅要介護高齢者の心身機能の変化と影響要因の検討；東京都S区のパネル調査を中心に．厚生の指標，51(8)：8-15(2004).
17) 厚生労働省：社会保険審議会第6回介護保険部会資料No.3．平成15年11月20日．
18) 厚生労働省：介護保険制度改革の全体像〜持続可能な介護保険制度の構築〜参考資料．平成16年12月22日．
19) 厚生労働省：厚生労働白書（平成17年度版）．ぎょうせい，東京，52-53(2005).
20) 厚生労働省大臣官房統計情報部：平成16年度国民生活基礎調査．第2巻，厚生統計協会，東京，698-699(2006).
21) 厚生省令第58号：要介護認定等に係る介護認定審査会による審査及び判定の基準等に関する省令．平成11年4月30日．
22) 厚生統計協会：介護保険関連統計の年次推移；制度創設から5年間の主要統計．厚生の指標臨時増刊号，52(16)：12-13(2006).
23) 厚生統計協会：図説統計でわかる介護保険．厚生統計協会，東京，21，(2006),
24) 熊谷敬一，須賀良一，小熊隆夫，内藤明彦，他：新発田市川東地区における在宅老人のうつ病と痴呆の疫学調査；有病率と1年予後．臨床精神医学，21(9)：1483-1490(1992).
25) Landi F, Onder G, Cattel C, Gambassi G, et al. : Functional status and clinical correlates in cognitively impaired community living older people. J Geriatr Psychiatry Neurol, 14 : 21-27(2001).
26) Minami Y, Tsuji I, Keyl PM, Hisamichi S, et al. : The prevalence and incidence of dementia in elderly urban Japanese. The Sendai Longitudinal of Aging, J Epidemiol, 3(2)：83-89(1993).
27) 文部科学省，厚生労働省：「疫学研究に関する倫理指針」平成14年6月告示．平成16年12月改正．
28) 中西範幸，西岡千里，山田敦弘，木本絹子，他：地域高齢者の知的障害に関連する要因と生命予後に関する研究．日本公衆衛生雑

誌, 44(11)：845-856(1997).

29) 大塚俊男, 柄澤昭秀, 松下正明, 河口豊：わが国の痴呆性老人の出現率. 老年精神医学雑誌, 3(4)：435-439(1992).

30) Reed BR, Jagust WJ, Seab JP：Mental status as a predictor of daily function in progressive dementia. Gerontologist, 29(6)：804-807(1989).

31) 島津淳：要介護状態となった環境要因および要介護度変化の環境要因についての一考察. 総合ケア, 14(10)：59-67(2004).

32) 鈴木道雄, 福田孜, 成瀬優知, 数川悟, 他：富山県における老人性痴呆実態調査からみた痴呆有病率の推移. 老年精神医学雑誌, 14(12)：1509-1518(2003).

33) 鈴木康裕：農村に在住する高齢者の知的機能に関連する要因の解析. 日本公衆衛生雑誌, 42：442-453(1995).

34) 武田俊平：介護保険における65歳以上要介護等認定者の2年後の生死と要介護度の変化. 日本公衆衛生雑誌, 51(3)：157-167 (2004).

35) 滝川陽一：「痴呆性老人の日常生活自立度判定基準」について. 公衆衛生, 58(1)：73-75(1994).

36) 筒井孝子：介護保険制度下の介護サービス評価に関する変化；痴呆性高齢者に提供された介護サービスと経年的変化. 厚生の指標, 51(1)：1-6(2004).

37) 植木昭紀, 三好功峰, 藤田宏史, 真城英孝, 他：老人性痴呆疾患センターにおける疫学調査；痴呆の予後とその関連要因. 日本老年医学会雑誌, 32(10)：656-663(1995).

38) 浦上克哉, 深田倍行, 井俊雅之, 美甘克明, 他：老年痴呆の5年後の予後調査. 臨床神経学, 28(1)：21-23(1988).

39) Walsh JS, Walsh HG, Larson EB：Survival outpatient with Alzheimer-type dementia. Ann Intern Med, 113：429-434(1990).

40) 渡辺丈眞, 松浦尊麿, 渡辺美鈴, 樋口由美, 他：生活自立高齢者における要介護状態移行に関わる短期的予後危険因子の年齢期による差異. 大阪医科大学雑誌, 62(1)：1-7(2003).

41) 山本千紗子, 星旦二, 巴山玉連, 櫻井尚子, 他：家族が行う認知症診断と生命予後および生存に関連する要因. 日本認知症ケア学会誌, 4(1)：40-50(2005).

42) 横井輝夫, 櫻井臣, 北村恵子, 岡本圭左, 他：痴呆の重症度とADLの項目別難易度との関連. 理学療法学, 32(2)：83-87(2005).

3. 要介護認定を受けた認知症高齢者の日常生活自立度の変化と認知症に関連する症状項目の変化

1) 川越雅弘：介護サービスの有効性評価に関する調査研究　第1報ケアマネジメントの現状と今後のあり方. 日本医師会総合政策研究機構報告書, 55：13-14(2003).

2) 筒井孝子：介護保険制度下の介護サービス評価に関する変化. 厚生の指標, 51(1)：1-6(2004).

3) 岡田良子, 青葉安里, 山口登, 他著, 青葉安里編：老年期痴呆の随伴症状と治療・対処　徘徊. 老年期痴呆の治療と看護, 東京：南江堂, 67(2002).

4) 平井俊策：認知症患者の鑑別診断・予後における神経症候の意義　序にかえて. 老年精神医学雑誌, 18(1)：9-11(2007).

5) 重森健太, 日下降一, 大城昌平, 他：介護老人保健施設における認知症の程度と転倒の関係について. 日本認知症ケア学会誌, 5(1)：21-25(2006).

6) 別所遊子, 出口洋二, 安井裕子, 他：在宅痴呆高齢者の10年間の死亡率, 死因及び死亡場所. 日本公衆衛生学会誌, 52：865-873 (2006).

7) 新井健五：廃用症候群を防ぐ認知症ケア　残存能力を活かす視点から. 総合ケア, 17(8)：25-29(2007).

8) 楢林義孝：認知症とうつ病. 老年精神医学雑誌, 19(4)：414-418(2008).

本研究は, 平成20年度文部科学省科学研究費補助金「要介護度維持期間に着目した疾患別モデルの構築と介護保険サービス評価の検証」（研究代表者：新鞍真理子）を受けて実施した研究成果の一部である.

4. 障害高齢者の日常生活自立度における維持期間と脳卒中および認知症の相乗影響

1) 辻一郎, 南優子, 深尾彰, 他：活動的平均余命に関する考察　余命延長が障害のある生存期間に及ぼす影響について. 厚生の指標, 42(15)：28-33(1995).

2) 新開省二, 渡邊修一郎, 熊谷修, 他：地域高齢者における「準寝たきり」の発生率, 予後及び危険因子　日本公衆衛生雑誌, 48(9)：741-752(2001).

3) 武田俊平：介護保険における65歳以上要介護等認定者の2年後の生死と要介護度の変化. 日本公衆衛生雑誌, 51(3)：157-167 (2004).

4) 藺牟田洋美, 安村誠司, 阿彦忠之, 他：自立および準寝たきり高齢者の自立度の変化に影響する予測因子の解明　身体・心理・社会的要因から. 日本公衆衛生雑誌, 49(6)：483-496(2002).

5) 藤原佳典, 天野秀嗣, 熊谷修, 他：在宅自立高齢者の介護保険認定に関する身体・心理的要因3年4ヶ月間の追跡研究から. 日本公衆衛生雑誌, 53(2)：77-91(2006).

6) 辻一郎, 南優子, 深尾彰, 他：高齢者における日常生活動作遂行能力の経年変化. 日本公衆衛生雑誌, 41(5)：415-423(1993).

7) 佐藤ゆかり, 齋藤圭介, 原田和宏, 他：在宅で生活する要支援・要介護高齢者における移動動作ならびに認知機能障害別にみた2年間の日常生活動作の推移. 日保会誌, 9(2)：81-89(2006).

8) 河野あゆみ, 金川悦子：地域虚弱高齢者の1年間の自立度変化とその関連因子. 日本公衆衛生雑誌, 47(6)：508-515(2000).

9) 金貞任, 平岡公一：在宅高齢者の心身機能の変化と影響要因の検討　東京都のS区のパネル調査を中心に. 厚生の指標, 51(8)：8-15(2004).

10) 森田久美子, 島内節, 奥富幸至, 他：在宅要介護高齢者の自立度と健康状態の経時的変化　利用者条件によるアウトカムの評価. 日本在宅ケア学会誌, 9(2)：38-46(2005).

11) 筒井孝子：介護保険制度下の介護サービス評価に関する変化　痴呆性高齢者に提供された介護サービスと経年変化. 厚生の指標,

51(1)：1-6(2004).

12) 石橋智昭，西村昌記，山田ゆかり，他．地域高齢者における生活機能の経年変化ADL・IADLの自立性からみた改善と悪化．老年社会科学，25(1)：55-62(2003).

13) 東野定律：痴呆高齢者の状態の経年的変化と介護サービス利用に関する研究．病院管理，42(1)：75-87(2005).

14) 佐藤ゆかり，齋藤圭介，原田和宏，他：認知症の有無別に見た要支援・要介護1の在宅高齢者における ADLと移動動作との縦断的な関係．老年社会科学，28(3)：321-333(2006).

本研究は，平成19年度文部科学省科学研究費補助金「要介護度維持期間に着目した疾患別モデルの構築と介護保険サービス評価の検証」（研究代表者：新鞍真理子）を受けて実施した研究成果の一部である．

5. 認知症高齢者の日常生活における意思決定および伝達能力—介護が必要となった時点から2年間の追跡結果—

1) Tampi R, Williamson D, Muralee S, et al.：Behavioral and psychological symptoms of dementia：Part I —Epidemiology, neurobiology, heritability, and evaluation. *Neurology*, 5：1-6(2011).

2) Sloane PD, Zimmerman S, Williams CS, Hanson LC：Dying with dementia in long-term care. *Gerontologist*, 48：741-751(2008).

3) Quill TE, McCann R：Decision Making for the Cognitively Impaired. In *Geriatric Palliative Care*(Goldhirsch S, Chai E, Meier D, Morris J, ed). Oxford University Press, Oxford, England, 333(2008).

4) Normann HK, Asplund K, Karlsson S, Sandman PO, Norberg A：People with severe dementia exhibit episodes of lucidity：A population-based study. *Journal of Clinical Nursing*, 15：1413-1417(2006).

5) Samsi K, Manthorpe J：Everyday decision-making in dementia：Findings from a longitudinal interview study of people with dementia and family carers. *International Psychogeriatrics*, 25：949-961(2013).

6) Monaghan C, Begley A：Dementia diagnosis and disclosure：A dilemma in practice. *Journal of Clinical Nursing*, 13：22-29(2004).

7) Livingston, G, Leavey G, Manela, M, Livingston D, Rait G, Sampson E, Bavishi S, Shahriyamolki K, Cooper C：Making decisions for people with dementia who lack capacity qualitative study of family carers. *British Medical Journal*, 18：341(2010).

8) Wolfs CA, de Vugt, ME, Verkaaik M, Haufe M, Verkade PJ, Verhey FR, Stevens F：Rational decision-making about treatment and care in dementia：A contradiction in terms? *Patient Education and Counseling*, 87：43-48(2012).

9) Wolfs CA, de Vugt, ME, Verkaaik M, Haufe M, Verkade PJ, Verhey FR, Stevens F：Rational decision-making about treatment and care in dementia：A contradiction in terms? *Patient Education and Counseling*, 87：43-48(2012).

10) Agency for Healthcare Research and Quality. AHCPR Research on Long-term care(2010). http://www.ahrq.gov/research/longtrm1.htm.(2010年1月20日アクセス可能).

11) 平澤秀人，桐谷優子，秋山英恵，志摩佐登美，渋谷陽子，松島英介：認知症高齢者の終末期医療に関する家族の意識調査：入院・外来患者について．老年精神医学雑誌，18：884-891(2007).

12) Kitwood T：*Dementia Reconsidered：The person comes first.* Maidenhead UK, Open University Press, pp.37-69(2008).

13) Beinart N, Weinman J, Wade D, Brady R：Caregiver burden and psychoeducational interventions in Alzheimer's disease：A review. *Dement Geriatr Cogn Dis Extra*, 2：638-648(2013).

14) Fetherstonhaugh D, Tarzia L Nay R：Being central to decision making means I am still here!：The essence of decision making for people with dementia. *Journal of Aging Studies*, 27：143-150(2013).

15) 厚生労働省医政局総務課：終末期医療に関する調査等検討会報告書—今後の終末期医療の在り方について．中央法規出版 (2013).

16) Gusmano M：End-of-life care for patients with dementia in the United States：Institutional realities. *Health Economics, Policy and Law*, 7：485-498(2012).

17) Smebye KL, Kirkevold M, Engedal K：How do persons with dementia participate in decision making related to health and daily care?：A multi-case study. *Faculty of Health and Social Work Studies*, University College Østfold, Halden, Norway(2012).

18) Wolfs CA, de Vugt ME, Verkaaik M, Haufe M, Verkade PJ, Verhey FR, Stevens F：Rational decision-making about treatment and care in dementia：A contradiction in terms? *Patient Education and Counseling*, 87：43-48(2012).

19) Livingston G, Leavey G, Manela M, Livingston D, Rait G, Sampson E, Bavishi S, Shahriyamolki K, Cooper C：Making decisions for people with dementia who lack capacity qualitative study of family carers. *British Medical Journal*, 18：341(2010).

20) Samsi K, Manthorpe J：Everyday decision-making in dementia：Findings from a longitudinal interview study of people with dementia and family carers. *International Psychogeriatrics*, 25：949-961(2010).

6. 中山間地域A市における要介護（支援）高齢者の要介護度，寝たきり度および認知症と死亡の関連

1) 厚生統計協会：国民衛生の動向．2010/2011，244-245(2010).

2) 厚生統計協会：国民の福祉の動向．118-122(2009).

3) 内閣府：平成18年度高齢社会白書．39(2006).

4) 平井俊策著：痴呆のすべて．永井書店（東京），51-52(2000).

5) 橋本修二，岡本和士，前田清，橋本修二：地域高齢者の生命予後に影響する日常生活上の諸因子についての検討．3年6か月の追跡調査，日本公衛誌，33：741-748(1986).

6) Donaldson LJ, Clayton DG, Clarke M.：The relation to functional capacity. *J Epidemiol Community Health*, 34：96-101(1980).

7) Donaldson LJ, Jagger C.：Survival and functional capacity, Three year follow up of an elderly population in hospitals and homes. *J Epidemiol Community Health*, 37：176-179(1983).

8) Warren MD, Knight R.：Mortality in relation to the functional capacities of people with disabilities living at home. *J Epidemiol*

Community Health, 36：220-230(1982).

9) 古谷野亘：地域老人における日常生活動作のその変化と死亡率への影響．日本公衛誌，31：637-641(1984).

10) Blazer DG. : Social support and mortality in an elderly community population. *Am J Epidemiol*, 115 : 684-694(1982).

11) Campbell AJ, Diep C, Reinken J, McCosh L. : Factors predicting mortality in a total population sample of the elderly. *J Health*, 39 : 337-342(1985).

12) Jagger C, Clarke M. : Mortality risks in the elderly, Five-year follow-up of a total population. *Int J Epidemiol*, 17 : 111-114(1988).

13) 藤田利治：地域老人の日常生活動作能力低下の生命予後への影響．日本公衛誌，36：717-729(1989).

14) 別所遊子，出口洋二，安井裕子，日下幸則，長澤澄雄：在宅痴呆症高齢者の10年間の死亡率，死因および死亡場所．日本公衆衛生雑誌，52：865-873(2005).

15) 武田俊平：介護保険における65歳以上要介護認定者の2年後の生死と要介護度の変化．日本公衆衛生雑誌，51：157-167(2004).

16) 寺西敬子，下田裕子，新鞍眞理子，山田雅奈恵，田村一美，廣田和美，神谷貞子，岩本寛美，上坂かず子，成瀬優知：要介護認定者の日常生活自立度と生命予後との関連．厚生の指標，53：28-33(2006).

17) 新鞍真理子，寺西敬子，須永恭子，中林美奈子，泉野潔，炭谷靖子，下田裕子，廣田和美，神谷貞子，岩本寛美，上坂かず子，成瀬優知：介護保険認定高齢者における性・年齢別にみた要介護度と生命予後の関連．北陸公衆衛生学会誌，33：22-27(2006).

18) 東海奈津子，新鞍眞理子，下田裕子，鳶野沙織，寺西敬子，山田雅奈恵，田村一美，山口悦子，永森睦美，上坂かず子，成瀬優知：障害高齢者の日常生活自立度における維持期間と脳卒中および認知症の相乗影響．厚生の指標，55：29-33(2008).

19) 新鞍真理子，寺西敬子，須永恭子，中林美奈子，泉野潔，炭谷靖子，下田裕子，廣田和美，神谷貞子，岩本寛美，上坂かず子，成瀬優知：介護保険認定高齢者における性・年齢別にみた要介護度と生命予後の関連．北陸公衆衛生学会誌，33：22-27(2006).

20) 北村立，北村真希，澁谷良子，倉田孝一：精神科病院における認知症医療のあり方　石川県立高松病院における認知症入院患者の残存率と報酬面からの考察．老年精神医学雑誌，21：82-90(2010).

◉ 第3章　生活環境と要介護（支援）高齢者の研究

1. 研究の概要

国立社会保障・人口問題研究所：日本の将来推計人口（平成24年1月推計）．2012.
http://www.ipss.go.jp/syoushika/tohkei/newest04/hh2401.asp(2014年11月30日アクセス可能).

葛谷雅文，長谷川潤，榎裕美，他：在宅療養要介護高齢者の介護環境ならびに生命予後，入院，介護施設入所リスクの性差．日本老年医学会雑誌，47：461-467(2010).

松本由美：住宅改修による要介護高齢者への影響—住宅改修後の意識調査から行政のかかわりを考える—．保健師ジャーナル，60(11)：1105-1109(2004).

地域包括ケア研究会．地域包括ケア研究会報告書（平成22年3月）．2010.
http://www.murc.jp/uploads/2012/07/report_1_55.pdf(2014年11月30日アクセス可能).

地域包括ケア研究会．地域包括ケアシステムの構築における今後の検討のための論点（平成25年3月）．2013.
http://www.murc.jp/uploads/2013/04/koukai130423_01.pdf(2015年6月9日アクセス可能).

横塚美恵子，二戸映子，鈴木鏡子，他：介護保険制度を利用した住宅改修による生活機能への影響．理学療法科学，25(6)：855-859(2010).

2. 住宅改修が要介護認定者の在宅継続期間へ及ぼす影響

1) 鈴木晃：〔高齢者の住まいを考える〕介護保険における住宅改修—意義と課題—高齢者自立支援の目標達成に浮上する住環境問題の重要性．GPnet，48(1)：18-23(2001).

2) 介護保険関連統計の年次推移—制度創設から5年間の主要統計—．厚生の指標，52(16)：29-50(2005).

3) 須藤ゆきみ　小熊夏奈，山田智子，他：住宅改修を行い退院した患者の追跡調査—使用状況と満足感について—．秋田理学療法，10(1)：51-54(2002).

4) 中谷千鶴子，城丸瑞恵，中村大介，他：介護保険を活用した住宅改修の現状と介護負担に関する検討．日本在宅ケア学会誌，7(1)：55-60(2003).

5) 小野美奈子，高藤ユキ，中村千鶴子，他：住宅改修による利用者本人・家族の生活の変化—A町介護保険住宅改修利用者本人及び家族への面接調査から—．日本看護学会論文集　第35回老年看護，128-130(2004).

6) 上村智子：介護保険下の居住環境整備サービスによる虚弱高齢者の支援．リハビリテーション医学，41(11)：788-794(2004).

7) 筒井啓恵美，鈴木晃，阪東美智子：介護保険制度における在宅改修の事業評価に関する研究—自立支援からみた改修内容の妥当性と主観的満足感—．日本在宅ケア学会誌，7(1)：31-39(2003).

8) 上村智子：介護保険制度による改修サービスの追跡調査．リハビリテーション医学，42(10)：714-720(2005).

9) 神田秀幸，池田理佳，浪越淳，他：介護保険制度における住宅改修の現状と課題—中野区の住宅改修の実態とケアマネジャーの関わり—．J. Natl. Inst. Public Health，50(1)：49-52(2001).

10) 品川靖子，作田祐子，小野寺理恵，他：大和町における高齢者の住まいのあり方に関する検討—改修住宅と新築住宅の調査結果から—．J. Natl. Inst. Public Health，51(1)：103-107(2002).

11) 別所遊子，細谷たき子，玉木晴美，他：痴呆性高齢者の在宅生活継続に影響する要因．北陸公衆衛生学会誌，27(1)：8-12(2000).

12) 鈴木千絵子：要介護高齢者における在宅介護の継続維持に関する研究—施設入所を希望する家族の介護力分析から—．日本看護学会論文集　第34回老年看護：150-152(2003).

175

13) 李文娟：在宅介護の継続希望と関連する要因．老年社会科学，25(4)：471-478(2004)．
14) 藤田利治，石原伸哉，増田典子，他：要介護老人の在宅介護継続の阻害要因についてのケース・コントロール研究．日本公衆衛生雑誌，39(9)：687-695(1990)．

3. 介護保険における施設継続利用者の身体的要因―特別介護項目に焦点をあてて―

1) 伴真由美：排便に援助を必要とする在宅要介護者とその家族の状況．千葉看護学会会誌，10(2)：49-55(2004)．
2) 浜本満，他：人類学のコモンセンス．文化人類学入門．学術図書出版社，116・118・119・124(1996)．
3) 本間之夫：施設入所高齢者の尿失禁に関する全国調査．泌尿器外科，6(12)：1215-1233(1993)．
4) 碇谷真帆，他：回復期病棟から施設入所となった患者背景を探る　患者の意向に反した4事例から．日本リハビリテーション看護学会学術大会集録16回，185-187(2004)．
5) 石岡裕子，他：介護老人保健施設からの在宅復帰における作業療法士の役割．青森県作業療法研究，13(1)：7-10(2004)．
6) 石崎達郎，他：大都市近郊の老人保健施設利用者の退所先に影響を与える要因．日本老年医学会雑誌，32(2)：105-110(1995)．
7) 石崎達郎：老人保健施設利用者の家庭復帰に影響与える要因　老人保健施設有効利用のために．日本公衆衛生雑誌，39(2)：65-74(1992)．
8) 梶井文子，他：在宅虚弱高齢者における脱水状態と水分摂取状況．聖路加看護大学紀要，32：43-50(2006)．
9) 川越雅弘，大場和子，木下毅：回復期リハ病床／療養病床／老健／特養の機能分担に関する調査研究―入退院（所）分析を中心として―．日本医師会総合政策研究機構，日本医師会総合政策研究機構報告書第47号：73-74(2002)．
10) 前掲文献7)：121-122.
11) 菊池忍，黒川幸雄：老人保健施設利用者の家庭復帰に影響する要因―利用者の諸因子から見た影響要因―．北里理学療法学，(3)：65-68(2000)．
12) 小松光代，他：在宅要介護高齢者の脱水予防のための基礎研究―夏期における水分出納と飲水援助の実態―．日本在宅ケア学会誌，6(3)：67-74(2003)．
13) K. Kuroda, K. Tatara, T. Takatorige, et. al.：Factors related to long-term stay in hospital by elderly people in a Japanese city. Age and Ageing, 21：321-327(1992)
14) 宮田香織：大都市近郊の老人保健施設入所者の家庭復帰後の在宅生活継続に関連する要因について．日本老年医学会雑誌，37(11)：928-936(2000)．
15) 中村薫，他：高齢者の長期入院に及ぼす要因の検討．公立八鹿病院誌，(11)：57-60(2002)．
16) 西浦公郎：大都市近郊にある老人保健施設入所者の家庭復帰に関連する要因について．日本公衆衛生雑誌，36(7)：479-488(1999)．
17) 奥野純子，他：介護老人保健施設在所者の家庭復帰へ影響する要因―介護者の在宅受け入れへの意欲に影響する要因より―．日本老年医学会雑誌，43(1)：108-116(2006)．
18) 佐々木和人，他：老人保健施設入所患者が家庭復帰可能となる要因とその対策．総合リハビリテーション，25(5)：465-471(1997)．
19) 只浦寛子，他：退院がスムーズに行かず長期入院となる患者・家族とキーパーソンの傾向と背景および退院阻害要因について．宮城大学看護学部紀要，8(1)：59-67(2005)．
20) 内田陽子：介護老人保健施設入所者のケアニーズとリスクに対する介護に関する研究．日本看護管理学会誌，7(1)：36-42(2003)．
21) 吉田集而，丸川和子，他編：排泄と羞恥心の人類学．排泄と看護，看護MOOK，金原出版，No.28：41-46(1988)．

4. 要介護（支援）高齢者の居宅と施設入所における死亡との関連

1) 厚生労働省老健局長：介護サービスの基盤強化のための介護保険法等の一部を改正する法律等の公布について．都道府県知事通知，老発第0622第1号，平成23年6月22日付 (2011)．
2) 国土交通省住宅局住宅政策課：平成15年住宅需要実態調査．平成16年9月3日．
http://www.mlit.go.jp/kisha/kisha04/07/070903_.html(2011.12.4アクセス可能)
3) 厚生労働統計協会編：統計でわかる介護保険．厚生労働統計協会，東京．73(2009)．
4) 遠藤英俊，水野裕：老人福祉施設におけるケアの実態と問題点　老人福祉施設における利用者の最近の動向．老年精神医学雑誌，13：1396-1398(2002)．
5) 厚生労働統計協会：厚生の指標増刊　国民の福祉動向．東京，56：140-147(2009)．
6) 柳川洋，簑輪眞澄編：公衆衛生学．医歯薬出版，2-3(2007)．
7) 古谷野亘：社会老年学におけるQOL研究の現状と課題．J. Natl. Inst. Public health, 53：204-208(2004)．
8) 厚生統計協会編：国民衛生の動向　2010/2011．厚生統計協会，東京，57(9)：414(2010)．
9) 藤田利治：地域老人の日常生活動作能力低下の生命予後への影響．日本公衛誌雑誌，36：717-729(1989)．
10) 武田俊平：介護保険における65歳以上要介護等認定者の2年後の生死と要介護度の変化．日本公衆衛生雑誌，51：157-167(2004)．
11) 寺西敬子，下田裕子，新鞍眞理子，他：要介護認定者の日常生活自立度と生命予後との関連．厚生の指標，53：28-33(2006)．
12) 別所遊子，出口洋二，安井裕子，他：在宅痴呆症高齢者の10年間の死亡率，死因および死亡場所．日本公衆衛生雑誌，52：865-873(2005)．
13) 厚生統計協会編：厚生の指標　介護保険関連統計の年次推移．52：19(2005)．
14) 総務省統計局政策統括官（統計基準担当）：統計研修所住民基本台帳人口移動報告　平成14年12月末結果 (2011)．
http://www.stat.go.jp/data/idou/index.htm(2011.3.1アクセス可能)
15) 内閣府：平成21年度版高齢社会白書　2高齢社会対策の実施の状況，4生活環境．105-109(2009)．
16) 折茂肇編集：老年学　第2版．東京大学出版会，東京 (1999)．
17) 厚生労働省．平成23年度版高齢社会白書　高齢者の日常生活に関する意識調査．平成21年．

http://www8.cao.go.jp/kourei/whitepaper/w-2011/zenbun/html/s1-2-6-01.html(2011.12.4 アクセス可能).

5. 住宅改修の有無とその予後

Yasumura S, Haga H, Nagai H, Shibata H, Iwasaki K, Ogawa Y, et al. : Risk factors for falls among the elderly living in a Japanes Rural community. Japanese Journal of Public Health, 528-536(1994).

Ensrud KE, Ewing SK, Taylor BC, Fink HA, Stone KL, Cauley JA, et al. : Frailty and risk of falls, fracture, and mortality in older women: the study of osteoporotic fractures. J Gerontol A Biol Sci Med Sci. 62 : 744-751(2007).

1) 厚生省:「平成10年度高齢者介護サービス体制整備支援事業」結果報告.
   http://www.med.or.jp/nichinews/n110305h.html(2012年4月2日アクセス可能).

2) Agency for Healthcare Research and Quality : AHCPR Research on Long-termcare(2010).
   http://www.ahrq.gov/research/longtrm1.htm.(2010年1月20日アクセス可能).

3) Costa-Font J. : Housing assets and the socio-economic determinants of health and disability in old age. Health and Place, 14(3) : 478-491(2008).

4) Hofmann MT, Bankes PF, Javed A, Selhat M. : Decreasing the incidence of falls in the nursing home in a cost-conscious environment: A pilot study. Journal of the American Medical Directors Association, 4(2) : 95-97(2003).

5) 黒田研二, 馬場昌子, 水野弘之, 津村智恵子:江戸川区「すこやか住い助成事業」の実績と効果に関する研究. 日本公衆衛生雑誌, 41(5) : 404-414(1994).

6) Mann WC, Ottenbacher KJ, Fraas L, Tomita M, Granger CV. : Effectiveness of assistive technology and environmental interventions in maintaining independence and reducing home care costs for the frail elderly: A randomized controlled trial. Archives of Family Medicine – Arch Fam Med, 8(3) : 210-217(1999).

7) Miceli DG, Strumpf NE, Reinhard SC, Zanna MT, Fritz E. : Current approaches to postfall assessment in nursing homes. Journal of the American Medical Directors Association, 5(6) : 387-394(2004).

8) Nikolaus T, Bach M. : Preventing falls in community-dwelling frail older people using a home intervention team(HIT): Results from the randomized Falls-HIT trial. Journal of the American Geriatrics Society, 51(3) : 300-305(2003).

9) 小野美奈子, 高藤ユキ, 中村千穂子, 川原瑞代, 松本憲子, 瀬口チホ, 木村ひろみ, 楠原きぬ子:住宅改修による利用者本人・家族の生活の変化 A町介護保険住宅改修利用者本人及び家族への面接調査から. 日本看護学会論文集, 老年看護, 35 : 128-130 (2005).

10) Rubenstein LZ, Josephson KR, Osterweil D. : Falls and fall prevention in the nursing home. Clinics in Geriatric Medicine, 12 : 881-902(1996).

11) Rubenstein LZ, Robbins AS, Josephson KR, Schulman BL, Osterweil D. : The value of assessing falls in an elderly population: A randomized clinical trial. Annals of Internal Medicine, 113(4) : 308-316(1990).

12) Russell N. : Residential satisfaction of elderly tenants in apartment housing. Social Indicators Research, 89(3) : 421-437(2008).

13) Shirasawa S. : The home nursing system for the elderly of Nykoeping, Sweden. Journal of the Research Institute of Science and Technology, 103 : 35-147(2004).

14) Statistics Denmark. : Denmark in Figures 2011, Copenhagen: Statistics Denmark, (2011).

15) 和田一郎:ヘルスサービスリサーチ(24)福祉行政とヘルスサービスリサーチ. 日本公衆衛生雑誌, 59:566-568(2012).

16) 横塚美恵子, 二戸映子, 鈴木鏡子, 安積春美:介護保険制度を利用した住宅改修による生活機能への影響 Effects of Home Improvements Funded by the Long-Term Care Insurance Program on Daily Life Activities. 理学療法科学, 25(6) : 855-859 (2010).

17) Zhao L, Tatara K, Kuroda K, Takayama Y. : Mortality of frail elderly people living at home in relation to housing conditions. Journal of Epidemiology and Community Health, 47 : 298-302(1993).

18) 厚生労働統計協会:厚生の指標 国民衛生の動向2012/2013. 599 : 42-47(2012).

19) 厚生労働省編:平成24年版厚生労働白書 社会保障を考える. 362-396(2012).

20) 厚生労働統計協会編:厚生の指標 介護保険関連統計の年次推移. 52(16):9(2005).

21) 国土交通省住宅局住宅政策課(2004):平成15年住宅需要実態調査.
   http://www.mlit.go.jp/kisha/kisha04/07/070903_.html.(2011年12月4日アクセス可能).

22) 国土交通省:建築基準法施行令22条. 昭和25年11月16日政令第338号(1950).

23) 内閣府国民生活局国民生活情報室:病院危害情報から見た高齢者の家庭内事故(2013).
   http://www.kokusen.go.jp. /pdf/n-20080904_3.pdf#search.(2013年01月20日アクセス可能).

24) 総務省統計局, 政策統括官(統計基準担当):住民基本台帳人口移動報告. 平成14年12月末結果(2002).
   http://www.stat.go.jp/data/idou/index.htm.(2011年3月1日. アクセス可能).

要介護（支援）高齢者コホート研究
—岐阜県郡上市・富山県中新川郡のデータ解析から—

定価：本体 3,200 円＋税

2015 年 8 月 10 日　第 1 版第 1 刷発行©

編集・発行　　三徳和子・成瀬優知・坂本由之・簑輪眞澄

発売　　クオリティケア

代表取締役　　鴻森和明

〒 176-0005　東京都練馬区旭丘 1-33-10

TEL & FAX　03-3953-0413

e-mail：qca0130@nifty.com

URL：http://www.quality-care.jp/

ISBN 978-4-904363-48-5

C3047　¥3200E